각자의 업무로 바쁜 일과 중에도 논문을 발표하고 토론에 참여해 주신 회원들께 진심으로 감사드리며, 이 논문집의 출간을 위해 노고를 마다하지 않으신 박영사 관계자 여러분께도 감사드립니다.

2013년 12월

공법연구회 회장

검찰미래기획단장 검사 **박 은 재**

차 례

압수·수색·검증의 개념과 강제처분의 범위

이 완 규*

Ⅰ. 서

헌법 제12조 제1항은 '모든 국민은 신체의 자유를 가진다. 누구든지 법률에 의하지 아니하고는 체포·구속·압수·수색 또는 심문을 받지 아니하며, 법률과 적법한 절차에 의하지 아니하고는 처벌·보안처분 또는 강제노역을 당하지 아니한다'고 규정하고 있다. 이 규정의 1문은 강제처분은 법률적 근거를 요한다는 강제처분법정주의를, 2문은 죄형법정주의, 형사절차법정주의 및 적정절차의 원리를 선언한 것으로 이해되고 있다.[1] 형사소송법 제199조 제1항은 헌법 제12조 제1항에 따라 '수사에 관하여는 그 목적을 달성하기 위하여 필요한 조사를 할 수 있다'고 규정하면서도 단서로 '다만, 강제처분은 이 법률에 특별한 규정이 있는 경우에 한하며'라고 하고 있다. 이를 강제수사법정주의라고 하기도 한다.[2]

한편, 헌법 제12조 제3항은 '체포·구속·압수 또는 수색을 할 때에는 적법한 절차에 따라 검사의 신청에 의하여 법관이 발부한 영장을 제시하여야 한다. 다만, 현행범인인 경우와 장기 3년 이상의 형에 해당하는 죄를 범하고 도피 또는 증거인멸의 우려가 있을 때에는 사후 영장을 청구할 수 있다'고 규정하여 체포·구속·압수·수색에 대한 영장주의를 규정하고 있다. 제12조 제1

* 대전지방검찰청 서산지청장(2009. 6. 16. 발표 당시 청주지방검찰청 제천지청장).

1) 강제처분법정주의에 대해 보면, 헌법 제37조 제2항은 국민의 자유와 권리의 제한은 법률에 의해서만 제한할 수 있다고 규정하므로 국민의 자유와 권리의 제한을 수반하는 강제처분은 이 조문에 의해서도 법률적 근거를 요한다. 그럼에도 불구하고 제12조 제1항 1문에서 체포·구속·압수·수색 또는 심문에 대해 법률적 근거를 요구한 것은 이들 절차의 중요성에 따라 법률적 근거의 요청을 강조함과 동시에 일반적 법률 근거로는 부족하고 개별적인 법률 근거를 요구함을 의미하는 것으로 생각된다.

2) 강구진, 『형사소송법 원론』, 학연사, 1990, 177쪽.

항에서 법률주의가 요구되는 사항 중에서 심문은 영장주의 대상에서 제외되어 있다. 이는 강제처분 중에서도 국민의 자유와 권리에 대한 침해가 중대한 체포 · 구속 · 압수 · 수색은 헌법적 차원에서 영장주의를 규정함으로써 법률로서도 이를 침해할 수 없는 한계를 선언한 것이다. 따라서 제12조 제3항의 제한에 따르지 않는 체포 · 구속 · 압수 · 수색 관련 법률은 위헌이 된다. 반면에 체포 · 구속 · 압수 · 수색이 아닌 다른 강제처분을 법률로써 영장을 받도록 규정하는 것은 의회의 입법권 범위이므로 문제가 되지 않는다.

이 규정들에 의하면 일단 압수 · 수색은 강제처분으로서 법률에 특별한 규정이 있어야 행할 수 있으며, 나아가 영장주의가 적용된다. 따라서 어떤 행위가 압수 · 수색인가를 정하는 것은 실무상 매우 중요한 문제가 된다. 그 개념 범위에 들어오면 영장주의가 적용되기 때문이다. 이 문제는 특히 형사소송법에 위법수집증거배제법칙이 도입되어 물적 증거에 대해서도 이 법칙이 적용되기 때문에 더욱 중요하게 되었다. 이 법칙에서 중대한 위법으로 말해지는 전형적인 사례가 헌법상 원칙인 영장주의의 위반이기 때문이다.

이러한 문제상황에서 이들 개념과 관련된 문제를 심도있게 논할 필요가 있는데 압수 · 수색과 더불어 형사소송법에서 검증을 강제처분으로 규정하고 영장주의를 규율하고 있으므로 함께 논해보기로 한다.

Ⅱ. 압수의 개념과 강제처분의 범위

1. 압수의 의의

(1) 압류와 영치

형사소송법상 압수란 물건에 대하여 점유자나 소유자의 의사에 반하여 점유를 계속할 것을 목적으로 점유를 취득하는 처분이다. 점유는 물리적 강제력에 의하거나 물건의 소유자 또는 점유자의 의사에 반하여 행해질 수도 있고, 점유자나 소유자가 임의로 제출하여 그 의사에 반하지 않고 행해질 수도 있다. 전자를 압류라고 하고, 후자를 영치라고도 한다. 후자의 경우는 점유의 취득 자체는 소유자나 점유자의 의사에 반하지 않으나 점유가 취득된 이후에는 그 의사에 반하여 계속 점유가 유지될 수 있다는 점에서 압수의 일종으로 규정하고 있다(법 제218조).

(2) 제출명령의 문제

압류나 영치와 다른 개념으로서 법 제106조 제2항은 제출명령을 규정하고 있다. 제106조 제2항은 법원의 제출명령에 관한 규정인데 이 규정은 수사기관의 압수에 관하여도 준용된다(법 제219조).

제출명령은 압수대상물을 소유, 소지 또는 보관하고 있는 사람에게 압수를 위해 이를 제출하라고 명하는 것이다. 이 명령은 압수대상자에게 제출할 의무를 부과하는 점에서 강제처분이다. 이 명령에 의한 의무이행으로서 스스로 압수대상물을 제출하면 이를 받아 압수를 하게 된다. 즉, 제출명령은 압수를 위해 압수대상물의 점유를 이전하는 절차 중의 하나이며 그 자체가 압수는 아니다. 점유 이전방식이 강제적이 아니라는 점에서 압류와 구분되고, 점유이전이 압수대상자의 임의적 의사에 따라 이전되는 것이 아니라 명령에 의해 부과되는 의무이행으로 행해지는 점에서 임의제출물의 압수인 영치와도 구분된다.

이 제출명령은 제219조에 의해 수사기관의 압수에도 준용된다. 그런데 이 규정에 대하여, 수사기관의 독자적인 제출명령은 인정되지 않으므로 이 규정은 입법상의 오류로서 정비를 요한다는 견해가 있다.[3] 그러나 이 견해는 제출명령이 압수를 위한 절차의 하나로서 점유를 취득하는 방식의 일종이라는 점을 간과한 것으로서 수사기관의 압수에서도 제출명령이 갖는 의미를 이해하지 못하고 있다. 물론 현행법상 수사기관이 제출의무를 부과하는 처분으로서의 제출명령을 독자적 권한으로 행할 수는 없다. 그러나 수사기관이 법원의 압수영장을 받아 강제처분으로서의 압수의 권한을 가지게 되면 그 영장의 집행을 위한 하나의 방법으로서 제출명령을 할 수 있는 것이다. 즉 압수영장의 집행을 위해 수사기관은 압수대상물의 점유를 취득하기 위한 절차로서 제출명령으로 제출을 받아 압수를 할 수도 있으며, 강제력을 동원하여 점유를 취득하는 방법으로 압수를 할 수도 있는 것이다.

제출명령에 의한 압수가 실무상 행해지는 대표적인 예가 계좌정보자료에

3) 신동운, 『신형사소송법』, 법문사, 2008, 277쪽.

대한 압수의 경우이다. 실무상 계좌정보자료에 대한 압수수색영장을 받으면 수사기관이 그 압수수색영장의 사본을 해당 금융기관에 보내면서 그 영장에 기재된 금융정보자료를 보내줄 것을 요구하게 되는데 그 요구의 법적 성질은 바로 영장에 의한 제출명령이다. 금융실명거래 및 비밀보장에 관한 법률 제4조 제1항 제1호는 법원의 제출명령 또는 법관이 발부한 영장에 따른 거래정보의 제공을 규정하고 있는바, 영장에 의한 수사기관의 요구에 대해 금융기관이 응하는 것은 영장에 기초한 의무부과처분인 제출명령에 의한 제출의무의 이행이며 금융기관의 임의적인 제출은 아니다. 만약 금융기관이 이 제출명령 방식의 요구에 응하지 않는 경우는 수사기관이 금융기관의 점포에 임하여 강제로 거래정보를 압수하게 될 것이다.

따라서 실무에서도 이러한 법적 성질을 명확히 하기 위해서는 계좌추적용 영장에 의한 자료요구에 대해 '제출명령'임을 명확히 하고 그 문구를 사용하는 것이 적절할 것이다.

2. 압수의 대상

(1) 물 건

압수의 대상은 물건이다. 유체물이 이에 속한다는 것은 당연하며 유체물에는 동산과 부동산이 모두 포함된다.

(2) 정보의 문제

정보가 압수의 대상인 물건에 포함되는가. 독일 형사소송법은 압수의 대상으로 증거나 몰수의 대상(Gegenstände)이라고 하고 있으므로 정보자료도 대상인 한 압수의 대상이 됨은 명백하나,[4] 형사소송법은 압수의 대상을 물건이라고 하고 있기 때문에 정보도 물건에 해당하는지 문제된다.

① 컴퓨터 파일의 경우

예컨대 어떤 회사에서 영업장부를 압수하고자 할 때 그 회사가 영업장부를 컴퓨터로 관리하고 있는 경우가 있다. 이 때 정보를 담고 있는 컴퓨터 서버 자체를 압수하는 경우는 서버라는 유체물을 압수하는 것이어서 개념상 문제

---

4) Nack, *StPO- Karlsruher Kommentar*, C.H.Beck, 2003, § 94. Rdnr. 4.

가 없으나, 서버를 압수하지 않고 그 안에 있는 영업장부에 관한 파일만 압수하고자 하는 경우에 문제이다. 이 경우 통상 서버에 있는 다른 파일과 구분하여 해당 파일을 복제하여 다른 저장매체에 이전하는 방법으로 압수하게 되는데 이 때에도 본래의 서버에 있는 파일은 그대로 남아 있기 때문에 사실상 압수된 것이 무엇인가 하는 개념상 의문이 든다.

이에 관하여는 정보는 유체물이 아니기 때문에 압수수색이 불가능하다는 부정설,[5] 법률상 물건의 의미는 유체물 및 관리가능한 자연력으로 해석되고 있고 여기서 관리가능한 자연력에는 전기, 열, 광, 음향, 에너지 등이 포함되는데 컴퓨터상의 전자적 정보는 전기적 신호로 저장되고 컴퓨터의 특성상 배타적으로 관리 가능하다는 점을 근거로 정보도 형사소송법 제106조 및 제219조의 압수대상으로 보는 긍정설,[6] 압수대상은 유체물에 국한하므로 정보 자체는 압수대상이 될 수 없다고 하면서도 그 정보를 증거로 확보하기 위해 그 정보가 저장된 저장매체는 유체물이므로 압수대상이 된다는 전제하에 관련성에 따라 유체물인 저장매체 자체의 압수를 제한하고자 하는 제한설[7]이 있다.

생각건대, 저장매체에 가시적인 형태로 저장되어 있는 정보는 유체물로서 물건에 해당된다고 해석하는 것이 타당하다. 또한 그 정보를 다른 저장매체에 복제하여 이전하는 경우에는 그 정보에 대한 소유자적 이해에 중요한 개입이 있어 이에 대한 지배를 박탈하는 것이므로 압수에 해당한다고 본다.[8] 이 때

---

5) 전승수, 『형사절차상 디지털증거의 압수수색 및 증거능력에 관한 연구』, 서울대학교 대학원 박사학위논문, 2010, 49-50쪽; 이경렬, "디지털 정보 관련 압수수색 규정 도입을 위한 전체적 고찰", 성균관 법학 제211권 제2호, 성균관 대학교 비교법 연구소, 2009. 8., 319쪽; 이은모, "전자적 정보에 관한 수사상 문제점", 형사법연구 제23호, 2005, 159-160쪽.

6) 이윤제, 『디지털 증거 압수수색시 전기통신사업자 등 제3자의 협력의무, 보존의무, 제출명령에 관한 연구』, 대검찰청 연구과제, 2011, 76쪽; 이숙연, "형사소송에서의 디지털증거의 취급과 증거능력", 고려대학교 정보경영공학전문대학원 박사학위논문, 2010, 32쪽; 탁희성, "전자증거의 압수수색에 관한 일고찰", 형사정책연구 제15권 제1호, 2004, 53-54쪽; 원혜욱, "과학적 수사방법에 의한 증거수집 — 전자문서의 압수수색을 중심으로", 비교형사법연구 제5권 제2호, 한국 비교형사법학회, 2003. 12., 174쪽; 김기준, "전자유편에 대한 증거수집과 관련된 문제점 고찰", 해외파견검사 연구논문집, 법무연수원, 2002, 45쪽; 노승권, "컴퓨터 데이터 압수수색에 관한 문제", 검찰 제111호, 대검찰청, 2000, 280쪽.

7) 오기두, 『형사절차상 컴퓨터 관련 증거의 수집 및 이용에 관한 연구』, 서울대학교 대학원 박사학위논문, 1997, 76-81쪽.

8) 미국 연방대법원은 소유물에 대한 개인의 소유자적 이해(possessory interests)에 중요한 개입(meaningful interfere)이 있는 때에 압수가 있다고 하거나(United States v. Jacobson, 466 U.S. 109, 113(1984)), 압수는 개인으로부터 그의 소유물에 대한 지배를 박탈하는 것(Horton v. California, 496 U.S. 128, 136-137(1990))이라고 정의하여 일응의 기준을 제시하고 있다. 이러한 기준은 우리법의 해석에 있어서도 참고가 될 만하다.

본래의 저장매체에 있던 파일에 의해 컴퓨터의 복제 방법으로 정보를 이전한 경우 그 파일은 원본과 같으므로[9] 이를 압수하는 것은 본래의 파일의 압수와 동일한 것이다. 물론 그 파일은 본래 파일과 동일한 것으로서 소유자의 소유에 속한다.

정보의 경우 그 정보가 중요한 것이고 그 저장매체는 부수적 의미를 가질 뿐이므로 피압수자의 저장매체에 저장된 정보를 압수자가 준비한 저장매체에 이전하여 압수한 경우에도 그 압수물의 피압수자는 본래의 파일의 소유자라고 할 것이다. 따라서 사후에 환부의 문제와 관련하여서는 정보를 피압수자가 제공하는 저장매체에 이전한 후에 압수된 파일의 정보를 삭제하거나 압수된 정보가 담긴 저장매체 그 자체를 피압수자에게 환부하는 방식을 취하면 될 것이다.

한편, 정보의 경우 일반적인 유체물로서의 물건과는 압수절차나 방식 등에 있어 달리 취급해야 할 점도 있으므로 입법론적으로는 압수대상물을 물건으로 규정한 조문을 개정하여 정보를 별도로 규정하고, 압수절차 등에 있어서도 정보의 이전이나 접근방식 등 그 특성에 따라 별도의 조문을 마련하는 것이 적절할 것이다.[10]

② 계좌정보의 경우

금융정보자료에 관한 압수수색의 경우에도 금융거래 내역이나 계좌주 인적사항 등과 같이 그 정보 등이 금융기관에 파일로 저장되어 있는 경우에는 앞에서 설명한 컴퓨터 파일에서의 설명대로 이해하면 될 것이다.

통상 금융계좌용 압수수색영장을 받으면 금융기관에 영장을 근거로 하여 금융거래정보를 보내달라는 요구를 하게 되는데 그 요구의 법적 성질이 제출

9) 예컨대 미국 연방증거법 제1101조 (3)은 '서면이나 기록의 원본은 그 서면이나 기록 자체 또는 그것을 발행하거나 집행하는 사람이 그와 동일한 효력을 가지게 할 의도로 작성한 부본'을 말한다고 하면서 '사진의 원본은 원판과 그 원판으로부터의 모든 출력물'을 말하고, '자료가 컴퓨터나 이와 유사한 장치에 저장된 때에는 육안으로 읽을 수 있는 인쇄물이나 그 외 어떠한 형태의 출력물도 자료를 정확히 반영하고 있는 경우는 원본'이라고 한다.

10) 본 논문이 발표된 후 2011년 법개정에서 압수대상이 정보인 때의 압수방법에 관한 규정으로 제106조 제3항이 신설되었다. 이에 따라 정보가 압수의 대상인가라는 문제제기에 대한 논쟁은 현행법상으로는 2011년의 형사소송법 개정으로 입법적으로 해결되었다고 본다. 그러나 이 신설규정의 해석과 관련하여 압수의 목적물을 '저장매체 또는 그 밖에 이와 비슷한 정보저장매체'로 규정하고 압수 방법은 출력물이나 복제물 또는 저장매체 자체로 하고 있으므로 결국 개정 규정하에서도 형사소송법은 정보 자체를 압수대상으로 하고 있지 않다고 해석하는 견해도 있다(이윤제, 『디지털 증거 압수수색시 전기통신사업자 등 제3자의 협력의무, 보존의무, 제출명령에 관한 연구』, 대검찰청 연구과제, 2011, 77쪽).

명령이라고 하는 것은 앞에서 보았다. 이 제출명령에 의해, 예컨대 금융기관이 계좌의 거래내역을 보냄에 있어 이를 서면으로 출력, 인쇄하여 보내면 그 출력물은 컴퓨터에 저장된 자료의 원본과 동일한 것이고, 인쇄물은 유체물이므로 그 인쇄물이 압수되는 것으로 보면 된다. 그런데 금융기관에서는 거래내역 파일을 이메일로 송부해주는 경우도 있는데 이 경우도 원본과 동일한 파일이 보내진 것이고 그 파일은 가시, 가독적인 것이므로 이를 물건과 같이 취급하면 될 것이다. 따라서 그 파일을 다른 저장매체에 저장하거나 이를 출력하여 인쇄한 후에 압수한 것으로 하면 된다.

한편, 수표 등의 경우는 유체물로서 물건임에 의문이 없다. 그런데 위와 같은 제출명령에 따라 금융기관들은 이를 찾아서 사본해서 송부하는 경우가 대부분인데, 압수의 경우 반드시 원본을 압수할 필요가 없는 경우는 사본의 압수도 가능하므로 사본을 제출받아 압수하는 것으로 집행하면 될 것이다.

실무상 금융거래정보의 압수에 있어서는 이와 같이 제출명령에 따라 보내진 많은 정보자료 중에서 사건과 관련이 있고 필요한 부분만 수사보고 등의 첨부서류와 함께 기록에 서류로 첨부하는 것이 대부분인데 법리적으로는 제출명령에 따라 제출된 자료들 중에서 이렇게 기록에 첨부하는 때에 압수가 있는 것으로 볼 것이다.

유체물의 압수의 경우 압수하면 압수물을 별도로 보관하고, 압수조서를 작성하고 있는데 이는 압수물의 멸실을 방지하고 사후에 몰수나 환부 등의 조치를 위한 준비도 된다. 그런데 금융거래정보의 경우는 몰수대상이 아니고 증거자료일 뿐이며, 금융기관에서 사후에 그 정보의 환부 등을 요청하지 않으므로 실무상 유체물 압수와 같이 별도의 압수조서 작성이나 보관조치를 하지 않는다. 일반적으로는 출력물을 기록에 편철하는 방식으로 하고, 필요한 때에는 정보를 CD나 USB 등에 저장하고 그 저장매체 자체를 기록에 편철하기도 한다.

만약 파일을 일정한 저장매체에 보관하여 그 저장매체를 공판에서 증거로 사용할 필요가 있고 저장매체의 형태로 보관할 필요가 있는 때, 또는 금융기관에서 그 정보의 사후적 환부나 폐기 등을 요구하는 상황인 때에는 압수조서를 작성하고 압수물로 보관해야 할 것이다.

(3) 증거물과 몰수물

압수의 대상은 증거물 또는 몰수가 예상되는 물건이다. 증거물의 경우도 증거물임이 확정되어야 하는 것이 아니라 증거물로서의 가능성이면 족하다.[11] 이러한 물건의 경우에도 필요한 경우에 행한다. 필요한 경우라 함은 압수하지 않으면 은닉 또는 멸실 등의 우려가 있어 그 보전을 위해 압수하는 것이 적절한 경우를 말한다.

3. 강제처분으로서의 압수의 범위

(1) 공식적인 압수처분

공식적인 압수처분이라 함은 압수의 권한이 있는 기관이 압수대상물을 압수한다는 것을 공식적으로 외부적으로 표시하는 것이다. 이러한 압수처분은 모두 강제처분이다. 왜냐하면 압수의 기본성격은 압수대상자의 의사에도 불구하고 압수기관이 그 점유를 계속하겠다는 것이기 때문이다. 그런데 압수라고 하면 이와 같이 공식적으로 외부적으로 표시되어야 하므로 결과적으로 압수는 모두 강제처분이라 할 수 있다.

점유취득이 강제적인가 여부는 상관이 없다. 따라서 임의제출물의 압수라고 하여도 일단 압수하면 제출자의 의사여부에 상관없이 이를 점유할 수 있고 제출자도 이를 임의로 반환받을 수 없으므로 강제처분인 것이다.

압수는 이와 같이 모두 강제처분이지만 법은 임의제출물의 압수에 대해서는 수사기관의 경우에도 법관의 영장을 요하지 않는 것으로 하고 있다. 점유 이전이 임의적이고 강제성이 없기 때문이다.

그런데 헌법은 압수에 대해서는 법관의 영장을 요하는 것으로 하고 있어 임의제출물 압수도 압수인 만큼 영장을 필요로 한다는 주장이 있을 수도 있겠다. 그러나 임의제출물의 압수에 영장을 요하지 않는다고 하여 영장주의에 반한다는 주장을 하는 사람은 없다. 그것은 헌법이 규정하는 영장주의는 점유이전 자체도 대상자의 의사에 반하는 경우에만 해당하는 것으로 보아야 하기 때문이다. 즉, 강제처분의 범위와 그 강제처분에서 영장을 필요로 하는 범위에는 차이가 있을 수 있는 것이다.

---

11) Nack, 앞의 책, §94. Rndr. 7.

⑵ 비공식적인 보관

이에 반하여 증거물의 소유자 또는 점유자가 임의로 제출한 상황이나 아직 수사기관 등이 공식적으로 이를 압수한다는 의사표시를 하지 않은 때에는 압수가 행해진 것이 아니고 비공식적인 보관의 상태이다. 이 때는 제출자는 언제든지 그 반환을 요구할 수 있다.

Ⅲ. 수색의 개념과 강제처분으로서의 수색의 범위

1. 수색의 의의

수색은 일정한 사람이나 물건을 발견할 목적으로 사람의 신체나 물건 또는 일정한 장소에서 이를 찾기 위해 행하는 행위이다. 형사소송에서는 피의자나 피고인의 발견, 증거물이나 몰수물 등이 그 발견의 대상이 된다. 그런데 이러한 수색을 위해 타인의 주거에 들어가야 하는 등 개인의 기본권을 침해해야 하는 경우가 있다. 이러한 기본권 침해를 어느 정도로 인정할 것인가가 문제된다.

2. 임의처분으로서의 수색과 강제처분으로서의 수색

⑴ 구별의 의의

강제처분으로서의 수색이 아닌 한 형사소송법 제199조 제1항에 따라 수사기관은 임의처분으로서 수색을 할 수 있다. 그러므로 어떤 경우가 강제처분으로서의 수색인가를 규명하는 것이 필요하다. 강제처분의 기준에 대해서는 여러 가지 견해가 있지만, 통설은 중대한 기본권 또는 법익을 그 의사에 반하여 침해하는 경우를 말한다고 이해하고 있으며, 여기에 의무부과의 경우를 포함한다는 소수설이 있다. 어떻든 임의처분으로서의 수색은 이러한 강제처분으로서의 수색이 아닌 것으로 개념될 수 있다.

(2) 승낙에 의한 수색

강제처분의 개념요소 중 하나가 의사에 반한다는 것이므로 승낙이 있는 경우는 어떤가의 문제가 있다. 승낙에 의한 수색에 대해 임의수사설은 동의나 승낙의 임의성이 인정되는 경우는 임의수사로 볼 수 있다고 한다.[12] 반면에, 강제수사설은 동의 또는 승낙이 있더라도 수색은 강제수사로서의 성질을 잃지 않는다고 한다.[13]

생각건대 의사에 반한다는 것이 강제처분의 개념요소이므로 동의나 승낙이 있는 경우에는 강제처분이 아니고 임의처분이라고 할 것이다.

(3) 중대한 법익의 기준

강제처분은 중대한 법익 또는 중대한 기본권의 침해가 있는 경우이므로 수색의 경우 언제가 중대한 경우인가가 문제된다. 즉, 어떤 영역이 중대하게 보호되는 영역인가의 문제이다.

이에 관해 미국에서는 종래에 수정헌법 제4조에 열거된 영역, 즉 신체, 주거, 재산 등의 장소적 개념과 이러한 영역에의 물리적 침입을 개념요소로 하여 이러한 침입이 있는 경우에만 수정헌법 제4조가 규정하는 수색에 해당한다고 해석하였다.[14]

그런데 이러한 물리적 침범 기준은 과학기술의 발전에 따른 새로운 방식의 프라이버시 침해 행위, 특히 감청에 대한 적절한 기준이 되지 못하였다. 그리하여 공중전화박스의 외표면에 전자적 감청장치를 부착하고 그 안에서 행한 말을 감청한 행위가 문제된 Katz 사건[15]에서 연방대법원은 새로운 기준을 제시하게 되었다.

연방대법원은 이 사건에서 "수정헌법 제4조는 장소를 보호하는 것이 아니라 사람을 보호하는 것이다. 어떤 사람이 알면서 공중에 노출한 것은 비록 그의 가정이나 사무실 안이라고 하여도 수정헌법 제4조의 보호대상이 아니

12) 배종대/이상돈/정승환, 『형사소송법』, 홍문사, 2008, 226쪽; 신동운, 『신형사소송법』, 법문사, 2008, 170쪽; 신현주, 『형사소송법』, 박영사, 2002, 239쪽; 이재상, 『신형사소송법』, 박영사, 2008, 216쪽.

13) 차용석/최용성, 『형사소송법』, 21세기사, 2004, 203쪽.

14) Silvermann v. United States, 365 U.S. 505(1961). 이 판례에서는 'physical intrusion into a constitutionally protected area'를 기준으로 제시하였다.

15) Katz v. United States, 389 U.S. 347(1967).

다. 그러나 그가 프라이버시적인 것으로 유지하고자 하는 것은 비록 공중이 접근할 수 있는 곳에 있을지라도 헌법적으로 보호되는 것일 수 있다"고 하였다. 여기서 이 감청행위를 수색으로 보게 되는 중요한 이유는 공중전화박스 내에서 이를 점유하고 그 문을 닫은 후 전화를 걸 수 있도록 요금을 낸 사람은 그가 전화기에 대고 말하는 것이 세상에 방송되는 듯 알려지지 않을 것을 기대할 권리가 있다는 것이 확실하기 때문이라고 판시하였다.

이러한 논리는 수정헌법 제4조의 보호대상을 종래와 같이 장소로 보는 식에서 사람으로 보는 식으로 관점이 전환됨을 의미하였다. 그래서 이제는 수정헌법 제4조가 사람들에게 어떠한 보호를 제공하는 것인가가 쟁점이 되었다. 이에 대한 기준으로, 첫째, 어떤 사람이 실제로 (주관적인) 프라이버시에 대한 기대를 표시하였어야 하고, 둘째, 그러한 기대는 그 사회가 '합리적'인 것이라고 기꺼이 인정할 수 있는 것이어야 한다는 기준이 제시되었다.[16] 이 때 '합리적인가'는 사회 일반인의 입장에서 따지는 점에서 객관적 합리성을 기준으로 한다.

그리하여 예컨대, 일반적으로 어떤 사람의 집안은 대부분의 경우 프라이버시를 기대할 장소라고 할 수 있을 것이나 그가 외부인의 단순 시야(單純 視野, plain view)에 보이도록 한 대상이나 행동 또는 진술 등은 보호되지 않는다. 그 이유는 그것들을 자신에게만 유지하려는 의도가 표시되지 않았기 때문이라고 한다. 따라서 유리창문 옆에 밖에서도 보이도록 놓은 메모지가 있는 경우 그 메모지에 대한 프라이버시 기대는 인정되지 않는다. 한편, 열린 공간에서 한 대화는 이를 엿듣는 것으로부터 보호되지 않는데 그 이유는 이러한 상황에서는 프라이버시에 대한 기대는 합리적인 것이라 할 수 없기 때문이다.[17]

이러한 미국 연방대법원의 해석론은 우리 형사소송법의 해석으로서도 타당하다고 본다. 따라서 헌법상으로 보호되는 신체, 주거, 재산 등의 영역에 있어서도 그 영역 안에서의 프라이버시를 합리적으로 기대할 수 있는 경우에만 그 프라이버시를 침해하여 수색을 행할 때만 강제처분이라고 할 것이다.

---

16) Katz 사건 판결에서 Harlan 대법관의 별개의견에서 제시된 기준이다.

17) Lafave/Israel/King, Criminal Procedure, Thomson/West, 2004, 128쪽.

(4) 구체적 사례

① 단순 감각

예컨대 집에 창문이 있고 그 창을 통해 집안이 들여다 보이는 상황에서 수사기관이 길 거리에서 창문을 통해 집안을 보고 증거물이 있는 것을 확인한 경우 창문을 통해 보이는 영역은 프라이버시를 합리적으로 기대할 수 있는 영역이라 할 수 없으므로 강제처분으로서의 중대한 법익의 침해가 있다고 할 수 없다.[18] 따라서 임의수사로 가능하다.

이와 같은 논리는 시각뿐만 아니라 냄새, 소리, 촉각 등 오관에 모두 해당된다.[19] 따라서 예컨대 여관의 옆방에서 대화하는 소리를 다른 방에서 듣는 경우, 차량을 밖에서 살펴보고 안에서 나오는 냄새를 맡아 보는 행위나 외부를 만져보는 것 등은 모두 임의수사이다.[20]

② 감각의 보조수단을 사용하는 경우

단순한 감각이 아니고 그러한 감각 능력을 고도화하기 위한 보완도구가 사용된 경우는 어떤가. 예컨대, 망원경, 야간조명등, 냄새 탐지견 등을 사용하는 경우이다. 단순한 감각에 의한 인식이 가능한 경우는 이에 대한 프라이버시를 합리적으로 기대할 수 없는 영역이라고 하는 근거가 이와 같은 상황에 대해서는 스스로가 보호하여야 한다는 것 때문이었으므로 감각을 보조하기 위한 도구를 사용하였다는 것 자체로 이러한 판단이 달라지지는 않는다고 할 것이다. 즉 보조수단을 사용했다는 것이 침해여부를 판단하는 기준이 되는 것은 아니다. 다만, 개별적 사례에서 구체적인 상황을 판단하여 그 영역에서의 프라이버시의 기대가 합리적인가로 판단해야 할 것이다.

따라서 야간에 야간조명등을 비추어 배의 갑판을 본 경우,[21] 망원경으로 보는 경우,[22] 마약 등을 냄새로 감지하기 위해 탐지견을 사용하는 경우[23] 등은 강제처분으로서의 수색이 아니라고 할 것이다. 다만, 주거의 내부 영역이 주변의 어떤 가까운 곳에서도 들여다 볼 수 없는 건물의 내부를 상당히 떨어진 거리에서 고도의 망원경을 사용하여 들여다 보면서 그 안에 있는 서류의

18) Lafave/Israel/King, 앞의 책, 133쪽.
19) Lafave/Israel/King, 앞의 책, 131쪽.
20) Lafave/Israel/King, 앞의 책, 131쪽, 136쪽.
21) United States v. Lee, 274 U.S. 559(1927).
22) Dow Chemical Co. v. United States, 476 U.S. 227(1986).
23) United States v. Place, 462 U.S. 696(1983).

내용까지 확인하는 정도에 이르면 이는 프라이버시에 대한 합리적인 기대를 침해하였다고 할 수 있으므로 강제처분이라고 할 것이다.[24]

③ 항공관찰

하늘에서 관찰되는 것에 대해서도 이를 막기 위해 조치를 취하지 않는 한 하늘에 대해서는 프라이버시의 기대를 하지 않는 것으로 본다. 따라서 주거지의 마당을 비행기에서 관찰하거나 비행기에서 사진을 촬영하는 것 등은 모두 임의수사이다.[25]

④ 일반인에게 개방된 장소

일반인에게 개방된 장소도 프라이버시에 대한 기대가 없으므로 수사기관이 그러한 장소에 들어가 내부를 보는 것은 강제처분이 아니다. 예컨대 공중화장실에 있는 칸 내부에서 행해지는 행위를 보는 경우에도 그 칸에 문이 없어서 공중화장실에 들어가면 누구에게나 칸 내부가 보이는 상황이라면 임의수사라 할 것이다. 물론 그 칸에 문이 있어서 일반인이 안을 들여다 볼 수 없는 상황이라면 프라이버시에 대한 합리적인 기대가 있으므로 예컨대 문에 있는 조그만 구멍 등을 통해 안을 들여다보면 이는 강제처분으로서의 수색이라 할 것이다.[26]

Ⅳ. 검증의 개념과 강제처분의 범위

1. 검증의 의의

검증이란 사람, 장소, 물건의 성질 또는 형상을 신체 오관의 작용으로 인식하는 것이다. 간단히 말하면 일정한 사실을 오관의 작용으로 경험하는 것이다. 그런데 오관의 작용에 의한 경험은 누구나, 어느 때든 할 수 있는 것이다. 이와 같이 수시로 행해지는 오관의 경험과 달리 일정한 경우를 검증이라고 하여 구별하는 것은 그것이 검증을 할 수 있는 기관이 공식적으로 검증대상물의

24) Lafave/Israel/King, 앞의 책, 131쪽.

25) California v. Ciraolo, 476 U.S. 207(1986); Dow Chemical Co. v. United States, 476 U.S. 227(1986).

26) Lafave/Israel/King, 앞의 책, 136쪽.

일정한 상태를 인식함으로써 그 시점에서의 그 상태를 확정하거나 또는 보전하고, 그와 같이 확정하고 보전된 상태를 증거로 사용하고자 하는 절차를 마련하기 위한 것이다.

예컨대, 공무원이 뇌물을 수수한다는 첩보를 입수한 경찰관이 뇌물수수 현장에서 잠복하고 있다가 마침 뇌물을 수수하는 장면을 보게 되는 경우 이는 단순한 경험이지 검증이 아니다. 또한 예컨대 살인 사건 현장에 신고를 받고 출동한 경찰관이 살인 현장에서 쓰러져 있는 피해자 등 현장 상황을 보게 되는 경우에도 이는 그 경찰관의 단순한 경험이지 검증이 아니다.

검증이 되려면 일정한 시점에서 그 현장의 상태를 공식적으로 인식하고 인식한 상황을 보전하기 위한 절차를 진행하여야 하는 것이다. 따라서 그 살인 사건의 수사를 담당하게 된 경찰관이 일정한 시점에서 그 현장상황을 확인하고 기록하여 그 상태를 보전하여 당시 확인한 상태를 사후에도 증거로 사용하기 위한 공식적인 절차를 행하면 검증이 되는 것이다.

따라서 먼저, 검증은 사인의 오관의 작용에 의한 인식은 포함되지 않는다. 검증은 이와 같이 소송상의 필요에 따라 그 검증대상물의 상태를 확인하거나 그 상태를 공적으로 보전하기 위한 것이므로 법률로 공적으로 그러한 행위를 할 수 있는 권한이 부여되는 기관만이 행할 수 있다. 현행법은 법원 또는 검사와 사법경찰관에게 검증의 권한을 부여하고 있다.

나아가 이와 같은 공식적인 절차인 검증을 위해서는 때로는 사인의 의사에 반하여 그 기본권을 침해해야 하는 상황도 있을 수 있다. 즉, 검증을 위해 사인의 주거에 들어간다든가, 신체수색, 분묘의 발굴, 사체해부, 폐쇄된 문을 부수는 것과 같은 물건 파괴 등이 필요한 때도 있다. 이와 같이 사인의 기본권을 침해하는 행위가 수반될 수 있고 때로는 그러한 행위를 사인의 의사에 반하여 강제적으로 행해야 하는 경우도 있다. 그렇기 때문에 그 권한자는 법률에 의한 권한부여가 필요하고 나아가 영장주의가 적용된다.

2. 증거조사로서의 검증과 증거수집·보전으로서의 검증

(1) 증거조사로서의 검증

검증에는 증거조사로서의 검증과 증거수집·보전으로서의 검증이 있다.

전자는 사실심 법원이 제출된 증거를 오관의 작용에 의해 인식하는 경우가 이에 해당한다. 예컨대 검사가 피고인이 행인을 구타하는 장면이 촬영된 CCTV 동영상을 증거로 제출한 경우 법원이 공판정에서 증거조사로서 그 동영상을 재생하여 시청하는 경우이다. 법원이 증거조사로서 검증을 한 때에는 그 검증에 의해 인식하게 된 내용이 증거자료로서 법원의 사실판단의 기초가 된다.

증거조사로서 검증을 한 때에 공판조서의 일부로서 검증조서가 작성되나 당해 재판에서는 이 검증조서가 증거가 되는 것은 아니고 재판부가 검증의 과정에서 인식한 내용 그 자체가 사실판단의 근거가 되는 것이다. 물론 해당 사건에서 법원이 변경된 경우, 예컨대 상급심이나 재판부의 변경에 의한 변론갱신 후, 또는 파기환송 등에 의해 재판부가 달라진 경우 등에서는 그 검증조서가 제311조에 의해 증거로 사용될 것이다. 또한 다른 사건의 재판의 경우는 그 검증조서는 제315조 제 3 호에 의해 증거로 사용될 수 있을 것이다.

(2) 증거수집 · 보전으로서의 검증

한편, 증거수집 · 보전으로서의 검증은 증거로 사용하기 위하여 검증을 하는 것을 말한다. 법원의 검증도 공판정에서 증거조사로 행하는 검증이 아니라 공판정 외에서 별도의 절차로 행하는 검증은 증거수집 · 보전으로서의 검증이다.

예컨대 앞의 CCTV 동영상 예에서 법원이 공판정에서 증거조사로서 이를 재생하여 시청하지 않고 판사실에서 별도의 검증기일을 행하여 판사실에서 이를 재생, 시청하면 이는 증거수집으로서의 검증이다. 공판정에서의 증거조사는 판사들의 인식행위뿐만 아니라 시민들에게 공개된 법정에서 증거의 내용을 공개한다는 데 중요한 의미가 있다. 그런데 판사실에서 행하는 검증은 공개되지 않으므로 이는 판사들만의 경험에 불과하게 된다. 그러므로 판사들만의 이 경험을 사실인정의 증거자료로 삼기 위해서는 공판정에서 그 내용을 공개하는 절차로서의 증거조사를 행해야 하는데 이 경우 그 방법은 판사실에서 행한 검증과정을 기록한 검증조서를 증거조사하는 방식으로 할 것이다. 이 때는 증거가 되는 것은 검증조서이다.

또한 검증을 하는 때에는 신체검사, 사체해부, 분묘의 발굴, 물건의 파괴 기타 필요한 처분을 할 수 있는데(법 제140조, 제219조) 이러한 과정에서 증거를 확인하고 보전할 수 있는 기회가 될 수도 있다.

법원이 이와 같은 증거수집으로서의 검증을 할 수 있는 것은 현행법상 법원이 가지는 직권주의적 권한 때문이다. 형사소송법은 직권주의와 당사자주의의 혼합구조인데 직권주의적 요소로서 법원의 직권적 증거수집 권한을 부여하고 있다. 이에 따라 사실심 법원은 공판정에서의 증거조사가 아니라 공판정 외에서의 증거수집행위를 할 수 있으며 공판정 외에서 행하는 검증도 그 예이다. 또한 예컨대 법원이 범행현장에 대한 현장 검증을 하는 경우 그것이 법원조직법 제56조 제2항에 의해 법정 이외에 그 현장에서 공판을 개정하는 것으로 절차를 행하고 그 현장에서 공개된 가운데 그 현장 자체에 대한 증거조사가 행해진다면 그것은 증거조사로서의 검증이라 할 수 있다. 그러나 그러한 절차를 거치지 않고 공판기일이 아닌 별도의 검증기일의 절차로서 재판부를 구성하는 판사들과 검사 및 변호인 등만 참석한 가운데 현장검증을 행하는 때에는 이는 증거수집으로서의 검증이며, 후에 공판정에서 증거로 사용되는 것은 검증조서이다.

법원이 합의부원 1인에게 검증을 하게 하는 수명법관에 의한 검증의 경우도 마찬가지이다. 이는 수명법관의 증거수집행위이고 나중에 공판정에서 증거로 사용되는 것은 검증조서가 되는 것이다. 법은 법원의 공판기일 이전의 증거조사절차를 규정하고 있고 이에는 검증도 포함되며, 이 때 그 절차를 합의부원 중 1인에게 행할 수 있도록 하고 있다(법 제273조 제2항). 그런데 이와 같이 공판기일 이전의 증거조사절차를 합의부원 중 1인에게 행하도록 하는 때에는 그것은 법원이 공판정에서 행하는 것과 같은 본래의 의미의 증거조사가 아니라 합의부원 중 1인이 행하는 증거수집행위에 불과하다. 합의부원 중 1인이 검증을 하고 나면 이에 따라 검증조서가 작성되며, 나중에 공판정에서 법원은 그 검증조서에 대해 증거조사를 함으로써 합의부원 중 1인이 행한 검증의 결과를 증거자료, 즉 사실판단의 자료로 고려하는 것이다.

이와 같이 법원이 합의부원 중 1인에게 공판기일에서 증거조사할 사항에 대해 미리 증거를 확인하게 하는 것은 법원이 증거수집의 권한도 가지는 직권주의 체제에서 공판기일 전의 증거수집행위에 합의부원 모두가 나서서 행하는 것은 비효율적이므로 합의부원 중 1인에게 맡겨 행하고 나중에 그 결과를 공판기일에서 법원이 확인하는 방식으로 효율성을 도모하고자 한 제도이다.

그 연혁은 규문시대에 법원이 합의부원 중 1인에게 공판전 조사를 맡긴 데서부터 유래한다.

⑶ 수사기관의 경우

수사기관의 검증은 사람, 장소, 물건의 성질 또는 형상을 신체 오관의 작용으로 인식하고 그 인식내용을 증거로 하기 위한 것이다. 그러므로 그것은 증거의 수집행위이다. 여기서 수집된 증거의 내용은 검증을 한 수사기관의 인식내용이다.

3. 임의처분으로서의 검증과 강제처분으로서의 검증

⑴ 임의처분으로서의 검증의 존재여부

검증은 모두 강제처분인가 아니면 임의처분으로서의 검증의 영역이 존재하는가. 이에 대해 부정설은 검증은 강제처분이며 임의처분으로서의 검증의 영역은 존재하지 않는다고 한다. 이 견해에 의하면 수사기관이 법관의 영장없이 행한 검증은 위법한 것이 된다.[27] 이에 대해 긍정설은 임의처분으로서의 검증 영역을 긍정한다. 이 견해는 강제처분은 개인의 기본권을 그 의사에 반하여 중대하게 침해하는 처분을 말하며 따라서 검증이라고 하여도 이러한 강제처분의 요소를 포함하지 않는 한 임의처분이라고 한다. 검증의 경우에도 임의처분과 강제처분을 구분하는 실익은 임의처분인 한 수사기관이 별도의 법률규정이나 영장없이도 행할 수 있다는 것이다.

강제처분의 요소를 생각건대, 긍정설이 타당하다. 그러므로 검증이 강제처분일 때에는 검증을 위해 개인의 기본권을 침해하고 그 침해가 의사에 반해 행해지는 경우이다. 예컨대 검증을 위해 타인의 주거에 들어간다든가, 제140조에 규정한 바와 같이 신체검사, 사체해부, 분묘의 발굴, 물건의 파괴 기타 필요한 처분을 한다든가 또는 검증을 위해 일정한 장소에 대해 사람들의 출입을 강제적으로 금지한다든가 하는 행위를 하는 때 등이다.

27) 신동운, 앞의 책, 281쪽.

(2) 실황조사의 성질

실무에서는 교통사고와 관련하여 현장에 출동한 경찰관이 사고현장의 상황을 보고 관련자들의 진술을 듣는 행위를 하고, 이러한 현장 상황을 인식한 내용을 실황조사서라는 서류로 작성한다. 그런데 이러한 실황조사는 흔히 공공에 공개된 장소인 도로에서 교통사고의 관련자들이 임의적으로 참여한 가운데 행해지는 경우가 대부분이다. 즉, 강제처분의 요소로서의 개인의 의사에 반한다는 요소나 기본권의 중대한 부분을 침해한다든가 하는 요소가 없다. 그러므로 임의처분으로서 행해지는 경우가 대부분이다. 따라서 실황조사가 검증인지 아니면 검증과 다른 별개의 처분인지 문제된다.

먼저, 비구별설은 실황조사도 수사기관이 사고현장 상황에 대해 오관의 작용에 의한 인식을 하는 것이므로 검증의 일종이라고 한다. 따라서 증거능력과 관련하여서도 실황조사서는 검증조서에 관한 제316조 제6항에 의하여 판단한다.[28]

반면에 구별설은 실황조사는 법관의 영장을 받아 행해야 하는 검증과 다른 별개의 처분이라고 한다. 이 견해는 특히 실황조사의 결과를 기록한 실황조사서의 증거능력을 아예 부정하는 데 특징이 있다.[29]

생각건대, 구별설은 검증은 모두 강제처분이라는 전제하에 있다. 그러나 강제처분은 개인의 중대한 기본권을 그 의사에 반하여 침해하는 처분을 말하며 검증은 법원 또는 수사기관이 사람, 장소, 물건의 성질 또는 형상을 신체 오관의 작용으로 인식하는 행위이다. 그러므로 이와 같은 수사기관의 검증도 개인의 중대한 기본권을 그 의사에 반하여 침해하는 경우가 아니라면 이는 임의처분이라 할 것이다.

실황조사는 사건 현장인 장소와 관련된 사람이나 물건의 성질 또는 형상을 오관으로 인식하는 것으로서 검증이 일종이라 할 것이다. 나아가 이러한 검증도 관련자들의 의사에 반하여 기본권에 대한 중대한 침해를 유발한다면 강제처분으로서 원칙적으로 법관의 영장을 필요로 하겠지만 이러한 강제처분의 요소가 없는 때에는 영장없이도 행할 수 있다.

판례로는 사법경찰관사무취급이 작성한 실황조사서가 사고발생 직후 사

---

28) 이재상, 앞의 책, 569쪽; 정웅석/백승민, 『형사소송법』, 대명출판사, 2008, 285쪽.
29) 신동운, 앞의 책, 281-282쪽.

고장소에서 긴급을 요하여 판사의 영장없이 시행된 것으로서 형사소송법 제216조 제3항에 의한 검증에 따라 작성된 것이라면 사후영장을 받지 않는 한 유죄의 증거로 삼을 수 없다고 한 사례가 있다.[30] 이 판례의 취지는 실황조사도 검증의 일종이라는 것을 전제로 하여 제216조 제3항에 의한 긴급강제처분으로서 검증이 행해진 경우에 사후의 영장을 받아야 한다는 것이며 사후영장을 받지 않으면 그 검증이 위법한 것이 되므로 그 결과물인 실황조사서도 증거로 할 수 없다는 것일 뿐이다. 그러므로 긴급강제처분으로서 행해진 것이 아니라 임의처분으로 행해졌다면 사후에도 영장을 받을 필요도 없는 것이고 적법한 것으로서 그 실황조사서도 검증조서에 관한 규정을 적용하여 증거능력을 판단할 것이다.

(3) 사진촬영과 검증

① 사진촬영의 성질

수사상 증거수집의 수단으로 사진 또는 동영상을 촬영하는 경우가 많아지고 있어 이를 규율하기 위해서는 그 성질이 무엇인가를 규명할 필요가 있는데 이에 대해 견해가 대립된다.

먼저, 검증설 또는 검증유추설은 사진촬영이 오관의 작용으로 인식하는 검증과 같다고 하거나 검증과 유사하다고 한다.[31]

검증설의 취지는 검증은 검증기관이 그 대상물을 오관의 작용에 의해 인식하는 것인데 사진촬영을 하는 경우 검증기관이 오관의 작용에 의해 대상물을 인식하면서 이를 사진으로 그대로 기록한다는 점, 그리고 검증조서는 그 인식내용을 조서에 기재하는 것인데 마찬가지로 사진도 검증기관이 인식한 내용을 기록한 기록물이라는 점에서 규율의 유사성을 찾는 것으로 보인다. 그리고 사진촬영의 많은 사례가 검증행위에 부수하여 이루어져서 검증조서에 대상물의 사진이 첨부되는 점도 이러한 이해의 원인이 되는 것으로 보인다.

그러나, 앞에서 설명한 바와 같이 수사기관의 단순한 경험과 일정시점에서의 대상물의 상태를 확인하고 보전하는 공식적 절차인 검증은 구분하여야

---

30) 대법원 1989. 3. 14. 선고 88도1399 판결.

31) 손동권, 『형사소송법』, 세명출판사, 2008, 220쪽; 이재상, 『신형사소송법』, 박영사, 223쪽. 일본 최고재판소 판례도 사진촬영의 성질을 검증이라고 한다. 最高裁, 平成 2.6.27. 刑集 44券 4号 385.

한다. 나아가 검증은 수사기관이 오관의 작용에 의해 대상물을 인식하는 행위 자체이며 그러한 검증에서 인식한 대상물의 상태를 사후에 입증하기 위한 방법으로 사진을 촬영하는 경우 사진촬영은 검증행위의 한 부분이고, 그 사진 검증한 내용을 입증하기 위한 수단에 불과한 것이지 사진촬영 그 자체가 검증은 아니다.

사진촬영은 단순한 기록행위에 불과하며 이와 같은 촬영이 행해지는 절차의 성격에 따라 의율하면 될 것이다. 따라서 검증 절차에서 검증의 결과를 기록하기 위해 사진을 촬영하는 경우 그 사진촬영은 검증행위의 일부이다. 그러나 예컨대 불법시위 현장에서 경찰관이 시위장면을 사진으로 촬영하는 경우 이는 경찰관의 목격사실의 기록하는 수사행위일 뿐 검증이 아니다.

② 사진촬영의 강제처분 여부

사진촬영이 검증인가 기록행위인가라는 쟁점과 별도로 사진촬영의 강제처분성 여부에 대해서도 견해가 나뉜다. 강제처분설은 사진촬영은 피촬영자의 사생활의 비밀과 자유를 침해하고 특히 초상권을 침해하는 처분이기 때문에 강제처분이라고 한다.32)

판례로는 사진촬영의 강제처분성 여부를 정면으로 논한 것은 없으나 초상권도 국가인전보장, 질서유지, 공공복리를 위해 필요한 경우에는 상당한 제한이 따를 수 있다는 전제하에서 수사기관이 범죄를 수사함에 있어 현재 범행이 행하여지고 있거나 행해진 직후이고, 증거보전의 필요성 및 긴급성이 있으며, 일반적으로 허용되는 상당한 방법에 의한 경우는 적법하다고 하여 사람에 대한 사진촬영의 적법성 요건을 제시한 것이 있다.33)

생각건대, 앞에서 본 바와 같이 사진촬영은 인식사실의 기록행위에 불과할 뿐이며 그 적법성이나 강제처분 여부는 사진촬영이 행해지는 행위상황에 따라 판단하여야 한다. 따라서 개인의 사적 공간에서 그의 의사에 반하여 사진을 찍는 행위는 이미 그 개인의 사적 공간에 들어가는 것 자체가 강제처분이므로 영장을 필요로 하는 것이지 사진촬영을 위해 영장이 필요한 것은 아니라 할 것이다. 만약 수색영장을 받아 개인의 사적 공간에 들어갔다면 그 수색행위의 일부로서 목격상황의 기록을 위해 사진촬영을 할 수 있을 것이다. 또

32) 손동권, 앞의 책, 220쪽; 신양균, 『형사소송법』, 법문사, 2004, 245쪽; 이재상, 앞의 책, 223쪽.
33) 대법원 1999. 9. 3. 선고 99도2317 판결.

한 공개된 장소에서의 사진촬영은 강제처분이 아니다. 이를 구분설이라 할 수 있겠다.

물론 사진촬영에 의해 초상권 등 기본권이 침해될 수 있는 것은 사실이다. 그 점에서 단순히 육안으로 보고 이를 서면으로 기록하는 행위와 사진을 촬영하는 행위 사이에는 기본권 침해 정도의 차이가 있다. 그러나 기본권의 침해가 있다고 하여 모두 강제처분은 아닌 것이다. 수사라는 것 자체가 이미 기본권 침해요소를 가지는 것으로서 임의수사라도 모든 수사행위는 정도는 다를 뿐 기본권을 침해하게 된다. 그러한 수사행위 중에서 강제처분은 기본권의 중대한 침해가 있는 경우를 말하며 그러한 중대한 침해에 대한 보호를 위해서 법률상의 근거를 요하거나 영장주의를 요구하는 것이다. 현행법상으로는 사진촬영을 위한 개별적 법률근거나 제한 또는 영장주의가 규정되어 있지 않다. 그러므로 기록행위에 불과한 사진촬영은 임의수사로서 허용되는 것으로 보아야 한다.

사진촬영을 임의수사라고 하여도 어떤 경우든 허용되는 것은 아니다. 임의수사라고 하여도 기본권 침해요소를 가지고 있으므로 수사상 필요성이나 비례성이 요구되기 때문이다. 사진촬영에 의해 초래될 수 있는 초상권 침해 등에 대한 배려는 이와 같은 비례성의 원칙에서 찾아야 할 것이다. 그러므로 피촬영자의 얼굴 등이 증거사용을 위해 필요한 상황이 아닌데도 사진촬영을 하는 것은 수사 비례를 벗어난 것으로서 부적법한 행위라 할 것이다. 사진촬영의 적법성에 대해 판례가 제시하고 있는 기준도 이러한 관점에서 이해되어야 할 것이다.

4. 강제채혈, 채뇨의 성질

채혈과 체뇨의 성질에 관하여 압수수색인지, 검증인지 등이 논의된다.

(1) 학 설

검증설은 채혈, 채뇨는 신체검사의 일종인 체내검사이고 형사소송법상 신체검사는 검증이므로 채혈, 채뇨도 검증에 속한다고 한다.[34)]

---

34) 신동운, 『형사소송법(제 3 판)』, 법문사. 2005, 234쪽.

압수수색설은 체내에 있는 증거물인 혈액, 뇨를 강제적으로 채취하는 것인데 신체로부터의 혈액, 뇨의 분리는 수색이고, 분리된 혈액의 점유취득은 압수에 해당하는 것으로 본다.

검증·감정설은 채혈과 채뇨는 검증이기도 하지만 신체의 일부를 분리하는 결과를 초래하는 점에서 감정으로서의 성질도 있다는 견해이다.[35]

압수수색 및 감정설은 신체로부터 혈액을 채취하는 것은 압수수색이나 그 채취과정에는 신체의 자유를 제한하고 건강훼손의 위험이 수반되는 바 전문의료인에 의한 특별한 감정이 필요한 체내검사의 일종이라고 한다.[36]

⑵ 검 토

채혈, 채뇨는 증거물인 혈액 또는 뇨를 취득하기 위한 행위이지 오관의 작용으로 그 상태를 인식하는 행위라고 할 수는 없다. 따라서 압수수색설이 타당하다고 본다. 판례도 압수수색설을 취하고 있다.[37] 다만 그 집행과정에서 건강훼손의 위험이 있으므로 의사 등 의료전문가에 의해서만 행해져야 할 것이다. 이것은 수사방법의 적정성의 문제이다. 의료전문가에 의해 행해져야 한다고 하여 이를 감정이라고 할 필요는 없을 것이다. 따라서 영장도 압수수색 영장을 받아 행하면 될 것이다.

V. 결 어

형사소송법에 위법수집증거배제법칙이 명문화되고 그 배제가 물적 증거에까지 직용됨에 따라 증거물을 취득하는 법적 절차를 합리적으로 규율할 필요성이 크게 대두되고 있다. 또한 법규정의 정비와 함께 합리적인 해석론도 중요해졌다. 종래에는 증거물의 취득절차상 위법이 있어도 그 증거능력을 인정하여 왔기 때문에 압수·수색·검증의 해석론이나 입법론과 관련한 논의가 깊고 충분하지 못했다고 할 수 있다.

그러다 보니 개정법 시행 후에 취득절차의 위법성 여부에 대한 다툼이 빈

35) 임동규, 『형사소송법』, 법문사, 2006, 228쪽.
36) 배종대/이상돈, 『형사소송법』, 홍문사, 2004, 316쪽.
37) 본 논문이 발표된 이후 압수수색설을 취하는 대법원 판례가 나왔다.

발하게 발생하는 상황에서 실무에서 나타나는 각종의 문제상황에 대처할 수 있는 이론구성이 시급해졌다고 하겠다. 이러한 상황에서 압수·수색·검증절차의 합리적 운영을 위한 이론구성을 위해 그 개념부터 명확히 할 필요가 있다. 개념이 명확히 되어야 그 이후의 통제나 운영상의 문제가 일관되게 도출될 수 있기 때문이다. 본고에서는 그 개념론을 전개함에 있어 기존의 교과서적 문헌들에서 주장된 해석론과는 다른 이론 구성이 많이 있다. 향후에 압수·수색·검증 이론 구성의 합리화에 도움이 되길 바란다.

지정토론문

이 정 수*

압수, 수색, 검증 전반에 걸쳐 발표자의 깊은 학문적 통찰력을 엿볼 수 있는 기회였습니다. 또한 현실적으로 발생 가능한 문제점에 대한 해결 방안도 제시되고 있어 실무적으로 많은 참고가 될 것으로 기대합니다.

거의 흠잡을 데 없는 발표라고 사료됩니다. 다만, 보완 내지 궁금증 차원에서 몇 가지 의문을 제기하고자 합니다.

1. 수사상 제출명령의 의미

형사소송법 제106조 제2항의 제출명령을 수사편인 제219조에서 준용하고 있는 것과 관련하여, 발표자께서는 독자적 권한으로 행할 수는 없으나 수사기관이 법원의 압수영장을 받아 강제처분으로서의 압수의 권한을 가지게 되면 그 영장의 집행을 위한 하나의 방법으로서 제출명령을 할 수 있다고 보고 있습니다. 그리고 그 예로서 계좌정보자료에 대한 압수를 들고 있습니다(발표문 p. 3).

그런데 독자적 권한으로 행할 수 없다면, 이러한 논의는 큰 의미가 있다고 보기는 어려울 듯합니다. 법원의 영장을 받아 금융기관을 상대로 압수수색영장을 '집행'하게 되면 금융기관은 이를 수인해야 할 의무가 발생하게 됩니다. 수사기관의 어떤 제출명령 없이도 압수수색영장을 제시하는 순간, 금융기관은 이러한 의무를 지기 때문에 굳이 제출명령이라는 새로운 단계 내지 논리적 연결고리를 상정할 필요는 없어 보입니다. 이는 사람에 대한 구속영장의 경우 절차에 따라 집행하면 되는 것이지, 상대방에게 출석명령을 먼저 발해야 하는 것은 아닌 것과 마찬가지라고 하겠습니다.

* 대검찰청 정보통신과장(2009. 6. 16. 발표 당시 사법연수원 교수).

입법론적으로는 영미법계에서 보듯이 물건에 대한 압수수색영장과 금융정보제공명령장을 구분하는 것이 논리적으로 명쾌할 것입니다.

2. 컴퓨터 파일의 압수수색 대상 여부

발표자께서는 압수의 대상과 관련하여 컴퓨터 파일과 같이 저장매체에 가시적인 형태로 저장되어 있는 정보는 유체물로서 물건에 해당된다고 해석하고 있습니다(발표문 p. 4). 학계에서는 견해가 대립되고 있는 부분이고, 실무적으로는 큰 문제가 되고 있지 않습니다.

컴퓨터 파일의 압수 필요성에 대해서는 전적으로 공감합니다.

그런데 실무적으로도 과연 대법원이 파일을 압수수색 대상에 해당한다고 정면으로 인정하고 있는지는 의문입니다. 대법원은 컴퓨터로 주민등록증을 스캔한 이미지의 문서성을 부정하면서 "컴퓨터 모니터 화면에 나타나는 이미지는 이미지 파일을 보기 위한 프로그램을 실행할 경우에 그때마다 전자적 반응을 일으켜 화면에 나타나는 것에 지나지 않아서 계속적으로 화면에 고정된 것으로는 볼 수 없으므로, 형법상 문서에 관한 죄에 있어서의 '문서'에는 해당되지 않는다고 할 것이다(대법원 2007. 11. 29. 선고 2007도7480 판결【공문서위조 · 위조공문서행사】)."라고 판시하고 있습니다.

물건의 하나인 문서에 대해 위와 같이 엄격하게 해석하고 있는 상황에서 컴퓨터 파일을 물건이라고 보는 데에는 한계가 있다고 보입니다. 컴퓨터 파일이 저장되어 있는 본사 서버, 지점 단말기의 임시 저장장치 또는 그 출력물이 본래 의미의 압수 대상인 물건에 해당됩니다. 다만, 금융기관 등의 원활한 업무를 위해 방법론상 파일을 디스켓 등 장치에 저장하게 되는데 이때 원본과의 동일성이 인정되는 그 디스켓 등 장치가 압수 물건으로 볼 수 있을 것입니다. 압수할 장부 원본을 복사한 카피본과 같다고 하겠습니다.

입법론적으로 디지털 증거를 압수할 수 있다는 명문의 규정을 두는 것이 명확한 해결방안으로 사료됩니다.

3. 임의제출물 압수도 강제수사인지 여부

강제처분으로서의 압수의 범위와 관련하여, 발표자께서는 압수는 모두 강제처분으로 보고 있으며, 점유취득이 강제적인가 여부는 상관이 없고, 임의제출물의 압수도 일단 압수하면 제출자의 의사 여부에 상관없이 이를 점유할 수 있고 제출자도 이를 임의로 반환받을 수 없으므로 강제처분이라고 보고 있습니다(발표문 p. 8).

헌법은 체포, 구속, 압수 또는 수색을 할 때에는 적법한 절차에 따라 검사의 신청에 의하여 법관이 발부한 영장을 제시하여야 한다(헌법 제12조 제3항 본문)고 규정하고 있습니다. 이는 국민의 인권보장 차원에서 "강제수사 영장주의"를 천명한 것이며, 상대방이 임의로 제출하는 경우까지 영장이 필요하다는 취지는 아니라고 봅니다.

예컨대, 음식점에서 A가 B와 말다툼하던 중 홧김에 그곳에 있는 부엌칼로 B에게 상해를 가했다는 고소 사건의 경우, 경찰관이 음식점 주인 C에게 피 묻은 위 부엌칼을 증거로 제출해달라고 요청하게 됩니다. 이때 C가 임의로 제출하면 이를 건네받으면 되고 거부하면 법원의 압수수색영장을 발부받아 집행하면 됩니다. 압수수색영장을 발부받기 전에는 C가 수사기관에 이를 제출할 법적 의무는 없기 때문에, C가 자발적으로 제출하는 경우까지 경찰의 강제수사라는 개념에 포함하는 것은 개념상 무리입니다.

일단 임의제출 받은 칼은 소정의 압수절차를 거친 것이기 때문에 법정 압수의 효력에 의해 쉽게 반환하기 어려운 것이지, 강제수사이기 때문에 반환이 어려운 것은 아니라고 판단됩니다.

4. 수색의 구분

수색을 임의처분으로서의 수색과 강제처분으로서의 수색으로 구분하되, 그 기준을 프라이버시와 같은 중대한 기본권 침해로 보고 있습니다. 미국의 각종 판례에서 보듯이 이러한 기준은 우리나라 실무에서도 참고할 만하다고 판단됩니다. 특정 장소에 들어가지 않더라도 프라이버시 보호에 대한 합리적 기대를 침해하는 경우에 강제처분으로서의 수색에 해당한다는 취지에 공감합니다.

5. 수사상 모든 검증은 강제수사인지 여부

실황조사도 검증에 해당하는지와 관련하여, 발표자께서는 판례가 형사소송법 제216조 제3항에 의한 긴급강제처분으로서 검증이 행해진 경우에 사후의 영장을 받아야 한다는 취지이며, 긴급강제처분으로서 행해진 것이 아니라 임의처분으로 행해졌다면 사후에도 영장을 받을 필요도 없는 것이고 적법한 것으로서 그 실황조사서도 검증조서에 관한 규정을 적용하여 증거능력을 판단하여야 한다고 보고 있습니다. 그런데 판례의 입장이 그와 같은지는 다소 의문이 듭니다.

이와 관련하여 대법원 판례를 살펴보면 다음과 같습니다.

① 교통사고 실황조서

사법경찰관 사무취급이 작성한 실황조서는 이 사건 사고가 발생한 1985. 10. 26. 19 : 30 직후인 1985. 10. 27. 10 : 00에 사고장소에서 긴급을 요하여 판사의 영장없이 시행된 것이므로 이는 형사소송법 제216조 제3항에 의한 검증에 해당한다 할 것이고 기록상 사후영장을 받은 흔적이 없으므로 이 실황조서는 유죄의 증거로 삼을 수 없다(대법원 1989. 3. 14. 선고 88도1399 판결【특정범죄가중처벌등에관한법률위반(도주차량), 교통사고처리특례법위반】).

② 살인사건 현장 검증조서

사법경찰관 작성의 검증조서의 작성이 살인사건 범죄현장에서 급속을 요한다는 이유로 압수수색 영장없이 행하여졌는데 그 후 법원의 사후 영장을 받은 흔적이 없다면 유죄의 증거로 쓸 수 없다(대법원 1990. 9. 14. 선고 90도1263 판결【살인, 사체오욕】).

위와 같은 판결이유에 비추어 보면, 판례는 기본적으로 교통사고 실황조사 또는 현장검증은 법원의 영장을 받아야 하는 검증이라고 보고 있는 듯합니다. 물론 이는 모든 검증은 강제수사라고 보게 되는 문제가 발생합니다. 검증으로 보느냐, 안보느냐를 구분하는 이유는 검증조서가 비교적 쉽게 증거능력이 인정되기 때문입니다(형사소송법 제312조 제6항).

당사자들의 동의를 얻어 공개된 도로에서 행해진 경우와 같이 인권침해 소지가 전혀 없는 경우에도 강제수사라고 보아 사후 영장을 요구하는 것은 강제수사의 개념과도 다소 거리가 있다고 생각됩니다. 현장검증이 편파적으로 이루어졌다고 피의자 측이 주장하면 증거능력이 아니라 증명력 문제로 해결하면 될 것입니다. 입법론적으로 명확히 할 필요가 있을 것입니다.

지정토론문

김　학　성*

1. 들어가면서

1.1. 형사사법의 경우, 모두 잡기 어려운 두 마리 토끼가 있는데, 실체적 진실발견과 인권보장이 바로 그것이다. 범죄를 규명하고, 범인을 색출하며, 이에 대한 정의를 실현해야 할 사명을 형사사법기관에게 부과하고 있지만, 이러한 일을 행함에 있어 국민의 기본적 권리가 부당하게 침해되지 않도록 할 의무 역시 국가기관에게 부여되어 있다. 어느 것이 다른 것에 비하여 절대 우위에 있다고 보기 어려우나, 적어도 인권보장의 무게가 작아서는 안 될 것이다.

1.2. 일사부재리 원칙은 형사판결의 기판력을 보장하여 법적 안정성에 기여하며, 실체적 정의를 법적 안정성 뒤로 후퇴하게 한다. 별건체포나 구속이 적법절차원칙이나 영장주의에 위반된다고 보는 것은 인권보장을 보다 강조한 결과라 할 수 있다.

1.3. 위법으로 수집된 증거의 증거능력을 인정할 것인가에 관하여, 형사소송법은 위법수집증거의 증거능력을 배제하고 있고, 적법한 절차에 따르지 아니하고 수집한 증거는 증거로 할 수 없다고 규정하고 있다(형사소송법 제308조의2). 그러나 대법원은, 변호인의 접견교통권을 침해하거나 진술거부권 불고지로 획득한 피의자 진술조서의 증거능력을 부인하는 입장을 취하나, '증거물'의 경우에는 위법한 압수절차라 하더라도 증거능력을 인정하고 있다. 개정 형사소송법의 내용과 관련하여 대법원이 어떤 입장을 보일지 주목되나, 증거물의 경우에도 증거능력을 부정하는 방향으로 좀 더 강화될 것으로 생각된다.

---

* 강원대학교 법학전문대학원 교수(2009. 6. 16. 발표).

1.4. 발표자는 위법수집증거배제법칙의 도입으로 물적 증거에 대해서도 동 법칙이 적용될 것이며, 이 경우 압수 수색 검증과 관련하여 영장주의 위반 여부가 중요한 과제가 될 것으로 보아, 영장주의가 적용되는 강제처분과 영장주의가 적용될 필요가 없는 강제처분을 명확하게 구별하여 검찰실무에서 발생할 수 있는 문제점을 보완하고자 하셨고, 좋은 연구결과를 발표하셨다.

2. 영장주의와 기본권 보장

2.1. 헌법은 체포·구속, 압수·수색(이하, "강제처분"이라 함)의 경우 법률과 적법절차에 따르도록 하면서, 검사의 신청과 법관이 발부한 영장을 사전 제시하도록 함으로써 신체 등에 대한 부당한 공권력행사를 방지하고 있다.

헌법은 영장주의를 천명하면서도, 영장 없이 범인을 체포하여도 권리침해가 문제되지 않는 경우와(현행범), 영장을 기다려서는 형벌권행사가 불가능하거나 매우 곤란하게 될 것이 분명한 경우(긴급체포)에는 사후 영장으로 가능하게 하였다.

또 형사소송법은 현행범 체포나 긴급체포의 경우 체포(구속)영장을 집행하는 경우에 제한된 범위 내에서는 압수 수색 영장이 없어도 압수 수색을 할 수 있도록 규정하고 있다(법 제216조, 제217조). 가택수색의 경우와 감청의 경우 영장이 요구된다.

2.2. 영장주의에 위반된 강제처분은 증거능력이 모두 배제되어야 하는가? 헌법학자로서 이론적인 답은 증거능력이 배제되어야 한다고 말할 수밖에 없다. 그러나 이러한 주장이 타당한가에 관해 늘 반문하고 있다. 경우를 나누어 보고자 한다.

첫째, 고문, 폭행 등으로 이루어진 자백에 따라 수집된 증거는 예외 없이 증거능력은 부정되어야 한다.

둘째, 변호인의 접견교통권을 침해하거나 진술거부권 불고지로 획득한 피의자 진술조서의 증거능력 역시 부정되어야 한다.

셋째, 영장주의에 반해 이루어진 증거의 경우, 증거능력이 원칙적으로 부정되어야 할 것이나 언제나 증거능력이 부정되기는 어렵다고 본다. 범죄의 경중과 크기, 피해의 정도 등을 감안하여 법익형량이 요구된다고 생각한다.

3. 질 문

하나, 임의제출물의 압수나 승낙이 있는 경우의 수색에 영장이 요구되지 않는다는 점에는 수긍이 가나, 형사소송법 제199조에 따라 수사기관은 임의처분으로서 수색을 할 수 있다는 견해를 피력하시면서, 강제처분의 기준으로 중대한 기본권 또는 법익을 그 의사에 반해 침해하는 경우로 이해하고 있다.

형사소송법 제199조 제1항은 "수사에 관하여는 그 목적을 달성하기 위하여 필요한 조사를 할 수 있다. 다만, 강제처분은 이 법률에 특별한 규정이 있는 경우에 한하며, 필요한 최소한도의 범위 안에서만 하여야 한다."고 규정하고 있다.

임의처분으로 수색은 어떤 예가 있는지, 중대한 기본권 또는 법익 침해가 있는 수색만 강체처분에 해당하는지, 이렇게 이해하면 헌법이 수색의 경우 법률과 적법절차, 영장주의를 지키도록 요구하고 있는 것과는 어떻게 조화를 시킬 수 있는지가 궁금합니다.

둘, 수색은 신체, 주거, 재산 등 영역에 물리적 침입이 있을 때 성립하는 것이 원칙이나, Katz 사건에서는 수정 헌법 제4조는 장소 보호가 아니라 사람의 보호에 있고, 공중전화박스에 대한 감청행위를 수색으로 이해할 수 있다고 하는 미국 연방 대법원 주장에 동의하고 있다.

그렇기에, 신체, 주거, 재산의 영역에 있어서도 그 영역 안에서의 프라이버시를 합리적으로 기대할 수 있는 경우에만 그 프라이버시를 침해하여 수색을 할 때에만 강제처분에 해당하게 된다.

공중전화박스에 감청을 하는 행위가 통신의 비밀이나 또는 프라이버시(Privacy)를 침해하는 경우로 볼 수는 있어도 수색에 해당하는지? 위 사례는 프라이버시 침해가 우려되는 경우가 될 터인데, 강제처분으로서 영장이 필요한 경우인지?

구체적 사례를 들고 계시는데, 가장 간단한 예로 보이는 12쪽 상단 단순감각의 경우, 임의수사가 가능한지가 궁금합니다.

법치국가원리와 인신의 자유

- 절차적 보장과 관련하여 -

김 상 겸*

Ⅰ. 들어가는 말

얼마전 대법원이 발표한 자료에 의하면 2008년도 법원에 접수된 정식 재판 건수는 우리나라 사법 사상 최다인 175만 3,088건이다.[1] 이 중에서 형사사건은 35만 8,557건으로 약 20.5%를 차지한다. 형사사건은 검찰의 기소로 재판에 들어간 것이기 때문에 이 만큼 우리 사회가 범죄에 시달리고 있다는 것을 의미한다. 형사사건의 건수가 많다는 것은 범죄사건의 일선에 있는 국가기관의 부담이 크다는 것을 보여주는 것이며, 이 중에서 기소권을 행사하는 검찰의 부담이 크다는 것을 암시한다.

그렇지만 이렇게 형사사건이 많고 해마다 증가하는 것만으로 검찰의 부담이 커지는 것은 아니다. 형사사건이 많다는 것은 우리 사회가 안고 있는 문제가 많다는 것을 의미하지만, 검찰의 입장에서는 형사사건이 많을수록 형사피의자나 피고인에 대한 인권문제에 신경을 써야 하기 때문에 그 부담은 더욱 가중될 수밖에 없다. 특히 인권문제와 관련하여 과거 검찰의 역사적 경험은 그리 긍정적인 것이 아니었고, 국민의 입장에서도 검찰을 보는 시각이 호의적이지 못하였기 때문이다. 이는 과거의 역사에서 논란이 되었던 수사과정에서 인권침해 문제 때문이라 할 수 있다.

검찰의 형사피의자와 관련된 인권문제는 우리 헌법이 규정하고 있는 인신의 자유, 그 중에서도 특히 신체와 자유와 관련하여 문제를 제기한다. 헌법에 의하여 검찰은 영장청구권을 갖고 있으며, 재판과 관련하여 기소권을 독점

* 동국대학교(서울) 법과대학 교수(2009. 9. 16. 발표).

1) 대법원의 발표를 기사화한 경향신문 2009. 9. 9.자 참조.

적으로 행사한다. 이외에도 수사과정에서 형사피의자의 신원공개와 관련하여 프라이버시 보호의 문제도 발생하고, 형사피고인과 관련해서는 변호인조력권과 충돌을 야기하는 경우가 빈번하게 발생한다. 이렇게 검찰의 수사나 기소과정에서 발생하는 인신의 자유와 관련된 문제들이 있지만, 검찰의 기능이나 역할의 관점에서 볼 때 국가기관으로서 범죄로부터 국민을 보호하고 국가의 안전을 지켜야 하는 책무를 소홀히 할 수는 없다.

우리 사회에서 인권문제가 본격적으로 심도있게 다뤄지기 시작한 것은 민주화 과정을 통해서라고 할 수 있다. 과거 권위정부 하에서 인권문제는 그 당시 상황에서 적극적으로 다뤄질 수 없었지만, 사회의 민주화를 통하여 1987년 헌법이 개정되면서 전면에 드러났다. 더구나 몇 차례의 정권교체가 이루어진 후, 국민의 의식에서 인권문제는 중요한 사회문제로 자리를 잡게 되었다. 그러다 보니 과거의 관점에서 인권문제를 보는 시각이 여전히 남아있고, 그 상황에서 오히려 과거를 보상받으려는 것처럼 인권지상주의가 팽배해지면서 모든 문제를 인권으로 풀어가려는 경향이 없는 것은 아니다.[2)] 그렇지만 오늘날 헌법 하에서 국가실정법이 그대로 작동하고 있는 현실에서 인권문제도 실정법의 테두리 내에서 다루어져야 한다.

우리 헌법은 인간의 존엄과 가치를 규정한 제10조를 필두로 하여 자유권부터 사회권에 이르기까지 기본권을 나열하고 있다. 이 기본권 중에서도 천부적 인권으로부터 출발한 자유권은 기본권 중에서도 핵심이다. 물론 오늘날 국가가 국민의 기본생활을 보장하고 복지를 위하여 노력하고 있는 상황에서 사회권의 중요성을 간과할 수는 없다. 그렇지만 사회권은 국가의 재정능력을 담보로 보장되는 것이기 때문에 자유권이 기본권의 중심에 있다는 것은 부인할 수 없는 사실이다.

헌법이 규정하고 있는 자유권 중에서 인신의 자유는 인간의 존재와 관련하여 중심에 있는 기본권이라 할 수 있다. 기본권의 역사에서도 보듯이 인간은 자신이 갖고 있는 신체의 자유를 위하여 오랫동안 투쟁하였다. 기본권의 역사는 국가권력으로부터 신체의 자유를 보장받기 위하여 수많은 노력을 기울였고, 수많은 희생을 통하여 그 보장을 쟁취하였다는 것을 보여준다. 또한 자유를 보장받기 위해서는 국가권력을 효율적으로 통제할 수 있는 방법이 필

---

2) 소위 떼법이니 국민정서법은 그런 경향 속에서 나타난 결과라고 볼 수 있다.

요하다는 것을 알았고, 그 와중에서 권력분립의 원칙이 등장하였다. 나아가 국가권력을 통제하기 위해서는 인간의 자의적인 지배를 벗어나 이성적인 법에 의한 통치가 필요하다는 것도 깨달았다. 특히 국가의 틀 내에서는 그 국가를 지배하는 최고규범의 존재도 인식하게 되었고, 그 결과 근대 입헌주의가 출발하였다.

그렇지만 이성에 기초한 법의 지배만으로 모든 문제가 해결될 수 없는 것이 인간사회이다. 더구나 형식적인 법의 지배가 오히려 법을 운용하는 자에 의하여 오・남용이 되는 경우도 많았기 때문에, 법에 의한 권리보호를 실질화하기 위한 여러 제도들을 지속적으로 만들었다. 그 과정에서 이런 모든 제도를 아우르는 기본적인 원리도 형성하였다. 법치국가원리는 이런 역사적 경험을 바탕으로 근대 이성국가론에 입각하여 등장하였고, 오늘에 이르기까지 그 구체적인 모습을 다듬어왔다.

오늘날 우리가 여러 분야에서 별다른 의식없이 사용하는 법치국가는 인간의 기본적 권리를 보장하고 국가권력을 효율적으로 통제하여 국민을 위한 국가로 만들기 위하여 내세운 국가이다. 이 법치국가는 헌법을 통하여 구체적인 구조를 보이며, 현대 헌법에서 기본원리로 자리 잡았다. 법치국가가 지향하고 목표로 하는 흠이 없는 권리보호는 인간의 오랜 경험 속에서 이성을 바탕으로 하여 국가가 가야하는 방향의 종착점에 있다.[3] 그렇지만 법치국가는 단지 실정법의 틀 속에서 이루어지는 것은 아니다. 독일의 헌법학자 헷세(K. Hesse)가 언급한 것처럼 국민의 준법의지가 법치국가 실현의 바탕이다.

본고는 이상의 관점에서 인신의 자유를 보장하기 위한 역사적 과정과 그 의미를 다시 한 번 정리함으로써 오늘날 법치국가의 위기를 이야기하는 헌법현실을 논하고자 한다. 이를 위하여 먼저 법치국가의 역사적 전개과정을 검토하여 헌법상 법치국가원리를 조명하고, 이를 바탕으로 기본권의 역사 속에서 인신의 자유와 이를 보장하기 위한 절차적 기본권에 대하여 검토하기로 한다.

3) Berkemann, Das verdeckte summarische Verfahren der einstweiligen Anordnung des Bundesverfassungsgerichts, JZ 1993, 161.

Ⅱ. 법치국가의 의의와 구성요소

1. 법치국가의 개념과 역사[4)]

(1) 법치국가의 의미

법치국가(Rechtsstaat)라는 용어는 오늘날 우리 사회 여러 분야에서 보편적으로 사용되고 있다. 그러나 어느 누구도 이렇게 빈번하게 사용되고 있는 법치국가에 대하여 그 의미를 명확하게 이야기하는 사람은 없다. 헌법학계 역시 법치국가에 대하여 쉽게 정의하지 못하고 있다. 사람들은 법치국가란 법이 지배하는 국가로 정당한 법에 의하여 국민의 권리가 보장되고 국가권력이 통제되는 국가 정도로 인식하고 있다. 그렇지만 법치국가는 일의적으로 그 의미를 정의할 수 없는 오랜 역사를 갖고 있다.

이미 인류사회는 그 역사의 출발점에서부터 법이란 규범을 통하여 사회를 통제하였다. 이렇게 법이란 존재가 오랜 역사를 가지고 있었지만, 인간의 이성이 뿌리를 내리기 전에 법의 역할을 국가권력의 지배수단으로 활용되었을 뿐, 오늘날 의미의 법은 아니었다. 현대 법치국가에서 법이란 인간의 이성에 기초하는 합리성과 타당성을 가진 정당한 법을 말한다. 물론 이러한 법도 법치국가론이 등장한 초기에는 형식성에만 초점을 맞추었기 때문에 국민의 대표기관에 의하여 제정된 법이면 충분하다고 보았다. 아무튼 법치국가론이 등장한 이후 법치국가는 그 초기부터 법의 존재와 그 규범력이 성패를 가름하였다.

이렇게 법의 존재를 핵심에 두고 등장한 법치국가론은 독일에서부디 그 용어가 만들어지고 형성되었다.[5)] 그렇기 때문에 법치국가의 개념은 독일의 근

4) 법치국가원리와 관련하여 필자는 이미 여러 논문에서 자세히 기술하였다. 이 논문에서도 그 동안 발표된 내용을 정리한 것이기 때문에 새로운 내용이 없다는 것을 밝혀둔다. 김상겸, 법치국가원리의 역사와 구성요소에 관한 고찰, 아・태공법연구 제5집 (1998), 173쪽 이하; 김상겸, 현대 법치국가에 있어서 권리보호에 관한 고찰, 권영성교수 정년기념논문집, 1999, 147쪽 이하; 김상겸 법치국가실현을 위한 국가의 적극적 의무, 공법연구 제38집 제1호 제1권 (2009. 10), 299쪽 이하 참조.

5) 법치국가(Rechtsstaat)라는 용어는 19세기 전반에 나타난 표현으로서, 독일이외의 국가에서는 그 용례를 찾아보기 어렵다. Dreier, Der Rechtsstaat im Spannungsverhältnis zwischen Gesetz und Recht, JZ 1985, 353 참조.

대국가와 입헌주의적 헌법의 형성과 맞물리면서 정립되었다. 그런 점에서 법치국가는 그 개념을 정의하기 위해서는 법적 현실을 기반으로 하여 동태적으로 정의될 수밖에 없다. 즉 법치국가의 개념은 그 용어의 출현과 함께 근대 헌법의 역사 속에서 정립되었으며, 한 시대에 확정된 정태적 개념이라기보다 시대정신과 시대적 상황에 의하여 주어진 헌법현실 속에서 여러 시대를 거치며 형성되어 온 동태적 개념이라고 할 수 있다.[6)]

나아가 법치국가는 독일이란 한 국가의 헌법사 속에서 형성되어 온 개념으로, 독일의 헌법사와 그 궤를 같이 한다. 또한 법치국가론은 그 이념이나 본질적인 면에서 영미법상의 법의 지배(rule of law)와 근본적인 차이가 없지만, 형식적인 면에서 상이한 방향으로 전개되었다.[7)] 독일에서 출발한 법치국가는 근대의 인본주의와 합리주의, 계몽주의와 입헌주의, 이성주의와 자유주의 등 여러 사상적 배경 속에서 헌법현실에서 발생하는 정치적 상황에 많은 영향을 받았다.[8)] 법치국가는 권리보장의 역사 속에서 형성되고 변천하면서, 국가권력으로부터 국민의 권리보호라는 독일식의 방법으로 구체화되었다.[9)] 따라서 법치국가론은 전체적으로 볼 때 권리보호를 위한 방법으로 전개된 원리이다.

법치국가의 개념은 헌법현실 속에서 역사와 함께 구체화되었기 때문에 법치국가를 형성하며 발전시킨 독일에서도 시대에 따라 견해가 변천하였다.[10)] 즉 법치국가의 개념은 19세기 자유민주적 법치국가에서 20세기 사회적 법치국가로 변천하였다.[11)] 19세기 초반 새로운 국가의 유형으로 등장한 법치국가를 학자들은 "개인의 자유를 위하여 활동이 제한되고, 명확성을 갖는 법률을 제정하며 시민의 권리를 보호하기 위한 법원을 설치하는 국가"라고 정의하였

6) 특히 이에 대해서는 Hesse, Grundzüge des Verfassungsrechts der Bundesrepublik Deutschland(Verfassungsrecht), Neudruck von der 20. Aufl., 1999, Rn. 183ff.; Schmidt-Aßmann, Der Rechtsstaat, in: Handbuch des Staatsrechts(HdbStR) I, 1987, § 24 Rn. 17.

7) 양자간의 관계에 대하여 맥코믹(MacCormick)은 외형상의 차이만 존재한다고 보았다. MacCormick, Der Rechtsstaat und die rule of law, JZ 1984, 65ff. 참조.

8) 법치국가는 칸트(Kant)의 이성국가론에 가장 큰 영향을 받았다. 이에 대하여 Weber-Fas, Geistiger Vater der Rechtsstaatlichkeit, ZRP 1999, 461ff. 참조.

9) 각국의 헌법사는 법치를 다양한 형태로 보여주고 있다. 영미는 권리보호를 위한 절차적 보장을 통하여, 프랑스는 정치적 상황과 연계하여 법치(Etat de droit)를 보여주었다. 프랑스의 법치주의에 관하여 성낙인, 프랑스헌법론, 1995, 701쪽 이하 참조.

10) 법치국가 개념정의의 어려움에 대하여 Hofmann, Geschichtlichkeit und Universalitätsanspruch des Rechtsstaats, Der Staat 34 (1995), 1ff. 참조.

11) 법치국가의 개념은 시대적·내용적 관점에 따라 형식적 법치국가와 실질적 법치국가를 구분하여 정의할 수 있다. BVerfGE 2, 380 (381); Kunig, Das Rechtsstaatsprinzip, 1986, S. 63ff.

다.[12] 19세기 중반 혁명이 좌절된 독일은 법치국가의 개념을 형식적으로 정의하여, 법치국가란 단지 법에 의하여 국가의 활동을 명확하게 규정하는 국가로서,[13] 행정의 법률적합성과 독립된 행정법원에 의한 권리구제 등을 요소로 한 국가를 의미하였다.[14] 20세기 들어오면서 법치국가는 바이마르 공화국을 거쳐 국가사회주의 시대에 이르러 사라졌다가 본 기본법 시대에 와서 다시 부활되었다. 민주주의를 기초로 새롭게 등장한 사회적 법치국가는 국가와 사회생활의 형성을 위하여 헌법의 구속력・권력분립・행정의 법률적합성・권리의 절차적 보장・신뢰보호 등의 요소로 구성되어 법이란 수단과 기준으로 국가권력의 자의적 행사를 통제함으로써 정치적 통일과 법적 평화, 나아가 사회적 정의의 실현을 목표로 하는 국가를 의미하였다.[15]

역사적 과정을 거치며 정립된 독일의 법치국가의 개념은 우리에게 있어서도 대동소이하다고 할 수 있다.[16] 법치국가를 정의하는 학계의 견해에 의하면 법치국가란 인치가 아닌 의회의 제정법률에 의하여 법치가 이루어지는 국가,[17] 국가공동생활에 법우선의 원칙이 적용되어 자유・평등・정의를 실현시키려는 국가,[18] 또는 민주이념 내지 가치를 법적으로 실현시키고자 하는 국가,[19] 그밖에 법에 의하여 국가권력의 근거와 범위의 한계가 설정되는 국가[20]를 말한다.[21]

12) 대표적으로 Robert von Mohl, Das Staatsrecht des Königreichs Württemberg, Bd. I, 1829, § 8f.

13) Friedrich Julius Stahl, Philosophie des Rechts, Bd. 1, Rechts- und Staatslehre auf der Grundlage christischer Weltanschauung, 2. Halbband, 5. unveränderte Aufl., 1978, S. 137; 그 외에도 Bähr, Der Rechtsstaat, 1864 (Neudr. 1963), S. 50ff.; Rudolf von Gneist, Der Rechtsstaat und die Verwaltungsgeschichte in Deutschland, 1879, S. 270ff.; Lorenz von Stein, Rechtsstaat und Verwaltungsrechtspflege, in: Zeitschrift für das private und öffentliche Recht 6 (1879), 50ff. 등.

14) 자세히는 Mayer, Deutsches Verwaltungsrecht, Bd. 1, 1924, S. 70.

15) 사회적 법치국가는 독일 기본법 제28조 제1항과 1992년 독일 기본법 제38차 개정에서 유럽연합을 규정하는 조항으로 바뀐 제23조 제1항에 근거를 갖고 있다. 이에 대하여 Benda, Der soziale Rechtsstaat, in: Benda/Maihofer/Vogel (Hrsg.), Handbuch des Verfassungsrechts, 2. Aufl., 1994, S. 720ff.; Hesse, Verfassungsrecht, § 6; Lipphardt, Grundrechte und Rechtsstaat, EuGRZ 1986, 149ff.; Richter/Schuppert, Casebook Verfassungsrecht, 3. Aufl., 1996, S. 440f.; Schmidt-Aßmann, in: HdbStR I, § 24 Rn. 1ff.; Stern, Staatsrecht I, S. 781ff.

16) 독일의 법치국가론을 개괄적으로 소개하고 있는 문헌은 허영, 헌법이론과 헌법, 1998, 253쪽 이하.

17) 권영성, 헌법학원론, 146쪽.

18) 허영, 한국헌법론, 143쪽.

19) 실질적・민주적 법치국가의 개념으로서, 강경근, 헌법학, 183쪽 이하.

20) 최대권, 헌법학강의, 1998, 315쪽.

21) 우리 문헌과 판례를 보면 독일로부터 유래하는 법치국가(Rechtsstaat)라는 표현을 법치주의라는 표현과 함께 쓰고 있다. 헌법재판소 판례에서 법치국가라고 표현한 결정은 헌재 1998. 9.

이러한 견해들을 종합하면 법치국가란 법이 지배하는 국가로서, 기본권보장, 국가권력의 헌법질서에 대한 기속성과 권력분립 등의 요소를 축으로 하여 법적 평화와 통일성, 실질적인 사회정의 실현을 목표하는 국가라고 할 수 있다.

⑵ 법치국가의 역사적 형성과정

오늘날 법치국가라는 용어는 다양한 분야에서 보편적으로 사용됨으로써 일반용어화되었지만, 헌법학에서 법치국가는 하나의 기본원리로 헌법해석에 있어서 가장 중요하게 적용되는 기준이다.[22] 이미 언급한 것처럼 법치국가는 그 용어가 독일로부터 출발하고 독일의 역사 속에서 형성되어 온 원리라는 점에서 독일의 헌법사적 전개과정을 살펴보는 것이 필요하다.[23]

법치국가는 법치의 이념과 근대 국가론이 결합하면서 등장한 용어로 19세기 중부 유럽의 정치적 혼란 속에서 독일로부터 출발하였다.[24] 18세기말 프랑스의 시민혁명은 인접해 있는 독일 제 지방(支邦)국가에 충격을 주었다. 그 결과 19세기에 들어오자 독일 제 지방의 군주와 영주들은 외부로부터 밀려오는 변화를 차단하고 내부의 안정을 위한 노력을 경주하였다. 그렇지만 계몽주의를 통하여 형성된 시민계급의 확산과 유럽을 풍미하는 자유주의의 물결을 제어하기는 힘들었다. 이로 인하여 독일의 제 지방은 인권의 보장과 내부적 안정을 위한 법체계의 구축이 필요하였고, 그 결과 우선 국가의 기본규범으로서 헌법을 제정하였다.[25] 19세기 초 독일 제 국가의 이러한 변화는 칸트(Kant)의 관념론을 배경으로 한 법치국가를 형성하는 데 있어서 일조를 하게 되었다.[26] 형식적이나마 독일 제 지방의 헌법제정으로 인하여 당시 독일의 국법학

30.자 97헌바38 결정, 법치주의의 원칙이라고 언급한 결정은 헌재 1998.11.26.자 97헌바31 결정; 헌재 1998. 11.26.자 97헌바65 결정, 법치주의의 원리라고 표현한 결정은 헌재 1998.5.28.자 96헌가1 결정 등이 있다.

22) 현행 헌법은 규정 어디에도 '법치' 또는 '법치국가'라는 용어를 사용하고 있지 않다.

23) 법치의 정신이나 이념은 오래 전부터 동·서양에서 발아되었지만, 이것이 국가와 결합하여 헌법상 기본원리화된 것은 독일이라는 점에서 여기서는 법치국가와 관련하여 독일에만 국한한다.

24) 법치국가론이 등장하는 시기에 대해서는 여러 견해가 존재한다. 법치국가의 탄생역사에 대하여 자세히는 Böckenförde, Entstehung und Wandel des Rechtsstaatsbegriffs, in: FS für Arndt, 1969, S.53; Dreier, Der Rechtsstaat im Spannungsverhältnis zwischen Gesetz und Recht, JZ 1985, 353.

25) 이러한 결과 남부 독일의 국가들은 헌법을 제정하고 입헌군주국임을 표방하였다. 예를 들면 1818년 바이에른왕국과 바덴공국, 1819년 뷔르템베르그왕국에서 헌법을 제정하였다.

26) Karpen, Der Rechtsstaat des Grundgesezes, S.55ff.

자 몰(v. Mohl)은 '기본권 보장과 권력분립'을 법치국가에 있어서 핵심이라고 보았다.[27] 그래서 몰은 "개인의 자유를 보장하기 위하여 명확성을 갖는 법률을 제정하고, 시민의 권리를 보호하기 위한 법원을 설치하는 국가"를 법치국가로 보고 새로운 국가유형이라 생각하였다.[28] 이렇게 독일에서는 초기 법치국가를 "국가권력의 자의적 행사를 방지하고 법에 의하여 기본권을 보장"하는 국가로 보았다.[29]

19세기 중반까지 독일은 혼란 속에서 지방들의 제국의 주도권 다툼은 격심하였고, 특히 프로이센과 오스트리아의 경쟁은 1849년 프랑크푸르트헌법을 좌초시키고 자유주의와 민주주의를 퇴보시키면서 법치국가의 이상적인 전개를 불가능하게 하였다. 이런 상황으로 법치국가론은 초기와 달리 형식화되면서 소위 형식적 법치국가가 등장하였다. 이를 두고 당시의 국법학자 슈탈(Stahl)은 "법이란 방법으로 그 내용과 관계없이 국가활동의 방향과 한계를 정하는 국가"를 법치국가로 보았고,[30] 베어(Bähr)나 그나이스트(Gneist)는 "국가권력의 행사에 있어서 법률적합성"만 법치국가의 핵심적인 요소로 보았다.[31] 이러한 경향은 20세기 초 바이마르헌법이 제정될 때까지 지속되었다.[32]

1919년 독일은 공화국으로 새롭게 출발하면서 헌법에 기본권을 규정하였고 권리구제 절차와 헌법재판을 도입하면서 법치국가의 틀을 갖추었다. 바이마르헌법은 최초로 사회적 기본권을 규정하였지만, 전후의 시대상황으로 인하여 자유권적 기본권만 보장되었고, 의회는 국가조직에 관한 법률의 제정에만 초점을 맞추었다.[33] 더구나 의회가 제정한 법률들은 법실증주의가 지배하는

27) v. Mohl, Das Staatsrecht des Königsreichs Württemberg, Bd. I, 1829, S. 6f.

28) v. Mohl, a. a. O., S. 8f.

29) 이 시기에 법치국가는 시민적 자유주의 사상이 많은 영향을 미쳤다는 점에서 시민적 법치국가라고 한다. 독일에서 자유주의 사상은 벨커(Carl Theodor Welcker)와 훔볼트(Wilhelm von Homboldt) 등에 의하여 확산되었다. Welcker, Die letzten Gründe von Recht, Staat und Strafe, 1813 (Neudr. 1964), S. 25; Homboldt, Ideen zu einem Versuch, die Gränzen der Wirksamkeit des Staats zu bestimmen, 1851, in: Flitner/Giehl (hrsg.), W. v. Humboldt, Werke, Bd. I, 3. Aufl., 1980, S. 56ff. 참조.

30) Stahl, Philosophie des Rechts, Bd. 1, Rechts- und Staatslehre auf der Grundlage christischer Weltanschauung, 2. Halbband, 5. unveränderte Aufl., 1978, S. 137.

31) Bähr, Der Rechtsstaat, 1864 (Neudr. 1963), S. 50ff.; v. Gneist, Der Rechtsstaat und die Verwaltungsgeschichte in Deutschland, 1879, S. 270ff. 그 외에도 마이어(Mayer)나 슈타인(v. Stein) 역시 형식적 법치국가론에 가담하였다. v. Stein, Rechtsstaat und Verwaltungsrechtspflege, in: Zeitschrift für das private und öffentliche Recht 6 (1879), 50ff.

32) Böckenförde, Gesetz und gesetzgebende Gewalt, 2. Aufl., 1982, S. 59.

33) Preuß, Deutschlands republikanische Reichsverfassung, 2. Aufl., 1923, S. 95.

가운데 내용의 정당성은 고려되지 못하였다.[34] 바이마르헌법은 자유와 평등, 정의를 기본적 가치로 내세웠지만 헌법질서에 대한 가치판단이 결여되어 형식논리에 함몰되었다.[35] 1933년 국가사회주의가 등장하면서 바이마르공화국은 몰락하였고, 이와 함께 법치국가의 이념도 사라졌다.

제2차 세계대전이 끝난 후 독일은 1949년 본 기본법을 제정하면서 법치국가원리를 명문으로 도입하였다. 이는 인간의 존엄과 생명을 경시하였던 쓰라린 과거의 반성에 기반한 것으로 기본법은 인간의 존엄과 가치를 제1조 제1항에 두면서 헌법질서에 대한 국가권력의 기속을 통하여 헌법의 최고 규범성을 확인하였다. 그 뿐만 아니라 국민의 권리를 보호하기 위한 권리구제절차와 헌법재판을 명시하고 헌법본질에 대한 헌법개정금지 조항을 규점함으로써 법치국가의 실질적 보장을 위한 노력을 기본법에 담았다. 아무튼 오랫동안 혼란과 오욕으로 점철되었던 독일의 헌법사는 법치국가가 수많은 시행착오를 거치면서 이루어진 산물이라는 것을 보여준다. 비록 법치의 이념이 고대 그리스부터 사상적으로 형성되어 왔다고는 하지만, 독일의 예에서 보듯이 법치국가는 역사 속에서 시대정신과 결합하면서 형성되었다고 볼 수 있다.[36] 그렇지만 오늘날 우리가 언급하는 법치국가는 그 용어뿐만 아니라 형성과정과 내용에 있어서 인간의 이성을 기초한 이성국가론에서 출발한 독일의 이론이라는 것을 부인할 수는 없다.[37]

---

34) 헬러(Heller)는 이를 두고 내용적으로 공허한 규범주의라고 비판하였다. Heller, Rechtsstaat oder Diktatur, 1930, S. 11.

35) 특히 Karpen, Der Rechtsstaat des Grundgesetzes, S. 85ff.

36) 최봉철 교수는 서구의 법치사상이 그리스의 플라톤과 아리스토텔레스로부터 시작된다고 보고 있다. 최봉철, 한국의 법문화와 법치주의의 과제, 연세대 법학연구 제11권 제1호 (2001), 76쪽. 그런 맥락에서 본다면 동양에는 법가사상을 설파한 한비자나 상앙자가 법치사상의 선구자라 할 수 있다.

37) 여기서 다이시(Dicey)에 의하여 체계화된 영미의 법의 지배(rule of law)와 법치국가원리를 구분할 것인지 문제가 있다. 맥코믹(MacCormick)은 양자가 국가의 존재에 대한 규범성의 문제에서 외형적으로 구별될 뿐, 그 핵심에 있어서는 큰 차이가 없다고 한다. 그러나 법치국가원리는 독일의 특수한 헌법사 속에서 형성된 것이기 때문에 양자 간에는 차이가 있다고 보는 노이만(Neumann)의 견해도 있다. 이에 대하여 자세히는 MacCormick, Der Rechtsstaat und die rule of law, JZ 1984, 65ff.

2. 법치국가의 근거와 구성요소

(1) 헌법적 근거

현행 헌법은 독일 기본법과 달리 법치국가를 명문화하고 있지 않다. 그래서 법치국가에 대하여 무엇을 어떻게 해석하고 구체화해야 하는지 여부는 그 요소나 내용에 해당하는 것에 관한 규정을 찾아서 포섭시키는 수밖에 없다. 법치국가론은 불문의 헌법상 기본원리로서 적용되고 있다. 법치국가는 단지 규범에 대한 국가권력의 기속성만 규정하는 그런 법질서를 갖는 일종의 백지개념은 아니다. 따라서 전체국가 같은 개념이 헌법에 규정될 경우 법치국가개념 속에서 용인될 수 없다. 이런 국가는 국가권력이 법률에 구속된다고 하여도 단지 형식적 법치국가일 뿐 진정한 의미에서 법치국가라고 볼 수 없다.[38]

법치국가는 그 역사에서 보는 것처럼 헌법국가를 전제로 자유에 기초하여 정의라는 이념의 실현을 목표로 한다. 법치국가원리를 구성하는 헌법규정은 총체적 국가생활에서 기준과 형태를 부여한다.[39] 법치국가에서 법은 핵심으로서 임의적이 아닌 이성·정당성·정의의 관념에서 도출된 내용을 담고 있기 때문에 법우선(Primat des Rechts)의 원칙이 국가생활을 지배한다.[40] 법의 지배나 법률의 지배는 인간의 자의적 행사를 막으며, 국가권력의 헌법과 법기속은 평등과 법적 안정성에 최소한의 기준을 세움으로서 법적 영속성을 형성시킨다.[41] 국가 공권력은 궁극적으로 인간의 존엄과 가치의 대한 보장을 목표로 행사되어야 한다. 법치국가는 기본권보장과 권력분립의 두 요소에 의하여

38) 형식적 법치국가는 행정의 법률적합성, 권력분립, 법원의 독립 등을 요소로 하며 법률의 기준에 의하여 국가권력을 통제한다. 단순히 법률의 기속만을 강조하는 경우 법률의 내용과 질은 결정적일 수밖에 없다. 독일은 이미 형식적 법치국가가 아주 쉽게 불법국가(Unrechtsstaat)로 변하는 역사적 경험을 하였다. 이에 대하여 참고할 문헌으로는 Merten, Rechtsstaat und Gewaltmonopol, 1975, S. 10ff.; Thoma, Rechtsstaatsidee und Verwaltungsrechtswissenschaft, JöR 4 (1910), 199ff.

39) Hesse, Der Rechtsstaat im Verfassungssystem des Grundgesetzes, in: Forsthoff(Hrsg.), Rechtsstaatlichkeit und Sozialstaatlichkeit, 1968, S. 557ff.; Maunz/Zippelius, Deutsches Staatsrecht, § 12 II.

40) BVerfGE 7, 89 (92).

41) 그러나 국가권력이 법에 기속된다는 의미는 그 자체의 한계를 갖는다. 특히 불법이 법의 형식으로 나타날 때 행정과 사법의 법기속은 그 역기능으로 인하여 오히려 법치국가의 이념이 무의미해진다. 이러한 모순의 시정은 법률이 제정절차의 합법성과 민주적 정당성을 가짐으로서 해결된다. 또한 입법자가 헌법과 법에 기속됨으로서 법률의 내용적 정당성을 확보하게 되며, 나아가 헌법재판을 통하여 입법권도 기본권에 기속된다. Wahl, Der Vorrang der Verfassung, Der Staat 20 (1981), 485ff. 참조.

자유와 평등, 정의를 보호한다.

법치국가의 전체적인 형태는 헌법에 직접적인 규정은 없지만, 헌법의 개별적 조항으로부터 하나의 조합된 형태로 구성된다. 예를 들어 권력분립원칙은 개개의 조항이 모여서 구성된다. 헌법은 제40조에 입법권, 제66조 제4항에 행정권과 제100조 제1항에 사법권, 그리고 제111조에 헌법재판소 등 개별적으로 규정하고 있다. 이외에 국가권력의 법기속성은 개별 조항에 명문화되어 있다. 입법작용의 헌법과 법기속성은 규범통제조항(제107조 제1항, 제111조 제1항 제1호)을 통하여, 사법작용은 헌법과 법률에 기속되며(제103조), 행정작용에 있어서는 행정의 법률적합성(제107조 제2항)과 국가기관의 조직과 직무에 대한 법률주의(제96조, 제102조 제2항) 등이 적용된다. 이와 함께 헌법은 국민의 기본권과 함께 국민의 권리를 보호하기 위하여 사법절차적 보장을 규정하고 있다(제12조, 제27조, 제101조, 제103조, 제109조).[42)]

그러나 법치국가의 원리는 이와 같이 개개의 규정들이 모여서 형성된 집합개념은 아니다. 법치국가는 헌법사의 과정에서 형성·발전해 온 헌법의 원리이기 때문에 개개의 조항이 갖는 내용을 단순히 해석하는 것만으로 정립될 수 없다. 헌법은 추상적 내용을 명문화한 것이기 때문에, 각 조항은 역사에 기초하여 현실과 결부된 해석을 통하여 정확한 의미를 얻게 된다.[43)] 이러한 점에서 볼 때 법치국가원리를 근거하는 헌법의 규정들은 인간의 존엄과 가치, 권력분립, 국가권력의 헌법과 법률에 대한 기속 등이며, 이 규정들은 헌법의 개정대상에 포함되지 않는다.[44)]

⑵ 법치국가의 구성요소

법치국가는 독일의 헌법사 속에서 점철된 경험을 통하여 그 내용을 형성해 왔다. 오늘날에 이르기까지 법치국가를 충족시키는 그 구성요소는 대체로 헌법의 우위원칙을 토대로 하여,[45)] 기본권 보장을 위한 국가권력의 기속, 권력

42) 헌법규정에 대한 그 밖의 내용은 홍성방, 법치주의의 원리, 법정고시, 1998. 5, 101쪽 이하, 참조.

43) Kunig, Das Rechtsstaatsprinzip, S. 481ff.

44) 독일 기본법 제20조 제1항의 국가구조와 국가방침규정 등의 경우 헌법기본질서에 있어서 본질적인 규정이 아니므로 개정 가능성을 갖는다는 견해가 있다. Stern, Staatsrecht, Bd. I, S. 172f.

45) Wahl, Der Vorrang der Verfassung, Der Staat 20 (1981), 485ff.

분립원칙, 법우선의 원칙에 따른 국가권력의 법에 대한 기속, 기타 파생원칙 등이다.[46)]

우선 법치국가는 권력분립과 국민의 대표기관에 의하여 제정된 법률이라는 조건을 갖춘 헌법국가를 전제로 한다.[47)] 법치국가는 헌법국가를 전제로 하여 국가권력을 법질서 내에서 통제함으로서 법치국가적 자유를 실현시킨다.[48)] 헌법은 제10조 이하에서 인간의 기본적 권리에 대하여 예시하여 규정하고 있다. 특히 헌법이 명문화하고 있는 인간의 존엄과 가치에 대한 존중과 보호는 실질적 법치국가에 있어서 가장 핵심적인 구성요소라고 할 수 있다.[49)] 인간고유의 가치는 존중되어야 하며, 인간이 자신의 인격을 형성하고 발현하기 위한 자치의 핵심영역과 정신적·도덕적 개성은 존중되고 촉진되어야 한다. 그래서 이를 구체화하기 위한 인간의 자유와 평등은 개별 기본권을 통하여 보장된다. 또한 이를 위하여 헌법은 제1조 제2항에 국가권력의 대국민 기속성을 명문화하고, 제10조 제2문에서 기본권보장에 대한 국가의 책무를 확인하고 있다.

국민의 기본권보장에 초점을 맞추고 있는 법치국가는 국가권력의 집중을 배제하기 위하여 권력분립원칙을 한 요소로 하고 있다. 현행 헌법은 제40조에 입법권, 제66조 제4항에 행정권, 제101조 제1항에 사법권 등을 규정하여 권력분립원칙을 간접적으로 명시하고 있다.[50)] 권력분립원칙은 서로 독립된 국가의 기능을 담당하고 있는 기관들의 권한배분에 관한 원칙으로, 인적 구성 면에서 기본적으로 한 국가권력의 조직에 속한 구성원이 다른 조직에 속해서는 안 된다는 것을 말한다.[51)] 권력분립원칙은 제도화된 상호 견제적 통제를 통하여 권력의 오용과 남용을 막고, 이를 통하여 시민의 자유는 보호받게 된다.[52)]

---

46) Dreier에 의하면 법치국가는 발전과정에서 민주주의의 바탕 하에 다섯 가지의 특징적 요소를 갖고 있다고 한다. 즉 기본권·권력분립·행정의 법률적합성·독립된 법원에 의한 권리보호·국가의 공권력행사의 예측가능성 등이다. Dreier, JZ 1985, 353.

47) Friesenhahn, Recht, Staat, Wirtschaft, Bd. 2, 1950, S. 242.

48) Schmidt-Aßmann, in: HdbStR I, § 24, Rn. 28; Stern, Staatsrecht, § 20 IV, 1 참조.

49) Dürig, Der Grundsatz von der Menschenwürde, AöR 81 (1956), 117; Maihofer, Rechtsstaat und menschliche Würde, 1968; Starck, Menschenwürde als Verfassungsgarantie im modernen Staat, JZ 1981, 457, 참조.

50) 독일 기본법은 제20조 제2항 제2문에 "국가권력은 입법, 행정과 사법의 특별한 기관에 의하여 행사된다"라고 하여 권력분립의 원칙을 규정하고 있다.

51) 대통령제에서 이 원칙은 대체로 엄격하게 지켜지나, 내각책임제의 경우에는 입법부의 집권다수당에 의하여 내각이 구성되는 관계로 이 원칙은 단지 사법부와의 관계에서만 준수된다고 볼 수 있다. 현행 헌법은 대통령제를 채택하고 있으나, 내각책임제의 요소를 가미하여 국회의원의 행정부 각료 겸직을 허용하고 있다.

52) 권력분립의 역사적 발전과정에 대해서는 Stern, Staatsrecht, Bd. II, § 31 I.

권력분립원칙은 국가권력의 집중에 의한 권한행사의 오・남용을 막기 위하여 권력의 분리와 분산에 초점을 두고 있지만, 견제와 균형의 논리 속에서 국가기능의 활성화를 위한 구성원의 교류와 권한의 통합도 허용된다.[53]

법치국가를 구성하는 또 다른 중요한 요소는 행정과 사법의 헌법과 법률에 의한 기속이다. 국민으로부터 정당성을 직접 확보하고 있지 못한 행정과 사법은 헌법과 법률에 따라 작용되어야 한다. 행정의 법률기속은 법치행정의 틀 속에서 법률의 우위와 유보(Vorrang und Vorbehalt des Gesetzes)원칙의 적용으로 나타난다.[54] 또한 사법의 법률기속은 재판에 있어서 소송법의 적용으로 구체화된다. 물론 여기서 법률은 정당성이 전제되어야 하다. 왜냐하면 민주적 법치국가에서 법률은 무조건 정당성을 획득하는 것은 아니기 때문이다.[55] 법률이 기본권이나 헌법에 합치되는지 여부가 문제되는 경우에는 위헌법률심판이나 법률의 개정과 폐지로 해결해야 한다.

법치국가는 기본권보장과 권력분립원칙의 명문화로만 실현되는 것은 아니다. 그래서 법치국가는 권리보호를 실질적으로 실현하기 위한 절차를 필요로 한다. 또한 국가는 법률분쟁에 있어서 법의 효력을 관철해야 할 의무를 갖는다. 흠이 없는 권리보호를 위하여 법치국가는 사법제도와 적법한 절차를 구축해야 한다. 절차적 정의에 충실한 절차야말로 정당하고 합의가 가능한 결과를 끄집어 낼 수 있다.[56] 국가의 재판청구권보장, 사법절차와 행정절차의 법치국가적 기본원칙들은 절차적 정의의 구축에 기여한다.

이상과 같은 요소들 이외에도 법치국가는 그 실현을 위한 여러 파생원칙을 갖고 있다. 법치국가의 파생원칙들은 기본권보장과 국가권력의 관계 속에서 도출되며, 이에는 법적 안정성과 신뢰보호의 원칙, 비율성(Propotionalität)과 비례성,[57] 그리고 국가책임의 원칙 등이 있다. 먼저 법적 안정성은 법의 목적 중의 한 요소로서,[58] 법의 명확성(Klarheit), 확정성(Bestimmtheit), 통찰성(Übersichtlichkeit)

53) Stern, Staatsrecht Bd. II, § 38 I 5a.

54) Hesse, Verfassungsrecht, Rn. 200f.; Maunz/Dürig, Staatsrecht, § 12 III, 4; Pietzcker, Vorrang und Vorbehalt des Gesetzes, JuS 1979, 710.

55) Klein, Legitimität gegen Legalität?, in: Festgabe zum 10jährigen Jubiläum der Gesellschaft für Rechtspolitik, 1984, S. 645ff.; Merten, Rechtsstaat und Gewaltmonopol, S. 22ff.; Würtenberger, Legitimität und Gesetz, in: FG für Rechtspolitik, S. 533ff.

56) Zippelius, Rechtsphilosophie, 1989, § 36.

57) 법익과의 관계에서 비율성과 비례성은 구분된다.

58) Bull, Die Sicherheitsgesetze„ im Kontext von Polizei- und Sicherheitspolitik, in: Bull (Hrsg.), Sicherheit durch Gesetze?, 1987, S. 25ff.; Horn, Einführung in die Rechts-

에 의하여 구성된다. 법적 안정성은 현행법이 적용되고, 필요한 경우 강제적으로 관철되어야 한다는 전제조건을 갖는다. 그 다음 신뢰보호원칙(Vertrauensschutz-prinzip)은 법적 안정성 속에서 형성된다.59) 법규의 지속적인 효력은 신뢰를 형성하게 되고, 그 신뢰는 바로 법규로부터 보호받는다. 이러한 신뢰보호는 과거에 기인하는 법률관계에 대하여 부담적인 법적 결과를 가져오는 소급입법을 제한한다.60)

비례성원칙은 법치국가에 있어서 중요한 파생원칙이다.61) 비례성원칙은 국가권력의 행사를 통하여 이루려는 목적과 그 목적을 위한 수단 간의 합목적성을 판단하기 위한 원칙으로, 적합성과 필요성, 그리고 협의의 비례성원칙으로 구분한다.62) 또한 국가책임의 원칙은 법치국가에서 현실적으로 공법상 손해전보제도를 통하여 구체화된다.63) 이 원칙은 기본권이 침해되어 원상회복이 불가능할 때, 피해에 대하여 물질적으로 보상할 것을 요구한다. 이러한 공법적 보상체제는 보통 두 가지의 유형으로 구분되는데,64) 개인의 권리가 국가의 적법한 행위로 침해되어 발생하는 손실에 대한 보상과 위법한 행위로 인하여 발생한 손해에 대한 배상이 있다. 오늘날 손해전보제도는 행정법상 채무관계

wissenschaft und Rechtsphilosophie, 1996, S. 224f.; Würtenberger, Artikel Rechtssicherheit, in: Ergänzbares Lexikon des Rechts 2, 1991, S. 480; Zippelius, Rechtsphilosophie, 2. Aufl., 1989, § 23.

59) Pieroth, Die neuere Rechtsprechung des Bundesverfassungsgerichts zum Grundsatz des Vertrauensschtzes, JZ 1984, 971ff.

60) 현행 헌법은 제13조 제 2 항에 의하여 명시적으로 참정권의 제한과 재산권에 박탈에 한하여 소급입법을 금지하고 있다.

61) 법치국가원리와 비례성원칙에 대해서는 Dechsling, Das Verhältnismäßigkeitsgebot, 1989; Kutscher/Ress, Der Grundsatz der Verhältnismäßigkeit in europäischen Rechtsordnung, 1985, S. 5f.; Lerche, Übermaß und Verfassungsrecht, 1961; Ossenbühl, Zumutbarkeit als Verfassungsmaßstab, in: Rühters/Stern (Hrsg.), Freiheit und Verantwortung, 1984, S. 315; Wendt, Die Garantie der Grundrechte und das Übermaßverbot, AöR 104 (1979), 414ff. 參조. 법치국가원리에서 비례성원칙이 파생되지 않는다고 보는 견해로는 Kunig, Das Rechtsstaatsprinzip, S. 460ff.

62) 비례성의 원칙에 관하여는 Hirschberg, Der Grundsatz der Verhältnismäßigkeit, 1981; Jakobs, Der Grundsatz der Verhältnismäßigkeit, 1985; Wieacker, Geschichtliche Wurzeln des Prinzips der verhältnismäßigen Rechtsanwendung, in: FS für Fischer, 1979, S. 867ff.; 경찰법상 비례성원칙에 대한 문헌으로는 Würtenberger/Heckmann/Riggert, Polizeirecht in Baden-Württemberg, Rn. 342ff.

63) W. Jellinek, Verwaltungsrecht, 3. Aufl., 1931, S. 321; Schmidt-Aßmann, in: HdbStR I, § 24 Rn. 5.

64) Kimminich, in: Bonner Kommentar Grundgesetz, Art. 14; Maurer, Enteignungsbegriff und Eigentumsgarantie, in: FS für Dürig, 1990, S. 293; ders., Allgemeines Verwaltungsrecht, S. 656ff.; Papier, in: M/D, GG, Art. 14; ders., Staatshaftung, in: HdbStR VI, § 157 Rn. 1ff.; ders., Die Entschädigung für Amtshandlungen der Polizei, DVBl. 1975, 567.

(verwaltungsrechtliches Schuldverhältnis)의 불이행 등으로 인하여 발생한 피해에 대한 보상청구권, 위법한 고권행위의 결과로 인하여 발생한 피해의 원상회복을 위한 결과제거청구권 등 다양하게 확대되고 있다.[65]

Ⅲ. 인신의 자유의 의미와 역사적 전개

1. 자유권의 핵심으로 인신의 자유

(1) 기본권으로서의 인신의 자유

인간의 권리는 인간이 인간으로서 향유하는 권리를 말한다. 이러한 인간의 권리가 실정헌법에 명문화되면서 기본권이란 용어가 등장하였다. 기본권이란 인간의 권리 중 가장 기본적인 권리를 지칭하는 것으로 성문헌법 용례에 처음 등장한 것이 1849년 독일 프랑크푸르트헌법이다. 이후 독일은 인권보다는 기본권이란 용어를 사용하고 있으며, 우리의 경우도 강학상·실무상 인권보다 기본권이란 용어를 사용하고 있다. 물론 오늘날 양자를 보편적으로 거의 동일하게 쓰고 있지만, 헌법이 보장하는 인간의 기본적 권리를 기본권이라 할 때 인권과 기본권을 동일하게 취급할 수는 없다. 왜냐하면 인권은 중세 이후 근대에 이르기까지 형성된 인권사상을 바탕으로 인간이 인간으로서 당연히 가지는 권리, 즉 천부적·생래적 권리를 의미하고, 기본권은 실정헌법이 보장하는 국민의 기본적 권리를 의미하기 때문에 양자 간에는 권리의 주체나 내용 등에서 차이가 있다.[66] 또한 기본권이란 용어는 독일에서 출발한 것으로 인간이 개인으로서 또한 자기가 속한 국가공동체의 구성원으로서의 권리까지 포함한 기본적인 권리를 규범화한 것이라고 볼 수 있다.[67] 그리고 기본권도 인간의 권리라는 점에서 인권이란 사실에는 다름이 없다.

나아가 인권과 기본권의 구별의 의미는 인권의 국제화 경향 속에서 점차 그 실익이 없어지고 있다.[68] 또한 상당수의 국가가 규정하고 있지 않은 권리라

65) Ossenbühl, Staatshaftungsrecht, §§ 34ff.; Steinberg/Lubberger, Aufopferung, Enteignung und Staatshaftung, §§ 4, 7.

66) 대다수의 헌법학자들은 인권과 기본권을 구별하고 있다. 대표적으로 권영성, 헌법학원론, 285쪽.

67) Dreier, in: Dreier, GG, Bd. 1, Vorb. Rn. 35ff. 참조.

68) 권영성, 헌법학원론, 285쪽.

도 기본권에 준하는 권리, 즉 기본권과 동등한 권리(grundrechtsgleiche Rechte) 또는 기본권과 유사한 권리(grundrechtsähnliche Rechte) 등도 헌법에서 포섭하여 기본권의 포괄성을 인정하고 있다.[69] 이는 우리 헌법 역시 제37조 제1항에서 찾아볼 수 있다. 즉 동 조항은 열거되지 않은 권리라 하여도 기본권적 특성을 갖는 권리는 기본권으로 본다고 규정하여 헌법상 열거된 기본권에만 국한하지 않는다는 것을 명문화하고 있다.

헌법에 열거된 기본권은 인간의 역사적 경험을 통하여 헌법적 보장을 요구하는 인권들이 명문화된 것이다. 이러한 기본권 중에서 중심에 서 있는 기본권이 자유권이다. 자유권은 인간의 자유를 대상으로 그 개별적 유형을 권리화한 것이다. 이렇게 헌법이 자유권을 중심으로 기본권을 구성한 것은 인간에게 있어서 자유가 그 무엇보다도 중요한 가치이기 때문이다. 인간은 자유를 통하여 그 존엄과 가치를 발현하고, 개성을 신장한다. 하나의 인격체로서 인간은 자유를 통하여 인간다운 삶을 추구한다. 그래서 현대 헌법에서 자유권은 헌법이 보장하는 기본권에 있어서 중심에 있다.

헌법이 규정하고 있는 자유권에는 인신, 즉 신체의 자유에 관한 기본권과 내면의 정신적 자유권이 있다. 물론 그 외에도 경제적 자유와 관련하여 경제적 기본권, 정치적 자유와 관련하여 정치적 기본권 등이 있다. 이런 자유권의 영역에서도 핵심적인 기본권의 하나가 바로 인신의 자유라 할 수 있다. 인신의 자유는 인간의 생명·신체·활동에 관한 자유로 인간으로서 가져야만 하는 천부적 권리이다.

(2) 현행 헌법상 인신의 자유

현행 헌법은 인신, 즉 신체의 자유와 관련하여 제12조에 7개항에 걸쳐 상세히 규정하고 있을 뿐만 아니라 신체의 자유와 관련하여 제13조, 제27조, 제28조 등을 통하여 보장하고 있다. 우선 헌법 제12조 제1항은 제1문에서 모든 국민이 신체의 자유가 있다는 것을 선언하고 있다. 헌법상 신체의 자유는 인신의 자유를 말하는 것으로 신체의 자유로운 활동뿐만 아니라, 이에 전제가 되는 신체의 안전까지 포함하여 법률과 적법절차에 의하지 아니하고는 침해

69) 독일 기본법 제93조 제1항 제4a호는 기본권과 동등한 권리(grundrechtsgleiche Rechte)라는 표현으로 기본권의 포괄성을 인정하고 있다. 이에 대하여 자세히는 Pieroth/Schlink, Grundrechte, Rn. 51ff.; Stern/Sachs, Staatsrecht III/1, S. 358ff.

받지 않는 것을 의미한다. 헌법재판소 역시 신체의 자유는 신체의 안전성이 외부로부터 물리적인 힘이나 정신적인 위협으로부터 침해당하지 않을 자유와 신체활동을 임의적이고 자율적으로 할 수 있는 자유를 말하는 것이라 판시하고 있다.[70] 이렇게 신체의 자유는 인간의 시원적 요구이며, 인간생존을 위한 최소한의 조건으로 근대 입헌주의헌법 이래 헌법에서 보장되고 있다.

헌법은 신체의 자유와 관련하여 죄형법정주의원칙을 선언하고 법률주의에 따라 실체적 보장을 하고 있다.[71] 그뿐만 아니라 헌법 제13조 제 1 항에서는 일사부재리의 원칙 및 이중처벌금지의 원칙을 규정하여 신체의 자유를 보장하고 있다. 또한 헌법 제13조 제 3 항은 근대 형법의 기본원칙이라 할 수 있는 자기책임의 원칙에 따른 연좌제금지를 규정하여 신체의 자유를 보장하고 있다. 나아가 헌법은 신체의 자유에 대한 실체적 보장뿐만 아니라, 절차적 보장도 명문화하고 있다. 신체의 자유를 제한하는 체포·구속·수색·압수·심문·처벌 등은 법률과 적법한 절차에 따라야 한다고 하여 절차적 보장을 요구하고 있다. 헌법에 의한 신체의 자유에 대한 적법절차는 공권력에 의한 국민의 생명·자유·재산의 침해는 반드시 합리적이고 정당한 법률에 의하여 정당한 절차를 통하여 행사해야만 유효하다는 원칙으로, 신체의 자유를 보장하기 위해서는 절차적 공정성이 담보되어야 한다는 것을 의미한다.[72] 그리고 헌법은 헌법 제12조 제 3 항에서 영장제도를 규정하여 범죄수사에서 부당한 신체의 자유 침해를 방지하고 있으며, 제 5 항에서는 구속 이유와 변호인의 조력을 받을 권리에 대한 고지제도, 제 6 항에서는 구속적부심사제도를 규정하여 절차적 보장을 확대하고 있다. 또한 이 외에도 형사피의자와 형사피고인의 권리를 보장하기 위하여 헌법 제27조 제 4 항에 의한 무죄추정권, 제12조 제 2 항에 의한 고문을 받지 아니할 권리와 묵비권, 제12조 제 7 항의 자백의 증거능력 및 증명력의 제한, 제12조 제 4 항의 변호인의 조력을 받을 권리와 제27조에 의한 신속하고 공개된 재판을 받을 권리를 규정하고 있다.

---

70) 헌재 1992. 12. 24.자 92헌가8 결정.

71) 헌재 1995. 9. 28.자 93헌바50 결정(우리 헌법 제12조 제 1 항 후문과 제13조 제 1 항 전단에 규정하고 있는 죄형법정주의는 …).

72) 헌재 1993. 7. 29.자 90헌바35 결정.

2. 자유권 보장의 역사

인간은 자유와 권리에 대하여 오랜 투쟁의 역사를 갖고 있다. 인간의 권리는 기나긴 역사를 통하여 하나씩 쟁취한 것이다. 특히 인간의 자유는 강력한 지배권력으로부터 보호받아야 할 권리로 보고 투쟁하여 쟁취하였다. 근대 이후 자유권은 헌법에 의하여 성문화되면서 기본권으로 자리를 잡았다.

인신의 자유와 관련하여 자유권의 역사는 인간의 권리투쟁의 역사와 동일선상에서 그 궤적을 갖고 있다. 기본권은 자유권으로부터 출발하기 때문에 근대에 이르기까지 기본권의 역사는 자유권의 역사라고도 할 수 있다.[73] 기본권의 역사는 항상 언급되고 있는 것처럼 1215년 영국의 마그나 카르타(Magna Charta Libertatum)에서부터 시작된다.[74][75] 이 대헌장은 오늘날의 관점에서 볼 때 왕과 귀족간의 세력다툼의 결과로 나타난 단순한 문서로 볼 수도 있지만, 그 체결의 당사자가 누구였든지 불문하고 왕의 권력을 제한하는 것을 내용으로 하는 문서였다는 점에서 기본권의 역사에서 그 의미를 부여할 수밖에 없다.

유럽대륙 특히 영국으로부터 시작된 기본권의 역사는 대헌장 이후에도 계속하여 17세기에 이르기까지 영국에서 전개되었다.[76] 17세기 영국은 종교와 신앙의 자유의 관련 속에서 국왕과 의회의 갈등과 대립, 사회계약론의 등장과 혁명으로 많은 변화를 경험하면서 의회주의의 토대를 형성하기 시작하였으나,[77] 기본권의 역사에서 17세기는 신체의 자유나 언론의 자유 등 자유권적 기본권이 명문으로 보장되기 시작한 중요한 시기였다. 1628년 권리청원(Petition of Right), 1679년 인신보호법(Habeas Corpus Act)과[78] 1688년 명예혁명

73) 기본권의 역사는 권리 중심의 법체계가 형성되기 시작한 중세 이후부터 보아야 한다. 이에 대해서는 최대권, 헌법학강의, 1999, 175-176쪽; Pieroth, Geschichte der Grundrechte, Jura 1984, 568ff. 참소.

74) Magna Charta 이전에는 1188년 스페인왕국에서 개인의 명예권, 주거권과 소유권, 피고의 적법한 절차에 관한 권리 등을 규정한 Cortes von Léon이다. 이에 대해서는 Bleckmann, Staatsrecht II, 3. Aufl., 1989, S. 3ff. 참조.

75) 마그나 카르타에 대하여 자세히는 Voigt, 750 Jahre Magna Charta Libertatum, JuS 1965, 218ff. 참조.

76) 이 시기에 대륙에서도 영국의 대헌장에 준하는 형태의 권리선언이 있었다. 예를 들면 1514년 독일에서 귀족의 권리를 보장한 튀빙엔협약(Tübinger Vertrag) 등이다.

77) 물론 17세기 중반의 Cromwell의 혁명은 방법의 과격성으로 인하여 실패하였으나, 그 사상적 기초를 제공한 John Milton의 인문주의와 청교도적 엄정주의는 그의 후계자 John Locke에 의하여 구체화되어 인권의 형성에 큰 영향을 미쳤다.

78) 인신보호법에 대해서는 Duker, A Constitutional History of Habeas Corpus, 1980; Riedel, Die Habeas Corpus Akte, EuGRZ 1980, 192ff. 참조.

의 결과로 나온 1689년 권리장전(Bill of Right) 등은 인간의 자유와 권리를 보장받기 위한 투쟁의 산물이었다.79)

유럽대륙이 시민혁명에 휩싸이면서 구체제가 붕괴되고 새로운 정부형태의 근대국가가 출현하면서 지구촌 기본권의 역사도 새롭게 전개되기 시작하였다. 18세기는 인권의 역사에서 한 획을 긋는 시기였다. 영국의 입헌군주제 식민지배로부터 탈피하여 독립을 선언한 1776년의 미국은 같은 해 버지니아(Virginia) 주의 권리장전을 필두로 메릴랜드(Maryland; 1776년), 매사추세츠(Massachusetts; 1780년) 등 각 주와 1791년 연방의 권리장전에서 자연적 인권을 승인하고 최고규범인 헌법에 규정함으로서 자유권을 중심으로 기본권의 근거를 실정법화 하였다.80)

1789년 프랑스 시민혁명에서 나온 인간과 시민의 권리선언(Déclaration des droits de l'homme et du citoyen)은 기본권의 역사에서 가장 중요한 상징으로 절대군주제의 구체제를 타파하고 인간의 천부적 권리를 천명하였다. 이 권리선언은 1791년과 1795년 헌법에 수용되었고, 이후 프랑스뿐만 아니라 1831년 벨기에는 프랑스 인권선언에 규정되었던 기본권조항의 대부분을 그들의 헌법에 명문화하는 등 전 유럽에 영향을 미치게 되었다.81) 프랑스의 인권선언은 구체제의 붕괴 속에서 이루어졌다는 특색을 갖고 있기 때문에 미국의 인권선언과는 중요한 차이를 갖고 있다. 그것은 신분의 타파에 의한 평등사상의 대두로서 자유권뿐만 아니라 평등권이 기본권의 핵심으로 떠오르게 된 것이다.82)

프랑스의 인권선언은 주변 국가에 혁명의 바람을 불러일으키고 인권의식을 전파하였다. 그러나 소국으로 분할되어 있던 독일에서는 혁명을 우려한 영주들의 개혁정책으로 인하여 19세기 초기에는 커다란 변화가 없었다.83) 그렇

79) 17세기 영국의 시민혁명에 대하여 개괄적인 문헌으로는 한상범, 금서를 통해 본 근대사상사, 1981, 116-160쪽.

80) Dreier, in: Dreier, GG, Bd. 1, 1996, Vorb. Rn. 8; Pieroth, Jura 1984, 571f.; Zippelius, Allgemeine Staatslehre, § 32 III.

81) Pieroth, Jura 1984, 574.

82) Hofmann, Zur Herkunft der Menschenrechtserklärungen, JuS 1988, 841ff.; ders., Die Grundrechte 1789-1919-1949, NJW 1989, 3177ff.; Stourzh, JZ 1976, 402.

83) 19세기 초 독일의 각 지방(支邦)은 헌법에 기본권을 규정하여 혁명의 여파를 차단하려고 노력하였다. 예를 들면 1818년 바이에른(Bayern)왕국과 바덴(Baden)공국, 1819년 뷔르템베르그(Württemnerg)왕국의 헌법 등이다. 그러나 이들 헌법에 규정된 기본권이란 오늘날 현대적 의미에 있어서 기본권이라고 보기에는 어렵다. 왜냐하면 기본권의 주체는 단지 귀족이나 자유시민에게 한정되어 있었기 때문이다.

지만 19세기 중반에 들어오면서 독일도 혁명의 분위기가 감돌기 시작하였다. 1848년 프랑크푸르트 파울교회에 모인 지식인과 각 지방국가의 대표들은 입헌주의에 입각한 독일제국의 결성과 독일민족의 기본권을 위한 헌법을 약속하고, 1849년 일명 프랑크푸르트헌법(Frankfurter Verfassung)이라 불리는 독일제국의 헌법을 제정하였다.84) 그러나 이 헌법은 당시로서는 너무 진보적이고 획기적으로 기본권을 규정하고, 사법적 보장과 헌법재판 등을 규정하여 기존세력으로부터 환영받지 못하였고, 또한 제국의 주도권을 차지하기 위하여 프로이센왕국과 오스트리아제국이 다투는 바람에 효력을 발생시키지 못하고 역사 속으로 사라졌다.85)

1848년 혁명의 좌초는 독일의 기본권 역사의 후퇴를 가져왔다. 물론 1850년 프로이센의 헌법은 제2장 프로이센 국민의 권리에서 학문의 자유와 정치적 자유를 규정하고 있었으나 법률유보를 통한 형식적인 권리에 불과하였고, 1871년 독일제국의 비스마르크헌법은 기본권규정을 포기하고 단지 제3조에 영업의 자유만 규정함으로서, 전통적인 자유권적 기본권은 제국의 법률을 통하여만 구체적으로 보장받게 되었다.86) 이것은 19세기 초부터 형성되기 시작하여 전개된 법치국가의 사상과 맞물려 1919년까지 미루게 되었다.87)

20세기는 두 차례의 세계대전을 겪으면서 기본권에 있어서도 사회적 기본권과 인간의 존엄과 가치라는 새로운 인식을 통하여 발전을 가져왔다. 1918년 제1차 세계대전이 독일의 패전으로 끝이 나면서 독일의 제2제국의 시대도 종언을 고하고, 1849년 좌절되었던 프랑크푸르트헌법상 기본권규정을 부활시킨 1919년 바이마르헌법이 탄생되었다. 동 헌법은 제2장에 독일인의 기본권과 기본의무(제109-165조)를 규정, 자유권뿐만 아니라 사회적·경제적 기본권까지 수용하였다. 바이마르헌법의 기본권은 기존 상태의 유지가 아니라 새로운 민주적이고 사회적 국가질서에서 발생할 불평등을 해소하고 사회적 정의의 실현을 위한 진보된 내용을 갖고 있었다.88) 예를 들면 소유권의 사회적

84) 이 프랑크푸르트헌법을 파울스키르헨헌법(Paulskirchenverfassung)이라고도 부른다.

85) 이 부분에 있어서 자세히는 Huber, Deutsche Verfassungsgeschichte seit 1789, Bd. I, 2. Aufl., 1975, S. 640ff.

86) Huber, in: FS für Scheuner, 1973, S. 163f. 참조.

87) 이러한 사실은 형식적 법치국가의 개념형성에 영향을 미쳤다.

88) Apelt, Geschichte der Weimarer Verfassung, 2. Aufl., 1964, S. 351ff.; Thoma, in: Anschütz/Thoma(Hrsg.), Handbuch des Deutschen Staatsrechts, Bd. 2, 1932, S. 607ff.

의무(제153조 제3항)나 노동권의 보장(제157조 제1항) 등이다. 이러한 것들 특히 소유권의 경우 전통적인 기본권에 대한 새로운 해석을 요구하는 것으로 당시에 상당히 충격적인 것이었다.89)

바이마르헌법의 기본권조항은 노동권과 사회권 등 기본권영역의 확대를 통하여 20세기 기본권의 역사에 새로운 지평을 열었으나, 불행하게도 당시의 시대적 상황은 이러한 노력이 정상적으로 추진되도록 힘을 실어줄 수가 없었다.90) 헌법의 규범력이 최대한 보장되지 못함으로써, 즉 헌법의 우위(Vorrang der Verfassung)원칙이 확립되지 못한 상황에서 헌법에 규정된 찬란한 기본권 규정들은 입법의 뒷받침 없이 단지 규정으로서만 남아있게 되거나, 또는 행정의 법률적합성(Gesetzmäßigkeit der Verwaltung)의 원칙만 강조하여 형해화되었다.91) 그러나 다른 한편에서 신체의 자유, 죄형법정주의, 사법보장, 국가책임과 소유권 등은 실질적 규범력을 갖고 적용되었으며 판례와 학설을 통하여 발전함으로서 바이마르 기본권이 단지 프로그램규정(Programmsätze)이라고 일부에서 단정하였던 것은 전체를 보지 못하였던 것이라고 할 수 있다.92) 아무튼 바이마르헌법이 기본권 역사에 공헌한 것은 포괄적인 기본권규정을 통하여 기본권의 영역을 확대하였다는 데 있다.

바이마르헌법은 여러 장점에도 불구하고 1933년 국가사회주의자들에 의하여 효력을 상실하였고, 이와 함께 적어도 제2차 세계대전이 끝날 때까지 독일과 유럽 등에서 기본권의 문제는 논의의 한계를 가질 수밖에 없었다. 이러한 경험으로 인하여 인류사회는 헌법을 수호하기 위한 제도적 장치가 마련되어야 한다는 필요성과 전쟁의 잔혹함과 참혹성으로 인한 반작용으로 인간의 존엄과 가치에 대한 헌법적 선언과 보장이 필요하다는 요구가 대두되었다.

89) Huber, Verfassungsgeschichte, Bd. 6, S. 95; Rittstieg, Eigentum als Verfassungsproblem, 2. Aufl., 1976, S. 252ff.; Scheyhing, Deusche Verfassungsgeschichte der Neuzeit, 1968, S. 226.

90) Kelsen, Allgemeine Staatslehre, 1925, S. 155; Thoma, Die juristische Bedeutung der grundrechtlichen Sätze der deutschen Reichsverfassung im allgemeinen, in: Nipperdey (Hrsg.), Die Grundrechte und Grundpflichten der Reichsverfassung, Bd. 1, 1929, S. 3ff.

91) Bauer, Geschichtliche Grundlagen der Lehre vom subjektiven öffentlichen Recht, 1986, S. 90ff.; Jellinek, System der subjektiven öffentlichen Rechte, 2. Aufl., 1905, S. 103; Thoma, Das System der subjektiven öffentlichen Rechte und Pflichten, in: HdbDStR II, S. 607ff.

92) 이와 관련하여 참조할 문헌으로는 Apelt, Geschichte der Weimarer Verfassung, S. 351ff.; Dreier, in: Dreier(Hrsg.), GG, Bd. 1, Vor. Rn. 11ff.; Pieroth, Rückwirkung und Übergangsrecht, 1981, S. 293ff.

이에 의하여 독일의 경우 1949년 본기본법을 제정하면서 기본권규정을 헌법의 첫 부분에 두고 제 1 조에 인간의 존엄성을 규정하여 역사적 교훈을 실정헌법화 하였다.[93] 이 규정은 이후 여러 국가의 헌법에 도입되었다.[94]

전후 기본권의 역사는 그 이전과 달리 기본권에 대한 인식과 의식의 보편화를 추구하는 새로운 양상으로 전개되었다. 1948년 유엔인권선언을 필두로 한 기본권의 국제화는 1950년 유럽인권협약(EMRK)과 1961년 유럽사회헌장,[95] 그리고 1966년 국제인권규약 등 국제적 협정을 통하여 확산됨으로써, 인간의 기본적 권리가 한 국가의 법체제 속에 한정되어 보장되는 것뿐만이 아니라는 것을 보여주었다.[96] 특히 유럽연합은 자유권을 중심으로 한 인권협약 이래,[97] 인간의 자유와 권리를 보장하기 위하여 지속적으로 의정서를 체결하고 2000년에 와서는 유럽 기본권헌장을 제정하였다. 이 기본권헌장은 아직 발효되지 못하고 있지만 2004년 로마 유럽헌법에 그대로 편입되었다. 아무튼 20세기 후반에 오면서 이후 기술의 발전과 사회의 격변은 환경권, 지적재산권, 정보권 등 새로운 유형의 기본권과 그 보장이 요구됨으로써 자유권으로부터 출발한 기본권의 역사는 계속 진행되고 있다는 것을 보여주고 있다.

---

93) 독일 기본법 제 1 조 제 1 항의 인간의 가치(Menschenwürde)에 대해서는 Dürig, in: Maunz/Dürig, GG, Art. 1 Abs. I; Häberle, Menschenwürde als Grundlage der staatlichen Gemeinschaft, in: Isensee/Kirchhof, HdbStR I, 1987, Rn. 6ff.; Nipperdey, Die Würde des Menschen, in: Grundrechte, Bd. II, 1954, S. 21ff.; Stern, Die Menschenwürde als Wurzel der Menschen und Grundrechte, in: FS für Scupin, 1983, S. 627ff.; Vitzthum, Die Menschenwürde als Verfassungsbegriff, JZ 1985, 210ff.

94) 우리의 경우 역시 1962년 제 5 차 개정헌법(제 3 공화국헌법)에서 독일 기본법의 제 1 조를 모방하여 인간의 존엄과 가치를 규정하기 시작한 이래, 현행 헌법 제10조에 "모든 국민은 인간으로서의 존엄과 가치를 가지며"라고 하여 기본권 보장의 기준으로서 인간의 존엄과 가치를 선언하고 있다.

95) 국제적 인권선언이나 규약, 또는 협정이 구속력을 갖기 시작한 것은 유럽으로부터 출발한다. 자세히는 Bleckmann, Staatsrecht II, S. 8ff.

96) 이 외에도 이 시기에 인권보호에 관한 국제협정은 1954년 난민의 지위에 관한 협정, 1976년 여성의 정치적 권리에 관한 협정 등이 있다. Dreier, in: Dreier, GG, Bd. 1, Vorb. Rn. 19ff. 참조.

97) 유럽인권협약 제 1 장은 실체적 기본권을 규정하고 있는데 그 내용을 보면 제 2 조 생명권, 제 3 조 고문과 비인간적 형벌의 금지, 제 4 조 노예제와 강제노동의 금지, 제 5 조 인신의 자유, 제 6 조 적법절차, 제 7 조 죄형법정주의, 제 8 조 사생활과 가족생활 및 주거의 보장, 제 9 조 종교의 자유, 제10조 표현의 자유, 제11조 집회와 결사의 자유, 제12조 혼인과 가족형성의 자유, 제13조 효과적인 사법구제청구권 및 제14조 차별금지 등이다.

Ⅳ. 인신의 자유를 위한 절차적 보장

1. 법치국가실현을 위한 효과적인 권리보호

헌법현실에서 완벽한 권리보호는 하나의 이상이다. 그렇지만 법치국가는 흠이 없는 권리보호를 위하여 노력해야 하고, 이를 위하여 실정법에 제도적 장치를 규정하여 법의 효력을 관철시켜야 할 의무를 갖는다. 헌법은 권리보호를 위하여 사법절차를 보장하고 있다.[98)]

(1) 총체적인 권리보호

효과적인 권리보호는 국가의 사법보장의무와 공권력침해에 대한 권리구제를 위한 절차적 기본권으로부터 도출된다.[99)] 효과적인 권리보호는 헌법에 근거하여 법원에 의한 보호를 전제로 한다. 이를 위하여 법치국가원리는 권력분립을 통하여 사법부의 존재를 보장하고 있으며(헌법 제101조 이하), 법원의 재판을 제도적으로 보장하고 있다.[100)] 효과적인 권리보호에 있어서 사법은 공권력을 통제하고, 정치적 절차를 감시하며, 법을 체계화시켜 모든 면에서 법적 안정성을 구체화시킬 수 있는 시민의 법의식을 형성시킨다.[101)] 효과적인 권리보호는 법원에 의한 권리보호로서, 효율적인 절차를 통하여 가능한 한 흠이 없고, 예상하지 못하는 방법이나 정당하지 않은 방법으로 방해받지 않는 총체적인 권리보호를 의미한다.

권리보호를 위한 사법절차의 헌법적 보장은 재판청구권이라는 기본권의 형태로 나타난다. 우리 헌법은 제27조 제1항의 재판청구권을 통하여 기본적으로 기본권의 차원에서 권리보호를 보장하고 있으며, 동 조항은 단지 주관적

---

98) 제4장은 필자가 이전에 발표한 것으로 차후 수정될 것임을 밝혀둔다.

99) Lorenz, Das Gebot des effektiven Rechtsschutzes des Art. 19 Abs. 4 GG, Jura 1983, 393; Schenke, Die bedeututng der verfassungsrechtlichen Rechtsschutzgarantie der Art. 19 Abs. 4 GG, JZ 1988, 317; Kim, Vorläufiger Rechtsschutz durch die einstweiligen Anordnung des Bundesverfassungsgerichts, S. 6ff.; 절차적 기본권에 대한 우리의 문헌은 장석조, 판결의 편취와 절차적 기본권, 법조 1997. 10, 31-71쪽.

100) 권영성, 헌법학원론, 519쪽; 허영, 한국헌법론, 352쪽 참조; 독일문헌으로는 Papier, in: HdbStR VI, § 154 Rn. 3; Schmidt-Aßmann, in: M/D, GG, Art. 19 Abs. IV Rn. 14.

101) Schmidt-Aßmann, in: HdbStR I, § 24 Rn. 71.

공권에 있어서만 아니라 사법상(私法上) 권리보호에 있어서도 마찬가지로 근거가 된다.102) 헌법분쟁의 경우는 법치국가적 사법보장절차의 정점인 헌법재판을 통하여 헌법질서가 보호되고 존중된다.

(2) 적정한 권리보호

효과적인 권리보호는 법원에 의한 효과적인 통제에 대한 요구뿐만 아니라, 신속하고 공정한 절차를 통하여 권리보호의 가치가 존재하는 시간적 범위 내에서, 즉 적시에 보호되어야 한다는 것을 포함한다.103) 이는 효율적인 절차를 통하여 효과적인 권리보호가 구체적으로 실현되어야 한다는 것이다.104) 이를 위하여 법규범은 분쟁에 있어서 당사자가 보호를 요구하는 법익의 원상회복과 상이함 사이에 가능한 한 간격을 좁히기 위하여 재판이라는 수단을 이용하는 것을 헌법적으로 보장받고 있다.105)

시간적인 관점에서 보면 권리보호의 효과성은 장기간의 소송과 소송의 지연으로 인하여 판결이 늦어지는 경우 감소되거나 상실되는 등 침해될 수 있다. 권리보호가 늦어져서 현실적으로 사실관계가 종료되어 분쟁의 대상이 없

102) 독일의 경우 공권력 침해에 대한 구제는 기본법 제19조 제4항에서, 사법상(私法上) 구제는 법치국가원리를 근거로 하고 있다. 이에 관하여 BVerfGE 35, 382 (401); 46, 166 (178f.); 49, 252 (257); 58, 1 (40); Bettermann, Die Rechtsweggarantie des Art. 19 Abs. 4 GG in der Rechtsprechung des Bundesverfassungsgerichts, AöR 96 (1971), 528ff.; Dütz, Rechtsstaatlicher Grichtsschutz im Privatrecht, S. 115ff.; Hesse, Verfassungsrecht, S. 150; Krebs, in: v. Münch/Kunig, GG, Art. 19 Rn. 52ff.; Krüger, in: Sachs, GG, Art. 19 Rn. 112; Leibholz/Rinck, GG, Art. 19 Rn. 446ff.; Lorenz, Der Rechtsschutz des Bürgers und die Rechtsweggarantie, 1973, S. 150ff.; Papier, in: HdbStR VI, § 154; Schenke; in: BK, GG, Art. 19 Abs. 4; Schmidt-Aßmann, in: M/D, GG, Art. 19 Abs. IV; ders., Die Bedeutung der verfassungsrechtlichen Rechtsschutzgarantie des Art. 19 Abs. 4 GG, JZ 1988, 317ff.; Schulze-Fielitz, in: Dreier, GG, Art. 19 IV; Schoch, in: Schoch/Schmidt-Aßmann/Pietzner, VwGO, Vorb § 80 Rn. 9ff.

103) 권리보호에서 신속성과 공정성은 핵심적인 요소이다. Krüger, in: Sachs, GG, Art. 19 Rn. 143; Lorenz, Jura 1983, 399; Papier, in: HdbStR VI, § 154 Rn. 77; Schmidt, Die Bewältigung von verwaltungsgerichtlichen Massenverfahren, DVBl. 1982, 150; Schmidt-Aßmann, in: M/D, GG, Art. 19 Abs. IV Rn. 2; ders., NVwZ 1983, 5; Schulze-Fielitz, in: Dreier, GG, Art. 19 Rn. 83f.; Ule, Effektiver Rechtsschutz in einer funktionsfähigen Rechtspflege?, DVBl. 1982, 821.

104) 권리보호에 있어서 효과적인 권리보호인가, 효율적인 권리보호인가의 문제는 양 표현의 상관성에서 볼 때 크게 문제가 된다고 보지는 않는다. 다만 양 개념 역시 독일의 표현을 차용하여 쓰고 있다는 점에서 절차적인 관점에서 볼 때 효율성의 문제가 강조되나, 권리라는 실체적 관점에서 본다면 효과성의 의미가 강조된다고 본다. 독일의 용례도 효율적인 절차(Effizienz des Verfarens)와 효과적인 권리보호(Effektivität des Rechtsschutzes)라고 하고 있다. Krüger, in: Sachs, GG, Art. 19 Rn. 112; Papier, in: HdbStR VI, § 154 Rn. 15; Schenke, in: BK, GG, Art. 19 Abs. 4 Rn. 383ff.

105) Dombert, Zeitnahe, effektiver Rechtsschutz?, SächsVBl. 1995, 74; Kloepfer, JZ 1979, 210.

어지거나, 권리침해가 성립되어 회복하지 못하는 상황이 된다면 더 이상 권리보호는 효과적이지 못하게 된다.106) 권리보호를 위한 헌법적 보장은 보호가능한 시간 내에 이루어져야 한다는 것이다. 적시의 권리보호는 사법적 절차가 적정한 시간 내에 진행되어 한다는 것을 전제로 한다.107) 신속하고 적시의 절차는 절차당사자의 재판에 대한 요구를 보장하는 데 상응하게 된다.108) 우리 헌법재판소 역시 효과적인 권리보호를 위하여 사법절차가 적정한 시간 이내에 이루어져야 한다는 것을 강조하고 있다.109)

그러나 사법적 절차인 재판은 그 판결이 선고될 때까지 사실판단과 관련 법의 해석을 위한 최소한의 시간을 필요로 한다. 즉 법원은 올바른 판결을 위하여 당사자들의 사실적·법률적 상태의 조사와 그들의 진술 등을 청취하는 작업을 하여야 한다. 사회 각 영역에 있어서 많은 부분의 법제화는 법률의 홍수라는 현상을 가져오고, 이는 법률분쟁이 증가하게 되는 원인이 되며 바로 소송의 증가로 이어진다. 소송의 증가는 사법부의 업무과중과 재판의 지연 등을 야기한다. 이 결과 시간을 요하는 재판에 있어서는 적시의 권리보호가 어렵게 되는 요인이 된다.110) 따라서 권리보호가 제대로 관철되지 못함으로써 헌법적 보장은 그 의미가 상실된다. 그러나 다른 한편에 있어서 재판이 정상적으로 진행된다 하여도 사실관계가 너무 빠르게 진행되어 판결에 이르기도 전에 권리보호의 의미가 상실되는 경우도 발생할 수 있다. 즉 사실관계가 완성됨으로 인하여 원상회복이 불가능한 상황이 발생되거나, 이로 인하여 소의 이익이 상실된다면 사법절차를 통한 효과적인 권리보호는 무의미해진다. 이러한 경우 법원의 판결 전에 권리보호의 관점에서 원하지 않는 방향으로 사실관계를 완성되는 것을 방지하기 위하여 잠정적 권리보호제도는 효과적인 권리

106) Krebs, in: v. Münch/Kunig, GG, Art. 19 Rn. 64; Krüger, in: Sachs, GG, Art. 19 Rn. 143; Papier, in: HdbStR VI, §154 Rn. 77; Schenke, in: BK, GG, Art. 19 Abs. 4 Rn. 422; Schmidt-Aßmann, in: M/D, GG, Art. 19 Abs. IV Rn. 262f.; Wassermann, in: AK, GG, Art. 19 Abs. 4 Rn. 53.

107) Badura, Grenzen und Alternativen des gerichtlichen Rechtsschutzes in Verwaltungsstreitsachen, JA 1984, 85; Lorenz, Jura 1983, 399.

108) 예를 들면 BVerfGE 55, 349 (369).

109) 헌재 1992. 4. 14.자 90헌마82 결정; 헌재 1995. 11. 30.자 92헌마44 결정.

110) 오늘날 이런 문제는 한 국가에 해당하는 문제가 아니라 소위 헌법국가로서 법치국가를 기본원리로 채택하고 있는 국가의 공통된 현상이라고 볼 수 있다. 관련 독일문헌으로는 Böckenförde, Die Überlastung des Bundesverfassungsgerichts, ZRP 1996, 281ff.; Hill, Rechtsshcutz des Bürgers und Überlastung der Gerichts, JZ 1981, 805; Schoch, Vorläufiger Rechtsschutz und Risikoverteilung im Verwaltungsrecht, 1988, S. 165ff.

보호의 중요한 제도로서 역할을 한다.[111)]

나아가 적정한 시간 내의 효과적인 권리보호는 정당한 권리의 관철을 보장함으로서, 사실상 성공적인 권리보호가 되어야 한다는 것을 의미한다.[112)] 여기서 정당한 권리보호를 위해서는 공정한 절차를 통하여 사법보장이 이루어져야 한다는 의미도 내포한다. 우리 헌법의 재판청구권에는 공정한 재판을 받을 권리를 명시적으로 표현되어 있지 않다. 그러나 재판청구권은 당연히 법원에 의하여 공정한 재판을 받을 것을 보장한다고 보기 때문에, 적정한 권리보호를 위해서는 신속한 재판을 받을 권리뿐만 아니라 공정한 재판을 받을 권리도 포함한다.[113)] 우리 헌법재판소도 헌법 제27조 제1항의 재판청구권에 공정한 재판을 받을 권리도 포함된다고 보고 있다.[114)] 따라서 공정한 재판청구권은 법치국가의 원리에 바탕을 두고 나오는 효과적인 권리보호를 위한 수단으로서 절차적 기본권이다.

2. 법적 청문청구권

사법절차에 있어서 청문권(Recht auf Gehör)은 절차적 기본권(Prozeßgrundrecht)에 속하는 권리로서 사법부의 중요한 과제이며,[115)] 법관의 법형성 속에서 구체적으로 발전한다.[116)] 청문권은 인간의 가치를 존중하는 정신에 근원을 두고 있는 법치국가적 요구이다. 그러나 청문권은 인간을 단지 소송의 대상으로서 보는 것만은 아니다. 청문권은 주관적 소송기본권으로서뿐만 아니라, 국가의 사법의무를 요구할 수 있는 절차법의 객관적 원리이다.[117)] 즉 청문권은

111) 잠정적 권리보호는 실정법에서 특히 소송법상 가처분 또는 가압류의 형태로 다양하게 전개되고 있다. 잠정적 권리보호의 내용에 관하여 자세히는 Kim, Vorläufiger Rechtsschutz durch die einstweilgie Anordnung des Bundesverfassungsgerichts, S. 3ff.

112) BVerfGE 94, 166 (226); Kloepfer, JZ 1979, 211; Schenke, JZ 1983, 322.

113) 공정한 재판을 받을 권리에 대해서는 독일에서도 공정한 절차청구권(Anspruch auf ein faires Verfahren)으로서 절차적 기본권에 포함시키고 있다. Tettinger, Fairneß und Waffengleichheit, 1984, S. 2f.

114) 헌재 1996. 12. 26. 94헌바1. 이외에 헌법 제12조 제1항 적법한 절차의 규정 역시 근거로 보는 견해도 있다. 장석조, 헌법논총 제9집 (1998), 443면 이하.

115) 청문권은 청문청구권(Anspruch auf Gehör), 또는 법적 청문청구권(Anspruch auf rechtliches Gehör) 등으로 표현되기도 한다. 우리의 경우도 청문청구권(한수웅), 법적 청문청구권(장석조) 등의 명칭으로 사용되고 있다.

116) Wassermann, in: Alternativkommentare Grundgesetz, Art. 103 Abs. 1 Rn. 2ff.

117) Mauder, Der anspruch auf rechtliches Gehör, seine Stellung im System der Grundrechte und seine Auswirkung auf die Abgrenzungsproblematik zwischen Verfassungs- und

객관적 절차원리로서 모든 절차법 내지 소송법에 있어서 필수적 요소이다. 헌법에서 청문권은 사법절차의 구성요소이며 절차적 기본권이다.118)

효과적인 권리보호를 위한 절차적 기본권의 범주에서 청문청구권은 우리 헌법에 명문의 규정이 없기 때문에 기본권으로 인정하는 경우 어떤 조항으로부터 도출시켜 법적 근거를 마련할 것인가의 문제가 있다. 먼저 청문청구권을 독일과 달리 명문의 규정을 두고 있지 아니한 우리는 그 취지에 따라 헌법 제27조 제1항의 재판청구권에서 나온다고 보는 견해와 기본권규정 이외의 열거되지 아니한 기본권으로서 헌법 제37조 제1항에 근거가 있다고 보는 견해 등이 있다.119) 재판청구권은 사법보장과 법원접근권 등 사법적 권리보호에 대한 청구권이며, 일정한 기간 이내에 효과적인 권리보호를 요구하는 절차적 기본권이다. 이런 점에서 소송의 주체인 당사자들이 자신의 권리와 관련된 법원의 결정에 있어서 자신의 견해를 표명한다는 것은 효율적인 절차를 보장해야 하는 법치국가의 요청이며, 이러한 견해표명권(Recht auf Stellungnahme)은 기본적으로 재판청구권의 내용 속에 포함된다고 생각된다.120)

청문청구권은 법원에서의 법적 청문을 그 내용으로 하며,121) 소송당사자는 소송절차에서 진술을 하기 위하여 소송과 관련된 정보접근권과 문서열람권, 이를 통하여 구체화단계에서 의미있는 진술할 수 있는 권리이다.122) 나아가 진술하기 위하여 소송당사자의 변호인조력청구권 법적 청문의 범주에 속한다고 볼 수 있다.123) 청문청구권은 내용적으로 적정한 절차권(Recht auf faires Verfahren)에 속하기 때문에, 적정한 절차를 요구할 수 있는 청구권의 요소이나,

---

Fachgerichtsbarkeit, 1986, S. 10ff.

118) Knemeyer, Rechtliches Gehör im Gerichtsverfahren, in: HdbStR VI, 1989, § 155 Rn. 16; Wassermann, Recht auf Gehör(Art. 103 Abs. 1 GG), DRiZ 1984, 427.

119) 이에 대하여 자세히는 장석조, 헌법논총 제9집 (1998), 443쪽 이하 참조. 장석조의 견해에 의하면 실정헌법의 문맥상 청문청구권의 근거는 헌법 제27조 제1항의 재판청구권에 둘 수 없고, 동법 제37조 제1항의 열거되지 않은 권리로 본다. 이에 반하여 한수웅의 견해에 의하면 청문청구권은 권리구제절차가 개설되었다는 것을 전제로 계속적인 법원절차의 형성에 관한 권리이기 때문에 구태여 재판청구권과 구별하여 볼 필요가 없다는 것이다. 한수웅, 헌법논총 제10집 (1999), 356쪽 이하 참조.

120) 독일은 우리와 달리 양자를 기본법 제19조 제4항과 제103조 제1항에 개별적으로 규정하고 있는데, 이는 독일의 사법보장의 역사성에 기인하는 것이다. 이에 대하여 Mauder, Der anspruch auf rechtliches Gehör, S. 10ff. 참조.

121) 여기서 행정절차에서의 청문은 제외한다. 이 경우는 법치국가의 원리에 의하여 보호받는다.

122) Wassermann, DRiZ 1984, 427ff.; 헌재 1998. 9. 30.자 98헌가7 결정 참조.

123) Kopp, Das rechtliche Gehör in der Rechtsprechung des Bundesverfassungsgerichts, AöR 106 (1981), S. 619.

실제로 그 자체를 보장하지는 않는다. 즉 청문의 기회보장만 할 뿐이다.

3. 재판청구권과 심급제도

현행 헌법은 법원에 의한 권리보호의 수단으로서 재판청구권과 신속한 재판과 공개재판 등을 규정하고 있다. 그러나 사법행위로 인한 침해에 대한 권리의 구제나 권리보호의 문제는 앞에서 언급한 규정에서 찾을 수 없다. 법치국가적 관점에서 사법부 역시 직접 헌법에 기속된다는 것에는 의문의 여지가 없다.[124] 따라서 법원에 의한 침해의 경우 권리보호의 제도적 장치의 유무 역시 법치국가의 과제라고 할 수 있다. 특히 우리의 경우 법원의 판결에 대한 헌법소원을 불허하고 있기 때문에 더욱 문제가 된다.[125] 여기서 논의는 법원에 대한 권리보호의 문제로 실정법의 테두리 내로 국한할 수밖에 없다. 이러한 관점에서 심급제도는 제한적이기는 하나 법원 자체에 의한 권리보호를 위한 제도로서 고려된다.[126] 헌법은 제101조 제 2 항에 법원은 대법원과 각급법원으로 조직된다고 규정하여 간접적으로 상하의 심급제를 규정하고 있으며, 제110조 제 2 항에 군사법원의 상고심은 대법원에서 관할한다고 함으로써 심급제에 대한 직접적인 표현을 쓰고 있다. 이러한 헌법적 근거 아래에서 법원조직법과 각 소송법은 재판의 심급제도를 규정하고 있다.[127]

그러나 헌법상 규정된 심급제도는 권리보호를 위한 절차적 기본권은 아니다. 오히려 헌법 제102조 제 2 항의 규정 자체는 사법부의 과제를 대법원과

124) Grawert, Verfassungsmäßigkeit der Rechtsprechung, JuS 1986, 753.

125) 어떤 논의에도 불구하고 헌법소원제도가 사법행위, 즉 법원의 판결에 대한 통제제도로서도 작용함으로서 최대한의 흠이 없는 권리보호{BVerfGE 30, 1 (25)}를 추구하는 법치국가에 있어서 개인의 권리보장이라는 주관적 기능 외에 헌법질서의 보장이라는 객관적 기능도 갖는다는 것에 이론이 없다. 독일의 경우 헌법소원 대상의 다수는 법원의 판결이다. 민주적 헌법국가에서 사법부의 정당성 확보와 헌법의 우위라는 관점에서 헌법소원의 대상에 대한 실정법 개정의 문제는 다시금 검토되어야 한다. 현 헌법소원에 대한 법적 근거는 헌법 제111조 제 1 항 제 5 호, 헌법재판소법 제 2 조 제 5 호와 제68조 제 1 항이다. 참고로 헌법소원제도의 개관에 관한 독일문헌은 Benda/Klein, Lehrbuch des Verfassungsprozeßrechts, 1991, S. 129ff.; Dörr, Die Verfassungsbeschwerde in der Praxis, 1990; Gusy, Die Verfassungsbeschwerde, 1988; Lechner/Zuck, BVerfGG, 4. Aufl., 1996, § 90ff.; Pestalozza, Verfassungsprozeßrecht, 3. Aufl., 1991, S. 165ff.; Schlaich, Das Bundesverfassungsgericht, 4. Aufl., 1997, S. 127ff.; Schmidt-Bleibtreu, in: Maunz/Schmidt-Bleibtreu/Klein/Ulsamer, BVerfGG, § 90ff.; Zuck, Das Recht der Verfassungsbeschwerde, 2. Aufl., 1988.

126) 이외에 재심제도도 고려될 수 있으나 논의에서 제외한다. 재심에 대한 규정으로는 민사소송법 제422-431조, 형사소송법 제420-440조 등이다.

127) 권영성, 헌법학원론, 745쪽.

각급법원에 분산하는 일종의 조직규범이며, 또한 이를 통하여 사법행위의 통일성과 일체성을 보장한다는 의미를 갖고 있다. 이러한 심급제도의 의미는 입법자에 의한 상소가능성의 완전한 폐지 내지 정당한 근거없이 배제하는 것을 방지하기 위한 것이며, 그런 행위는 곧 위헌이라는 의미를 갖는다.[128] 나아가 심급제도는 재판청구권이 법원에 의한 권리보호이며 법원에 대한 권리보호는 아니기 때문에, 하급심의 오류나 다툼이 있는 법률문제에 대한 통일적인 해결을 이끌어냄으로써 법적 평화를 통한 국민의 신뢰를 높일 수 있는 장점을 갖는다.[129] 우리 헌법재판소는 재판청구권이란 사실관계와 법률관계에 관하여 최소한 한번 이상의 재판을 받을 권리, 하나 이상의 심급이면 충분하다고 본다.[130] 즉 심급제도의 단계문제는 입법자의 입법형성권에 속하는 것으로 재판청구권으로만 3심제를 요구할 수는 없다고 본다.

법원은 타 국가권력의 침해로부터, 또는 법률분쟁으로부터 실질적인 정당한 결정을 통하여 정의를 형성시킴으로써 국민의 권리를 보호하는 과제를 부여받고 있다. 심급제도의 헌법적 보장은 그것이 주관적 권리로서의 보장을 말하는 것은 아니며, 어디까지나 권리보호는 원칙적으로 개인의 권리보호를 의미한다. 그러나 객관적 질서규범으로서 심급제도는 다단계의 심급에 대한 주관적 권리의 요구와 충돌하지 않는다.[131] 즉 심급제도는 상급심에 의하여 하급심을 통제함으로써 권리보호를 위한 법원에 대한 법원의 자체적 통제로서 법치국가적 장치라고 볼 수 있다.

4. 영장제도

인신의 자유를 보장하기 위한 사법절차와 관련하여 영장제도는 그 출발점에 있다. 헌법은 제12조 제3항에서 "체포·구속·압수 또는 수색을 할 때에는 적법한 절차에 따라 검사의 신청에 의하여 법관이 발부한 영장을 제시하여야 한다."라고 규정하고 있다. 또한 헌법 제16조 제2문에서는 "주거에 대한 압수나 수색을 할 때에는 검사의 신청에 의하여 법관이 발부한 영장을 제시하

128) 같은 견해로는 한수웅, 헌법논총 제10집 (1999), 349쪽 이하.
129) Brandner, in: FS für Hans Erlich Brandner, S. 696f.
130) 헌재 1992. 6. 26.자 90헌바25 결정.
131) Voßkuhle, Rechtsschutz gegen den Richter, 1993, S. 203ff.

여야 한다."라고 명시하고 있다.

이미 17세기 인신의 자유를 제한하는 정당한 방법으로 등장한 영장제도는 수세기를 거쳐 1948년 건국헌법 제9조에 안착하였다. 건국헌법에서는 단지 법관에 의한 영장발부권만 규정하였다. 그러다가 제5차 개정헌법에서 '검찰관의 신청에 의한'이란 표현이 삽입됨으로써 검찰의 영장청구권이 헌법에 명문화되었고, 1972년 유신헌법에서는 '검사의 요구에 의하여'란 표현으로 바뀌었다가, 1980년 헌법에서 '검사의 요구'가 '검사의 신청'으로 대체되어 현행 헌법까지 그대로 오고 있다.

영장제도는 수사기관이 형사절차와 관련하여 신체의 자유를 침해하는 강제처분을 하는 경우 중립적 지위에 있는 법관이 발부한 영장에 의하도록 하는 제도이다.[132] 헌법이 규정하고 있는 영장제도는 체포·구속·압수·수색의 필요성 유무를 공정하고 독립된 지위를 가진 사법기관이 판단하게 함으로써 수사기관의 권한남용을 방지하고 피의자·피고인의 방어권을 제도화하려는 것이다.[133] 그런 점에서 영장제도는 인신의 자유를 제약하는 강제처분의 위법성 및 부당성 여부를 법관에게 유보시켜 절차적으로 보장하기 위한 중요한 제도라 할 수 있다.[134]

이 영장제도와 관련하여 논란이 되고 있는 것은 영장제도 자체가 아니라, 검사의 영장신청권이라 할 수 있다. 이는 이미 본 바와 같이 헌법은 그 변천과정에서 영장신청과 관련하여 검사에게 독점권을 주고 있는데, 이에 대하여 외국의 헌법례에서 찾아볼 수 없는 특이한 경우라는 점에서 반론이 있기 때문이다. 그동안 이 헌법규정에 대한 연구는 여러 국가기관과 학계에서 진행되었지만, 입장의 차이만 보였고 명확한 논거를 제시하지는 못하였다.

이 규정과 관련하여 제기된 주장은 우선 검사의 독섬석 신청권에 대하여 헌법의 개정 유무를 떠나서 법률로 이에 대한 예외를 둘 수 있는지 여부, 그리고 헌법 개정시 이를 개정할 수 있는지 크게 두 가지로 나눌 수 있다. 우선 헌법에 규정된 검사의 영장신청권은 신체의 자유와 관련하여 준사법기관이라 할 수 있는 검사에게 부여하고 있는 권한이면서 의무라는 점에서 현행 헌법하에서 예외는 허용될 수 없다고 볼 수 있다. 그 다음 논의는 차후 헌법 개정

132) 헌재 1997. 3. 7.자 96헌바28 결정(병합).

133) 권영성, 헌법학원론, 425쪽.

134) 김선택, 영장청구권 관련 헌법규정 연구, 2008년, 10쪽.

에서 이 규정을 변경할 수 있는지 여부인데 이는 헌법 개정권자의 의지에 달렸다. 즉 영장제도가 독립된 사법기관에 의하여 발부된다면 그 신청에 관한한 주권자인 국민의 의사에 의하여 결정될 문제이다. 다만 헌법 현실적 측면에서 볼 때 전문성을 가진 검사의 신청권을 헌법 개정에서 삭제하는 경우 수사권을 가진 여러 국가기관에서 영장을 신청할 권한을 갖게 된다면, 이것이 현행 제도와 비교하여 국민의 인신의 자유를 보장하는 데 얼마나 유리한지 여부를 따져 보아야 할 것이다.

V. 맺음말

오늘날 우리는 법치국가의 위기에 대하여 이야기한다. 그리고 법치국가가 실현되지 않고 있다는 것을 우려한다. 그렇지만 법치국가가 무엇인지, 또한 법치국가를 실현하기 위하여 어떤 노력을 기울여야 하는지 명확한 답변을 하지 못하고 있다. 이는 우리의 실정법에 문제가 있다는 점도 있지만, 국민의 준법의지에도 많은 문제가 있다. 또한 법치국가를 이야기하면서 정작 법치국가가 어떤 발전과정을 거쳐 형성되어 온 것인지에 대해서는 알지 못한다. 물론 법치국가를 형성하고 발전시켜온 독일 역시 법치국가의 실현을 위한 국가의 책무에 대하여 비판하고 국가의 노력이 부족함을 탓하기도 한다.

현대 법치국가에 있어서 핵심은 헌법의 우위원칙하에서 국민의 기본권보장과 국가권력의 통제이다. 이는 법치국가가 지향하는 흠이 없는 권리보호를 통하여 그 의미를 알 수 있다. 법치국가는 오랜 역사를 통하여 그 내용을 구축하면서 형성되어 왔다. 법치국가가 실현되기 위해서는 헌법질서 하에서 이를 위한 국가의 책무와 국민의 준법의지가 있어야 한다.

법치국가는 인신의 자유를 위시한 국민의 기본권을 보장하기 위하여 국가권력의 행사를 국민의 합의와 민주적 절차를 통하여 만든 헌법과 법률이라는 제도 속에서만 가능하게 한다. 법치국가는 효과적인 권리보호를 위하여 사법보장의 의무를 갖고 있다. 즉 국가의 기본권보장과 권리보호를 위한 국가의 사법적 보호의무는 헌법으로부터 형성되는 최고의 기본결정이다. 이를 위하여 소송제도와 그 소송을 전담할 국가기관의 조직과 권한 등 권리구제절차가 보장되어야 한다.

현행 헌법은 법치국가원리 하에서 인신의 자유를 보장하기 위한 여러 제도를 갖고 있다. 특히 인신의 자유를 위한 영장제도와 재판청구권은 국가의 사법보장의무와 공권력침해에 대한 권리구제를 위한 중요한 제도이며 권리이다. 인신의 자유에 대한 효과적인 보장은 단순히 법원에 재판청구권의 행사로 끝나는 것이 아니라, 신속하고 공정한 절차를 통하여 기본권보장의 가치가 무의미하게 되지 않는 적정한 시간적 범위 내에서 이루어져야 한다는 것을 포함한다. 기본권의 절차적 보장을 위한 제도와 권리는 법치국가의 실현을 위하여 포기할 수 없는 핵심이다.

지정토론문

정 웅 석*

Ⅰ. 서 설

먼저 존경하는 김상겸 교수님의 발제에 토론을 맡게 되어서 영광으로 생각합니다. 그리고 발제자께서 강조하시는 "법치국가는 인신의 자유를 위시한 국민의 기본권을 보장하기 위하여 국가권력의 행사를 국민의 합의와 민주적 절차를 통하여 만든 헌법과 법률이라는 제도 속에서만 가능하게 한다. 법치국가는 효과적인 권리보호를 위하여 사법보장의 의무를 갖고 있다. 즉 국가의 기본권보장과 권리보호를 위한 국가의 사법적 보호의무는 헌법으로부터 형성되는 최고의 기본결정이다. 이를 위하여 소송제도와 그 소송을 전담할 국가기관의 조직과 권한 등 권리구제절차가 보장되어야 한다"는 견해에 전적으로 동감합니다. 다만 저는 헌법학자가 아니기 때문에 형사소송과 관련된 영장제도에 국한하여 말씀드리도록 하겠습니다.

Ⅱ. 영장제도

1. 문 제 점

발제자께서는 "이미 17세기 인신의 자유를 제한하는 정당한 방법으로 등장한 영장제도는 수세기를 거쳐 1948년 건국헌법 제9조에 안착하였다. 건국헌법에서는 단지 법관에 의한 영장발부권만 규정하였다. 그러다가 제5차 개정헌법에서 '검찰관의 신청에 의한'이란 표현이 삽입됨으로써 검찰의 영장청

* 서경대학교 법학과 교수(2009. 9. 16. 발표).

구권이 헌법에 명문화되었고, 1972년 유신헌법에서는 '검사의 요구에 의하여'란 표현으로 바뀌었다가, 1980년 헌법에서 '검사의 요구'가 '검사의 신청'으로 대체되어 현행 헌법까지 그대로 오고 있다"고 하면서, "이 영장제도와 관련하여 논란이 되고 있는 것은 영장제도 자체가 아니라, 검사의 영장신청권이라 할 수 있다. 이는 이미 본 바와 같이 헌법은 그 변천과정에서 영장신청과 관련하여 검사에게 독점권을 주고 있는데, 이에 대하여 외국의 헌법례에서 찾아볼 수 없는 특이한 경우라는 점에서 반론이 있기 때문이다. 그동안 이 헌법규정에 대한 연구는 여러 국가기관과 학계에서 진행되었지만, 입장의 차이만 보였고 명확한 논거를 제시하지는 못하였다"고 하십니다. 그리고 영장규정과 관련하여 우선 검사의 독점적 신청권에 대하여 헌법의 개정 유무를 떠나서 법률로 이에 대한 예외를 둘 수 있는지 여부, 그리고 헌법개정시 이를 개정할 수 있는지 크게 두 가지로 나누어 보고 있습니다. 이에 대하여 저의 생각을 말씀드리도록 하겠습니다.

2. 독일의 입법례

(1) 독일 기본법의 규정

독일 기본법 제104조 제1항은 "신체의 자유는 단지 형식적인 법률을 근거로 하여서만 그리고 그 법률에 규정된 방식에 따라서만 제한될 수 있다. 구금된 자에 대해서는 정신적이거나 육체적으로 학대를 당하게 해서는 아니된다"고 규정하고 있고, 제2항은 "자유박탈(Freiheitsentziehung)의 허용과 존속에 관하여는 법관만이 결정한다. 법관의 명령에 의하지 아니한 모든 자유박탈은 지체없이 법관의 결정을 받아야 한다. 경찰은 자신의 진권에 의하여서도 누구든지 체포한 다음날이 종료할 때를 초과하여 구금할 수 없다. 자세한 것은 법률로 정한다"라고 규정하고 있으며, 제3항은 "형사처벌 가능한 행위에 대한 혐의를 이유로 임시적으로 체포된 자는 늦어도 체포된 그 다음날까지는 법관에게 인치되어야 하는데, 이 때 법관은 피체포자에게 체포의 근거를 알려주고, 신문하며, 이의를 제기할 기회를 주어야 한다. 법관은 즉시 이유를 부기한 구금명령장을 발부하거나 석방을 명하여야 한다"라고 규정하고 있다. 특히 제104조 제2항 제3문은 위험방지를 위한 경찰구금에 관한 것으로 법관유보

원칙과 결합하여 경찰구금에 대한 제한을 가하고 있으며, 동법 제3항은 형사소송법의 구금에 대하여 규정하고 있는데, 제2항에 있어서는 당해 조치의 다음 날까지 당해 결정 자체가 이루어져야 할 것을 요구하는 반면, 제3항은 당해 조치의 다음 날까지 결정을 위한 인치가 될 것을 요구하고 있을 뿐이라는 점에서 차이가 있다.

⑵ 독일 형사소송법의 규정

① **영장에 의한 구속**: 피의자의 인신을 구금하는 제도로 사전체포장에 의한 체포는 없으며, 구속영장은 원칙적으로 사전구속영장으로서 검사의 청구 또는 직권에 의하여 발부된다. 법원은 검사의 청구가 있는 경우에 구속요건이 존재하는가를 심사하여 영장을 발부하게 되는데, 구속영장(Haftbefehl)의 발부 전에 피의자를 심문할 필요는 없다. 이러한 법관의 구속영장에 의하여 구속된 피의자는 지체없이(늦어도 그 다음날까지) 관할권있는 법관에게 인치되어 최초로 법관의 신문을 받는다(동법 제115조, 제115조a). 이와 같이 법관이 구속된 피의자에 대해 신문을 한 후, 법관은 ㉠ 구속영장의 효력을 유지하거나, ㉡ 구속영장을 취소하거나(제120조), ㉢ 구속영장의 집행을 정지하는 것(제116조) 중의 하나를 선택할 수 있으며, 판사에 의해 계속 구금이 결정된 이후에는 법무부가 관할하는 구치소로 이감되어 검사의 지휘 하에 수사가 진행된다. 따라서 피의자가 유치장에 구금되어 있는 기간은 통상 구속된 다음날까지이다.[1]

② **영장에 의하지 아니한 체포**: 영장에 의하지 아니한 체포에는 현행범체포와 긴급체포[2]가 있으며, 일반적으로 체포된 자는 검사가 석방하지 않는 한(제120조 제3항), 지체없이(늦어도 다음날) 관할법원(區法院) 판사에게 인치되어 신문을 받고 석방 또는 구속여부가 결정된다(제128조 제1항). 이 경우 법관은 임시적인 체포의 적법성 자체를 심사하는 것이 아니라 자유박탈조치, 즉 구금의 계속여부를 심사하여야 한다. 따라서 처음에 구금을 염두에 두고 체포한 경우라고 하더라도 수사기관의 판단에 더 이상 구금을 유지할 필요가 없다고 판단

---

1) 우리나라의 경우와 차이점은 일단 구속영장의 청구시 서류심사에 의하여 구속영장 발부여부를 결정한 후, 집행시 피의자를 비로소 신문하여 구속명령 유지여부를 결정함으로써 구속명령 발부에 관한 수사기관의 제1차적 판단을 가급적 존중한다는 점이다.

2) 독일의 경우 체포제도가 존재하지 않으므로, 긴급체포는 '체포'에 대한 예외적인 제도가 아니라 '구속'에 대한 예외적인 제도에 해당한다. 따라서 우리나라처럼 장기 3년 이상의 형에 해당하는 등의 대상범죄에 대한 제한은 존재하지 않는다.

할 경우에는 검찰과 경찰이 직접 석방을 명할 수 있다고 해석되며, 심지어 검찰은 법관에게 피구금자를 인치한 이후에도 아직 구금명령장이나 석방명령이 이루어지지 아니한 이상 석방을 명할 수도 있는 것이다. 다만 임시적인 체포의 적법성 여부를 당사자가 다투는 경우 형사소송법 제98조(압수명령)를 준용하여 당사자는 법원에 임시적인 체포에 관한 법원의 결정을 신청할 수 있고, 그 결정에 대해 다투는 방법이 주어진다. 이러한 신문을 거친 후 법원은 ㉠ 구속영장을 발부하거나, ㉡ 구속영장을 발부함과 동시에 형사소송법 제116조[3]에 따라 집행을 정지하거나, ㉢ 즉시 석방을 명하는 것 중의 하나를 선택할 수 있다.

(3) 검 토

독일 기본법이 유독 위험방지를 위한 경찰작용의 영역에서 문제되는 구금에 대해 형사소송절차상의 구금과 별도로 규정하면서 법관유보 원칙의 선언, 구금기간의 제한 등의 규정을 둔 것은 과거 공공복리 증진을 위한 미명하에 국가권력이 악용된 과거 나치 시절의 경험 등을 고려하여 이러한 국가경찰권의 행사에 있어서 단순한 입법상의 제한만으로는 부족하므로 법관의 유보에 둠으로써 기본권 침해 소지를 최소화하자는 데에 그 취지가 있다고 할 것이다.

3. 미국의 체포·구속제도

(1) 체포의 요건

미국의 경우 원칙적으로 체포(arrest)를 위한 영장은 헌법적 요청이 아니므로 대부분의 체포는 영장없이 이루어지는데, 이 경우 체포는 ① 특정범죄가 발생했다는 것, ② 체포될 사람이 그 위반행위를 했다는 것에 대하여 상당한 이유(probable cause)만 있으면 족하다.[4] 또한 미국 체포제도에서 주목할 사항

3) 독일 형사소송법 제116조(구속영장의 집행정지)는 정해진 시간에 출석할 의무 등 일정한 내용의 조건을 부과함으로써 구속영장의 집행을 정지하는 규정인데, 우리나라의 경우에는 기소 이후에만 법원의 권한으로 되어 있으나(제101조, 제209조), 독일의 경우는 기소 전후를 불문하고 법원만이 구속영장의 집행정지 권한을 가지고 있다.

4) Wayne R. La Fave, Jerold H. Israel & Nancy J. King, *Criminal Procedure* (4td ed., 2004), 141쪽(In arrest cases there must be probable cause that a crime has been

은 체포영장(arrest warrant)은 심리절차(hearing)나 피의자의 진술기회 부여없이 치안판사 또는 법관에 의해 발부되며, 상당한 이유(probable cause)의 판단에 따른 영장발부도 오직 고발인(complainant), 경찰, 검사가 법관에게 제출한 증거에 근거해서 이루어진다는 점이다. 우리나라와 달리 이처럼 일방적 절차(ex parte proceeding)를 둔 이유에 대하여, 첫째, 법원결정으로서 영장발부는 형사사법절차에 있어 핵심적 절차로 여겨지지 않는다는 점, 둘째, 미국은 당사자주의 사법체계를 취하고 있어서 법관은 적어도 영장발부단계에서는 양 당사자측이 제출한 증거에 기해서만 판단해야 하는 중립지위(neutral party)에 있기 때문이라는 점, 셋째, 영장발부이전단계에서 법관이 피의자를 심문한다면 피의자의 헌법적 기본권인 자기부죄거부특권(constitutional right against self-incrimination)을 침해할 수 있다는 점 등이 거론되고 있다.[5)]

(2) 체포후 절차

체포 후, 경찰은 사건서류를 검사에게 가져가며, 검사는 그 서류를 검토한 다음 바로 치안판사에게 접수시킨다.[6)] 한편 경찰서에서는 Booking이라고 알려진 신원확인절차를 수행하게 되는데, 이 단계에서 피의자 및 피해자에 대한 조사(investigation) 내지 면담(interview)을 비롯해 피의자신원확인정렬(lineups) 내지 피의자확인대질(show-ups)은 물론 사진신원확인(photographic identification), 유전자검사(DNA testing), 거짓말탐지기조사(polygraph examination)도 하며, 지문(fingerprinting)을 채취하게 된다. 물론 이 경우 경찰관은 조사를 개시하기 전에 반드시 미란다권리(Miranda Rights)를 고지해야 한다. 결국 범죄용의자가 체포되면 이러한 과정을 거쳐 '불필요한 지체없이'(without

---

committed and that person to be arrested committed it.

5) Rolando V. del Carmen, *THE UNITED STATES ARREST SYSTEM*, 인신구속제도와 무죄추정의 원칙 — 2005년 하반기 형사정책세미나 —, 한국형사정책연구원(2005. 12. 20), 19쪽(번역문 44쪽). 원문은 다음과 같다(The reasons for this *ex parte* proceeding are: (1) the issurance of a warrant is not considered in court decisions as a crucial event in the criminal justice process; (2) the U.S. uses the adversary system of justice where the judge is a neutral party who acts only on the basis of the evidence presented, at least in the issurance of a warrant; and (3) asking questions of a suspect by the judge, even before the issurance of a warrant, might violate suspect' constitutional right against self-incrimination).

6) 미국에서는 이러한 절차의 효율성을 위하여 법원에 검사실을 마련하여 그 안에서 많은 검사와 검찰 직원들이 매일 매일 체포되어 인치되는 피의자에 대한 서류검토와 접수업무를 행하고 있다.

unnecessary delay)(통상 48시간이라고 얘기를 하지만 실질적으로는 체포된 다음 날)[7] 치안판사 앞에 데려가 앞으로 계속 구금할 것인가의 여부를 심사받게 되고(First Arraignment), 이 때 피의자에게 정식으로 혐의사실이 고지되며 치안판사는 여러 가지 제반사정을 고려하여 피의자를 계속 구금할 것인가 여부를 결정하게 되는데,[8] 피의자에게 도주우려가 없다고 판단되면 보석을 허가한다. 즉 후일 법원의 기소사실인부절차에 출석할 것을 담보하기 위하여 일정한 금액을 예치토록 한 후 석방하는 것이다.

Ⅲ. 우리나라 검찰제도의 연혁

1. 갑오개혁과 근대 검찰제도의 도입

(1) 재판소구성법

우리나라는 조선조 말엽에 이르기까지 근대적 의미의 검찰제도는 없었다. 물론 그 이전에도 범죄의 소추를 담당하는 기구가 없었던 것은 아니지만 그 당시까지는 국왕을 정점으로 하여 행정권과 사법권이 명확히 구분되지 않은 채 일반 관리들이 행정사무와 겸하여 재판사무를 취급하였을 뿐만 아니라, 재판절차도 일반 관리들이 직접 범죄 및 범죄자를 일방적으로 심리·재판하는 전근대적인 규문절차이었기 때문에 탄핵주의적인 소송구조를 전제로 하는 근대적 의미의 검찰제도는 아니었다. 따라서 우리나라에 검찰제도가 최초로 등장한 것은 1894년부터 시작한 갑오개혁(甲午改革)때 국정전반에 걸친 일대 개혁을 단행하면서 사법제도를 근대화하기 위하여 1895년 3월 25일 법률 제1호로 「재판소구성법(裁判所構成法)」을 제정·공포하고, 이어 동년 4월 16일 법부

7) 미국 연방법원은 치안판사에게 인치할 기한에 대하여, 경찰관이 피의자를 치안판사에게 데려가기 전까지 ① 서류의 작성, ② 피의자 수색, ③ 자동차 및 소지품 수색, ④ 발견된 물건의 검색, ⑤ 지문채취, ⑥ 사진촬영, ⑦ 전과검색, ⑧ 증거물의 과학적 검사(test laboratory samples), ⑨ 피의자신문, ⑩ 알리바이 수사, ⑪ 라인업(lineup) 실시, ⑫ 다른 범죄와의 비교 등을 할 수 있는 기간을 말한다(Sanders v. City of Houston, 543 F.Supp 694, 700(1982))라고 판시하고 있다.

8) 영장없는 체포의 경우에는 이 단계에서 체포의 요건인 상당한 이유(Probable Cause)가 있는지 여부에 대하여 심사하는데(이를 'Gerstein hearing'이라고 함), 상당한 이유가 있었는지는 거의 전적으로 수사기관이 보낸 증거를 통해서 확인하며, 검사와 변호인 내지 피의자간에 공방을 벌이는 것은 허용되지 않는다(Gerstein v. Pugh, 420 U.S. 103(1975)).

령(法部令) 제2호로 「검사직제(檢事職制)」를, 동년 4월 29일 법부령(法部令) 제3호로 「민·형사소송규정(民·刑事訴訟規定)」을 제정·공포한 이후로 보아야 할 것이다. 왜냐하면 이 「재판소구성법」과 「검사직제」 및 「민·형사소송규정」은 대륙법계를 계수한 일본제도를 모방하여 완전한 형태는 아니었으나, 재판을 담당하는 판사와 범죄의 조사 및 소추를 담당하는 검사의 직무상 분화를 전제로 하는 근대적 탄핵주의 형사절차의 도입을 의미한 것으로 볼 수 있기 때문이다.

이러한 「재판소구성법」은 제1조에서 재판전담기관으로 지방재판소, 한성 및 인천 기타 개항장재판소, 순회재판소, 고등재판소, 특별재판소 등 5종의 재판소를 설치하도록 하고, 제2조는 각 재판소의 위치와 관할구역은 법부대신이 정하며, 제7조는 법부대신이 지방실정에 따라 지방재판소 지청을 설치할 수 있도록 하고, 제8조는 재판소 직원으로 판사·검사·서기 및 정리를 배치하여 검찰권을 행사하도록 하였는데, 이처럼 각급 재판소에 검사를 두도록 함으로써[9] 우리나라의 최초로 "검사"라는 용어와 관직이 등장하게 되었으며, 그 결과 재판을 전담하는 판사와 소추를 담당하는 검사를 분별하는 근대적 검찰제도의 발아를 보게 된 것이다.[10] 그리고 동법 제38조는 "檢事는 令狀의 發付, 證據의 蒐集 及 裁判의 執行 其他 檢察의 事務를 行ᄒᆞ미 可ᄒᆞ고 又는 監獄에 臨檢ᄒᆞ여서 無故로 捕獲 及 拘留ᄒᆞ는 事의 有無를 法意ᄒᆞ미 可ᄒᆞ고 且 拘留人은 其 審訴를 速行ᄒᆞ믈 務ᄒᆞ미 可흠"이라고 규정하고, 동법 제39조는 "檢事는 其 職務로 司法警察에게 命令ᄒᆞ믈 得함"이라고 규정하여 사법경찰관에 대한 수사지휘권의 근거를 마련하였다. 다만 법원과 별도로 검찰청을 설치하지 않고 검사를 판사, 서기, 정리와 함께 재판소의 직원으로 규정한 것이 특색인데, 이 구상은 판사에 대한 사법행정상의 지휘권을 법무대신에게 부여하는 구상(동법 제4조, 제9조 등)등과 함께 독일식의 모델[11]이 일본법의 영향하에 채택된 것으로 보인다. 이처럼 당시의 검사는 독자적인 지위와 직무권한을

9) 재판소구성법 제3조(각 재판소의 직원 및 그 인원수에 관한 총칙규정), 제8조(지방재판소 직원으로서의 검사) 및 제13조(한성 및 인천 기타 개항장재판소 직원으로서의 검사), 제20조(순회재판소 직원으로서의 검사), 제24조(고등재판소 직원으로서의 검사) 등에서 우리나라 사법사상 최초로 '검사'의 용어를 사용하고 있다.

10) 송해은, 「한국검찰의 연역에 관한 고찰」, 저스티스 제27권 제2호, 한국법학원, 28쪽.

11) 독일의 입법례에서 언급한 것처럼 독일의 법부부(Justizministerium)는 글자 그대로 사법(Justiz)부이다. 법원행정과 법무행정을 엄격히 분리하는 우리와는 달리 독일은 판사와 검사가 공히 법무부장관에 의하여 임명되며, 검찰에 관한 규정도 법원조직법(GVG) 내에 두고 있다.

가지고 있었으나, 조직체계상으로는 각급 재판소의 직원으로서 현재와 같이 독립된 조직과 기구를 갖고 있지 아니하였다.

⑵ 재판소처무규정통칙

1895년 3월 25일 勅令 제50호로 裁判所處務規程通則을 제정·공포하였는데, 그 중 검사의 사무처리에 관한 규정을 살펴보면, ① 재판소에 수인의 검사가 있으면 首席檢事가 사무분담을 정할 수 있고, ② 피고인신분이나 사건의 본질에 비추어 중대한 경우에는 수석검사가 掌理하고 만약 친히 掌理하지 못할 경우에는 특별한 주의를 요하고, ③ 중대한 범죄에 대한 공소장, 고소사건에 대하여 기소를 하지 아니하는 通牒書, 감독상관에게 제출하는 서류, 검사의 辨理[12]에 대한 항고의 判定書, 각 부 및 지방관서간의 往復書의 각 正本上에 수석검사가 서명날인을 하여야 하고, ④ 수석검사가 사고가 있을 때에는 기히 수석검사의 지명을 받은 검사가 대리하고, ⑤ 검사는 범죄의 고소가 있을 때 필요하면 범죄현장에 나가 臨檢할 수 있고, ⑥ 검사는 처리하는 사건에 대하여 수시로 법부대신에게 보고할 수 있고, ⑦ 수석검사는 매 6월과 12월에 그 재판소에서 반년간 掌理한 사무의 성적 및 폐해가 있을 때에는 그 교정하는 방법을 갖추어 법부대신에게 보고하여야 하고, ⑧ 검사는 개정시각 전에 仕進記[13]에 날인하고 수석검사가 立卽調査한 후 검인하고 만약 不進者가 있으면 不進한 이유 및 결말을 仕進記에 注記하고 그 抄錄은 수석검사가 법부대신에게 提進하여야 하고, ⑨ 검사가 문서를 접수하였을 때에는 그 처리안을 여백이나 별지에 적어 서기에게 교부하고 바로 처리하지 못할 때에는 후일 제출할 기한을 예상하여 서기에게 교부하여야 하고, ⑩ 수석검사는 각기 主掌에 관한 諸表의 調製를 掌理하여 법부대신에게 提進하여야 하고, ⑪ 수석검사는 검사의 古蹟[14]에 대하여 매년 말에 법부대신에게 보고하여야 하고, ⑫ 수석검사는 소속서기의 분담을 정하여 그 중 1인을 감독서기로 명할 수 있고, ⑬ 검사의 事務掌理에 대한 항고는 그 감독상관이 판정하고 최종의 항고는 법부대신이 판정한다는 것 등이 있다.

특이한 점은 수석검사가 재판소의 소속직원에 대한 考課를 매년 말에 법

12) 일을 판별하여 처리한다는 의미로 결정이나 처분을 의미한다.
13) 사진(仕進)은 벼슬아치가 정해진 시각에 출근한다는 의미이므로 사진기는 출근부를 뜻한다.
14) 관리의 성적을 詳考하는 것으로 考課라고도 한다.

부대신에게 보고하도록 하고 있음에도 불구하고 이러한 수석검사의 고과보고 대상에서 검사를 제외하고 수석검사가 검사에 대한 고과를 하였다는 점을 들 수 있고, 이는 비록 검사가 재판소의 소속직원으로 되어 있으나 업무처리에 있어서는 판사와 별도로 독자성을 보유하면서 궁극적으로는 당시 사법행정의 수장격인 법부대신의 감독과 지휘를 받았다는 것을 의미한다.[15)]

(3) 민형사소송규정

재판소구성법 제38조에서 규정한 검사의 일반적인 직무권한 규정 이외에 1895년 4월 16일 법부령 제2호로 공포한 '검사직제'에서 더욱 구체적으로 검사의 직무에 관하여 규정하고 있는데, 그 내용을 요약하면 검사는 ① 범죄의 수사, 공소제기 및 공소불제기, ② 형사상 법률의 정당한 적용의 감시, ③ 형벌과 부과형의 집행청구 및 그 집행에 臨檢 監視, ④ 법부대신의 지휘를 받아 사형집행, ⑤ 민사상 幼子나 婦女에 관한 소송, 실종자와 대를 이를 사람이 없는 유산에 관한 소송, 증서위조에 관한 소송 등에의 立會, ⑥ 범죄의 고소 고발의 수리, ⑦ 관리의 부정부당한 행위를 발견하였을 때에 증거를 수집하여 징계처분을 구하는 한편 공소를 제기하는 것, ⑧ 제마음대로 체포나 구류를 자행하는 사람이 없도록 주의하고 피고인이 오래 구금되지 않도록 주의하는 것, ⑨ 판사에 대한 피고사건의 先査請求, ⑩ 피고사건의 取招를 위한 피고인의 引致 및 拘留, ⑪ 범죄에 관한 증거수집과 증인신문, ⑫ 行兇[16)]現場에 임하여 관계인 및 현장에 있는 자의 신문, ⑬ 범죄성질과 行兇情況을 알기 위한 때에 특별기술자를 입회시키는 것, ⑭ 증거발견을 위하여 피고인 및 관계인의 가택수색, 증거물건의 압수, ⑮ 범죄수사, 영장집행, 피고인 인치 등과 관련한 사법경찰관의 지휘 등을 주요직무로 규정하고 그 밖에도 직무집행에 있어서 分力할 것, 검사는 재판소에 대하여 독립하여 사무를 행할 것 등을 규정하고 있으며, 1895년 4월 29일 제정되고 같은 해 5월 2일 관보에 게재되어 법부령 제3호로 공포된 「민·형사소송규정」 중 검사의 직무와 관련된 중요한 부분을 요약하면 ① 공소장은 서식에 따라 검사가 작성하고, ② 검사는 고소·고발을 받아 수사를 전개하고, ③ 유죄로 인정될 때에는 공소장을 작성하고 증거물과 함께

15) 송해은, 「한국검찰의 연역에 관한 고찰」, 저스티스 제27권 제2호, 한국법학원, 30쪽.
16) 사람을 죽이는 것을 말한다.

재판소에 심판을 청구하고, ④ 검사는 공판정에서 피고사건에 대하여 진술하고 증거를 제출하며 법률적용에 관한 의견을 진술하고, ⑤ 검사는 사형을 제외하고는 상소기간이 경과한 후 곧 형벌의 집행을 명하고 이에 입회하고, ⑥ 상소는 검사・피고인・피해자가 할 수 있으며 상소제기기간은 3일 내이고, ⑦ 재판소가 상소를 포기하였을 때에는 원재판소검사에게 통첩하여 형집행절차를 취하도록 한다고 규정하고 있다.

2. 통감부시대의 검찰제도

(1) 민・형사소송규칙

1908년 7월 13일 법률 제13호로 제정된 「民・刑事訴訟規則」은 검사의 직무에 관하여 다음과 같은 규정을 두고 있는데, 검사에게 범죄수사권 및 사법경찰관에 대한 지휘권 그리고 인신구속에 있어서 영장을 요구한 점에서 특색이 있다.

> 제149조: 檢事는 犯罪가 有홈으로 思量훈 時는 其 搜査를 行홈이 可홈
> 제150조: 警觀・警部는 司法警察官이라 ᄒᆞ야 檢事의 指揮를 受ᄒᆞ야 犯罪를 搜査ᄒᆞ이 可홈
> 巡査는 司法警察吏라 ᄒᆞ야 檢事 及 司法警察官의 指揮를 受ᄒᆞ야 犯罪搜査의 補助를 行ᄒᆞ이 可홈
> 제151조: 司法警察官은 司法警察事務에 關ᄒᆞ야 檢事의 命令을 從ᄒᆞ이 可홈
> 제153조 제1항: 搜査에 當ᄒᆞ야는 被告의 訊問・逮捕・拿引・拘留, 證人의 訊問・拿引, 鑑定, 檢證, 家宅搜索 及 物件押收를 行홈을 得홈 旦 司法警察官은 檢事의 許可를 有치 아니ᄒᆞ면 十日以上 被告를 拘留홈을 得지 못홈
> <u>**제158조 제1항: 拿引이나 拘留를 命홈에는 令狀을 發홈이 可홈**</u>

(2) 한국에 있어서의 범죄즉결령

1909년 10월 16일 칙령(勅令) 제240호로 '한국에 있어서의 범죄즉결령(犯罪卽決令)'을 제정하고 같은 달 18일 관보에 게재하여 공포하고 같은 해 11월 1일부터 시행하도록 하였는데, 이는 일정한 범죄에 대하여 사법경찰관의 즉결심판권을 인정하여준 제도였다.

犯罪卽決令

제 1 조 統監府警視 又는 統監府警部로서 韓國의 警察署長, 分署長인 職務를 有한 者 又는 其代理를 하는 者는 警察署 又는 分署의 管轄區域內에서 左의 범죄를 卽決함을 得함.

一. 拘留 又는 科料의 刑에 處할 罪

二. 韓國法規에 의하여 笞刑,[17] 拘留 又는 三十圓 以下의 罰金刑에 處할 罪

여기서 주목할 점은 사법경찰관에게 경미범죄에 대한 고유의 즉결처분권을 부여하고 검사 및 판사의 사법적 통제를 배제함으로써 근대적 형사사법체계의 정신에 배치되는 인권의 사각지대를 조장하였고, 즉결의 대상이 되는 범죄를 행위유형별로 특정하지 않고 법정형이 아닌 처단형을 기준으로 일반범죄에도 적용할 수 있도록 하였다는 점이다.[18]

3. 조선총독부시대의 검찰제도

(1) 범죄즉결례

1910년 8월 29일 한일합방을 단행한 일본에 의하여 설치된 조선총독부는 1910년 10월 1일 제정 제5호로 「朝鮮總督府裁判所令」을 제정·공포하였다. 그 후 일제는 1911년 조선총독부의 命令, 制令에 법률과 같은 효력을 부여하는 '朝鮮에 施行할 法令에 관한 法律'을 제정하여 식민지사법조직의 구축을 마련한 후 식민통합의 불가결한 도구인 형사사법제도의 재편에 본격적으로 착수하였다. 이 작업은 i) 朝鮮總督府裁判所令의 全面改正, ii) 朝鮮刑事令의 制定 및 iii) 朝鮮笞刑令의 制定[19]이라는 세 가지 입법을 통하여 이루어졌다. 특히 검사의 공소권과 관련하여 위에서 언급한 것처럼 1909년 「韓國에 있어서의 犯罪卽決令」에 따라 경찰관에게 경미범죄에 대한 고유의 즉결처분권이 부여됨으로써 검사 및 판사가 전혀 개입하지 않는 형사사법체계가 이 땅에 도입되는 계기가 되었고, 이는 1910년 12월 「犯罪卽決例」로 대체되는데 그 구상은 「韓國에 있어서의 犯罪卽決令」과 같았으나 그 적용대상을 행정법규위반죄까

17) 1905년 4월 29일 대한제국의 형법이 제정되어 같은 해 5월 29일 관보에 게재·공포되었는바, 동법 제93조에 주형을 死刑, 流刑, 役刑, 禁獄刑, 笞刑의 5종으로 한다고 규정하고 있다.

18) 신동운, 「한국검찰의 연혁에 관한 소고」, 검찰 통권 100호, 50-51쪽.

19) 조선형사령은 일제에 의하여 1912년 3월 18일 제령(制令) 제11호로 제정된 이래 1945년 우리 민족의 해방에 이르기까지 12회에 걸쳐 개정되었다.

지 확대한 점이 주목된다. 이에 따라 경찰서장이나 그 직무를 취급하는 자인 헌병분대장, 헌병분견소장에 의하여 즉결언도를 받아 많은 한국인들이 처벌을 받았고, 특히 태형은 한국인에게만 적용된 탄압의 수단이었으며, 헌병·경찰은 한국인을 불법으로 체포하고 고문하여 정식재판을 이용하지 않고 언도를 하는 방법으로 항일운동을 규제하는 데 범죄즉결례를 악용하였던 것이다.

> 제1조 경찰서장 또는 그 직무를 취급하는 자는 그 관할구역 내에 있어서 좌(左)의 범죄를 즉결할 수 있다.
>
> 1. 拘留 또는 科料의 형에 처할 죄
>
> 2. 3월 이하의 징역 또는 백 원 이하의 벌금 또는 과료의 형에 처할 도박의 죄 및 구류 또는 과료의 형에 처할 형법 제208조[20]의 죄
>
> 3. 3월 이하의 징역, 금고 또는 구류 또는 백 원 이하의 벌금 또는 과료의 형에 처할 행정법규위반의 죄
>
> 제2조 ① 즉결은 재판의 정식을 사용하지 않고 피고인의 진술을 듣고 證憑을 취조하여 즉시 그 언도를 하여야 한다.
>
> ② 피고인을 호출할 필요가 없는 때 또는 그를 호출하여도 출두하지 아니한 때에는 즉시 그 言渡書의 등본을 본인 또는 그 주소에 송달할 수 있다.
>
> **제7조 징역 또는 그 금고의 언도를 받은 피고인에 대하여는 경찰서장 또는 그의 직무를 취급하는 자는 拘留狀을 발할 수 있다.**
>
> 제8조 구류의 언도를 할 경우에 있어서 필요한 때에는 제5조에 정한 기간[21] 내에 피고인을 유치할 수 있다. 단 언도한 형기에 상당한 일수를 초과할 수 없다.

(2) 1912년 조선형사령

조선형사령은 일본의 형사법령을 이 땅에 '依用'하도록 함으로써 근대형사법령으로서 당시 일본의 1907년 형법, 1890년 형사소송법(소위 明治刑事訴訟法)이 일단 기본적인 형사재판의 준칙으로 사용되게 되었다. 그러나 표면상의 근대형사법전의 시행에도 불구하고 식민지 형사사법의 편의를 꾀하기 위하여 각종 독소조항(동법 제12조 등)이 일본 형법, 형사소송법에 대한 소위 특례로서 규정되어 근대적 형사소송법의 핵심부분, 특히 강제수사권에 관한 제반 규제를 완벽하게 배제함으로써 인권보장을 그 출발점으로 하는 서구식 근대형사

20) 당시 시행중이던 일본 형법 제208조는 "暴行을 가한 자가 사람을 상해함에 이르지 아니한 때에는 1년이하의 징역 혹은 50원이하의 벌금 또는 구류 혹은 과료에 처한다. 전조의 죄는 고소를 기다려서 이를 논한다"라고 규정되어 있다.

21) 정식재판청구기간인 3일 또는 5일을 말한다.

사법의 근간을 형해화하였다. 특히 조선형사령은 식민지통치를 목적으로 사법경찰관에게 구류장발부의 권한을 제외하고는 검사와 거의 대등한 강제수사권을 부여하면서 한편으로는 검사와 동일한 직권을 가지는 朝鮮總督府警務總長을 정점으로 기능하는 한편 검사의 수사보조자로서 검사의 명령에 복종한다는 二元的 命令體系에 따르고 있었다.[22] 더욱이 위에서 보는 것처럼 조선형사령 제12조가 사법경찰관리 작성의 조서에도 절대적 증거능력을 인정함으로써 일단 사법경찰관리가 작성한 조서에 자백이 기재되어 있기만 하면 그것으로 유죄의 증거가 확보된 것이었다. 이와 같이 절대적 증거능력이 인정된 一件수사서류는 검사의 공소유지에 있어서 아무런 어려움을 남기지 않았고, 법관의 입장에서도 일본어로 재판되는 공판의 실제에서 한국인 피고인의 법정진술을 통역하거나 번역하는 번거로움을 피하기 위하여 수사서류를 중심으로 심리를 행하는 것이 일반적이었으며, 이러한 관행은 특히 일제말 戰時刑事特別法[23]의 발효에 따라서 순수한 서면심리에 의한 형사재판이 가능하게 됨으로써 본격적인 調書裁判制度의 완성을 보게 된 것이라고 한다.[24]

제 4 조: 朝鮮總督府警務總長은 사법경찰관으로 하여금 범죄를 수사함에 대하여 지방법원검사와 동일한 직권을 갖는다.

제 5 조: 左 記載한 官吏는 檢事의 補佐로 하여 그 지휘를 받아 사법경찰관으로서 범죄를 수사하여야 한다.

一, 朝鮮總督府警務部長

二, 朝鮮總督府警視, 警部

三, 憲兵將校, 准士官, 下士

전항의 사법경찰관은 검사의 직무상 發한 命令에 따른다.

<u>제12조: 검사는 현행범 아닌 사건이라도 수사의 결과 급속한 처분을 요할 것으로 思料하는 때에는 공소제기전에 한하여 영장을 발하여 檢證, 搜索, 物件差押을 하고 被告人, 證人을 신문하거나 또는 감정을 명할 수 있다. 단 벌금, 과료 혹은 비용배상의 言渡를 하거나 또는 宣誓를 하게 할 수는 없다.</u>

<u>前項의 規定에 의하여 檢事에게 許한 職務는 司法警察官도 또한 假로 이를 행할 수 있다. 단 拘留狀을 發할 수는 없다.</u>

---

22) 송해은, 「한국검찰의 연역에 관한 고찰」, 저스티스 제27권 제 2 호, 한국법학원, 45쪽.

23) 戰時刑事特別法 제22조의3: 裁判所 또는 豫審判事가 상당하다고 認定한 때에는 證人 또는 鑑定人의 訊問에 대신하여 書面의 提出을 하게 할 수 있다.

24) 신동운, 「韓國 檢察制度의 現況과 改善策」, 서울대 법학 제29권 제 2 호, 40쪽.

제15조 檢事가 피고인을 勾留한 경우에 20일 이내에 기소의 절차를 밟지 아니하는 때에는 이를 석방하여야 한다. 형사소송법 제146조 제2항의 규정[25]은 이를 적용하지 아니한다.

제16조 檢事는 범죄의 수사를 종료하여 유죄로 사료하는 때에는 공판을 구하여야 한다. 단 구류 또는 과료에 해당하는 사건을 除한 외 사건이 繁雜할 때에는 豫審을 구할 수 있다.

(3) 1912년 조선태형령

조선형사령은 1907년 일본형법을 의용하기로 하면서 舊韓末의 법령이었던 刑法大典을 폐지하였는데, 일제가 대한제국의 법령이었던 형법대전을 그 때까지 사용하였던 것은 그 봉건적 형벌체계, 특히 태형을 활용하기 위함이었다. 그런데 형법대전이 폐지되면 태형의 법적 근거로 소멸하게 될 것이므로 이에 대비하여 일제는 「朝鮮笞刑令」을 발하여 종래의 봉건적 태형제도를 유지하여 식민지 지배를 위한 야만적, 비인간적, 폭압적 직접 강제수단을 확보하였던 것이다. 이것이 바로 근대적 경찰기구가 이 땅에 들어오면서 우리 민족에 대하여 體罰, 즉 매질을 가하는 기관 내지 장소로 일반인들이 인식하게 되었다는 사실을 의미한다.

제1조: 3月 以下의 징역 또는 拘留에 處해야 할 것은 그 情狀에 의하여 笞刑에 處할 수 있다.

제3조: 百圓 以下의 罰金 또는 科料의 言渡를 받은 자가 그 言渡確定後 5日內에 이를 完納치 아니할 때에는 檢事 또는 卽決官署의 長으로 그 情狀에 依하여 笞刑으로 換刑할 수 있다. 但 笞刑執行 中 아직 執行하지 아니한 笞數에 相當하는 罰金 또는 科料를 納付한 때에는 笞刑을 免함.

제11조: 笞刑은 監督 또는 卽決官署에서 秘密히 이를 執行함.

제13조: 本令은 朝鮮人에 限하여 이를 適用함.

(4) 1922년 조선형사령

조선형사령에 의하여 依用되는 일본의 형사소송법이 1922년 5월 4일 법률 제75호로 전면개정되자(소위 大正 刑事訴訟法), 이의 시행에 맞추어 1922년 12월 7일 조선형사령도 制令 제14호로 전면개정되었는데, 그 중 검찰에 관한

25) 明治刑事訴訟法 제146조 제2항은 「만일 被告人에 대하여 拘留狀을 發한 때에는 3日內에 起訴의 節次를 行하여야 한다」라고 규정하고 있다.

부분을 살펴보면 다음과 같다.

첫째, 大正 刑事訴訟法 제279조가 「범인의 성격, 연령 및 환경과 범죄의 정황 및 범죄후의 정황에 의하여 소추를 필요치 않을 때에는 공소를 제기하지 않을 수 있다」고 규정하여 기소편의주의를 도입하였다는 점이다.

둘째, 조선형사령 제13조에 의하여 사법경찰관의 留置期間이 10일로 단축되었고, 제15조에 의하여 검사의 勾留期間도 10일로 축소되었다.

셋째, 1912년 조선형사령과는 달리 1922년 조선형사령 제12조는 금고 이상의 형에 해당하는 사건에 한하여 급속한 처분을 허용하고 있다.[26]

4. 미군정시대의 검찰제도

1945년 8월 15일 일본이 패망하고 남한에 미군정이 실시되자, 근대 형사사법제도의 위대한 유산들이 우리나라에 본격적으로 도입되기 시작하였다.

우선 검찰과 관련하여 최초로 주목되는 미군정의 사법개혁은 1945년 10월 9일자 軍政法令 제11호이다. 이 제11호 군정법령은 정치범처벌법・예비검속법・치안유지법・출판법・정치범보호관찰령・신사법(神社法)・경찰의 사법권에 관한 규정 등 일제하의 각종 악법을 우선적으로 폐지함을 주목적으로 하고 있었는데, 그 가운데에서도 경찰의 사법권을 폐지한 것[27]이 주목된다. 즉 일제하의 犯罪卽決例가 위 미군정법령 제11호에 의하여 폐지됨으로써 전근대적 식민형사사법의 상징이었던 경찰서장의 범죄즉결권이 이 땅에서 사라지게 되었다.

그러나 법생활의 계속성을 위하여 미군정청은 같은 해 11월 2일 군정법령 제21호 제1조에 의거, 조선총독부재판소령을 포함한 일본법령이 당분간 유효함을 확인하여 각국법원 및 검사국도 변동이 없었으나, 명칭만은 조선고등법

26) 제12조: 검사는 형사소송법에서 규정한 경우 외에 사건이 금고 이상의 형에 해당하며 급속의 처분이 필요하다고 인정하는 때에는 공소의 제기 전에 한하여 압수, 수색, 검증 및 피의자의 구인, 피의자 혹은 증인의 신문, 감정, 통역 또는 번역의 처분을 할 수 있다. 전항의 규정에 의하여 검사에게 許한 처분은 사법경찰관 또한 이를 할 수 있다. 형사소송법 제87조 제1항(구인사유), 제88조(구인장) 및 제131조(기타 준용규정)의 규정은 전 제2항의 勾引에, 형사소송법 제1편 제13장 내지 제15장(증인신문, 감정, 통역에 관한 장) 중 검사 또는 사법경찰관이 하는 처분에 관한 규정은 전2항의 증인의 신문, 감정, 통역 또는 번역의 처분에 대하여 이를 준용한다.

27) 미군정법령 제11호는 제1조 제1항 (사)목에서 경찰의 사법권이 폐지대상임을 명시하였다.

원이 'Supreme Court'(대법원)로, 복심법원이 'Court of Review'(공소원)로 각각 개칭되었다.[28] 그리고 1946년 12월 16일 사법부부령에 의해 법원과 검사국의 명칭을 각각 대법원-고등심리원-지방심리원 및 대검찰청-고등검찰청-지방검찰청으로 변경함과 동시에 판사와 검사의 직명도 각각 심판관과 검찰관으로 변경하고 1947년 1월 1일부터 신제도를 시행하게 된다.[29]

한편 검찰과 경찰의 관계는 미군정의 훈령과 통첩들에서 보이는 표현의 애매함 때문에 검찰과 경찰이 서로 다른 해석을 하면서 혼란이 있었으며, 이러한 문제는 지금까지도 논란이 되고 있다. 즉 1945년 10월 30일자 미군정법령 제20호에 의하여 군정청 경무국[30] 형사조사과를 설치하여 형사조사과의 임무를 '군정청에 의해 의뢰된 범죄사건의 수사실행'(Conducting investigation of criminal matters which are referred to it by Military Government)이라고 규정한 것(동법령 제1조 a호)과 1945면 12월 29일자 미군정 法務局長 메트 테일러(Matt Taylor) 소령 명의의 '법무국검사에 대한 訓令 제3호'(Instructions to prosecutors No. 3.)가 대표적인 것이다.

먼저 전자의 경우를 살펴보면 형사조사과의 임무로 (가) 군정청에서 교부한 형사사건의 조사를 행할 것, (나) 범인의 조사 및 체포에 관하여 청구가 있을 때에는 육군경찰, 역정보단 및 조선경찰을 원조 협력할 것, (다) 내국지문록(內國指紋錄)의 형사조사제(刑事調査制)[31]를 설정 유지할 것을 직무로 하고 있으므로, 이처럼 경무국 형사조사과가 행정경찰작용인 치안질서의 유지가 아니라 형사사건의 조사를 행하는 기관이었다는 점에서 독자적인 수사권을 가지는 경찰조직으로 보는 견해가 있는 반면,[32] 권한에 관한 규정만으로 독자적 권한이 부여되었다고 보는 것은 적절하지 않다는 견해[33]도 있다.

후자의 규정에 대해서도 舊法令으로서 효력을 유지하고 있었던 依用 大

28) 대검찰청, 한국검찰사, 216쪽.

29) 문준영, 「한국검찰제도의 역사적 형성에 관한 연구」, 서울대학교 박사학위논문(2004. 2), 166쪽.

30) 1945. 10. 21. 미군정청에 조선인으로 구성된 경찰조직을 관장하는 경무국(The Police Bureau)이 창설되었고, 조병옥 박사가 동일자로 경무국장에 취임하였다.

31) 이 형사조사과의 설치와 함께 종래 조선총독부 법무국 형사과 지문계가 가지고 있던 제반 지문에 대한 직무, 직능, 문서, 재산 및 직원이 경무국으로 이관되었으며, 그 결과 경무국은 범죄수사에 필수적인 지문록 및 형사조사제도의 수립과 유지의 기능을 확보하게 된 것이다(경찰청, 경찰 50년사, 65쪽).

32) 신동운, 「수사지휘권의 귀속에 관한 연혁적 고찰(Ⅰ) — 초기 법규정의 정비를 중심으로 —」, 서울대 법학 제42권 제1호(2001. 5), 197쪽.

33) 이완규, 검찰제도와 검사의 지위, 성민기업, 246쪽.

正刑事訴訟法上 검사의 수사주재자로서의 지위에 일대 수정을 가하여 검사를 단순히 공소제기권자로 파악하려고 한 것으로. i) 수사권독립에 의한 검찰·경찰의 분리, ii) 경찰의 자치경찰화를 통한 통일성의 해체와 지방분권화, iii) 사법행정분야에 있어서 법원·검찰의 분화에 기한 법원의 독립성 확보 등 미군에 의한 일본검찰·경찰제도의 재편성과 같은 맥락이라고 하면서,[34] 아래의 법무국훈령 제3호 제2항 (나)와 (마)에서 통상적인 수사활동(routine investigation)은 경찰이 담당하고, 검사는 법률적 분석을 요하는 부분에 한하여 수사에 관여하도록 하고 있는데(Engage, if necessary, only in that part of an investigation that actually requires legal analysis), 이처럼 검사의 수사관여영역이 제한적이고 예외적으로 인정된다는 점에서 이 훈령에 의하여 '일반적으로 경찰이 수사권을 보유'하며, 검사는 '예외적으로', 그것도 '법리적 분석을 요하는 부분에 대해서만 제한적으로' 수사권을 보유하게 되었다고 해석하는 견해도 있다.[35] 실제로 이러한 해석가능성대로 당시 경찰이 독자적 수사권으로 해석하여 검찰과 충돌하는 사태가 벌어지는데, 그것이 1945년 12월 발생한 홍형사사건[36]이다.

[법무국검사에 대한 훈령 제3호]

1. 검사의 선결직무는 관할재판소에 사건을 공소함에 있음. 세밀한 조사는 검사의 책무가 아님. 검사의 특별한 교양은 법적 직무에 관할 때 일층 중요성을 유(有)함(The primary function of all prosecutor is the successful prosection of cases before a Court of competent jurisdiction. The detail of investigations are a burden, which Prosecutors should not be required to assume. The specialized training of is vastly more important when directed to the legal aspects of their office).

2. 재판소의 검사는 수사시간의 절용(節用)과 일층 조흔 효과를 득(得)하기 위하야 좌기(左記) 훈령을 준수할 사(事)(In the interests of time saving and better efficiency, the prosecutors of all courts shall observe the following instructions:).

(가) (생략)

34) 신동운, 「韓國檢察의 沿革에 관한 小考」, 檢察 通卷第100號紀念特輯號, 大檢察廳, 66쪽.

35) 신동운, 「수사지휘권의 귀속에 관한 연혁적 고찰(Ⅰ)—초기 법규정의 정비를 중심으로—」, 서울대 법학 제42권 제1호(2001. 5), 210쪽.

36) 경기도 경찰부의 홍 형사과장이 검사의 양해와 지휘에 의하여 피의자를 검거하였는데, 경찰부장이 오히려 홍 형사과장의 구속명령을 취소시키고 도리어 홍 형사과장을 구속하여 군정재판에 회부하고 처벌한 사건이다(자유신문, 1945. 12. 1).

(나) 검사는 경무국이 행할 조사사항을 경무국에 의뢰할 사, 차(此)는 경찰관의 직무요 검사의 직무가 아님(Request routine investigations be conducted by the Police Bureau. This is a function of the Police, not the Prosecutor's).

(다) 검사는 법정(法定) 구비조건에 만전을 기하기 위하야 경찰관보고서를 검토할 사(Analyze Police report for legal sufficiency).

(라) 검사는 증거의 불비를 경찰관에 지적하고 될 수 있으면 증거의 정정(訂正)을 의뢰할 사(Point out to police any deficiencies of evidence and request they be corrected, if possible).

(마) 검사는 실제로 법적 검토를 요하는 조사에 관하여 필요하다면 관여할 사(Engage, if necessary, only in that part of an investigation that actually required legal analysis).

(바) 검사는 조사에 부수되는 사건에 관하야 경찰서장과 연락을 취할 사, 사법재판소에서 만족히 공소하는 때 필요한 증거에 관련한 사항에 관하여 특히 연락을 취함. 검사는 자유로 조선의 법률시행의 수준을 향상하기 위하야 협력할 사(Maintain liaison with Police chiefs on all matters incident to investigation. Especially, in regard to matters related to the evidence necessary to satisfactorily prosecute in a court of law. Prosecutors and police must work together to raise the standard of law enforcement in liberated Korea).

(사) 상기 훈령의 운영을 원조함을 검사장의 임무로 함(It is duty of chief prosecutors to assist in the administration of these instruction).

3. 상기 훈령은 검사의 법정권한(法定權限), 특권, 위신 혹은 지위를 개정, 변경, 축소치 못함. 상기령(上記令)은 검사, 경찰관이 각자 책무를 명확히 함. 법무국의 방침사항에 관하야 절대적 복종을 자(玆)에 지령함(These instructions are not intended to modify, change or reduce the lawful authority, prerogatives, prestige or station of any prosecutors. They are intended to clarify the respective responsibilities of the Prosecutors and the Police. As a matter of policy for the Bureau of Justice, full compliance is hereby directed).

4. 법무국과 경무국에 관한 사건에 관한 전술사항은 관계당사자가 인정 우(又)는 정합(整合)했다. 경무국통첩 제1호, 검사와의 관계에 관한 건은 법무국이 필요한 때 검사에 제시됨(The aforementioned, being a matter of concern to both the Bureau of Justice and the Police Bureau, same was approved and coordinated by all parties concerned. Bureau of Police Memorandum No.1, Relations with Prosecutors, will be forwarded to prosecutors when it is made available to this Bureau).

그러나 이러한 해석은 일본의 예를 그대로 적용한 해석론으로 보이는데, 일본의 미군정이 일본에 대해 가지고 있었던 방향성과 한국의 미군정이 가지고 있었던 방향성의 차이를 간과한 것으로,[37] 미군정은 전쟁을 발발하였던 일본에 대해서는 그 군국주의적 기반을 철저히 파괴하여 다시는 미국을 위협하거나 그 지역의 안정을 해치지 못하게 만들되 경제적으로는 자급을 유지하고 그 지역의 부흥에 어느 정도 기여할 수 있게 만든다는 기본적 구상 하에 철저한 대비를 하여 정책을 펴나갔는바,[38] 특히 미국식의 철저한 분권화정책 특히 지방자치정부를 위주로 하는 지방분권화를 도모하여 국가권력의 탈중앙집권화를 추진하고 있었고,[39] 이에 따라 점령 초기부터 경찰에 대하여도 경찰의 지방분권화가 추진되었던 것이다. 그러나 한국에 대해서는 지정학적 위치가 전략적으로 중요하고 주변국간의 이해관계가 복잡하게 얽혀 있어 어느 한 강대국의 독주를 막고 미국 주도하의 지역안보체계를 마련한다는 기본구상을 가지고 있었으며,[40] 소련국의 참전으로 소련의 남진이 급박해지자 일본의 항복 이후 일단 신속히 일본군의 무장을 해제하고 소련의 전 한반도 점령을 막기 위해 남한을 그 보루로 만드는 것이 급한 현안이 되었던 것이다.[41] 그리하여 1945년 10월 중순 맥아더와 하지 중장[42]에게 전달된 삼부조정위원회(SWNCC, State-War-Navy Coordination Committee)[43]의 지령에서는 일본으로부터 한국의 완전한 정치적·행정적 분리, 일본의 사회적·경제적·재정적 통제로부터 한국의 완전한 자유 획득을 민정의 목표로 제시하면서 "이 목표의 실현을 위하여 기존의 행정기구와 실정법을 활용할 것"을 지시하였는바, 국가권력의 탈중앙집권화를 추진하고 있던 주일미군정의 접근방법과는 서로 다른

37) 물론 법무시책 등을 입안한 미국사령부 법무감 푸레시컷트 대령 등 법무장교들의 지식과 사고가 영미법적인 테두리를 벗어나기 어려운 반면, 한국의 실정에 비교적 어두워 한국의 검찰제도나 형사소송제도를 근본적으로 이해하지 못했을 뿐더러 총독부 치하의 형사소송제도는 비민주적이고 인권보장절차를 결한 것으로 단정하고, 이러한 관념이 그들의 시책에 수시로 반영된 점을 무시할 수는 없을 것이다(대검찰청, 한국검찰사, 220쪽).

38) 정용욱, 「해방전후 미국의 대한정책」, 서울대학교 출판부, 31쪽.

39) 문준영, 「한국의 검찰제도의 역사적 형성에 관한 연구」, 서울대학교 법학박사 학위논문(2004. 2), 188-189쪽.

40) 정용욱, 전게서, 33쪽.

41) 정용욱, 전게서, 129쪽.

42) 하지는 1945년 8월 19일 태평양 방면 미육군사령관 맥아더로부터 한반도점령 작전계획을 하달받고, 이 날로 미육군남조선주둔군(US Army Force in Korea) 사령관으로 임명된 자이다(정용욱, 전게서, 127쪽).

43) 미국 국무부·육군부·해군부의 합동 위원회로서, 군부와 국무부의 정책 조정과 협조를 위해 만들어졌다고 한다(정용욱, 전게서, 28쪽).

기반에 서 있었다고 볼 수 있다.[44] 무엇보다도 동 훈령이 경찰에게 독자적 수사권을 인정하고 있다는 해석은 검사가 수사절차의 주재자로서 사법경찰에 대한 수사지휘권을 가진다고 할 때, 그 수사지휘권의 의미를 모든 수사활동을 일일이 구체적으로 완전히 통제하는 의미로 이해하는 데에 기인한 것 같다. 그러나 검사가 사법경찰관에 대하여 수사지휘권을 가진다는 의미는 사법경찰관은 검사의 구체적·개별적·사전적 지휘가 없더라도 독자적으로 수사권(수사행위의 주체)을 행사할 수 있으며, 다만 그러한 수사권 행사는 검사의 수사지휘를 전제로 하여 이루어지고 있다는 의미에 불과하다. 즉 사법경찰관은 검사의 수사지휘권이라는 연결고리를 통하여 일반적으로 위임된 수사권을 가지는 것으로, 다만 그 수사권을 행사함에 있어 수사절차의 주재자로서 검사가 일정한 경우에 발하는 지시에 따라야 한다는 것이므로 독자적 수사권 또는 독립된 수사권이 아니라는 것일 뿐이다.

결국 검사의 수사지휘권은 사법경찰관의 개개의 수사활동에 일일이 지시나 명령을 내림으로서 행사되는 것이 아니라, 통상적인 경우는 사법경찰의 수사활동을 스스로의 판단에 의하도록 위임하고, 강제처분 등 인권침해 소지가 있는 경우이거나 법률적으로 복잡한 경우 등 필요한 경우에만 개별적 지시를 하는 것이며, 이는 인력 등 현실적인 면에서도 어쩔 수 없는 것이다. 따라서 검사의 수사지휘권 하에 있다는 의미는 사법경찰관이 필요한 경우 내려지는 검사의 지시에 따르라는 것을 의미하는바, 사법경찰관이 전혀 수사권이 없다든가 경미한 사건까지도 독자적으로 수사하지 못하고 일일이 지시를 받아야만 수사할 수 있는 것이라는 식으로 이해하는 것은 적절하지 않다고 본다.[45]

이러한 관점에서 법무국 훈령 제3호를 다시 보면, 제2항 (나)와 같이 통상적인 수사활동은 사법경찰이 하도록 하고(routine investigation be conducted by the Police), 훈령 제2항 (다)와 같이 검사는 사법경찰의 보고서(그것이 송치전이든 송치후든 관계없이)를 분석하여 증거관계 등이 법률적으로 충분한지 검토하며, 훈령 제2조 (라)항과 같이 증거가 불충분하면 그 보완을 지시하여 보완하게 하는 것은 현재 한국의 검사들이 일반적인 사건에 있어 송치전에 하는

44) 이완규, 「검사의 지위에 관한 연구 — 형사사법체계와의 관련성을 중심으로 —」, 서울대학교 박사학위논문(2005. 2), 252쪽.

45) 이완규, 상게논문, 253쪽; 한국형사정책연구원, 「국민의 시각에서 바라본 미래검찰의 기능과 역할」, 대검찰청 연구용역과제, 14쪽.

수사지휘의 전형적인 모습이다.[46] 용어상으로도 제 2 항 (나)의 번역문에는 경찰관의 직무로 해석되어 있으나, function은 말 그대로 기능 또는 역할의 의미로서 검사는 사건의 소추에 주된 역할이 있으니 검사가 일상적인 조사활동에 일일이 나서는 것은 검사의 역할에 비추어 적절하지 않으므로 경찰에 지시하여 하게 하라는 것에 불과한 것이며, 이는 제 1 항의 "세밀한 조사는 일종의 짐으로 검사가 맡도록 해서는 안 된다(The details of investigations are a burden, which Prosecutors should not be required)"라는 문구을 보더라도 명백하다. 더욱이 법무국 훈령 제 3 호에서 "상기훈령은 검사의 법적 권한, 특권, 위신 혹은 지위를 개정 · 변경 · 축소치 못함. 상기령은 검사 · 경찰관이 각자 책무를 명확히 함"이라고 규정하고 있다는 점에서도 이러한 해석은 문제가 있다고 생각된다.

연역적으로도 훈령 제 3 호가 하달되기 이전의 1945년 12월 18일자 미군정 경무국장 챔퍼니(Auther S. Champeny) 명의로 경부보 이상의 경찰관 및 공안담당 미국인 군정관에게 발한 지령통첩 제 1 호 "검사와의 관계"(Instruction Memorandum No.1 Subject: Relation with Prosecutor)를 살펴보면, 이 통첩은 수사가 이루어지는 경우로 세 가지를 상정하고 있는데,[47] 첫째 경찰에서 사건을 수리하여 수사가 시작되는 경우로 이 경우 경찰관은 검사와 긴밀한 연락을 유지하면서(경무국장 통첩 제 1 호 검사와의 관계 제 2 항 (가)) 수시로 검사에게 여러 가지 형태의 협의사실을 뒷받침하는 데 필요한 증거를 결정하기 위해 자문을 구하고(제 2 항 (나)), 검사로부터 지적된 불비사항에 대하여 그 요구에 따라 즉시 이를 정정하며(제 2 항 (다)), 송치 후라도 검사의 추가요구가 있으면 이에 응하여야 한다(제 2 항 (라))는 것이다. 한마디로 표현하면, 수사에 있어 공소제기여부를 결정하기 위한 검사의 요구에 송치전이나 송치후를 불문하고 따라야 한다는 것이다. 이는 독일 법원조직법상의 "지시에 따라야 한다(verpflichtet, den Anordnung... Folge zu leisten)"는 경우와 다르지 않으며 현행 검찰청법상의 명령에 복종하여야 한다는 것과 차이가 없다. 왜냐하면 '요청에 응하여 그 요청에 해당하는 사항을 이행하는 것'이나, '지시에 따르는 것'이나 '명령에 복종하는 것' 등이 형식에 있어서 어감상 표현의 차이일 뿐이지 실질에 있어서는

46) 이완규, 상게논문, 253쪽.
47) 이완규, 상게논문, 249-250쪽.

차이가 없기 때문이다. 둘째, 검사가 사건을 수리한 경우 검사가 직접 수사하지 않고 사건을 경찰에 이첩하거나, 검사가 수사하더라도 통상적인 조사활동을 경찰에게 '의뢰'하는 경우가 있는데(제2항 (바)), 이 경우는 첫 번째와 같은 방식으로 진행될 것이다. 셋째, 특별한 법적 분석을 요하여 검사가 직접 조사활동을 하는 경우인데 이 때에도 검사의 요구가 있으면 경찰의 책임자는 검사의 요구에 따라 검사를 보조할 경찰관을 검사에게 파견하여 도와주게 되는 것(제2항 (마))이다. 그런데 이 세 가지의 진행상황은 현재 검사들이 사법경찰관에 대하여 수사지휘권을 행사하는 방식과 아무런 차이가 없다.

[경무국장 통첩 제1호 검사와의 관계]

1. 경찰관의 중요한 의무는 구인된 사람의 형사기소를 도웁기 위해 검사에게 제출할 필요한 증거를 수집하는 데 있다(An important duty of the necessary evidence to be prepared to a prosecutor, to support the criminal changes against a person arrested).

2. 이 의무를 완수키 위해서 경부보 이상의 지휘권이 있는 경찰관은 마땅히 좌기 지시를 열심 이행할 것이다(To accomplish this duty efficiently, Commanding Officer of police, to include assistant Inspector, should:).

(가) 관할지역의 검사와 밀접한 연락을 보지할 것(Maintain close liaison with the prosecutors in their area of jurisdiction).

(나) 여러 가지 기소를 돕는 데 필요한 증거의 확정을 기(期)해서 수시로 검사에 자문협조할 것(Consult frequently with the prosecutor to determine the evidence necessary to support the various categor- ies of charge).

(다) 검사로부터 지적된 증거에 불비한 것이 있으면 신속히 정정할 것(Correct promptly any deficiencies of evidence pointed out by the prosecutor).

(라) 사건을 검사에게 송치한 후이라도 검사의 요구하는 당해 사건의 추가증거를 수집할 것(After a case is in the hands of the prosecutor, obtain such additional evidence he may request).

(마) 특별한 법적분석 탐구를 요하는 사건에 있어서 검사의 요구로 선발되여 경찰취조인의 자격으로 검사의 일시적 직무를 대행함으로써 검사를 보좌할 것(Assist the prosecutor in those cases which required special legal analysis, by detailing on temporary duty with prosecutor, at his request, qualified police investigators).

(바) 검사가 경찰에게 의뢰하는 조사는 상규관례에 의하야 취급할 것(Conduct

routine investigation referred to the police by the prosecutor).

3. 경찰의 고급관리의 임무는 각자의 지위계급에 따라 이 지령에 순응할 것이라고 본다(It is the duty of the superior officers of the Police, each in his respective rank, to see that these instruction ar followed).

4. 경찰관과 검사는 마땅히 해방조선의 법적기준의 향상을 위해서 상호협조력할 것이다(Police and prosecutors must work together to raise the standards of law enforcement in liberated Korea).

또한 1946년 4월 8일 군정청 경찰부장 김태일 명의의 공안담당 미군장교, 각 관구 경찰부장 및 수사과장에게 발한 "검사에 대한 형사의 임무"(Assignment of Detectives to Prosecutors)지령을 살펴보면, 1945년 12월 18일자 통첩 "검사와의 관계"의 취지를 재확인하면서, 경무국 형사가 수사책무를 이행하기 위하여 항상 범죄수사에 관하여 "검사의 지휘하에, 검사에 대해 책임을 지"는(they are under the orders of, and responsible to, the Prosecutors to whom they are assigned) 형사의 인원수를 검찰당국과 협조하여 결정하고, 경찰관이 당번제 근무하는 것을 예정하고 있다는 점이다. 물론 "검사의 지휘하에 있고, 검사에 대해 책임을 진다"라는 말이 반드시 검사와 형사가 상하관계에 있음을 의미한다고 단정할 수는 없지만, 적어도 '지휘'(order)라는 표현을 고려해 볼 때, 검사가 수사지휘권을 갖는 기존의 체제를 부정하는 것은 아니라고 할 것이다.[48]

그리고 이론적으로도 권한에 관한 규정만으로 독자적 권한이 부여되었다고 보는 것은 문제가 있다고 보인다. 왜냐하면 권한부여의 규정과는 별도로 조직법상의 지시·명령관계가 설정되면 이는 독자적이라고 할 수는 없는 것이므로 조직법적 규정까지도 정립되어야 독자적이라는 말을 사용할 수가 있는 것인데, 당시에도 이미 조선형사령의 의용에 따라 사법경찰관이 검사의 지시에 따라야 하는 관계가 적용되고 있는 상황이었기 때문이다.[49] 만약 권한부여 규정만으로 독자적 수사권이라고 말한다면 현행의 경찰법은 제3조에 경찰의 임무로서 '수사'를 규정하고 있는바,[50] 그렇다면 경찰이 이 법규에 의해 독자적 수사권을 가진다는 논리도 가능할 것이다. 그러나 형사소송법과 검찰

48) 문준영, 「한국의 검찰제도의 역사적 형성에 관한 연구」, 서울대학교 법학박사 학위논문(2004. 2), 186쪽.

49) 이완규, 전게논문, 248쪽.

50) 제3조(경찰의 임무) 경찰은 국민의 생명·신체 및 재산의 보호와 범죄의 예방·진압 및 수사, 치안정보의 수집, 교통의 단속 기타 공공의 안녕과 질서유지를 그 임무로 한다.

청법 제53조[51]에 의하여 경찰의 수사권은 검사와의 관계에 있어 지휘를 받는 관계, 즉 수사에 관하여 검사의 지시가 있으면 따라야 하는 관계가 전제되므로 독자적인 수사권을 부여하였다고 해석하지 않는 것처럼, 단순한 권한부여 규정이 법무국 검사에 대한 훈령 제3호에 있다고 하여 이를 독자적인 수사권 부여로까지 해석하는 것은 문제가 있다.

결국 1945년 11월 2일 군정법령 제21호 제1조에 의거 조선형사령의 의용에 따른 기존 법령의 유효성 및 동년 12월 18일 경무국장 통첩 제1호 '검사와의 관계'와 동년 12월 29일 법무국장 테일러 명의의 법무국검사에 대한 훈령 제3호, 그리고 1946년 4월 8일자 군정청 경찰부장 김태일 명의의 공안담당 미군장교, 각 관구 경찰부장 및 수사과장에게 발한 '검사의 대한 형사의 임무' 등 관련법규를 종합해 볼 때, 목적론적 해석상[52] 법무국검사에 대한 훈령 제3조가 경찰에게 독자적인 수사권을 부여한 규정이었다고 보는 것은 적절하지 않다고 생각된다.

[검사에 대한 형사의 임무]

1. 수사국은 재판에 부치는 근거가 되는 증거의 획득, 확보, 제출을 포함한 범죄사건의 수사책임이 유함. 검사는 구류자에 대한 재판에 유용한 증거를 준비할 책임이 유함. 검사는 자기 시간내에 할 일이 대단히 많음으로 그는 수사책임이 없게 되어 있음. 이러한 것은 경무부의 형사가 함. 1945년 12월 18일부 훈령 제1호「검사와의 관계」를 참조할 것(The Detectives Division is charged with the responsibility for investigation of criminal metters which includes the acquiring, safeguarding, and presentation of evidence to the prosecuting authority for trial. Prosecutors are responsible for the preparation of this evidence for use in the trial against the person arrested. Because of the many demands made upon his time, the prosecutors should be relieved of all investigative responsibilities. These will be accomplished by detectives of the Police Department.

Reference: instruction Memorandum No.1, SUBJECT: Relations with Prosecutors, date 18 December 1945).

2. 경찰부장, 수사과장은 사법부의 대표자, 검사와 직시(直時) 타합하야 범죄사

51) 제53조(사법경찰관리의 의무) 사법경찰관리는 범죄수사에 있어서 소관 검사가 직무상 발한 명령에 복종하여야 한다.

52) 목적론적 해석이란 법률의 의미내용에 상이한 해석의 여지가 있는 경우에 그 규정의 發生史를 고려하여 의미의 목적에 따라 해석하는 것을 말한다.

건의 수사상 필요한 직무를 이행하는데 필요한 형사의 인원수를 상호간에 결정할 것. 그 후에 이 일에 대하야 적합한 유자격자인 형사가 검사에게 할당될 것임 (Police and Detective Chiefs will immediately contact Department of Police representative and Prosecutors and determine mutually the required criminal matters. Detectives suitably qualified for this work will then be assigned to the Prosecutors).

3. 그렇게 할당된 형사는 그 직무의 수행상 다음의 지령에 의하여 행동함을 요함(In the accomplishment of their mission, Detectives so assigned must comply with the following instructions:).

(가) 소정의 경찰행정을 제외코는 자기가 소속한 검사의 지휘 하에 잇고 검사에 대하여 책임을 져야 함(Except for routine Police Department administration they are under the orders of, and responsible to, the Prosecutors to whom they are assigned).

(나) 자기임무의 비밀성 특별히 재판전의 수사에 관해서는 기밀을 확보할 것 (They must safeguard the confidential character of their assignment, particularly pretrial investigation).

4. 이 지령으로써 형사는 검사에 대한 임무에 의하야 경찰부와는 분리된다는 해석은 성립치 않음, 그들은 계속하여 형사에 유임하고 경찰부의 모든 규칙과 취체법에 복종해야 함. 그러나 그들은 자기의 직무에 의하여 검사에게 범죄사건을 기초조사하고, 재판할 수 있도록 검사가 필요하다고 요구한 직무를 수행할 것. 이렇게 할당된 형사는 이 직무와 근무 중인 형사와 교대함을 요함(Nothing will be construed in this instruction that Detectives will be separated from the Police Department by virtue of assignment to Prosecutors. They will continue to be Detectives and subject to all rules and regulations of the Police Department. They will, however, perform such duties required of them by the Prosecutors thereby permitting Prosecutors to prepare and try criminal cases in accordance with their mission. Commanding Officer of Detectives so assigned should rotate detectives on this duty).

그런데 이와 같은 영미식 검찰·경찰의 관계모델은 그동안 수사보조자로서 검찰의 지속적인 지휘·감독을 받아왔던 경찰측으로 보아서는 일대 희소식이 아닐 수 없었는데, 여기에서 수사지휘권을 둘러싼 검찰·경찰의 각종 대립상태가 발생하게 되었던 것이다. 즉 이 훈령의 취지에 대하여 경찰은 수사를, 검사는 공소를 책임지면서 서로 대등한 지위에서 협력한다는 미국법적인 시각에 따라 "경찰에게 수사권을, 검사에게 공소의 제기 및 유지의 권한을 각각 분배"하여 "검사의 사법경찰에 대한 수사지휘권을 배제"하려고 하였다고 해석되었기 때문이며,[53] 따라서 검찰의 초미의 관심사였던 검찰·경찰의 관계는 여러 가지 형태로 문제가 제기되었다[54]고 한다.

첫째, 사법경찰관의 조직재편성에 관한 문제이었다. 검찰측은 1947년 7월 검찰총장으로부터 군정장관에게 보내는 "司法警察官을 檢察機關에의 直屬에 관한 件"이라는 요망문을 통하여 사법경찰관리가 행정경찰에 속하고 있는 당시의 조직을 개편하여 사법경찰을 검찰기관에 이관하여 검사의 수사주재자로서의 지위를 명실상부한 것으로 만들어 주도록 요청하였다.[55]

한편, 1947년 6월 대검찰청·서울고등검찰청·서울지방검찰청이 합동명의로 러취군정장관에게 제출한 건의서, 다음달 7월 이인 검찰총장이 역시 러취 군정장관에게 제출한 건의서에서 사법경찰기구를 검찰에 직속시키는 방안을 건의하였는데, 특히 3검찰청 합동명의의 건의서에는 대검찰청에 사법경찰총감부를 설치하여 전국의 사법경찰관을 통할지휘한다는 내용을 담고 있었다[56]고 한다. 또한 1947년 6월초 사법부고문 코넬리(John W. Connelly Jr.)를 통하여 군정장관에게 제출된 제안서에서도 행정경찰과 사법경찰의 분리, 사법부장관과 검찰총장의 통제를 받는 사법경찰청의 설치를 내용으로 하고 있었다. 구체적으로 내용을 살펴보면, ① 경무부수사국을 사법부 또는 검찰청으로 이관할 것, ② 각 경찰관구 내 수사과와 정보과는 이를 분리하여 각 도별로 사법경찰청을 설치할 것, ③ 각 경찰서의 수사계와 사찰계는 이를 분리하여 사법경찰서를 설치할 것, ④ 모든 사법경찰관의 임명은 사법부장 또는 검찰총장이 보유할 것 등이다.

그러나 아직 검찰청과 법원이 조직상으로 완전히 분화·독립되지 아니하여 종래의 독일식 내지 총독부식의 사법부 체계하에서 1947년 10월 경무국, 사법부, 검찰청의 수뇌회의를 거쳐, 1947년 11월 10일 각 경찰청과 경찰서에서

53) 신동운, 「수사지휘권의 귀속에 관한 연혁적 고찰(Ⅰ)—초기 법규정의 정비를 중심으로—」, 서울대 법학 제42권 제1호(2001. 5), 210쪽.

54) 신동운, 「韓國檢察의 沿革에 관한 小考」, 檢察 通卷第100號紀念特輯號, 大檢察廳, 67쪽.

55) 大檢察廳, 檢察提要 自紀元四二七八年八月 至紀元四二八一年三月, 附錄, 72쪽.

56) 대검찰청, 「수립될 신정부의 사법, 검찰기구에 관한 건」, 검찰제요, 부록 13쪽; 신동운, 「수사지휘권의 귀속에 관한 연혁적 고찰(Ⅰ)—초기 법규정의 정비를 중심으로—」, 서울대 법학 제42권 제1호(2001. 5), 219-221쪽.

검찰관의 지휘사건을 담당할 사법경찰관 상당수를 지명배치하는 것을 司法部長(김병로)과 警務部長(조병옥)이 협의하여 "搜査事務擔當警察官에 關한 件"이라는 다음과 같은 타협의 결과가 司法部長으로부터 檢察總長에게 通牒되었다고 한다.

(1) 各警察廳 및 警察署에 檢察官의 指揮事件을 擔當할 司法警察官 相當員數를 指名配置할 것.

(2) 各警察廳 및 警察署의 搜査主任은 檢察官의 指揮事件을 所定期間內에 迅速處理할 것.

(3) 各搜査主任 또는 司法警察官은 前一, 二號擔當事務를 怠慢한 時는 適正한 行政處分을 行할 것.

(4) 各搜査主任 또는 檢察官의 指揮事件을 擔當한 司法警察官의 異動이 有할 時는 遲滯없이 所管檢察廳에 通報할 것.

이 구상은 현재의 사법경찰관운용실태와 매우 유사한 것이어서 오늘날 제도의 모태를 이 당시의 위 타협안에서 찾아 볼 수 있으나, 당초 이인 검찰총장은 일정 수의 사법경찰관을 지방검찰청에 배치하고 배치경찰관의 인사와 상벌에 관하여 지방검찰청장의 승인을 얻을 것을 요하는 내용의 안을 제출하였으나, 사법경찰관리의 검찰청 배치는 남한의 실정상 경찰의 통합력을 분해할 수 있으므로 불가하다는 경찰측의 반대로 보류되었다.[57]

그런데 협정이 있은 후, 12월 5일 김병로 사법부장은 이인 검찰총장의 건의를 채택할 것을 밝혔는데, 즉 사법경찰관리를 지방검찰청에 배속하는 방식을 채택하는 방향으로 선회한 것이다. 그러나 이에 대해 1948년 2월 조병옥 경무국장은 검찰총장의 안은 애초의 협정의 범위를 넘어가므로 결코 응낙할 수가 없다고 하면서, 본래 협정과 같이 각 관구경찰청과 경찰서 단위로 검찰관의 수사지휘를 받는 사법경찰관을 지명하는 방침을 시행할 것임을 사법부에 통보하였는데,[58] 1946년 4월의 군정청 경찰부장 지시 '검사에 대한 형사의 할당'이 예정하였던 조치가 2년 뒤인 1948년 2월에 되어서야 실현을 보게 된 것

57) 검찰예규에 관한 기록, 「수사사무담당경찰관에 관한 건」(1947. 11. 10, 사검(司檢) 제82호 사법부장 통첩), 229쪽.

58) 검찰예규에 관한 기록, 「사법경찰관배치에 관한 건」(1948. 2. 16, 사검 제10호, 검찰총장에 대한 사법부장통첩; 「사법경찰관배치에 관한 건」(1948. 2. 11, 경수총(警首總) 제92호, 사법부장에 대한 경무부장답신), 전주지방검찰청, 38-39쪽.

이다.[59]

둘째, 1948년 2월 20일자로 검찰총장이 군정장관에게 보낸 "犯罪搜査에 관한 指揮命令의 件"[60]이라는 건의문을 통하여 검사의 권한을 공소제기와 유지에만 국한하기로 해석될 수 있는 1945년 12월 29일자 法務局長의 「檢事에 대한 訓令 제 3 호」 및 警察局通牒 제 1 호를 폐지할 것을 강력히 요청했다[61]는 점이다. 다만 검찰측은 법무국 훈령 제 3 호의 의미를 검사의 수사지휘권을 부정한 것으로 보지는 않았으며, 검찰측이 주로 문제삼은 것은 경찰측의 오해와 비협조로 훈령의 본래의 취지가 실효를 거두지 못하고 있다는 점이었고, 따라서 법무국 훈령 제 3 호와 경무국장의 지령통첩 제 1 호를 폐지하고 '경찰관은 검찰관의 보좌(保佐)로서 검찰관의 지휘와 명령을 받아 사법경찰로서 범죄를 수사한다는 점을 명확히 할 것'을 요구하였던 것이다.[62]

그 후 1948년 3월 20일 군정법령 176호 '형사소송법의 개정'이 공포되어 법관의 영장에 의한 인신구속, 구속기간 제한, 불법인신구속에 대한 구속적부심제도의 도입, 검찰관의 유치장감찰권의 명문화, 수사 및 공판단계에서의 보석 인정, 피고인과의 교통권 등 인권보장을 위한 제도가 도입됨을 계기로 하여, 1948년 5월 4일에는 군정법령 제192호 '法院組織法'이 제정·공포되어 사법권의 독립이 이루어졌으며, 1948년 8월 2일에는 군정법령 제213호로 '檢察廳法'이 제정·공포되어 검찰청이 법원으로부터 분리되는 효시가 되었다. 이에 따라 1945년 12월 29일자 법무장관의 「검사에 대한 훈령 제 3 호」는 검찰청법 제32조 가항의 규정에 의하여 폐지되었으며, 동법 제 6 조 1호 가목은 "범죄수사에 관하여 사법경찰관을 지휘감독함"을 명시하였다.

이 양대 법률에 의하여 지금까지 사법부의 소관이었던 법원행정이 대법원으로 넘어가게 되었으나, 역으로 檢事局이 法院에 併置되있던 구법의 조직체계는 종료되고 조직상으로 검찰이 법원으로부터 완전히 독립된 계기가 되었다. 이렇게 하여 법원과 검찰을 司法(Justiz)이라는 개념 하에 통합적으로 조직을 관리·운용하는 독일식 내지 구법체계는 종료하였으며, 이제 종래의 사법행정이라는 법원행정과 법무행정으로 분화되게 되었고 후자의 한 분야로서

59) 문준영, 「한국의 검찰제도의 역사적 형성에 관한 연구」, 서울대학교 법학박사 학위논문(2004. 2), 196쪽.

60) 대검찰청, 검찰제요, 부록 99쪽.

61) 신동운, 「韓國檢察의 沿革에 관한 小考」, 檢察 通卷第100號紀念特輯號, 大檢察廳, 68쪽.

62) 문준영, 전게논문, 187쪽.

검찰행정이 자리잡게 된 것이다.

Ⅳ. 결 론

대륙법과 영미법계의 연혁적인 입장, 그리고 우리나라의 검찰의 연혁 등을 검토해 볼 때, 각 나라마다 고유한 특색이 있는바, 우리나라의 경우 일제시대의 경찰에 대한 쓰라린 경험 등을 고려하여 헌법적 결단으로 헌법에 검사의 영장신청권을 규정해 놓고 있다고 보아야 한다. 따라서 "헌법에 규정된 검사의 영장신청권은 신체의 자유와 관련하여 준사법기관이라 할 수 있는 검사에게 부여하고 있는 권한이면서 의무라는 점에서 현행 헌법 하에서 예외는 허용될 수 없다"는 발제자의 의견에 찬동한다. 그리고 차후 헌법개정에서 이 규정을 변경할 수 있는지 여부인데 이는 헌법개정권자의 의지에 달렸다는 발제자의 견해에도 찬동한다. 왜냐하면 발제자가 논문에서 언급하고 있는 것처럼 '영장제도가 독립된 사법기관에 의하여 발부된다면 그 신청에 관한 주권자인 국민의 의사에 의하여 결정될 문제'로 보이기 때문이다.

이와 관련하여 몇가지 의문점을 질문하고자 합니다.

1. 헌법 제12조 제1항은 "누구든지 법률에 의하지 아니하고는 체포, 구속, 압수, 수색 또는 심문을 받지 아니하며…"라고 되어 있습니다. 여기서 심문의 의미는 무엇이며, 과연 심문을 강제처분으로 볼 수 있는지요? 만약 강제처분으로 본다면 이미 헌법이 영장이 필요한 강제처분(헌법 제12조 제3항)과 영장이 필요없는 강제처분(헌법 제12조 제1항)을 구분하고 있는 것으로 볼 수 있는지요?

2. 구속의 경우 헌법에는 적법한 절차에 따라 검사의 '신청'에 의하여 법관이 발부한 영장을 제시하도록 규정하고 있는데, 헌법조문의 문리적 해석에 따르면 현재 행해지고 있는 법정구속은 위헌이 아닌가요?

지정토론문

이 제 영*

1. 들어가며

○ 오늘 '법치국가원리와 인신의 자유'라는 주제를 제시하고 발표해 주신 김상겸 교수님과 지정토론을 해 주신 정웅석 교수님께서는 모두 형사법 분야의 활발한 저술 활동과 풍부한 법적 지식으로 그동안 우리 검찰에 많은 가르침을 주신 바 있음. 두 교수님에 뒤이어 오늘 토론에 나서게 된 것을 큰 영광으로 생각함.

○ 특히, 토론을 준비하는 과정에서 김상겸 교수님께서 법치국가원리에 대해 저술하신 여러 편의 논문들을 접할 기회를 가진 것도 큰 소득이었음. 아래 토론에서는 교수님의 다른 논문에 실린 내용에 대해서도 간단히 언급하고자 함.

○ 개인적으로는 올 2월부터 서울중앙지검 공안부에 근무하면서 정치적 신념의 양극화라는 사회분위기 속에 법치국가원리에 대한 제각각의 해석이 그 원칙마저 훼손하는 듯한 현상을 바라보며 안타까운 마음을 가져왔던바, 오늘 토론을 계기로 이에 대한 숙고를 더하는 계기가 되었음.

○ 아래에서는 크게 '법치국가원리의 일반적 측면'과 '법치국가원리에 근거한 인신의 자유' 부분에 대해 짧은 지식이나마 제가 느낀 점과 소박한 의문점에 대해 말씀드리고자 함.

2. 법치국가원리의 일반적 측면

○ 우리 사회의 민주화 이전에는 법치국가 원리가 국가로부터 국민 기본

* 대구지방검찰청 검사(2009. 9. 16. 발표 당시 서울중앙지방검찰청 검사).

권을 보호, 보장하는 데 방점을 둘 수밖에 없었다면, 민주화 이후, 특히 2000년대를 지나 사회가 급격히 정보화되고, 시민참여에 의한 민주주의가 정착되어 감에 따라 국민 상호간의 기본권 충돌, 사회의 법질서에 대한 개인의 도전행위에 대해서도 법치국가원리의 관철이 똑같이 요구된다고 할 것임. 그러한 측면에서 법치국가의 실현을 위한 두가지 조건으로 '국가의 책무'와 '국민의 준법의지'를 함께 강조한 김 교수님의 견해는 극히 타당하다고 생각함.

❍ 교수님께서는 '법치국가의 실현가능성에 대한 고찰'이라는 논문[1]에서 "경찰이나 국가의 안전을 담당하는 부서가 광범위한 영역에서 강제적 조치를 관철시키려 한다면 민주적 법치국가는 경찰국가적 경향으로 흐르게 되는 위험에 빠진다"고 지적하면서도, "법치국가의 전제조건이며 가장 중요한 과제는 확고한 법질서에 대한 보장이다. 법치국가적 질서를 파괴하거나 훼손하는 모든 저항세력에 대한 법과 질서는 필요한 경우는 강제력을 수반하는 국가권력에 의하여 유지되어야 한다."고 주장하신바 있음.

- 이와 함께 교수님께서는 같은 논문에서 "민주적 법치국가 원리를 갖고 있는 헌법국가에서 시민은 법질서를 준수해야 할 공동체의 일원으로서 법적 평화의무를 진다"고 독일의 문헌을 인용하여 적시하신 바 있음. 오늘 발표문에서 언급하신 **'국민의 준법의지'와 '공동체 일원으로서의 법적 평화의무'는 어떠한 공통점과 차이점을 가지는지** 여쭤보고자 함.

❍ 또한, 교수님께서는 '법치국가와 正義'라는 논문[2]에서 "법치국가는 민주적 정당성을 기초로 하고 있으며, 정의를 그 이념으로" 하며, "헌법 제1조와 제10조는 국가권력의 기본권 기속성을 천명하고 있다"고 언급하신 바 있음.

- 하지만, 최근 우리사회에서는 법치국가원리의 기초가 되는 민주적 정당성 자체에 대한 의견충돌이 일상화되어 있는 것으로 보임. 이는 정도의 차이가 있을지언정 이른바 보수와 진보의 양 진영 모두에 만연된 현상으로 자신이 지지하지 않는 정권이 입안하고 집행하는 법절차에 대해 무조건 저항하면서 이를 '시민불복종'이라고 정당화하는 결과로 나타남. 이에 관해서는 교수님도 위 논문에서 "최근의 시민운동에서 주장되었던 '악법은 법이 아니기 때문에 지키지 않아도 된다'라는 논리는 악법

1) 한국공법학회, 공법연구 제28집 제4호 제2권(2000. 6.), 131~150쪽.
2) 한국헌법학회, 헌법학연구 제6권 제1호(2000. 5.), 97~129쪽.

의 의미가 무엇인지를 떠나서 법치국가의 법적 안정성과 관련하여 문제가 된다"고 지적하신 바 있는데, **이렇게 기초적인 전제인 민주적 정당성에 대한 합의가 이루어지지 않은 상황에서 법치국가원리가 수호될 수 있는지, 그렇다면 그 방법은 무엇인지**에 대한 견해를 여쭙고자 함

❍ 마지막으로 법치국가원리의 파생원칙인 법적 안정성, 구체적으로는 법의 명확성과 관련된 질문을 드리고자 함. 이재상 교수는 '형사절차에서의 법치국가원리의 기능과 한계'[3]라는 논문에서 법치국가원리와 현실에 있어서의 수사절차와의 충돌에 관한 몇 가지 예를 제시하면서 개정전 우리 형소법이 규정하고 있던 구속전피의자심문제도가 이를 임의적인 제도로 규정함으로써 수사의 효율성과 형사절차에 있어서의 법치국가원리가 정면으로 충돌되고 있다고 설명하였음.

- 민주적 정당성을 갖춘 입법부의 결단으로 규정된 성문법 규정을 헌법의 이념에 반한다는 다소 주관적인 잣대를 들어 법치국가원리에 반하는 규정이라고 비판한 셈인데, **법치국가원리가 법률 내면의 헌법적 한계까지를 상정하는 것이라면 그로 인해 법치국가원리의 기본 개념인 법적 안정성을 침해하는 결과가 초래되는 것은 아닌지** 여쭙고 싶음. 수차에 걸쳐 여러 형태로 합헌 결정을 받은 국가보안법을 사문화시키려는 시도나 최근의 집시법 관련 재판에 대한 공전사태 등은 위와 같은 논의가 현실적으로 필요함을 보여줌.

3. 법치국가원리에 근거한 인신의 자유

❍ 완전무결한 법규범의 성립은 현실적으로 불가능하다는 전제 아래 법치국가 실현의 방안으로 기본권의 절차적 보장을 위한 제도와 권리를 강조한 견해에 대해 동의함. 다만, 기본권의 절차적 보장을 위한 제도와 권리에 기반하여 제대로 된 법치국가가 실현되기 위해서는 그러한 절차를 거쳐 도출된 결론에 대해 복종하는 국민의 자세 또한 강조되어야 한다고 생각됨.

❍ 영장주의와 관련하여 제5차 개정헌법 이후 일관되게 헌법사항으로 규정되어 온 검사의 영장신청권에 대해 최근 국회의장 직속 헌법연구자문위원

---

3) 국민대학교 법학연구소, 법학논총 제13집(2001. 2.), 259~282쪽.

회는 개헌안 최종 연구보고서를 통해 '검사 영장청구 독점조항 개정안'을 현재 조항 유지안과 함께 제시하였다고 함. 교수님의 지적대로 이 문제는 그러한 개정이 현행 제도와 비교하여 국민의 인신의 자유를 보장하는 데 얼마나 유리한지 여부를 기준으로 판단하여야 한다고 생각함.

- 검찰권 행사의 적정성에 대한 국민의 신뢰는 별론으로 하고, 위와 같이 영장신청의 주체에 대한 제한을 두지 않는 방향으로 헌법이 개정될 경우 국민의 인신의 자유에 대한 침해 가능성은 증대될 수밖에 없을 것으로 판단되는데 이에 대한 견해는 어떠한지 여쭤보고자 함.

4. 마 무 리

❍ 이상으로 지정토론을 마치고자 함. 김 교수님의 발표문과 그간의 저술을 참고하면서 나름대로 가지게 된 질문을 여쭈었으나, 얕은 지식으로 인해 추상적이고 공허한 문제제기에 그친 것이 아닌지 염려됨.

❍ 서두에 말씀드린 바와 같이 사회의 다원화에 따라 정치적·사회적 의견대립이 날로 첨예화되고, 그로 인한 사회적 비용도 증가하여 가는 시기에 법치국가원리라는 시의적절한 주제를 통해 현실을 되돌아보는 자리를 가지게 된 것은 큰 의미가 있었다고 생각함. 논의의 장을 마련해 주신 김상겸 교수님과 공법연구회에 깊은 감사를 드림.

현행 피의자신문제도의 문제점 고찰[1)]

노 정 환*

Ⅰ. 서 론

개정 형사소송법은 피의자의 방어권 보장을 위하여 변호인의 피의자신문 참여를 허용하고(제243조의2), 피의자신문 전의 진술거부권 고지(제244조의3), 수사과정기록제도(제244조의4), 영상녹화조사제도(제244조의2)를 도입하였을 뿐 아니라 피의자신문조서의 증거능력과 관련하여 조사자증언제도(제316조 제1항)를 신설하고 위법수집증거배제법칙(제308조의2)을 규정하는 등 피의자신문과 관련된 규정을 대폭적으로 손질하였다. 그러나 변호인의 피의자신문 참여에 어떤 한계가 있는지, 영상녹화조사제도와 관련하여 그 본질이 무엇인지, 피의자신문과는 독립된 수사방법에 해당하는지, 본증으로서 증거능력을 부여받을 수 있는지, 증거조사 방법이 무엇인지 등 핵심 쟁점에 대하여는 여전히 많은 논의가 진행 중에 있고, 판례도 명쾌하게 정립되지 못하고 있는 실정이다.

따라서 본고에서는 현행 피의자신문제도에 대하여 개정 형사소송법의 시행과 관련하여 논의되고 있는 여러 쟁점을 중심으로 살펴보고자 한다. 특히 체계적인 논리 전개를 위하여 우선 피의자신문의 개념과 범위를 정립한 다음, 피의자신문의 구체적 절차를 살펴보고, 변호인의 참여제도, 영상녹화조사제도 등의 주요 쟁점을 차례로 논의하되, 실무상 문제점을 중심으로 고찰하고자 한다.

---

* 창원지방검찰청 형사1부장 검사, 법학박사(2010. 1. 13. 발표 당시 수원지검검찰청 검사).

1) 본고는 2010. 1. 13.에 개최된 대검찰청 공법연구회에서 주제 발표한 것인데, 일부 내용과 주석, 법령을 출판일정을 고려하여 2013. 10. 현재 시점에 맞도록 보완하였음.

Ⅱ. 피의자신문제도 개관

범죄가 발생하여 수사절차가 개시되면, 자신이 관여한 범죄사실에 대하여 가장 많은 진실을 알고 있는 피의자에 대한 진술청취는 증거를 확보하고 발견하는 것을 주된 임무로 하는 수사절차에 있어서 필수불가결의 과정이라 할 수 있다. 이러한 까닭으로 실무상 피의자신문은 수사절차에 있어서 반드시 거쳐야 할 과정으로 인식되고 있으며, 피의자신문을 생략한 채 기소되는 사례는 거의 없을 정도이다. 이처럼 피의자신문이 수사절차 전체에 있어서 차지하는 비중이 막대함에도 불구하고, 그 개념, 법적근거, 법적성질 등 다양한 문제점에 대하여 심도 깊은 논의가 이루어지지는 않다. 이하에서 이를 상세히 살펴본다.[2)]

1. 개 념

(1) 학설의 대립

피의자신문이란 통상 수사기관이 피의자를 대상으로 진술을 청취하는 것을 의미하는데, 그 개념에는 다양한 범위가 포함될 수 있으므로 이에 대하여 명확히 할 필요가 있다.[3)] 즉, 피의자를 상대로 진술을 청취하는 것을 모두 피

2) 피의자신문제도에 대한 현행 교과서들의 내용을 살펴보면, 주된 논의는 수사절차상 제 문제점보다는 공판절차상 증거능력을 중심으로 간접적으로 논의되고 있을 뿐이다.

3) 독일, 일본 등 대륙법계 국가에서는 우리나라와 유사한 피의자신문제도가 운용되고 있다. 특히 독일에서는 제163조의a(피의자신문)에서 "피의자는 검사의 소환에 출두할 의무가 있다"라고 규정하여 원활한 피의자신문을 위한 전제로서 피의자의 출석의무까지 규정하고 있다. 한편, 미국 등 영미법계 국가에서도 피의자신문 내지 피의자신문조서가 존재하는지에 대하는 우리나라에서 일부 논쟁이 있으나, 수사기관이 피의자에게 범죄사실에 대하여 질문하는 넓은 의미의 피의자신문(questioning)이 존재하는 것으로 보인다. questioning은 범죄에 관한 진실을 밝힐 목적으로 정비된 환경에서 능동적인 설득까지 할 수 있는 엄격한 의미의 신문(interrogation)과 다양한 환경 하에서 정보수집 목적으로 진술청취 형태로 진행되는 면담(interview) 두 종류로 구분된다. 신문(interrogation)의 결과 피의자가 자백하면, 진술을 청취한 경찰관이 법정에서 증언하고 연방증거법 제801조에 의하여 증거능력을 인정받는 방법, 피의자의 입장에서 범행을 자백하는 내용을 기술한 진술서(written statement)를 작성하게 하여 법정에 제출하는 방법이 주로 사용된다. 실무상 우리나라의 피의자신문조서와 유사한 피의자와 문답식 조서를 작성하기도 하는데, 조서 자체로 증거능력이 부여되지는 않고 경찰관의 증언으로 증거능력을 부여받는다(서상국, "피의자신문, 참고인조사 방법·절차 및 증거능력 문제 연구", 해외연수공무원 연구논문, 25, 89쪽: "미8군법무참조 등 면담결과", e-pros 게시글). 한편, 미국에서는 유도신문을 넘어 기망적 수사기법으로 취득한 자백에 대하여도 증거능력을 부

의자신문으로 보아야 하는지, 일정한 경우에 한정하여 피의자신문으로 보아야 하는지에 대한 논의이다. 이와 같은 논의의 실익은 통상의 임의수사와 달리 피의자신문은 신문사항(제241, 242조), 참여자(제243조), 진술거부권의 고지(제244조의3), 변호인의 참여(제243조의2) 등 엄격한 절차를 준수할 때 비로소 피의자신문의 결과로 작성된 피의자신문조서에 대하여 증거능력을 부여하기 때문이다.

피의자신문의 범위에 대한 견해는 최광의설, 광의설, 협의설, 최협의설 4 종류로 나눌 수 있다.

1) 최광의설

최광의설은 피의자신문을 "수사기관이 피의자의 진술을 청취하는 수사방법"으로 정의한다. 이 견해에 의하면, 수사기관이 피의자의 진술을 청취하기만 하면 모두 피의자신문에 해당하며, 수사기관의 '출석요구'를 요건으로 하지 않는다. 따라서 피의자가 수사기관의 출석요구 없이 자발적으로 출석하여 진술하는 경우, 피의자가 수사기관이 아닌 제 3 의 장소에서 우연히 만나 진술하는 경우도 모두 피의자신문의 개념에 포함되게 된다.

2) 광 의 설

광의설은 피의자신문을 "수사기관이 수사상 필요한 경우 피의자의 출석을 요구하여 진술을 청취하는 수사방법"으로 정의하여,[4] 수사기관의 출석요구를 전제로 하는 경우에 한정하는 견해이다. 광의설에 의하면 형사소송법 제200조를 피의자신문의 근거조항으로 이해한다. 따라서 출석요구를 거쳐 수사기관에서 지정한 장소에서 이루어지는 경우에는 모두 피의자신문에 해당하게 되며, 진술을 청취하는 방식이 조사자가 질문하여 대답을 듣는 형태인가, 혹은 피의자가 자발적으로 진술하는 형태인가 여부를 불문한다.

3) 협 의 설

협의설은 피의자자신문의 개념을 "수사기관이 수사상 필요한 경우 피의자의 출석을 요구하여 질문형으로 진술을 청취하는 수사방법"으로 이해한다.[5]

여하고 있는 판례가 다수 발견되며, 이와 관련하여 찬반 논의가 활발하다.

4) 배종대·이상돈·정승환, 「신형사소송법」(제2판), 홍문사, 2009, 104쪽; 신동운, 「신형사소송법」, 법문사, 2008, 176쪽; 신양균, 「형사소송법」(신판), 화산미디어, 2009, 139쪽; 이은모, 「형사소송법」, 박영사, 2010, 207쪽; 이재상, 「신형사소송법」(제 2 판), 박영사, 2011, 225쪽; 임동규, 「형사소송법」(제 7 판), 법문사, 2011, 168쪽; 차용석·최용성, 「형사소송법」(제 2 판), 세영사, 2004, 198쪽.

5) 정웅석·백승민, 「형사소송법」(전정제 3 판), 대명출판사, 2009, 436쪽.

이 견해는 형사소송법 제200조에서 피의자진술 청취를 위하여 '출석요구'를 전제로 하고, 제241조에서 피의자신문에 앞서 인적사항을 질문형으로 확인하고, 제242조에서 범죄사실과 정상에 관한 필요사항을 질문형으로 신문할 것을 규정하고 있으므로, 이를 종합적으로 해석하여야 한다다고 한다. 따라서 출석요구에 의해 출석한 피의자라 할지라고 수사기관의 질문없이 자발적으로 진술한 것을 청취하거나, 피의자가 자발적으로 작성하여 제출하는 진술서를 접수하여 그 내용을 확인하는 것 등은 제외하게 된다.

4) 최협의설

최협의설은 피의자에 대한 조사방식을 형사소송법 제200조에 의한 피의자조사와 제241조 이하의 피의자신문 두 종류로 구분하여, 전자는 순수한 임의수사로 후자는 이른바 수인의무가 있는 강제수사의 일종으로 이해하며, 후자를 피의자신문이라는 견해이다.[6] 전자는 피의자가 주도적으로 말을 하고 조사자는 그 진술을 듣는 형식으로 영미법계의 인터뷰(interview)가 이에 해당하며, 후자는 수사기관이 주도적으로 질문하고 사실과 다르다고 생각될 때는 추궁하여 사실을 확인하는 것을 말하며 영미법계의 질문(interrogation)이 이에 해당한다고 한다. 이 견해는 출석요구를 전제로 임의로 출석한 피의자에 대하여는 제200조에 의한 피의자진술조서를 작성하고, 체포 또는 구속 등으로 신체의 자유가 제한된 피의자가 출석한 경우에 대하여는 제241조 이하의 피의자신문조서를 작성하여야 한다고 한다.[7]

5) 소　　결

피의자신문의 개념은 우리나라 형사소송법의 명문규정과 수사실무를 고려하여 합리적으로 정립하여야 한다. 이하에서는 먼저 학설들의 문제점을 살펴본다.

최광의설은 우연히 발견된 피의자를 대상으로 진술을 청취하는 경우에도 변호인의 참여, 조서의 작성 등 피의자신문과 관련된 법적절차를 수사기관으로 하여금 준수하도록 강요하게 되는데, 이는 현실적으로 불가능하다. 또한 피의자의 방어권 보장 측면에서 살펴보면, 피의자에 대한 출석요구 없이 주거지,

6) 이완규, 「형사소송법특강」, 법문사, 2006년, 128쪽: 노명선·이완규, 「형사소송법」, 성균관대학교 출판부, 2009, 169쪽.

7) 이 견해에 따르면 임의로 출석한 피의자에 대한 조사는 제241조 이하의 적용을 받지 않으므로 진술거부권을 고지할 필요도 없고 검사 또는 사법경찰관이 단독으로 조사하면 된다고 한다(이완규, 전게서, 141쪽).

근무지 등을 갑작스레 방문하여 행하여지는 이른바 ‘전격적 피의자신문’을 허용하게 되어 오히려 피의자 권익을 침해할 우려가 높다. 뿐만 아니라 이 견해는 피의자조사에 있어서 ‘출석요구’를 요구하고 있는 형사소송법 제200조의 명문규정에 반한다. 이러한 까닭으로 우리나라에서 최광의설을 취하고 있는 견해는 찾기 어렵다.

다음으로 광의설을 살펴본다. 이 견해에 따르면 수사기관의 출석요구에 의하여 출석한 피의자의 진술을 청취하기만 하면 모두 피의자신문에 해당하며, 다른 형태로 피의자를 조사하는 것은 모두 절차위반으로 간주되게 된다. 이 견해는 진술조서, 진술서 내지 진술을 불문하고 피의자신문조서에 준하여 증거능력을 인정하여야 한다는 판례[8]에 기초한다. 이 견해는 수사기관에서 피의자신문조서가 요구하는 엄격한 증거능력의 요건을 회피하기 위한 탈법적 방법으로 진술서, 자술서를 작성하는 것은 사전에 봉쇄할 수 있는 장점이 있다. 그러나 광의설은 위 판례가 수사의 결과 작성된 서면 등의 증거능력에 관한 것일 뿐 그 수사방법을 피의자신문으로 인정하고 있는 것은 아니라는 점을 간과하고 있다.[9] 또한 형사소송법상 임의수사의 원칙에 따라 수사기관은 수사방법을 자유로이 선택할 수 있음에도 불구하고, 광의설은 피의자에 대한 수사방법은 피의자신문에 한정하는 부당한 결론에 도달하게 된다. 더 나아가 피의자에 대하여 진술청취, 진술서 내지 자술서 작성 등 다양한 수사방법을 선택하는 수사현실과 전혀 부합하지 않는다는 비판이 가능하다.

다음으로 최협의설을 살펴본다. 최협의설은 피의자조사 방식이 연혁적으로 ‘수인의무 없는 진술청취형 조사’와 ‘수인의무 있는 질문형 신문’으로 구분되어 발전하였다는 점을 명확히 하는 점에서 이론적으로 일도양단(一刀兩斷)의 명쾌한 측면이 있다. 하지만, 최협의설은 조사자가 피의자를 대상으로 질문하여 그 진술을 청취하는 동일한 형태의 수사방법을 피의자의 구속 여부에 따라

8) 피의자신문조서에 기재됨이 마땅한 피의자의 진술내용을 피의자로 하여금 진술서의 형식으로 제출케 한 경우에는 그 진술성의 증거능력 유무는 검사 이외의 수사기관이 작성한 피의자신문조서와 마찬가지로 형사소송법 제312조 제2항에 따라 결정되어야 한다(대법원 1982. 9. 14. 선고 82도1479 판결, 대법원 1983. 7. 26. 선고 82도385 판결 등).

9) 통상 진술서는 피조사자가 작성하여 제출할 뿐 참여제도 등이 준수되지도 않고 조사자의 서명날인이 기재되지 않는데, 만약 진술서 작성이 피의자신문에 해당한다면 위 진술서는 피의자신문이 요구하는 절차를 준수하지 않아 부적법한 증거로서 처음부터 증거능력이 인정되지 않게 된다. 그러나 위 판례(82도385)는 “진술서는 피고인이 공판정에서 그 내용을 부인하면 증거능력이 없다”는 것으로 피의자신문조서가 요구하는 절차를 준수하지 않아도 피고인이 내용을 인정하면 증거능력을 인정하고 있다.

구별되는 이유를 설명할 수 없을 뿐 아니라 임의수사와 강제수사를 구분하지 않고 동일한 피의자신문조서를 작성하는 현행 실무관행과 일치하지 않고 있다는 비판이 가능하다.

생각건대, 신문(訊問)의 의미는 “추궁(訊)하여 묻다(問)”, 즉 “신문자가 주도적으로 질문하여 상대방에게 진술형태의 답변을 구하는 것”을 의미하여 자발적 진술청취는 이에 해당하지 않는 점, 현행 형사소송법은 ‘신문’과 ‘진술’을 명백히 구분하여 규정하고 있는 점, 직권성의 원칙 내지 절차형성의 자유에 의하여 수사방법이 임의수사에 해당하는 한 선택의 권한이 수사기관에게 부여되어 있으므로 임의적 수사방법 중 하나에 불과한 피의자신문을 수사기관에게 강요할 수 없는 점, 실무상 피의자에 대하여 다양한 형태의 수사방법이 인정되고 있는 점 등을 종합할 때 원칙적으로 협의설이 타당하다고 사료된다.

따라서 피의자에 대하여 조사자가 질문하여 진술을 청취하는 방법으로 수사를 하였다면 이러한 수사방법은 피의자신문에 해당하므로 그 결과 작성된 서면이 피의자신문조서, 진술서, 진술조서 등 형태를 불문하고 피의자신문조서에서 요구하는 증거능력의 요건을 갖추어야 한다. 다만 여기서 말하는 조사자의 ‘질문’은 형사소송법 제242조에서 ‘범죄사실과 정상에 관한 필요사항’을 신문하도록 규정하고 있는 점에 비추어 이와 관련된 질문에 한정된다고 해석된다. 따라서 조사자가 ‘범죄사실과 정상에 관한 필요사항’과 무관한 질문을 하고 그에 대한 피의자의 진술을 청취하였다고 하더라도 이는 피의자신문에 해당하지 않는다. 또한 피의자가 주도적으로 자발적인 진술을 하고 조사자는 이를 청취하면서 “그래서 어떻게 되었나요”라는 등으로 보충적 질문을 하는 것에 불과한 경우 또한 피의자신문에 해당하지 않는다고 해석하여야 할 것이다.

다만, 협의설이 피의자신문의 요건으로 요구하는 ‘출석요구’는 피의자의 인권보호 측면에서 그 의미를 신축적으로 해석하여야 하는 경우도 있다. 수사기관의 출석요구 없이 임의로 출석한 피의자를 상대로 갑자기 조사를 하는 경우는 출석요구를 받고 출석한 피의자보다 훨씬 더 절차적으로 보호할 필요성이 있다.[10] 따라서 임의로 수사기관에 출석한 피의자를 상대로 즉시 피의자신

10) 물론 임의출석한 피의자는 당장 조사받는 것이 불리하다고 판단하는 경우 수사기관의 ‘피의

문을 할 것을 고지하였다면, 이로써 출석요구를 받고 출석한 피의자와 마찬가지로 취급하여 피의자신문이 요구하는 '출석요구' 절차를 구비하였다고 간주함으로써, 피의자가 즉시조사에 응하는 경우에는 피의자신문이 요구하는 다양한 절차적 보호를 받을 수 있도록 해석하는 것이 필요하다고 사료된다.

(2) 구별 개념

위에서 살펴본 바와 같이 피의자신문이란 수사기관이 수사상 필요한 경우 피의자의 출석을 요구하여 질문형으로 진술을 청취하는 수사방법을 의미한다. 피의자신문의 주체는 수사기관이므로 수사기관의 정보원이나 피해자 등이 피의자의 진술을 청취하는 것은 이에 해당하지 않는다. 또한 피의자신문의 객체는 피의자이므로 참고인 내지 내사단계에서서의 피내사자를 대상으로 진술을 청취하는 것도 이에 해당하지 않는다.

그 밖에 수사기관이 피의자를 대상으로 진술을 청취하여 외형상 피의자신문과 유사하게 보이더라도, (1) 출석요구가 없음에도 피의자가 스스로 출석하여 자신의 주장을 진술하여 수사기관이 이를 청취하는 경우, (2) 수사기관이 우연한 기회에 피의자를 발견하거나, 예고 없이 피의자를 방문하여 그 현장에서 진술을 청취하는 경우 또한 피의자신문에 해당되지 않는다. 따라서 수사기관은 피의자의 진술을 청취한 후 피의자신문조서를 작성할 필요는 없으며 진술서, 자술서 등 간편한 방법으로 진술증거를 작성할 수 있다. 다만 진술거부권은 피의자에게 인정되는 헌법상 권리로서 형사상 불리한 진술을 하는 모든 경우에 적용되므로 수사기관은 피의자신문 여부를 불문하고 피의자로부터 진술을 청취할 때는 그에게 진술거부권을 고지하여야 한다고 해석함이 상당하다 하겠다.[11)]

2. 법적 성질

현행 형사소송법은 피의자신문을 위한 출석요구에 대한 근거규정(제200

자신문' 요구에 불응하고 귀가할 수 있다. 따라서 여기서 논의하는 절차적 보장이 더 필요한 경우란 "임의출석한 피의자가 조사자의 '피의자신문' 요구에 응하여 당장 조사를 받는 경우"를 의미한다.

11) 졸고, "진술거부권의 내용 및 고지", 「형사법과 헌법이념」(제 2 권), 박영사, 2007, 437쪽.

조)을 체포·구속 등 강제수사의 근거규정의 앞에 규정하고 있어, 그 법적 성질을 강제수사와 임의수사 중 어디에 해당하는 것으로 해석할지 문제된다. 현재 논의되는 학설은 피의자신문의 수인의무를 부인하는 임의수사설과 수인의무를 긍정하는 강제수사설로 양분되어 있으며, 전자가 통설이다.

피의자신문의 법적성질을 임의수사로 이해하는 통설에 의하면,[12] 수사기관은 수사상 필요한 때 피의자의 출석을 요구하여 피의자신문을 할 수 있지만 이는 임의수사에 속하므로, 피의자는 일단 출석한 경우에도 언제든지 퇴거할 수 있으며, 더 나아가 구속된 피의자라 할지라도 수사기관의 피의자신문에 대하여 수인의무가 없다고 한다. 이 견해는 현행 형사소송법은 강제수사는 특별한 규정이 있는 경우에 예외적으로 인정되는데 피의자신문의 법적 근거인 형사소송법 제200조는 임의수사를 규정하고 있다는 것이다.

반면에 강제수사설에 의하면, 형사소송법은 제200조에서 진술청취형 피의자조사를, 제241조 이하에서 질문형 피의자신문 두 종류를 규정하고 있는데, 전자의 피의자조사는 임의수사이지만 후자의 피의자신문은 강제수사라고 해석한다.[13] 따라서 피의자는 수사기관의 출석요구에 정당한 이유가 없는 한 응하여야 하며 이에 응하지 않으면 구인영장 또는 체포영장에 의하여 출석이 강제되며, 피의자에 대하여 피의자신문을 할 경우 피의자신문의 강제처분성에 의하여 피의자에게는 수인의무가 부과된다고 한다.[14]

생각건대, 헌법상 영장주의, 강제수사 법정주의(형사소송법 제199조 제1항)에 비추어 피의자신문에 대하여 강제력을 부여하는 명문의 규정이 없는 이상 이를 강제수사로 이해할 수는 없다고 사료된다. 또한 현재 실무상으로도 피의자에 대한 조사는 임의수사인 피의자신문 하나의 방식으로 통일되어 운영되고 있으며, 임의수사인 피의자조사와 강제수사인 피의자신문으로 구분되지 않고 있다. 따라서 수사기관이 출석을 요구하기만 하면 피의자를 강제로 수사기관 앞에 출석시켜 피의자신문이 종료할 때까지 신체의 자유를 제한하는 효과

12) 배종대·이상돈·정승환, 전게서, 104쪽; 신동운, 전게서, 177쪽; 신양균, 전게서, 140쪽; 이은모, 전게서, 207쪽; 이재상, 전게서, 225쪽; 임동규, 전게서, 168쪽; 정웅석·백승민, 전게서, 436쪽; 차용석·최용성, 전게서, 199쪽.

13) 이완규, 「형사소송법특강」, 법문사, 2006년, 128쪽.

14) 이 견해에 따르면, 연혁적으로 규문주의의 모순을 타파하기 위해 탄핵주의가 탄생하였고, 탄핵주의 하에서 검사는 예심판사를 대신하여 소환권을 행사하므로 강제처분으로서의 성질을 지닌다고 한다.

가 있다고 해석할 수는 없다 하겠다.

그러나 임의수사설을 취하더라도, 피의자가 정당한 이유없이 출석에 불응하거나 불응할 우려가 있는 경우 형사소송법 제2002조의2에 따라 체포영장이 발부될 수 있으므로, 이러한 체포영장 제도에 의하여 피의자에게는 피의자신문을 위한 출석이 간접적으로 강제된다고 볼 수 있다.[15] 또한 체포영장 제도에 의하여 피의자신문을 위한 출석 자체가 사실상 강제되는 이상 임의로 출석한 이후의 수인의무 또한 함께 사실상 강제된다고 해석할 수 있다. 피의자신문에 응하지 않고 중도에 퇴거하는 경우 또한 출석에 불응하거나 불응할 우려가 있는 때에 해당되어 체포영장이 발부될 수 있기 때문이다. 이러한 점을 종합하면, 피의자신문은 외형상 임의수사로서의 성질을 지니지만 체포제도와 관련하여 간접적으로 사실상의 강제력을 지닌 수사방법에 해당한다(사실상 강제수사설).

문제는 체포·구속된 피의자에 대하여 수인의무를 인정할 수 있는 것인가이다. 불구속상태에서는 피의자가 피의자신문을 위한 출석을 거부하거나 출석 후 퇴거하는 경우 체포영장을 발부받아 피의자신문을 진행할 수 있다. 하지만, 체포된 피의자, 더 나아가 구속된 피의자가 피의자신문을 위한 출석을 거부하는 경우, 이때 피의자를 수사기관에 출석시켜 피의자신문을 진행할 수 있는가 문제된다.

먼저 체포된 피의자에 대하여 살펴본다. 현행 통설은 임의수사설을 강조하여 체포·구속된 피의자라 할지라도 수인의무가 없으므로 피의자신문을 위한 출석을 거부할 수 있다고 해석하고 있다.[16] 그러나 피의자신문을 위한 출석에 불응한다는 이유로 피의자를 체포하고서는 체포 후에도 출석불응을 방치하여야 한다는 현재의 통설은 현재 구인의 기능을 수행하는 체포제도의 존재의의를 부정하는 것으로 받아들이기 어렵다.[17] 따라서 체포된 피의자에게 건강[18] 등 피의자신문에 응하지 못할 정당한 이유가 없는 한, 수사기관은 체

15) 정웅석·백승민, 전게서, 440면 등.

16) 배종대·이상돈·정승환, 전게서, 105쪽; 신동운, 전게서, 176쪽; 신양균, 전게서, 140쪽; 이은모, 전게서, 207쪽; 이재상, 전게서, 225쪽; 임동규, 전게서, 168쪽; 차용석·최용성, 전게서, 199쪽 등.

17) 서보학, 피의자신문에 있어서서의 인권보장 및 방어권 강화방안, 형사법연구, 제20호, 2003; 정웅석·백승민, 전게서, 439쪽.

18) 예컨대 비록 피의자가 체포되었으나 심한 상처, 질병으로 조사를 받기 어려운 경우이다.

포의 효력에 의하여 피의자를 출석시켜 피의자신문을 진행할 수 있다고 생각된다.

그렇다면 구속된 피의자는 어떠할까? 예컨대, 살인사건 현장에 발견된 지문, 목격자 증언 등을 근거로 살인혐의로 구속된 피의자가 수사기관의 출석을 거부하며 구치소 등에서 계속하여 생활할 수 있는가의 문제이다. 생각건대 비록 구속된 피의자의 수인의무를 인정하고 있는 명문의 규정은 없으나 검사의 피의자신문에 수인의무를 부과하고 있는 독일,[19] 체포・구류된 피의자에 대하여 수인의무를 부과하고 있는 일본[20] 등 선진 입법례 및 수사절차상 피의자신문의 필요성 등을 고려하여 합목적적으로 해석하여야 한다고 사료된다. 구속된 피의자에 대한 피의자신문 없는 기소를 허용할 경우 공판의 절차지연으로 인한 비용증가와 비효율, 증거멸실 등 각종 부작용이 예견된다. 또한 일본과 달리 체포전치주의를 취하고 있지 않는 우리나라 구속제도는 구인으로서의 역할도 함께 수행하고 있다고 해석된다. 즉, 수사절차상 수사기관은 구속영장을 발부받아 피의자를 구금장소에 구금하는 것 외에도 수사기관에 출석시켜 피의자신문을 진행할 수도 있다. 또한 구속보다 신체자유의 침해정도가 가벼운 체포를 근거로 수인의무를 인정하는 이상 구속에 의한 수인의무를 부인하기 어렵다 하겠다. 더 나아가 피의자의 방어권 측면에서 살펴보아도, 피의자신문제도가 피의자에게 변명할 기회를 제공함으로써 쟁점을 정리하는 역할도 함께 수행하고 있는 점을 고려할 때, 피의자의 방어권 행사를 위해서라도 피의자에게 피의자신문에 응할지 여부를 판단할 기회를 제공함이 상당하다고 해석된다.[21]

이상의 논의를 종합하면, 피의자신문의 법적 성질은 원칙적으로 임의수사

---

19) 독일 형사소송법 제163조의a 제3항(판사의 신문에 대한 수인의무 조항인 제133조 내지 제136조를 준용).

20) 일본 형사소송법 제198조 제1항은 "검찰관, 검찰사무관 또는 사법경찰직원은 범죄의 수사를 함에 관하여 필요가 있는 때에는 피의자의 출두를 구하고 그를 취조할 수 있다. 다만, 피의자는 체포 또는 구류되어 있는 경우를 제외하고는 출두를 거부하거나 출두 후 언제라도 퇴거할 수 있다"고 규정하고 있다.

21) 한편, 피의자에게 '포괄적 진술거부권'이 부여되어 있음을 근거로 수인의무를 부정하는 견해가 있으나, 피의자의 진술거부권 행사 후 새로운 증거취득 등으로 신문 환경이 변화하여 새로이 피의자신문을 시작되는 경우에는 피의자의 방어권 행사를 위하여 피의자에게 다시 진술거부권을 행사할 기회를 제공함이 상당하다. 따라서 피의자는 '포괄적 진술거부권' 행사를 이유로 출석조차 거부할 수는 없으며, 수사기관으로부터 환경변화에 따른 질문을 청취한 후 그에 따라 진술거부권을 행사함이 상당하다 하겠다.

에 해당하지만 체포영장, 지명수배·지명통보 제도에 의하여 사실상 출석 및 조사수인이 강제되며, 특히 체포·구속된 경우에는 신체의 자유를 제한하여 수사상 목적을 달성하려는 체포·구속제도의 본래적 취지에 비추어 출석 및 조사수인이 법률적으로 강제되어 있다고 해석함이 상당하다 하겠다. 다만, 피의자신문이 원칙적으로 임의수사라는 한계에 비추어, 아무리 체포·구속된 피의자라 할지라도 건강 등의 정당한 이유가 있는 경우에는 출석이 강제되지 않는다고 해석함이 상당하다 하겠다.[22]

Ⅲ. 피의자신문 절차

1. 신문의 주체와 참여자

형사소송법상 피의자신문을 위한 출석요구(제200조)를 비롯하여 인적사항 확인(제241조), 범죄사실과 정상에 관한 필요사항의 신문(제242조) 등 각종 피의자신문의 절차에 있어서의 주체는 검사와 사법경찰관 2가지로 규정되어 있다. 다만 경사 이하의 사법경찰리가 80% 이상을 차지하는 현재 경찰의 조직구조상 사법경찰리가 '사법경찰관사무취급'의 형태로 대부분의 피의자에 대하여 피의자신문을 하고 있다. 판례도 사법경찰리도 구체적 사건에 대하여 검사 또는 사법경찰관의 특정한 수사명령을 받으면 사법경찰관의 사무를 취급할 권한이 인정된다며 이러한 현실을 인정하고 있다.[23]

그런데, 형사소송법은 피의자신문조서 작성에 있어서의 공정성과 정확성, 적법성을 보장하기 위하여, 검사 또는 사법경찰관(혹은 '사법경찰관사무취급')이 피의자를 신문함에는 검찰수사관이나 사법경찰관리가 참여하도록 이른바 참여제도를 규정하고 있다(제243조). 여기서의 '참여'란 검사 또는 사법경찰관 등의 피의자신문 절차에 참가하고 그 진행에 대한 기록이나 실무를 책임진다는 의미이다.[24] 그러나 실무현실은 법규와는 달리 다소 기형적으로 운영되고 있

22) 여기서 정당한 이유가 있는 경우란, 피의자신문을 위한 피의자의 수사기관에의 출석이 체포·구속제도로 인하여 침해되는 기본권 외에 추가로 피의자의 기본권이 침해되는 정도에 이른 경우를 의미한다.

23) 대법원 1982. 12. 28. 선고 82도1080 판결 등.

24) 과거에는 '참여'는 '입회', '참여자'는 '입회서기'로 일본식 용어를 사용하였으나, 현재는 사용

으므로 그 문제점을 살펴본다.

(1) 검사의 피의자신문과 참여

검사가 피의자신문을 작성함에 있어서는 검찰청 수사관 또는 서기관이나 서기를 참여하게 하여야 한다(제243조). 검찰청 수사관에는 검찰사무관 이하 검찰주사・마약수사주사 및 검찰주사보・마약수사주사보가 포함되며, 서기는 검찰서기 및 마약수사서기를 의미하며 검찰서기보는 제외된다. 피의자신문에 참여한 수사관 등은 수사에 관한 조서작성에 관하여 검사의 의견이 자기의 의견과 다른 경우에는 조서말미에 그 취지를 기재할 수 있다(검찰청법 제46조 제4항).

현행 형사소송법은 신문의 주체인 검사의 신문과 수사관 등 참여직원의 참여를 요구하고 있으나 업무과중 등 다양한 이유로 인하여 이를 완벽하게 지킬 수 없는 경우가 종종 발생한다. 문제는 어떤 경우까지 피의자신문에서 요구하는 참여제도를 준수한 것으로 인정할 것인가이다. 이하에서 차례로 살펴본다.

먼저 검사가 처음부터 끝까지 신문의 주체로서 모든 사항에 대하여 신문을 하지 못한 경우이다.[25] 이와 관련하여 판례는 검사가 핵심사항에 대하여 신문하였다면 참여직원이 일부 보조사항에 대하여 신문하였다고 하더라도 피의자신문조서로서의 증거능력을 인정하여,[26] 이른바 '피의자신문에 있어서 검사의 주도성'을 판단기준으로 제시하고 있다. 생각건대, 업무과다로 인하여 피의자신문, 소환, 면담, 수사지휘, 별건 기록검토 등 다양한 업무를 동시에 진행하는 검사실의 수사현실을 고려할 때 판례의 태도는 타당한 것으로 사료된다. 따라서 검사가 비록 전 과정에 걸쳐서 모든 사항에 대하여 직접 신문하지 못

하지 않고 있다.

25) 신문 도중 검사가 변호인 또는 사건 관계인과의 면담, 회의참석, 기타 내부 결재 등으로 일시 신문현장을 벗어나는 경우이다.

26) 검사가 피의사실에 관하여 전반적 핵심적 사항을 질문하고 이를 토대로 그 신문에 참여한 검찰주사보가 직접 문답하여 피의자신문조서를 작성함에 있어 검사가 신문한 사항 중에 다소 불분명한 사항이나 또는 보조적 사항 등에 관하여 피의자에게 직접 질문하여 이를 조서에 기재하였다 하여도 참여주사보가 문답할 때 검사가 동석하여 이를 지켜보면서 문제점이 있을 때에는 재차 직접 묻고 참여주사보가 조서에 기재하고, 하여 이 후에는 검사가 이를 검토하여 검사의 신문결과와 일치한다고 인정하여 서명날인 하였다면 참여주사보가 불분명 또는 보조적 사항을 직접 질문하여 기재하였다 하여 이를 검사작성의 피의자신문조서가 아니라고는 볼 수 없다(대법원 1984. 7. 10. 선고 84도846 판결).

하였다 하더라도 "피의자신문 과정에서 핵심사항에 대하여 신문하였다면 적법한 피의자신문에 해당"하는 것으로 해석된다. 여기서의 핵심사항이란 피의자에 대한 주요 범죄사실의 핵심 구성요건요소에 관한 사항을 말하며, 그 신문시점은 피의자신문의 시작부터 종료 전까지를 의미하며 어느 시점인가를 불문한다. 따라서 참여직원이 핵심사항에 대하여 신문하고 검사는 보조적 사항에 대하여 신문한 것에 불과한 경우 및 검사가 핵심적 사항에 대하여 신문하였다고 하더라도 신문시점을 도과한 경우에는 모두 적법한 피의자신문에 해당하지 않는다. 예컨대, 참여직원이 조사를 마치고 피의자의 서명날인을 받는 등 조서의 작성을 마칠 때까지 검사가 신문에 참여하지 않은 경우에는 조서의 작성을 마친 직후에 검사가 서면을 검토하고 피의자를 상대로 핵심적인 내용을 확인하였다고 하더라도 이는 피의자신문이 종료한 후에 검사가 피의자를 상대로 문답하는 경우로서 피의자신문을 하는 것이라 보기 어렵다.[27)]

다음으로 검사는 1명임에도 동일 시점에 복수의 수사관이 복수의 피의자를 대상으로 신문에 참여하는 경우로서 이른바 이중참여(二重參與) 내지 복수참여(複數參與)의 문제이다. 최근 검사실의 업무과다로 인하여 검사실에 복수의 참여직원을 배치하여 동시에 피의자신문 내지 참고인조사를 진행함으로 인하여 발생하는 문제이다. 아직까지 복수참여를 인정하는 취지의 판례는 없다. 생각건대, 전술한 판례의 태도에 비추어 복수참여 피의자신문의 적법성 여부 역시 '피의자신문에 있어서의 검사의 주도성'을 기준으로 판단함이 상당하다고 사료된다. 즉, 검사가 핵심사항에 대하여 신문하는 방법으로 개개의 피의자신문을 주도한다면 복수의 참여직원이 비록 일부 사항에 대하여 직접 신문하더라도 적법한 피의자신문에 해당한다 할 것이다.

⑵ 사법경찰관의 피의자신문과 참여

사법경찰관(혹은 '사법경찰관사무취급')이 피의자를 신문함에는 사법경찰관리를 참여하게 하여야 한다(제243조). 여기서의 사법경찰관에는 경찰청 소속의 경무관, 총경, 경정, 경감, 경위 등 간부를 의미하며, 사법경찰리에는 경사, 경

27) 검사가 임석하지 아니한 상태에서 참여한 검찰주사가 피의자신문을 마친 후 피의자의 자백진술이 담긴 피의자신문조서를 작성한 후 이를 검사에게 전달한바, 검사가 이를 살펴본 후 피의자가 조사를 받고 있던 방으로 와서 피의자신문조서를 가리키면서 피의자에게 "이것이 모두 사실이냐"는 취지의 개괄적 질문을 한 것에 불과하다면 그 피의자신문조서는 적법하다 할 수 없다(대법원 2003. 10. 9. 선고 2002도4372 판결).

장, 순경 등 비간부를 의미한다(제196조).

현행 형사소송법은 경찰 수사단계에서의 피의자신문과 관련하여 사법경찰관의 신문과 사법경찰리의 참여를 요구하고 있으나 피라미드형 계급구조로 인하여 비간부인 사법경찰리가 신문을 주도하는 경우가 대부분이다. 이러한 까닭으로 판례는 전술한 바와 같이 '사법경찰관사무취급'이 신문하고 사법경찰리가 참여한 경우에도 그 증거능력을 긍정하고 있다.[28]

문제는 실제로 피의자신문에 '참여'하지 않은 경우이다. 이와 같은 문제가 발생하는 주요 원인은 현행 경찰의 수사시스템에 있다. 즉, 수사를 담당하는 개개 경찰은 간부(사법경찰관), 비간부(사법경찰관사무취급)를 불문하고 고유의 사건을 가지고 있어 각각 별도로 사건을 진행하고 있다. 따라서 동시에 조사를 진행하거나 신문장소를 이탈하여 현실적으로 참여하지 않는 상황이 종종 발생하며, 이 경우 참여하지 않은 피의자신문조서에 참여자로서 서명날인하는 경우도 있을 수 있게 된다. 이러한 경우는 참여자 없이 피의자신문이 이루어지는 이른바 단독조사에 해당되므로 증거능력을 인정받기 어렵다고 판단된다.

그렇다면, 수사를 담당하는 경찰마다 개개의 고유사건을 진행하는 현실을 고려할 때 과연 어느 정도까지 참여하여야 하는가? 생각건대, 참여제도의 취지에 비추어 피의자신문의 공정성과 객관성을 담보할 정도는 참여하여야 한다고 사료된다. 즉, 피의자신문에 참여하는 경찰은 비록 모든 신문사항에 대하여 신문장소에 참여할 필요는 없다 할지라도 최소한 사법경찰관(또는 '사법경찰관취급')의 핵심사항 관련 신문에 있어서는 자리에 동석하여 절차형성의 공정성과 객관성을 담보하여야 할 것이다.

2. 출석요구

형사소송법상 피의자신문을 위한 출석요구를 전제로 한다(제200조). 출석요구를 하는 방법은 원칙적으로 출석요구서에 의하지만, 대면한 상태에서 직

28) 사법경찰리작성의 진술조서 및 피의자신문조서는 형사소송법 제196조 제2항과 이에 근거를 둔 사법경찰관리집무규칙 제2조 및 경찰서직제 제6조, 경찰공무원법 제3조에 의하여 사법경찰리가 검사의 지휘를 받고 수사사무를 보조하기 위하여 작성한 서류라 할 것이므로 이를 권한없는 자의 조서라 할 수 없다(대법원 1982. 12. 28. 선고 82도1080 판결).

접 구두로 통보하는 등 그에 상당한 방법으로 출석을 요구할 수 있다(검사의 사법경찰관리에 대한 수사지휘 및 사법경찰관리의 수사준칙에 관한 규정[29] 제19조 제1,2항, 검찰사건사무규칙 제12조 제1, 2항). 오늘날은 정보통신기술이 고도로 발달함에 따라 전화를 비롯하여 전보, FAX, E-mail, 핸드폰 문자메시지 등 다양한 방법으로 출석요구를 하고 있다.

여기서의 출석요구란 반드시 수사기관으로의 출석을 요구하는 것을 의미하지 않음에 유의할 필요가 있다. 그것은 피의자에게 정당한 사정이 있는 경우에는 병원 등 제3의 장소에서도 피의자신문을 진행할 수 있기 때문이다.[30] 이러한 의미에서 출석요구란 신문장소 및 신문일시 등에 대한 통보를 의미하게 된다.

한편, 출석요구와 관련하여 신문장소 및 신문일시에 대하여 통보하는 외에 출석이유를 통보하여야 하는지, 통보하여야 한다면 어느 정도 상세히 통보하여야 하는가가 문제된다.[31] 이와 관련하여 피의자의 방어권보장을 위하여 체포·구속이유에 준하는 정도로 명확하게 출석이유를 고지하여야 한다는 견해도 있다.[32] 하지만, 피의자에게 구체적으로 어떤 혐의를 받고 있는지를 상세히 통보하는 경우, 피의자가 증거를 인멸하거나 도주할 가능성이 매우 높아지게 된다. 따라서 수사절차상 수사비공개의 원칙과 피의자의 방어권 보장을 합리적으로 조화하는 수준에서 출석이유를 통보함이 상당하다고 사료된다. 사견으로는 피의자의 죄명과 대략적인 혐의개요 정도만 통보하면 족하다고 사료된다.[33]

문제는 피의자를 참고인으로 소환하여 출석하게 한 다음 피의자신문을 하는 경우 이를 적법한 피의자신문으로 볼 수 있는가이다. 특히 피의자를 참고인으로 기망하여 출석하게 한 후 피의자로서 신문을 하겠다고 고지하고 피의자신문을 하는 경우가 문제된다. 전술한 바와 같이 '출석요구 없이 임의로

29) 이하 '사법경찰관리수사준칙'으로 약칭한다.

30) 입원가료 중인 피의자나 참고인이 현재하는 곳에서 이른바 '임상신문'을 할 수 있다(사법경찰관리수사준칙 제27조).

31) 사법경찰관리수사준칙 제19조 제1항 단서에 의하면 "출석요구서에는 출석요구의 취지를 명백하게 적어야 한다"고 규정하고 있다.

32) 최영승, 피의자신문에 있어 적법절차의 법리에 관한 연구, 경희대 박사논문, 2003, 84쪽.

33) 검찰사건사무규칙 별표 16호 서식에 의하면, "귀하에 대한 ○○ 피의사건에 관하여 문의할 일이 있으니…"라고 하여 원칙적으로는 죄명에 한하여 통지하되, "이 출석요구서와 관련하여 궁금하신 점이 있으면, 검사실에 연락하여 궁금하신 사항을 문의하시기 바랍니다."고 하여 사건에 따라 구체적인 내용을 수사기관의 재량에 의하여 공개할 수 있도록 규정하고 있다.

수사기관에 출석한 피의자에 대하여 당일 피의자신문을 할 것임을 고지하는 것'도 출석요구에 해당한다고 완화하여 해석하는 견해를 취하는 이상, 참고인으로 출석하게 한 다음 피의자신문을 하는 것 또한 원칙적으로 적법한 '출석요구'에 해당한다고 해석하게 된다. 그것은 현행법이 피의자신문을 임의수사의 일종으로 규정하고 있어, 피의자는 이와 같은 수사기관의 갑작스런 출석요구에 불응하고 귀가할 수 있기 때문이다. 따라서 피의자방어권 보장을 고려할 때 최소한 피의자가 출석하여 참고인으로서의 출석을 용인(容認)하고 피의자로서의 신문에 임의로 응한 경우에 한하여 적법한 피의자신문에 해당한다고 엄격하게 해석하여야 할 것이다. 그렇다면 출석한 피의자의 긴급체포 여부에 대한 논의[34]와 관련하여, 참고인으로 출석한 자가 당일 피의자신문을 통보받고 이를 거절하여 귀가하거나 피의자신문에 응하였더라도 그 도중에 귀가한 경우에는 통상의 피의자보다 더욱 엄격하게 해석하여 원칙적으로 긴급체포의 대상이 되지 않는다고 해석함이 상당하다고 사료된다.

3. 진술거부권의 고지

(1) 제도적 취지

우리나라 헌법 제12조 제2항은 "모든 국민은 형사상 자기에게 불리한 진술을 강요당하지 아니한다"라고 규정하여 진술거부권이 헌법적 권리임을 명시하고 있다. 그러나 피의자가 진술거부권의 존재를 미리 알지 못하는 경우 그 행사를 실질적으로 담보할 수 없으므로, 형사소송법은 제244조의3에서 수사기관으로 하여금 피의자를 신문하기 전에 미리 진술거부권을 고지할 것을 명문으로 규정하고 있다.[35] 이렇듯 형사소송법은 수사기관이 피의자를 신문할 때 미리 진술거부권이 있음을 고지하도록 규정함으로써 그 권리가 실질적으로 보장되도록 하고 있다. 따라서 진술거부권의 고지는 헌법이 보장한 진술거부권의 한 내용이 되므로 이를 고지하지 않고 얻은 진술은 헌법상 진술거부권

---

34) 졸고, "현행 체포제도에 대한 실무적 고찰", 법조(8월호), 2013, 213쪽.

35) 한편, 법원에 대하여는 형사소송법 제289조에서 "피고인은 각개의 신문에 대하여 진술을 거부할 수 있다"고 규정하면서, 형사소송규칙 제127조에서 "재판장은 법 제284조에 따른 인정신문을 하기 전에 피고인에게 진술을 하지 아니하거나 개개의 질문에 대하여 진술을 거부할 수 있고, 이익 되는 사실을 진술할 수 있음을 알려 주어야 한다"고 규정하여 미리 진술거부권을 고지할 의무를 부과하고 있다.

을 침해하여 얻은 위법수집증거로서 증거능력이 부정된다.

2007년 개정 이전의 형사소송법 제200조에서 수사기관이 피의자로부터 '진술을 청취할 때' 진술거부권을 고지하도록 규정한 것과 달리, 현행 제244조의3 규정은 '신문할 때' 진술거부권을 고지하도록 규정하고 있어, 피의자신문을 하는 경우에만 진술거부권을 고지해야 하는지 문제된다. 생각건대, 피의자를 체포·구속하는 현장, 호송과정, 면담과정에서도 증거를 발견하기 위한 목적 등으로 피의자에 대한 불리한 진술을 강요하는 경우가 있을 수 있으므로, 헌법의 취지에 비추어 개정전 형사소송법과 같이 진술거부권의 고지의무를 폭넓게 인정함이 상당하다고 사료된다. 즉, 피의자신문 여하를 불문하고 수사기관이 피의자로부터 '진술을 청취'하는 경우에는 진술거부권을 고지하여야 한다고 폭넓게 해석하여야 한다고 사료된다.[36)]

(2) 고지의 방법

진술거부권을 고지하는 방법에 대하여는 법령에 구체적인 규정이 있는 것은 아니나 피의자나 피고인이 그 의미를 이해할 수 있도록 명시적으로 하여야 한다는 데 의견이 일치하고 있다. 인권침해를 방지하기 위해서는 특히 수사절차에서의 진술거부권의 고지가 중요한데, 실무관행상 피의자신문조서에 부동의 문자로 인쇄되어 있고 신문을 하기에 앞서 이를 읽어주는 방법으로 고지된다. 이러한 관행은 진술거부권을 고지하지 않고 작성한 피의자신문조서는 법정에서 증거능력이 부정될 수 있으므로 그 시비에서 벗어나기 위해 형성된 것으로 분석된다. 그러나 이렇게 조서에 부동의 문자로 인쇄되어 있더라도 실제 읽어주지 않는 경우에는 당연히 고지 자체가 없었다고 하여야 할 것이다.

더 나아가 수사기관이 진술거부권을 고지하면서 진술거부권의 행사가 불이익하게 작용될 수 있음을 강조하여 사실상 진술거부권을 행사하지 못하게 하는 경우가 있을 수 있다. 이러한 문제점을 개선하기 위하여, 개정 형사소송법 제244조의3 제1항 제2호에서는 진술거부권을 고지하면서 "진술을 하지 아니하더라도 불이익을 받지 아니한다는 것"도 함께 고지하도록 규정하고 있다.[37)]

---

36) 신동운, 전게서, 179쪽.

37) 실무상 피의자신문조서 양식에는 "진술거부권 및 변호인 조력권 고지 등 확인"이라는 제목으로

(3) 고지의 시기

진술거부권의 고지시기에 대하여는 위에서 살펴본 바와 같이 형사소송법 제200조 제2항에서는 신문 전에 고지할 것을 규정하고 있을 뿐 구체적으로 어느 시점인지에 대하여는 해석에 맡겨져 있다. 현재 수사실무에서 사용하고 있는 피의자신문조서의 양식에 의하면, 피의자에 대한 인적사항에 대한 신문을 마친 후 진술거부권을 고지하고 본격적으로 범죄사실과 관련된 신문을 하도록 인쇄되어 있다. 이러한 관행이 형사소송법이 규정하고 있는 '신문전 고지'에 부합하는가의 문제는 인적사항의 묵비도 진술거부권의 행사로 인정될 수 있는가의 문제와 관련이 있다.

통설은 진술거부권의 '진술'의 범위는 이익·불이익에 제한이 없기 때문에 인정신문에 대하여도 진술을 거부할 수 있다고 해석하고 있으며(적극설),[38] 이러한 견해에 의하면 현행 관행은 잘못된 것으로 이해하게 된다. 그러나 헌법에서는 "형사상 자기에게 불리한 진술에 대하여 진술을 강요당하지 아니한다"고 규정하여, 진술거부권의 대상을 '형사책임과 관련된 사실'의 진술에만 국한하고 있으므로 '형사책임과 관련된 사실'에 해당하지 않는 인적사항은 진술거부권의 대상에서 제외된다고 해석함이 상당하다고 사료된다(소극설).

현행 형사소송법 제242조는 "검사 또는 사법경찰관은 피의자에 대하여 범죄사실과 정상에 관한 필요사항을 신문하여야 하며 그 이익되는 사실을 진술할 기회를 주어야 한다"라고 규정하여, 형사책임과 관련 없는 인적사항은 피의자신문사항으로 규정하고 있지 않다. 또한 성명, 연령, 등록기준지, 주거와 직업 등 피의자 인적사항에 대한 조사활동은 '확인'이라는 표현을 사용하여, 범죄사실과 정상관계 등에 대한 '신문'이라는 표현과 구분하고 있다. 기존의 통설에 의하면 수사기관은 진술거부권을 고지 받는 자가 피의자인지 여부도

"1. 귀하는 일체의 진술을 하지 아니하거나 개개의 질문에 대하여 진술을 하지 아니할 수 있습니다.
1. 귀하가 진술을 하지 아니하더라도 불이익을 받지 아니합니다.
1. 귀하가 진술을 거부할 권리를 포기하고 행한 진술은 법정에서 유죄의 증거로 사용될 수 있습니다.
1. 귀하가 신문을 받을 때에는 변호인을 참여하게 하는 등 변호인의 조력을 받을 수 있습니다."라고

부동문자로 인쇄되어 있으며, 형사소송법 제244조의3 제2항에 따라 서명날인까지 받는다.

38) 배종대·이상돈·정승환, 전게서, 105쪽; 신동운, 전게서, 181쪽; 신양균, 전게서, 141쪽; 이은모, 전게서, 210쪽; 이재상, 전게서, 225쪽; 임동규, 전게서, 169쪽; 정웅석·백승민, 전게서, 458쪽 등.

확인하지 못한 채 진술거부권을 고지한 후 피의자신문을 진행하여야 하는데,[39] 이는 수사실무를 도외시하였다는 비판을 면하기 어렵다.[40] [41]

다음으로 수사절차 중 1회 신문 전에 고지하면 족한가 문제된다. 학설은 수사단계에서 1회, 재판단계에서 1회 고지하면 족하다는 견해[42]도 있으나, 피의자·피고인에 대한 충분한 방어권 보장을 위하여 매회 고지하여야 하며, 비록 하나의 신문이라 할지라도 일시 중단되었다가 다시 시작되는 경우에 그 시간적 간격이 길 때에는 역시 재차 고지하여야 한다고 생각된다.[43] 그것은 진술거부권 고지 후에 오랜 시간이 경과된 경우에는 그것이 상(傷)한 고지가 될 수 있기 때문이다. 또한 진술거부권은 전면적인 진술거부 뿐 아니라 일시적 또는 부분적 진술거부도 인정되므로, 신문의 상황 변화에 따라 피의자·피고인에게 다시 진술거부권을 행사할 기회를 제공함이 상당하기 때문이다.

4. 신문방법

형사소송법은 공판절차상 피고인의 신문방법에 대하여 제296조의2에서 상세히 규정하고 있는 것과 달리 수사절차상 피의자의 신문방법에 대하여는 별다른 규정을 두고 있지 않다. 하지만, 헌법에서 모든 국민은 고문을 받지 아니한다고 규정하고 있고(제12조 제2항), 형사소송법에서 피고인의 자백이 고문, 폭행, 협박, 신체구속의 부당한 장기화 또는 기망 기타의 방법으로 임의로 진술한 것이 아니라고 의심할 만한 이유가 있는 때에는 이를 이유로 유죄의 증거로 사용하지 못한다고 규정하고 있음에 비추어 강압수사가 금지됨은 당연하다.

39) 실무상 출석요구를 받고 피의자의 가족, 친구, 동료 등이 대신 출석하는 경우도 종종 발생하며, 피의자가 함께 출석하는 경우도 종종 발생하게 된다.

40) 이러한 까닭으로 판례는 미란다원칙의 고지시기와 관련하여 "체포하려는 상대방이 맞는지 인적사항을 확인한 후 미란다원칙을 고지하더라도 부적법하지 않다"고 판시하고 있다(대법원 2007. 11. 29. 선고 2007도7961 판결).

41) 다만 피고인에 대한 진술거부권의 고지시점과 관련하여 개정 형사소송법은 피고인에 대한 진술거부권의 고지를 규정한 제283조의2의 위치를 제284조(인정신문) 앞에 두고, 형사소송규칙 제127조에서 재판장으로 하여금 인정신문 전에 진술거부권을 고지하도록 명문으로 규정하여 적극설을 입장을 지지하고 있는 것으로 보인다. 그러나 인적사항은 헌법에서 묵비권의 대상으로 규정한 형사상 불리한 진술에 해당하지 않으며, 인적사항을 확인하지 못한 채 공판절차를 진행할 우려가 있으므로 입법론적으로 재검토가 필요하다고 사료된다.

42) 이재상, 전게서, 225쪽.

43) 신양균, 전게서, 141면; 신동운, 전게서, 180쪽; 이은모, 전게서, 209쪽 등.

문제는 피의자신문을 함에 있어 유도신문이 허용되는가이다. 유도신문이란 "피의자는 피해자를 폭행한 사실이 있지요"과 같이 수사관이 피의자를 상대로 대답을 유인하는 신문을 말한다. 공판절차와 마찬가지로 유도신문은 허용되지 않는다는 견해[44]도 있으나, 유도신문은 공판절차상 증인과 밀접한 관계가 있는 당사자가 허위의 증언을 이끌어 낼 우려가 있어 주신문에서 제한적으로 불허되는 제도에 불과한 점,[45][46] 수사관과의 관계를 고려할 때 진술거부권이 보장되는 피의자에게 단순한 유도신문만으로 허위의 증언을 이끌어낸다고 보기 어려운 점, 수사절차상 독립성에서 유래하는 직권성(職權性)의 원칙[47] 내지 수사절차의 자유로운 형성의 원칙이 인정되는 점 등을 종합하면, 피의자를 기망하거나 착오에 빠뜨림으로써 임의로 진술하게 하는 것이 아닌 한 유도신문(leading question)도 합법적인 수사기법으로서 허용된다고 해석함이 상당하다.

한편 신문방법과 관련하여 야간신문이 허용되는지, 허용된다면 통상 몇 시까지 허용되는지 문제된다. 이와 관련하여 판례(대법원 1997. 6. 27. 선고 95도1964 판결)는 "약 30시간 동안 잠도 자지 못한 채 검사 2명에 의하여 교대로 계속 조사를 받아 심신이 몹시 지친 상태에서 자백을 받아낸 피의자신문조서는 임의성이 인정되지 않는다"며 증거능력을 부인하고 있다. 생각건대, 범죄사실 또는 피의자가 다수인 사건 등 복잡한 사건의 경우 피의자신문에 장시간이 소요되므로 일몰 후의 야간수사를 전면적으로 부정할 수는 없다고 사료된다. 따라서 자정을 훨씬 넘겨 피의자의 수면권과 휴식권을 침해하는 정도에 이른 밤샘수사는 원칙적으로 허용되지 않지만 체포시한으로 인하여 수사시간이 절대

---

44) 신양균, 전게서, 142쪽.
(다만 대부분의 교과서에서는 수사절차상 유도신문이 허용되는지에 대하여 논의를 전개하고 있지 않다)

45) 신동운, 전게서, 745쪽; 이재상, 전게서, 470쪽; 배종대·이상돈·정승환, 전게서, 479쪽 등.

46) 형사소송규칙 제75조에 의하면, 원칙적으로 주신문에 있어서 유도신문이 불허되나,
"1. 증인과 피고인과의 관계, 증인의 경력, 교우관계등 실질적인 신문에 앞서 미리 밝혀둘 필요가 있는 준비적인 사항에 관한 신문의 경우,
2. 검사, 피고인 및 변호인 사이에 다툼이 없는 명백한 사항에 관한 신문의 경우
3. 증인이 주신문을 하는 자에 대하여 적의 또는 반감을 보일 경우
4. 증인이 종전의 진술과 상반되는 진술을 하는 때에 그 종전진술에 관한 신문의 경우
5. 기타 유도신문을 필요로 하는 특별한 사정이 있는 경우"에는 허용되고 있으며,
규칙 제76조 제2항에서는 "반대신문에 있어서 필요할 때에는 유도신문을 할 수 있다"고 규정하고 있다.

47) 수사기관은 범죄행위에 대한 실체적 진실을 규명하는 데 있어 필요한 수사방법 및 순서를 자유로이 선택할 수 있는바, 이를 수사상 직권성의 원칙이라 한다(졸고, "수사절차독립성론"(하), 법조(4월호), 2008, 201쪽).

적으로 부족하거나 피의자가 동의하는 등 정당한 사유가 있는 경우에는 예외적으로 허용된다고 엄격히 해석하여야 할 것이다.[48]

아울러 검사 또는 사법경찰관은 피의자신문을 함에 있어 피의자에게 이익되는 진술을 할 기회를 부여하여야 한다(제242조). 수사기관은 단순히 피의자에게 대립하는 반대당사자가 아니라 국가형벌권의 실현을 담당하는 국가기관으로서 객관적인 업무수행이 요구되기 때문이다.[49]

5. 피의자신문조서의 작성

피의자신문의 주체는 검사 또는 사법경찰관(혹은 사법경찰관사무취급)이지만, 조서는 참여한 수사관 또는 사법경찰관리가 작성한다.

피의자신문과정에서 청취한 피의자의 진술은 조서에 그 요지를 기재하여 피의자에게 열람하게 하거나 읽어 들려주어야 한다. 진술한 대로 기재되지 아니하였거나 사실과 다른 부분의 유무를 물어 피의자가 증감 또는 변경의 청구 등 이의를 제기하거나 의견을 진술한 때에는 이를 조서에 추가로 기재하여야 한다. 피의자가 조서에 대하여 이의나 의견이 없음을 진술한 때에는 피의자로 하여금 그 취지를 자필로 기재하게 하고 조서에 간인한 후 기명날인 또는 서명하게 한다(제244조). 또한, 피의자신문조서에는 피의자가 진술거부권 및 변호인의 조력을 받을 권리가 있음을 고지 받은 후 이를 행사할 것인지의 여부에 대한 답변도 기재하여야 한다(제244조의3 제 2 항).

개정 형사소송법은 피의자가 신문장소에 도착한 시각, 신문을 시작하고 마친 시각, 기타 진행경과 등 수사과정을 피의자신문조서에 기록하거나 별도의 서면에 기록한 후 수사기록에 편철하도록 하는 제도를 도입하였다(제244조의4). 따라서 피의자신문조서에는 피의자의 휴식, 변호인접견, 대질신문 등 피의자신문 과정에서 발생하는 다양한 경과를 모두 기재할 수 있으며, 이는 피의자진술의 임의성을 입증하는 증거로 사용될 수 있다.[50]

---

48) 체포시한 48시간 내에 구속영장 청구 여부를 결정하여야 함에도 다수의 피의자 또는 사건관계자가 존재하는 경우, 상호간의 진술이 불일치하거나 증거에 모순이 있는 등으로 사건이 복잡하여 시간이 절대적으로 부족한 경우, 피의자가 자신의 사정을 이유로 밤샘조사에 동의한 경우 등은 허용된다.

49) 배종대 · 이상돈 · 정승환, 전게서, 106쪽; 신동운, 전게서, 181쪽; 신양균, 전게서, 142쪽 등.

50) 법무부, 개정 형사소송법, 2007, 128면.

한편, 수사자료표란 수사기관이 피의자의 지문을 채취하고 피의자의 인적사항과 죄명 등을 기재한 표로서 경찰청에서 관리하는 것을 말하는데,[51] 통상 실무상 최초의 피의자신문조서 작성을 종료한 후 피의자의 지문을 채취한다. 모든 피의자를 상대로 지문을 채취하여야 하는 것은 아니며, 고소 또는 고발사건 중 혐의없음, 공소권없음, 죄가안됨, 각하, 참고인중지 중 하나의 불기소처분사유에 해당하는 경우에는 지문채취를 하지 아니한다.[52]

Ⅳ. 피의자신문과 변호인의 참여

1. 제도의 도입

피의자신문에의 변호인참여제도는 입법론상 이를 도입하여야 한다는 견해가 공감대를 형성하고 있던 중, 2002년 10월 서울지검에서 발생한 피의자 사망사건이 계기가 되었다. 이 사건이 발생하자 법무부는 그 방지대책으로서 이 제도를 도입하겠다며 형사소송법 개정안을 발표하였으며, 2003년 1월에는 대검찰청에서 「변호인의 피의자신문참여 운영지침」을 발표하면서 본격적으로 시행되기 시작하였다. 이러한 상황하에서 대법원이 구금된 피의자에 한하여 피의자신문에의 변호인참여권을 인정하였고(대법원 2003. 11. 11. 선고 2003모402 결정), 헌법재판소에서 불구속 피의자에게까지 이를 확대하기에 이르렀다(헌재 2004. 9. 23.자 2000헌마138 결정). 이처럼 검찰의 실무와 판례에서 먼저 피의자에 대한 변호인참여제도를 도입하여 시행하고 있는 상황 하에서, 2007년 개정 형사소송법에서 "검사 또는 사법경찰관은 피의자 또는 그 변호인 등의 신청에 따라 변호인을 피의자와 접견하게 하거나 정당한 사유가 없는 한 피의자에 대한 신문에 참여하게 하여야 한다"고 규정하기에 이르렀다(제243조의2).

참고로 선진 입법례를 살펴보면, 각국의 사정에 따라 변호인의 피의자신문제도에 대하여 각각 달리 규정하고 있음을 알 수 있다. 먼저 영미법계를 살펴보면, 미국은 수정헌법 제 5 조와 제 6 조의 형사절차연방헌법에 대한 해석으

51) 형의실효등에관한법률 제 2 조 제 4 호.
52) 지문을채취할형사피의자의범위에관한규칙(법무부령 제598호) 제 2 조.

로서 변호인의 조사참여권을 인정하고 있고, 영국은 1984년 경찰 및 형사증거법(PACE) 제6장에서 구금 중인 피의자가 변호인으로부터 조력을 받을 권리의 일환으로 변호인의 신문참여권을 인정하고 있다. 다음으로 대륙법계를 살펴보면, 독일은 형사소송법 제163조의a에서 경찰 단계에서는 변호인의 참여권을 인정하지 않는 반면에 검찰 단계에서는 변호인의 참여권을 인정하고 있으며, 프랑스는 수사판사의 피의자신문시에 변호인의 참여를 인정하고 있을 뿐이다. 한편, 일본은 검사이든 경찰이든 피의자신문에 변호인의 참여를 인정하지 않고 있다.

2. 법적 성질

변호인의 피의자신문참여권이 어떠한 권리인지 그 법적 성질이 문제된다. 이에 대하여는 변호인의 접견교통권의 한 내용으로 이해하는 견해(변호인접견권설),[53] 접견교통권과는 별개의 참여권으로 이해하는 견해(절차참여권설)[54]로 나눌 수 있다.

한편, 대법원은 변호인의 피의자신문 참여를 변호인의 조력을 받을 권리를 실현하기 위한 방법으로 이해하면서 접견교통권과는 별개의 권리임을 전제로 접견교통권 규정을 유추적용하여야 한다고 판시하여 절차참여권설의 입장을 취하고 있다. 반면에 헌법재판소는 변호인의 피의자신문 참여를 변호인의 조력을 받을 권리 중 변호인접견권을 행사하기 위한 전제요건이라 하여 변호인접견권의 내용으로 이해하여 변호인접견권설의 입장을 취하고 있다.

이와 같은 논의의 실익을 살펴보면, 변호인의 피의자신문참여권을 접견교통권의 한 내용이라 이해하는 견해(변호인접견권설)를 취하게 되면 ① 별도의 입법조치 없이도 형사소송법상 변호인접견권에 대한 근거 조항인 제34조에서 바로 인정하게 되며, ② 변호인접견권에 대한 법률상 제한이 없음을 이유로 변호인의 피의자신문참여권의 제한을 부인하거나,[55] 최소화하려는 경향을 보

53) 신동운 교수는 "수사기관은 피의자에 대한 조사 전후는 물론 조사 중이라도 피의자에 대한 신문을 이유로 피의자와 변호인 사이의 접견교통을 거부할 수 없게 되었다"고 하여, '변호인의 피의자신문참여권'을 접견교통권의 내용으로 이해하고 있다(신동운, 전게서, 183쪽).

54) 이완규, "변호인의 피의자신문참여권의 법적성질", 형사법의 신동향 통권 제5호(12월호), 2006, 32쪽.

55) 변호인의 접견교통권은 헌법상의 변호인의 조력을 받을 권리의 내용으로 법률에 의하지 않

이게 된다. 반면에 변호인의 피의자신문참여권을 변호인의 접견교통권과 별개의 권리로 이해하는 견해(절차참여권설)를 취하게 되면, 추가적인 입법을 통하여 '변호인의 피의자신문참여권'을 인정하게 되며, 이 권리는 아무런 법적 제한이 없는 접견교통권과 달리 합리적인 범위에서 그 제한을 인정하게 된다.

생각건대, 수사기관의 질문과 피의자의 답변이 연속적으로 진행되는 피의자신문 과정에서 변호인이 피의자와 무제한 상담하고 방어권을 협의하게 하는 것은 피의자신문제도의 취지를 몰각하게 되므로 받아들이기 어렵다고 사료된다. 따라서 변호인은 피의자신문에 참여하여 그 절차가 적법하게 진행되는지 감시하고, 위법 또는 부당한 절차진행에 대하여 이의를 제기하는 등의 절차적 참여권의 성질을 가진다고 이해함이 상당하다 하겠다.[56] 물론 피의자신문 도중이라도 언제든지 피의자와 접견교통하여 상담하고 조언을 해 줄 수는 있으나 이는 접견교통권에 근거한 것으로 피의자신문참여권의 내용이라 할 수 없다. 개정 형사소송법 또한 제243조의2 제1항에서 "변호인을 피의자와 접견하게 하거나 정당한 사유가 없는 한 피의자에 대한 신문에 참여하게 하여야 한다"라며 접견교통권과 피의자신문참여권을 병렬적으로 규정하여 별개의 권리임을 명백히 하고 있다.[57] 또한 실무상으로도 피의자신문 중 변호인이 접견을 신청하는 경우 피의자신문을 일시 중지하고 접견을 허용하는 등 별개의 권리로 운용하고 있다.[58] 이와 같이 변호인접견권과 피의자신문참여권은 별개의 권리이므로, 비록 변호인의 피의자신문참여에 제한사유가 인정되더라도 이를 이유로 변호인접견권까지 제한할 수는 없다.[59]

으면 제한할 수 없는데 형사소송법에 변호인의 접견교통권을 제한하는 규정이 없으므로 수사기관의 처분은 물론 법원의 결정으로도 이를 제한할 수 없다는 것이 통설, 판례이다(대법원 1990. 2. 13.자 89모37 결정, 헌법재판소 1992. 1. 28.자 91헌마111 결정 등).

56) 변호인은 접견교통권(제34조) 외에도 기록열람·등사권(제35조), 압수수색영장집행·검증·증인신문·감정절차·기타 공판절차 등 절차참여권(제121조, 제145조, 제161조 제3항, 제176조, 제219조 등), 공판절차에서의 변론권 등의 권리를 가지는데, '피의자신문참여권'은 이 중에서도 절차참여권의 한 종류에 해당된다.

57) 한편, 일본의 형사소송법은 변호인의 접견교통권만을 규정할 뿐 변호인의 참여권은 규정하고 있지 않는데, 일본의 통설, 판례는 현행법상 피의자취조에 대한 변호인의 참여권은 인정되지 않는다고 하여, 접견교통권과는 별개의 권리임을 전제로 하고 있다.

58) 대검예규, "변호인의 피의자신문 참여 운영지침(2012. 12. 30.자)", 제7조.

59) 위 대검예규 제7조.

3. 변호인참여의 절차

피의자신문의 변호인참여 신청권자는 피의자 또는 그 변호인·법정대리인·배우자·직계친족·형제자매이다(제243조의2 제1항). 피의자가 구속되거나 미성년자인 경우 등 형사소송법 제33조 제1호 내지 제4호에 해당하는 때는 피의자의 법정대리인·배우자·직계친족·형제자매가 독립하여 신청할 수 있다. 수사기관은 위와 같은 신청에 대하여 신속하게 허용 여부를 결정하여야 하며, 변호인참여 여부에 대한 결정은 당해 신문에 한하여 효력이 있다.[60]

신문에 참여하고자 하는 변호인이 2인 이상인 때에는 신문에 참여할 대표변호인 1인을 지정하여야 한다(제243조의2 제2항). 변호인의 피의자신문의 참여권은 권리일 뿐 의무가 아니므로 전 과정에 참여하여야 하는 것은 아니며 중간에 언제라도 퇴실할 수 있으며, 피의자신문의 중간에라도 참여할 수 있다. 또한 다수의 변호인이 동시에 피의자신문에 참여하는 것은 허용되지 않지만, 변호인 1명씩 번갈아 가면서 참여할 수 있는 것은 가능하다. 한편, 변호인은 참여자일 뿐 피의자신문의 주체나 객체가 아니므로 변호인의 좌석은 피의자 후방의 적절한 위치에 마련하면 족하다.[61]

신문에 참여한 변호인은 신문 중 부당한 신문방법에 대하여 이의를 제기하거나 의견을 진술할 수 있다. 이의제기는 원칙적으로 신문을 종료한 다음에 할 수 있으며, 신문 중인 경우에는 신문 주체의 승인을 얻어야 의견을 진술할 수 있다(동조 제3항). 변호인이 의견을 진술한 경우에는 그 내용을 조서에 기재하고 변호인에게 열람하게 한 후 변호인으로 하여금 그 조서에 기명날인 또는 서명하게 하여야 한다(동조 제4항).

4. 변호인참여의 한계

변호인의 피의자신문참여권은 접견교통권과 마찬가지로 헌법상 변호인의 조력을 받을 권리에 기초하는 것이지만 불가침의 권리는 아니며 형사절차의

60) 위 대검예규 제3조.

61) 위 대검예규 제4조(다만 사견으로는 피의자에게 심리적 안정에 기여하는 등 방어권을 보다 충실히 보장하기 위해서는 피의자 옆에 동석하는 것으로 예규를 개정할 필요가 있다고 생각된다).

진정한 목적인 정의 회복을 위하여 제한이 가능하다. 이러한 까닭으로 형사소송법은 제243조의2 제1항에서 정당한 사유가 있는 경우에는 변호인의 신문참여를 제한할 수 있도록 규정하고 있다. 이하에서 '정당한 사유'가 인정되는 구체적 사례가 무엇인지, '제한'의 내용이 무엇인지에 대하여 차례로 살펴본다.

먼저 '정당한 사유'의 구체적 내용이 무엇인지 살펴본다. 이와 관련하여 대법원 및 헌법재판소는 각 ① 신문방해 또는 ② 수사기밀 누설 염려가 있는 경우에는 변호인의 참여를 제한할 수 있다고 하여 일응의 기준을 제시하고 있다.

① 신문방해의 경우로는 (1) 검사의 승인 없이 신문에 개입·제지하거나 중단시키는 경우, (2) 피의자를 대신하여 답변하거나 특정한 답변 또는 진술번복을 유도하는 경우,[62] (3) 부당하게 이의를 제기하는 경우,[63] (4) 모욕적인 언동 등으로 신문방해를 야기하는 경우 등이 있다. 문제는 신문 도중 변호인이 피의자에게 능동적으로 진술거부권을 행사할 것을 권유하는 것이 (2) 피의자를 대신하여 특정한 답변 또는 진술번복을 유도하는 경우에 해당하는가이다. 피의자에게는 포괄적 진술거부권과 개별적 진술거부권이 모두 인정되고 있으므로, 피의자신문을 개시하기 전에 포괄적 진술거부권의 행사를 권유하거나, 신문 도중에 개별적 진술거부권을 행사하는 것 모두 허용된다 할 것이다. 더 나아가 개개 신문사항에 대하여 피의자가 개별적 진술거부권 행사를 포기하고 이미 구체적으로 진술을 개시한 경우라 할지라도 그 이후에 변호인이 진술거부권의 포기의사를 번복하고 진술거부권 행사할 것을 피의자에게 적극적으로 권유한 것도 피의자를 대신하여 특정한 답변을 하거나 진술번복을 유도하는 경우에 해당한다고 보기 어렵다.[64]

② 수사기밀 누설의 염려가 있는 대표적인 경우로는 (1) 피의자신문 내용을 촬영, 녹음, 기록하는 경우,[65] (2) 변호인이 피의자의 범죄행위에 참여 등 제

62) 변호인이 유도하는 답변이 사실과 다른 허위인 경우에는 변호사법위반으로 징계사유가 된다(변호사법 제24조).

63) 변호인은 신문 중이라도 강요, 폭언, 협박, 기망, 회유 등 부당한 신문방법에 대하여는 이의를 제기할 수 있지만, 허위진술에 대한 설득 내지 추궁 등 정당한 신문방법에 대하여 이의를 제기하는 것은 허용되지 않는다(제243조의2 제3항).

64) 대법원 2007. 11. 30.자 2007모26 결정.

65) 수사비공개의 원칙에 따라 신문내용을 기록하는 것은 허용되지 않지만, 변호인은 신문 종료 후 자신의 의견을 진술할 의도로 기억을 정리하기 위한 메모는 허용된다고 봄이 상당하다. 다만 이에 대하여는 수사기관이 피의자에게 던진 메모는 이미 수사기밀이라 보기 어려울 뿐 아니라 그 내용의 누설 여부가 피의자 또는 참여 변호인의 기억력에 좌우되는 이상 차라리 메

척사유가 있는 경우[66] 등이 있다.

위와 같은 '정당한 사유'가 있는 경우에는 변호인을 신문 도중 퇴거하게 할 수 있으며, 특히 '제척사유'에 해당하는 경우에는 처음부터 변호인의 참여를 제한할 수도 있다.[67] 문제는 최초 피의자신문에 참여한 변호인이 신문 도중 퇴거한 후에 다른 변호인이 추가로 피의자신문에 참여할 수 있는가이다. 생각건대 변호인의 참여제한 사유가 다른 변호인에게 공통되지 않는 한 피의자의 방어권보장을 위하여 참여를 허용하는 것이 상당하다 사료된다. 더 나아가 법무법인 소속 변호사 1명에게 ② 수사기밀 누설의 염려가 인정되는 경우, 이를 이유로 같은 법무법인 소속의 다른 변호사의 참여도 제한할 수 있는가를 살펴본다. 논리적으로는 변호사의 공공성과 독립성, 비밀준수의무 등에 비추어 같은 법무법인 소속 변호사라 할지라도 피의자신문참여를 허용된다고 해석하기 쉽겠으나, 현실적으로는 통상 같은 법무법인 소속 변호사들이 같은 사건의뢰인의 이익을 위하여 공동으로 변론준비를 하고 공동의 이해관계를 형성하는 점을 고려할 때 수사기밀의 염려가 인정되는 경우가 대부분일 것이다.

더 나아가 변호인의 피의자신문참여의 시간상 한계에 대하여 살펴본다. 피의자신문을 마치고 조서를 열람, 수정하는 절차가 진행 중인 경우 신문과정에 참여하지 않은 변호인이 조서열람 및 의견진술이 가능한지 여부의 문제이다. 생각건대 조서의 열람, 수정은 조서작성 절차에 불과할 뿐 엄격한 의미에서 피의자신문이라고 볼 수 없는 점, 피의자신문과정에 참여하지 않은 변호인으로서는 수사관의 질문과 피의자의 답변의 내용을 알지 못하여 열람, 수정에 관여하기 어려운 점 등을 감안할 때 참여가 허용되지 않는다고 해석함이 상당하다 하겠다.

모의 유출을 허용하는 것이 타당하다는 견해도 있을 수 있다. 하지만 수사비공개의 원칙에 따라 수사단계에서의 기록 열람·등사가 인정되지 않는 현행 제도를 감안할 때 변호인의 피의자신문 참여에도 불구하고 메모의 유출은 허용되지 않는다고 해석함이 상당하다고 사료된다.

66) 독일에서는 범죄행위 참여, 인신구속 중 피의자와의 왕래를 이용한 범죄행위, 피의자의 범죄와 관련하여 증거인멸·범인은닉·장물취득으로 인정될 만한 행위로 혐의를 받고 있는 경우, 일정한 사실에 기초하여 내란·외환·불법결사·간첩·중범죄 불고지죄 등 변호인의 참여가 국가의 안전에 위해를 초래할 수 있는 경우에는 그 변호인을 절차참여에서 배제할 수 있다(독일 형사소송법 제138조a, 138조b).

67) 오택림, "변호인의 피의지산문 참여권에 관한 연구", 법조(4월호), 2008, 232쪽.

5. 참여제한에 대한 불복방법

검사 또는 사법경찰관의 변호인의 참여에 관한 제한처분 대하여 불복이 있으면 준항고, 재항고를 제기할 수 있다. 준항고는 관할법원 또는 검사의 소속 검찰청에 대응한 법원에 그 처분의 취소 또는 변경을 청구한다(제417조). 항고법원에 결정에 대하여 재판에 영향을 미친 헌법·법률·명령 또는 규칙의 위반이 있음을 이유로 하는 때에 한하여 대법원에 재항고를 할 수 있다(제419조, 제415조).

Ⅴ. 피의자진술의 영상녹화조사

1. 의 의

(1) 개 념

형사소송법(제134조의2, 제134조의3, 제134조의4)에서 규정하고 있는 '영상녹화물'은 수사기관이 사건관계인, 즉 피의자 내지 참고인에 대한 조사과정을 영상으로 녹화하여 이동이 가능한 특수매체(통상 'CD' 또는 'DVD', '비디오테이프' 등을 말한다)에 저장한 것을 말한다.[68] 이처럼 수사기관의 조사과정을 영상으로 녹화하여 영상녹화물을 제작하는 일련의 절차를 영상녹화조사라 한다. 따라서 수사기관이 아닌 피의자 또는 참고인이 스스로 자신의 진술을 영상녹화하는 것은 영상녹화조사에 해당하지 않으며 그 결과물도 영상녹화물에 해당하지 않는다. 또한 수사기관이 피의자 등의 진술을 영상녹화하였다 할지라도 CD 등으로 저장되지 않은 무체물 형태의 영상녹화파일은 영상녹화물이라 할 수 없다.

(2) 영상녹화조사제도의 도입배경

2007년 개정 형사소송법이 영상녹화조사제도를 전격적으로 도입하게 된 것은 ① 정보화에 따른 기술변화 및 ② 사법개혁에 대한 국민적 요구 두 가지

68) 검찰보존사무규칙 제2조 제1의2호.

원인이 복합적으로 작용하였기 때문이다.

① '정보화에 따른 기술변화'란 조사내용을 기록하는 방식에 있어서 기존의 서면보다 훨씬 정확하면서도 저렴하고 간편하게 기록하는 기술이 개발되었다는 것을 의미한다. 조사내용을 기록하는 종래의 방식은 중세시대 이래 1960년대까지의 연필과 펜, 1970년대의 타자기를 거쳐 1990년대 이후에는 컴퓨터로 발전하였으나, 이는 모두 서면으로 증거를 작성하는 방식이었다. 그런데, 2000년대 이후 정보화 기술의 혁신적인 발전으로 대용량의 영상녹화파일을 저렴한 비용으로 CD 또는 DVD에 간단히 저장하는 방법이 개발되었다. 이로 인하여 영상녹화방법으로 조사내용을 기록할 수 있는 기술적 바탕이 마련되었으며, 서면이 아닌 영상녹화물로 증거를 작성할 수 있게 되었다.

② '사법개혁에 대한 국민적 요구'는 위와 같이 영상녹화조사가 도입될 수 있는 기술적 토대가 마련되어 가던 중 2002년에 발생한 서울중앙지검 피의자 사망사건 계기로 촉발되었다. 이 사건으로 인하여 기존의 서면 중심의 조사방식에 대한 국민적 신뢰가 크게 추락하기에 이르렀으며 조사방식 개혁에 대한 국민적 요구에 직면하였다. 특히, 이 사건을 계기로 법원에서는 공판중심주의를 강조하면서 검사 작성 피의자신문조서의 증거능력에 대한 기존의 판례를 변경함에 따라,[69] 검찰에서는 기존의 서면 중심 조사방법을 유지할 수 없게 되었다. 이에 따라 검찰은 조사절차의 투명성을 보장함과 동시에 기록의 정확성을 보장하고 아울러 수사의 효율성을 확보할 수 있는 조사방법으로 영상녹화조사의 도입을 주장하기에 이르렀다.[70]

이처럼 ① 정보화에 따른 기술변화 및 ② 사법개혁에 대한 국민적 요구라는 두 가지 원인을 배경으로 세계적인 입법추세에 따라 개정 형사소송법에서 이를 정식으로 도입하게 된 것이다.

---

69) 기존의 판례에 의하면 원진술자가 서명·날인 등 조서의 형식적인 진정성립을 인정하면 실질적 진정성립까지 추정되었으나, 2002도537 전원합의체 판결(2004. 12. 16.)에서 "원진술자의 진술에 의하여 형식적 진정성립뿐만 아니라 실질적 진정성립까지 인정된 때에 한하여 비로소 그 성립의 진정함이 인정되어 증거로 사용할 수 있다"고 변경하였다. 이로써 경찰 작성의 피의자신문조서는 원진술자가 내용을 부인하면, 검사 작성의 피의자신문조서는 원진술자가 실질적 진정성립을 부인하면 각 증거능력이 부여되지 않아 증거로 사용할 수 없게 되었고, 이로 인하여 수사기관의 정당한 수사활동이 사실상 형해화될 수 있다는 우려가 제기되었다.

70) 영상녹화조사는 피조사자뿐만 아니라 조사자의 진술내용과 태도가 함께 영상으로 녹화되므로 오히려 진술의 임의성을 부정하는 증거로 사용될 수 있다는 점에서 반드시 수사기관에게 유리한 조사방식이라 할 수 없다. 이러한 까닭으로 세계적으로 수사기관이 먼저 주도적으로 이를 도입하는 경우는 극히 이례적이라 할 수 있다.

(3) 영상녹화물의 본질

서면으로 작성된 기존의 피의자신문조서, 진술조서 등은 진술을 기록한 것에 불과한 반면에 조사과정을 영상녹화한 '영상녹화물'은 '진술'을 기록함과 동시에 그러한 진술을 하게 된 '정황'을 함께 기록한다. 이와 같이 영상녹화물은 '진술'을 기록한 것이라는 점에서 진술증거로서의 성질을 지님과 동시에 진술의 '정황'을 기록한 것이라는 점에서 현장녹화물[71]과 같이 증거물로서의 성질 2가지를 모두 지닌다. 이를 영상녹화물의 이중적 기능이라 한다.[72]

따라서 영상녹화물이 기록하고 있는 '진술'을 법정에 증거로 제출하는 것은 전문증거로서 사용하는 것에 해당하며, 그러한 진술을 하게 된 경위가 고문이나 협박이 있었는지 여부, 자유롭고 개방된 분위기 속에서 임의로 진술을 하게 되었는지 여부 등 '정황'을 법정에 증거로 제출할 때는 증거물로 사용하는 것에 해당하게 된다.

(4) 입 법 례

영국의 경우 1984년 경찰 및 형사증거법(Police and Criminal Evidence Act 1984, PACE Act)을 제정하여 모든 피의자에 대한 녹음을 의무화하였으며, 2002년에는 기존의 녹음을 대체하여 비디오녹화를 도입함에 따라 영상녹화를 전면적으로 시행하고 있다. 경찰 및 형사증거법은 제60조 제1항에서 내무부장관으로 하여금 피의자에 대한 조사를 녹음, 녹화하는 실무규범을 제정할 의무를 부여하고 있고, 이에 따라 제정된 실무규범인 PACE Act Code E, F에서 녹음과 녹화의 절차 및 방법에 대하여 상세히 규정하고 있다. 영국 형사소송법은 영상녹화물의 증거능력과 관련하여 영상녹화물을 재생하여 증언에 대체하여 증거로 할 수 있다는 조항을 두고 있다.[73]

또한, 미국은 연방 차원에서 영상녹화조사에 대한 명문규정을 두고 있지는 않지만 각 주별 입법 및 판례, 경찰수사실무에 의하여 영상녹화조사제도를 도입하고 있다. 특히 미네소타, 알라스카, 텍사스, 일리노이 등 4개 주에서는 구금 상태에서의 피의자의 진술은 전자적으로 기록되지 않으면 증거로 허용

71) '현장녹화물'은 현장상황을 녹화한 것일 뿐 진술을 기록한 것이 아니므로 전문증거에 해당되지 않으며, 전문증거법칙이 적용되지 않는다.

72) 「검찰수사 실무전범1」, 대검찰청, 2009. 643쪽.

73) Criminal Justice Act 제137조 제2항, 제138조 참조.

되지 않는 등 38개주에서 영상녹화조사제도를 시행하고 있다.[74] 연방증거규칙(Federal Rules of Evidence) 제801조(c)에 의하여 피의자의 자백진술을 녹화한 영상은 증거능력이 인정되고 있다.[75]

독일에서는 아직 영상녹화조사제도가 활발하지는 않으나 16세 미만의 미성년 피해자의 경우 또는 참고인이 공판정에 출석하지 못할 우려가 있거나 기타 필요한 경우 진술을 영상녹화할 수 있는 규정이 도입되어 있으며,[76] 영상녹화물의 증거능력은 서류와 마찬가지로 취급되고 있다.

일본은 재판원도입과 관련하여 피의자에 대한 영상녹화조사제도의 도입이 논의되고 있다. 2003년 일본변호사연합회에서 피의자에 대한 영상녹화조사제도의 전면도입을 내용으로 하는 형사소송법 개정안을 제시하였으나 검찰의 반대로 법제화되지 않았다. 그러나 일본 최고검찰청이 2008년 4월부터 재판원재판의 대상이 되는 모든 사건에 대하여 영상녹화조사를 실시할 것을 내용으로 하는 방침을 발표함에 따라 영상녹화조사제도가 활성화되기에 이르렀다.

이처럼 영상녹화조사제도는 공판중심주의의 원조라 할 수 있는 영국, 미국, 호주 등 영미법계를 중심으로 도입되어 영상녹화물의 증거능력을 인정하고 있으며,[77] 대륙법계에서도 점차 이러한 추세를 따르고 있다.[78]

2. 영상녹화조사의 절차

(1) 영상녹화조사의 범위

형사소송법 제244조의2 제1항의 "피의자의 진술은 영상녹화할 수 있다"의 해석과 관련하여 영상녹화조사의 범위가 무엇인지 문제된다. 즉, 피의자신문을 하는 경우에 한하여 영상녹화조사를 할 수 있는지, 아니면 피의자의 진술을 청취하는 경우에는 피의자신문 여부를 불문하고 영상녹화조사를 할 수

74) 「검찰수사 실무전범1」, 대검찰청, 2009. 646쪽.

75) 허인석, "영상녹화제도의 합리적 운용과 발전방향", 법조(9월호), 2008, 60쪽.

76) 독일 형사소송법 제58조의a.

77) 허인석, 전게논문, 77쪽.

78) 전형적인 대륙법계 국가인 대만에서는 1998년 개정 형사소송법에서 모든 피의자신문을 의무적으로 녹화하도록 규정하고 있으며(제100조의1 제1항), 중국은 2013년 시행된 개정형사소송법 제121조에서 "수사인원이 범죄피의자를 신문할 때에 신문과정을 녹음·녹화를 할 수 있다. 무기징역 또는 사형에 처할 수 있는 사건 혹은 기타 중대범죄사건에 대하여는 신문과정을 반드시 녹음 또는 녹화하여야 한다"고 규정하고 있다.

있는지의 문제이다.

생각건대 형사소송법 제244조의2 제1항은 영상녹화조사의 범위에 대하여는 단순히 '피의자의 진술'로 규정하고 있어 출석요구를 전제로 하는 피의자신문과 구별되는 점,[79] 형사소송법은 '신문'과 '진술'을 구분하여 용어를 사용하고 있는 점, 조사자가 피의자에 대하여 질문하여 진술을 청취하는 경우 외에도 피의자가 자발적으로 진술하는 경우에도 영상녹화조사를 할 필요가 있는 점 등을 종합하면 피의자신문보다 그 범위가 더 넓다고 해석함이 상당하다고 사료된다.[80] 따라서 (1) 출석요구를 전제로 피의자에게 질문하여 진술을 청취하는 경우(피의자신문)뿐 아니라 (2) 출석요구 여부를 불문하고 피의자의 진술을 청취하는 경우는 모두 영상녹화조사를 할 수 있다.

(2) 영상녹화조사의 독립성

피의자신문과 피의자에 대한 영상녹화조사는 대부분 피의자에 대한 출석요구를 거쳐 수사기관의 주도로 문답형으로 피의자의 진술을 청취하는 방식으로 진행된다. 이러한 수사현실을 고려할 때 피의자신문과 영상녹화조사가 중복되는 경우, 영상녹화조사가 피의자신문과는 구별되는 독립적인 수사방법으로 인정될 수 있는가 문제된다. 즉, 형사소송법은 수사기관에게 '피의자신문'

79) 피의자신문의 개념에 대하여 "수사기관이 피의자의 진술을 청취하는 것"으로 정의하는 최광의설에 의하면, 수사기관의 피의자의 진술을 청취하는 수사방법은 모두 피의자신문에 해당하므로 영상녹화는 피의자신문만을 범위로 할 뿐 다른 형태의 피의자조사는 포함된다고 볼 수가 없게 된다.

피의자에 대한 조사방식을 형사소송법 제200조에 의한 피의자조사와 제241조 이하의 피의자신문 두 종류로 구분하는 협의설에 의하면, 불구속피의자에 대하여는 제200조에 의한 피의자조사를 하고, 구속 피의자에 대하여는 제241조에 의한 피의자신문을 하게 된다. 따라서 피의자에 대한 영상녹화는 피의자조사에 대한 영상녹화와 피의자신문에 대한 영상녹화 두 종류로 구분되게 된다(김종률, "영상녹화제도의 검찰수사실무 변화에 관한 연구", 형사법의 신동향(6월호), 2007, 101쪽 등).

하지만, 피의자신문을 "수사기관이 수사상 필요한 경우 피의자의 출석을 요구하여 진술을 청취하는 수사방법"으로 정의하는 광의설에 의하면, 수사기관의 출석요구에 따라 피의자의 진술을 청취하는 경우에는 원칙적으로 피의자신문에 대한 영상녹화를 하게 되지만, 출석요구와 관계없이 출석한 피의자가 스스로 자신의 입장을 표명하는 진술을 하고 이를 수사기관이 청취하는 경우에는 넓은 의미의 피의자조사에 대한 영상녹화를 하게 된다.

80) 피의자신문과 영상녹화조사 두 가지 수사방법의 관계를 정리하면 아래의 도표와 같다.

수사방법	범 위	수사결과(증거물)
피의자신문	출석요구+조사자 질문+피의자의 진술청취	피의자신문조서
영상녹화조사	피의자의 진술청취	영상녹화물

이라는 하나의 수사방법을 행사할 권한을 부여하되 그 결과인 증거물로 피의자신문조서 또는 영상녹화물 2가지를 생성할 수 있도록 한 것인지, 또는 수사기관에게 '피의자신문'과 '영상녹화조사' 2가지의 수사방법을 선택할 수 있는 권한을 부여한 것인지의 문제이다.[81]

현재 학계에서는 영상녹화조사시 피의자신문조서의 작성을 병행하여야 하는지 또는 영상녹화물이 피의자신문조서와는 별개의 본증으로 인정받을 수 있는지를 중심으로 논의가 진행되고 있다. 그러나 이러한 논의들은 영상녹화조사가 독립적 수사방법으로서 인정될 수 있는가에 대한 논의를 전제로 함을 간과하고 있다 하겠다. 만약 영상녹화조사를 피의자신문과 독립된 수사방법이 아닌 부수절차에 불과한 것이라고 이해하게 된다면, 피의자신문조서는 반드시 병행하여 작성하여야 할 뿐 아니라 영상녹화물은 본증인 피의자신문조서의 임의성 내지 성립의 진정을 입증하는 부수적 증거자료에 불과하게 되기 때문이다. 이에 대하여는 부수절차설과 독립적 수사방법설 두 견해가 첨예하게 대립하게 된다.[82]

1) 부수절차설

이 견해는 영상녹화조사는 피의자신문과 독립된 의미를 가진 수사방법이 아니라 피의자신문에 부수된 절차에 불과하므로, 피의자신문조서를 반드시 작성하여야 하며 영상녹화를 하더라도 참여제도 등 피의자신문이 요구하는 법적 절차를 모두 준수하여야 한다고 해석한다.[83] 또한 영상녹화물의 증거능력에 관하여도 본증으로서의 독립적인 증거능력을 부인하게 된다. 이 견해는 (1) 법 개정에도 불구하고 제244조가 유지되고 있는데, 동조 제1항은 "피의자의 진술은 조서에 기록하여야 한다"고 규정하여 피의자신문조서의 작성의무가

81) 현재 학계에서는 형사소송법 제244조 제1항의 "피의자의 진술은 조서에 기록하여야 한다"의 해석과 관련하여, 훈시규정인지 강행규정인지를 중심으로 논의를 진행하고 있다. 즉, 강행규정이라고 이해하는 입장에서는 영상녹화조사를 함에 있어 피의자신문조서를 작성할 의무가 있다고 해석하고, 훈시규정이라 이해하는 입장에서는 피의자신문조서를 작성할 필요가 없다고 해석하고 있다. 그러나 이러한 논의는 영상녹화조사가 피의자신문과 독립된 수사방법에 해당하는지 여부에 대한 논의의 논리적 귀결에 불과하다. 독립설을 취하는 경우 피의자신문조서를 작성할 의무가 없다고 해석하게 될 뿐 아니라 참여제도 등 관련 절차도 준수할 필요가 없게 되기 때문이다.

82) 그러나 현재까지 학계에서나 실무에서 영상녹화조사의 독립성에 대하여 논의하는 견해는 찾기 어려우며, 이러한 논의를 건너뛰고 본증 여부 내지 영상녹화시 조서작성 의무 여부를 중심으로 논의가 진행되고 있을 뿐이다. 따라서 이에 대한 논거들을 중심으로 독립성 여부에 대한 입장을 살펴보고자 한다.

83) 신동운, 전게서, 977쪽 등.

인정되는 점, (2) 입법과정에서 영상녹화물의 독자적 증거능력을 인정한 조문안이 삭제된 점, (3) 제318조의2 제2항의 "제1항에도 불구하고"라는 문구는 영상녹화물은 탄핵증거로도 사용할 수 없다는 의미인 점에 비추어 독립적 증거로 사용할 수 없다고 해석함이 상당한 점,[84] (4) 영상녹화물이 심증형성에 미치는 영향이 과다하여 이른바 '비디오재판'이 될 우려가 있는 등 공판중심주의에 역행하는 점[85] 등을 논거로 하고 있다.

2) 독립적 수사방법설

이 견해는 영상녹화조사는 피의자신문과 독립된 의미를 가진 수사방법이므로 피의자신문조서가 아닌 영상녹화물을 생성하면 되며, 참여제도 등 피의자신문이 요구하는 법적 절차에서도 자유롭다고 해석한다.[86] 이 견해는 (1) 제244조 제1항의 조서작성 의무규정은 증거능력을 부여받기 위한 조건을 규정하고 있는 것에 불과한 것으로, 검사가 공소제기와 동시에 모든 기록을 법원에 제출하지 않고 증거로 사용할 필요가 있을 때만 제출하는 점에 비추어 훈시규정으로 해석되는 점,[87] (2) 입법과정에서 영상녹화물의 독자적 증거능력을 인정한 조문안이 삭제된 것은 사실이나 독자적 증거능력을 부정하는 조문도 없는 점에 비추어, 결국 영상녹화물의 성질에 대한 일반이론에 의하여 해결함이 상당한 점, (3) 제318조의2 제2항은 탄핵증거에 대한 특칙이 아니라 탄핵증거와 무관하게 기억환기용 자료를 제시하는 것에 대한 규정으로 신문보조수단으로 해석함이 상당한 점, (4) 영상녹화물은 조서작성시 오류개입과 협박 내지 강압에 의한 허위기재를 차단할 수 있을 뿐 아니라 진술자의 진술태도나 어조 신문방식과 대화내용을 모두 공판에서 확인할 수 있어 오히려 공판중심주의에 부합하는 점 등을 논거로 한다.

3) 판례의 태도

종래 판례는 개정 형사소송법에서 영상녹화조사제도를 도입하기 전까지 검사가 피의자와 대화하는 내용을 녹화한 비디오테이프의 증거능력과 관련하

---

84) 신동운, 전게서, 188쪽.

85) 이영한, "새로운 형사소송법에서의 조서와 영상녹화", 법조(통권 617호)(2월호), 2008, 113쪽.

86) 정웅석, 전게서, 450쪽: 이완규「형사소송법의 쟁점」탐구사, 2007, 142쪽: 차동언,「형사증거법」, 법문사, 2007, 276쪽 등.

87) 대법원은 피의자신문조서를 작성하지 아니하고 진술서, 자술서로 대체하여 법원에 증거로 제출하는 경우에도 피의자신문조서로서의 증거능력을 갖추는 한 조서에 기재하지 아니하였다고 하여 진술증거의 증거능력을 부정할 수 없다고 하여 형사소송법 제244조 제1항을 훈시규정임을 전제로 판시하고 있다(대법원 1982. 9. 14. 선고 82도1479 판결).

여 "영상녹화물이나 녹음물 등 서류가 아닌 진술의 기록물들에 대하여도 그 성질이 서류와 같으므로 서류 등에 관한 조항을 준용하여 증거능력을 인정하여야 한다"며 영상녹화조사를 임의수사로서 한 방법으로 인정하였다.[88] 그런데 개정 형사소송법이 시행된 이후 녹음물에 관하여는 개정 전과 마찬가지로 서류에 준하여 증거능력을 판단하여야 한다는 판례가 있지만,[89] 영상녹화물에 대하여는 명확한 판례가 형성되어 있지는 않은 채[90] 법원은 대체로 영상녹화물의 독자적인 증거능력을 부인하는 실무관행을 형성하고 있다.

4) 소 결

생각건대, 영상녹화조사가 피의자신문과 독립한 수사방법인가 여부는 (1) 영상녹화조사가 피의자신문과 별개의 절차로 진행될 수 있는가, (2) 영상녹화조사에 피의자신문에 준하는 정도로 엄격한 절차가 요구되는가, (3) 그 결과물인 영상녹화물이 피의자신문조서와 독립된 증거가치를 가지고 있는가 등 3가지를 기준으로 판단함이 상당하다고 사료된다.

첫째, 피의자신문과 영상녹화조사가 별개의 절차로 진행될 수 있는가 살펴본다. 만약 피의자신문에 대하여만 영상녹화조사를 할 수 있다면 피의자신문에 부수된 절차로 이해할 여지가 많기 때문이다. 그러나 전술한 바와 같이 피의자에 대한 영상녹화조사의 범위는 피의자신문의 범위와 일치하지 않으며 광의의 피의자조사에 대하여도 이루어질 수 있다. 또한 형사소송법 제244조의2 제 1 항에서 "피의자의 진술은 영상녹화할 수 있다"로 규정하여 수사기관에게 영상녹화조사 여부에 대한 재량권을 부여하고 있는 점에 비추어, 피의자신문에 필요한 부수절차로서 '영상녹화조사'를 추가한 것으로는 해석되지 않는다.

---

88) 대법원 1992. 6. 23. 선고 92도682 판결.
다만, 대법원 2004. 5. 27. 선고 2004도1449 판결은 더 나아가 녹음녹화된 대화 또는 진술의 내용을 녹취서로 작성하여 검증조서의 일부로 첨부한 경우 그 검증조서에 증거능력이 있다고 판시한 바 있다.

89) 대법원 2008. 3. 13. 선고 2007도10804 판결.

90) 일부 하급심에서 "검사 작성의 피고인에 대한 피의자신문조서의 제출 없이 피고인의 검찰에서의 진술을 녹화한 영상녹화물만이 유죄의 증거로 제출된 경우, 이는 형사소송법 제244조에서 규정한 바와 같이 피의자의 진술은 반드시 조서에 기재하도록 하고 오기 여부를 확인한 다음 피의자로 하여금 그 조서에 간인하게 하며 서명 또는 기명날인하도록 하여 피고인이 될 피의자에 대한 수사절차를 엄격히 규제하고 이같은 절차를 거쳐 작성된 증거만 유죄의 증거로 법정에 제출하도록 하고 있는 형사소송법의 취지를 잠탈하는 부적법한 증거로서 증거능력이 없다"는 판례(서울남부지법 2007. 6. 20. 선고 2006고단3255 판결)가 있으며, 실무상으로도 피의자신문조서 없이 단독으로 영상녹화물을 증거로 받아들이지 않고 있는 실정이다.

둘째, 영상녹화조사에서 요구되는 절차를 살펴본다. 영상녹화조사는 전 과정을 녹화하되 원본을 봉인하고 피의자가 요구하면 영상녹화물을 열람시킨 후 이의제기한 내용을 별도의 서면으로 작성하여 영상녹화물에 첨부하도록 규정하고 있다(제244조의2 제2항). 이러한 영상녹화조사의 절차 중 ① '녹화'는 피의자신문조서의 '작성'과, ② 영상녹화물의 '열람'은 조서의 '열람'과, ③ '이의를 제기한 서면의 첨부'는 '조서의 증감변경 기재'와 유사한 구조를 가지고 있다. 즉, 형사소송법은 영상녹화조사의 절차에 대하여 피의자신문에 준하는 정도로 엄격한 절차를 요구하고 있다.[91]

셋째, 영상녹화물의 증거가치를 살펴본다. 피의자신문조서가 신문과정의 요지를 기재하는 것에 불과한 것과 달리 영상녹화물은 조사의 전 과정을 모두 녹음·녹화하므로 조사자 및 진술자의 진술태도나 어조, 표정, 신문방식 등을 모두 보존하게 되는 등 그 증거가치에 있어서 피의자신문조서에 비교할 수 없을 정도로 절대적인 우위에 있다.

이상을 종합하면, 영상녹화조사는 피의자신문과 별개로 진행될 수 있을 뿐 아니라 피의자신문에 준하는 정도로 엄격한 절차를 준수하여야 하며, 그 결과물의 증거가치에 있어서 피의자신문조서에 비하여 절대적 우위에 있다. 따라서 형사소송법은 영상녹화조사를 피의자신문과는 독립된 별개의 수사방법으로 규정하고 있다고 해석된다. 만약 영상녹화조사를 피의자신문에 부수된 절차로 이해하게 된다면 조작이 가능하고 허위의 기재 가능성이 높은 피의자신문조서는 증거능력을 인정하게 되고, 반대로 조작 가능성이 없고 증거가치가 높은 영상녹화물은 증거능력을 부정하게 되는 시대역행적 결과를 초래하기 때문이다.

(3) 영상녹화조사의 절차

영상녹화조사는 피의자신문과 독립된 수사방법이므로(독립적 수사방법설), 수사기관은 피의자에 대한 수사방법으로 피의자신문절차와 영상녹화조사절차를 동시에 진행하거나 두 가지 중 하나를 선택하여 진행할 수 있다.[92] 영상녹

91) 허인석, 전게논문, 88쪽.

92) 대검찰청 예규(과수 제401호), '영상녹화 업무처리 지침', 제3조 제2항에서 "조서작성 없이 피의자 등의 조사과정을 영상녹화할 수 있다"고 규정하여, 피의자신문과 영상녹화조사가 별개임을 전제로 피의자신문조서 없이 영상녹화조사를 할 수 있음을 규정하고 있다.

화조사만을 선택하는 경우에는 그 절차를 따르면 되지만, 피의자신문과 영상녹화조사를 동시에 진행하는 경우 두 가지 절차를 모두 준수하여야 하며 피의자신문조서 작성도 병행하여야 한다고 해석된다.

1) 영상녹화조사만 진행하는 경우

피의자에 대하여 영상녹화조사를 함에 있어서 수사기관은 법에서 요구하는 절차를 엄격하게 준수하여야 한다.

수사기관은 피의자에게 미리 영상녹화 사실을 알려주어야 하며, 조사의 개시부터 종료시까지의 전 과정 및 객관적 정황을 영상녹화하여야 한다(동법 제244조의2 제1항). 피의자에 대한 영상녹화조사는 참고인에 대한 경우와 달리 동의를 필요로 하지 않으므로 피의자가 거부가 있더라도 가능하다고 해석된다.[93]

피의자에 대한 영상녹화조사가 완료된 때는 피의자 또는 변호인 앞에서 지체없이 그 원본을 봉인하고 피의자로 하여금 기명날인 또는 서명하게 하여야 한다(제244조의2 제2항). 이때 피의자 또는 변호인의 요구가 있을 때는 영상녹화물을 재생하여 시청하게 하여야 하며, 그 내용에 대하여 이의를 진술하는 때에는 그 취지를 기재한 서면을 첨부하여야 한다(제244조의2 제3항). 변호인의 참여권의 인정 여부에 대하여 살펴보면, 명문의 규정은 없지만 피의자신문과 그 범위가 중복되는 경우 수사기관의 선택에 따라서 그 권리의 존부가 좌우될 수 없는 점, 변호인에게 내용에 대한 이의진술권이 인정되는 점에 비추어 피의자신문과 마찬가지로 보장된다고 해석함이 상당하다 하겠다.

문제는 피의자신문에서 요구되는 검찰수사관 내지 사법경찰리의 참여제도를 영상녹화조사에서도 준수하여야 하는가이다. 생각건대, 형사소송법이 영상녹화조사에 있어서 참여제도를 명시적으로 규정하고 있지 않는 점, 영상녹화조사는 피의자신문과 별개의 독립된 수사방법으로서 진술의 전과정을 영상녹화하여 공정성과 적법절차가 철저하게 보장되는 점 등을 종합하면 피의자신문의 참여제도는 적용되지 않는다고 해석할 수 있다.[94]

---

93) 신동운, 전게서, 451쪽.

94) 다만 현실적으로는 법원이 영상녹화물의 독자적 증거능력을 부인하는 태도로 인해 대부분의 영상녹화조사는 피의자신문과 병행되고 있으며, 이러한 의미에서 실무상 영상녹화조사를 함에 있어 참여제도가 준수되고 있다. 한편, 대검예규 '영상녹화 업무처리 지침' 제6조 제1항에서는 "검사는 수사관을 참여시켜 직접 신문하고 그 과정을 영상녹화하여야 한다"고 규정하여, 영상녹화조사에도 참여제도를 준용토록 하고 있다.

다음으로 영상녹화조사의 주체를 검사 또는 사법경찰관에 한정할 것인가 문제된다. 현행 형사소송법은 제244조의2 제1항은 단순히 "피의자의 진술은 영상녹화할 수 있다"고만 규정할 뿐 영상녹화조사의 주체를 명시하지 않고 있고, 기존의 조서는 허위기재의 우려가 높지만 영상녹화물은 허위녹화의 우려가 매우 낮기 때문이다. 생각건대, 피의자에 대한 영상녹화조사는 피의자신문에 준하는 수사방법으로서 영상녹화물이 피의자신문조서에 준하는 증거가치가 인정되는 점을 고려할 때 수사의 주체인 검사와 사법경찰관에 한하여 조사할 수 있다고 해석함이 상당하다고 사료된다. 현행 검사 제도의 존재 의의 및 국민들이 공정한 수사를 위하여 검사 앞에서 수사받기를 희망하는 점, 형사소송법이 법관과 동일한 자격을 갖춘 검사로 하여금 피의자신문을 할 것을 요구하고 있는 점 등을 고려할 때 원칙적으로 수사의 주체인 검사가 영상녹화를 할 것이 요구된다. 다만, 피의자신문조서에 대한 판례의 취지와 같이 검사가 영상녹화의 전과정에 참여할 필요는 없다고 생각되며, 영상녹화조사에 있어 주도성을 가지면 족한 것으로 생각된다.

2) 영상녹화조사와 피의자신문을 병행하는 경우

피의자신문절차와 영상녹화절차를 동시에 진행하는 경우에는 영상녹화조사의 절차뿐 아니라 진술거부권 고지, 검사 또는 사법경찰관의 신문 및 검찰수사관 내지 사법경찰리의 참여, 변호인의 참여, 서명날인 등 피의자신문이 요구하는 법적 절차를 모두 준수하여야 한다. 이렇게 양자를 동시에 진행한 경우에는 영상녹화물을 생성하는 외에 피의자신문조서도 동시에 작성하여야 한다.

3) 별도 서면작성

영상녹화조사를 하면서 영상녹화물 외에 별도로 진술의 요지 등을 기재한 서면을 작성할 수 있는가 문제된다. 영상녹화조사제도라는 것이 모든 조사과정을 투명하게 보여주고 그 기록으로서 영상녹화물을 생성하므로 굳이 증거가치가 훨씬 약한 서면을 별도로 작성할 이유는 없다고 할 수 있다. 그러나 영상녹화물은 그 재생 및 내용의 파악에 많은 시간이 소요되는 단점이 있으며, 반면에 서면으로 작성할 경우 그 내용의 파악에 짧은 시간이 소요되는 장점이 있어 서면으로 영상녹화물을 보완할 수 있는가가 문제된다.

생각건대, 다단계로 연속된 형사절차의 특성을 고려할 때, 공판절차에서 증거로 사용할 수 있는가 여부는 별론으로 하고, 수사기관 내부에서 진술 내용을 파악할 목적으로 서면으로 작성하는 것은 영상녹화조사를 임의수사로 이해하는 이상 수사기관의 재량으로 당연히 허용된다고 사료된다. 형사절차는 경찰, 검찰의 수사절차와 법원의 공판절차로 연속되며, 특히 고소사건의 수사절차는 항고, 재항고의 단계가 있고, 공판절차는 3심으로 이루어져 있다. 특히 공판검사와 수사검사가 분리되어 운영되는 현행 시스템을 고려할 때, 수사단계에서 제작한 영상녹화물에 수록된 진술의 요지를 공판검사에게 손쉽게 전달할 필요가 있다. 현재 실무관행도 조서없이 영상녹화조사를 하는 경우 수사기관으로 하여금 피의자의 진술요지를 기재한 수사보고서를 작성토록 하고 있다. 뿐만 아니라 조서작성과 영상녹화를 병행하는 경우라 할지라도 조서에 기재하지 않는 내용 중 필요한 사항이 있는 경우 수사보고서를 작성하는 방법으로 서면화를 하고 있다.[95]

다만, 이렇게 진술의 요지를 기재한 수사보고서가 증거로 사용될 수 있는가 여부는 전문법칙에 따라 엄격하게 판단되어야 할 것이다.

3. 영상녹화물의 증거능력

(1) 본증으로서의 증거능력

영상녹화조사를 피의자신문과 독립된 수사방법으로 이해하는 이상(독립적 수사방법설) 그 결과물인 영상녹화물에 대하여 본증으로서의 증거능력을 인정하는 것은 논리적 귀결이라 하겠다. 영상녹화조사를 독립된 수사방법이 아닌 피의자신문에 부수된 절차로 이해하는 통설(부수절차설)에 의하면, 입법취지(영상녹화물의 성질)에 대한 입장 차이에 따라 본증으로 인정할 것인지 여부를 결정하게 될 것이다. 그런데 통설은 개정 형사소송법에 영상녹화조사제도가 도입되기 전에는 영상녹화물을 전문증거로 취급하되 피의자신문조서에 관한 전문법칙절차 예외규정을 유추하여 영상녹화물을 독자적인 증거능력을 인정하였지만,[96] 개정 형사소송법이 영상녹화조사제도를 도입하자 오히려 기존의 견해를 번복하여 영상녹화물에 대하여 본증으로서의 증거능력을 부인하고 있다.

95) 위 대검예규 제8조.

96) 배종대・이상돈, 「형사소송법(제2판)」, 법문사, 1998, 579면 등.

이러한 견해 번복의 가장 큰 이유는 ① 입법과정에서 영상녹화물의 독자적 증거능력을 인정한 조문안이 삭제되었고, ② 법원에서 독자적 증거능력을 부여하는 것에 대하여 부정적 입장을 취하고 있기 때문으로 분석된다.

생각건대 영상녹화조사를 독립된 수사방법이 아닌 피의자신문에 부수된 절차로 이해하는 견해에 의하더라도 다음과 같은 이유로 영상녹화물에 대하여 본증으로서의 증거능력을 인정함이 상당하다. 첫째, 통설의 지적과 같이 개정 형사소송법이 영상녹화물에 대하여 본증으로서의 증거능력 요건을 규정하지 않고 있지만, 영상녹화조사제도를 정식으로 도입한 이상 그 결과 제작된 영상녹화물의 증거능력에 대하여는 기존의 판례와 학설에 의거하여 해석함이 합리적이라 하겠다. 기존의 판례와 학설이 피의자의 진술을 내용으로 하는 녹음테이프에 대하여 전문법칙을 적용하여 조서에 준하여 증거능력을 부여하는 이상, 피의자의 진술뿐 아니라 표정, 자세 등을 포함하고 있어 녹음테이프보다 증거가치가 높은 영상녹화물에 대하여 증거능력을 부인할 수는 없다고 사료된다. 둘째, 개정 형사소송법 제316조 제1항에서 조사자의 증언에 대하여 증거능력을 부여하는 제도를 도입한 점을 고려하여 증거능력을 해석함이 상당하다. 즉 개정 형사소송법에 의하여 조사자의 증언으로도 피의자 등의 수사기관에서의 진술을 증거로 사용할 수 있게 되었다. 그렇다면 조사자의 증언보다 더 정확하게 피의자의 진술을 기록하고 있는 영상녹화물의 증거능력을 부정할 수는 없다고 해석된다.[97] 셋째, 본증으로서의 증거능력을 부정하게 되면 당사자의 '증거동의'에도 불구하고 증거능력을 부여할 수 없다는 결론에 이르게 되는데, 이는 전문법칙에 의하여 증거능력이 없는 증거라 할지라도 당사자가 증거로 하는데 동의한 경우에는 원진술자나 작성자를 소환하여 신문하지 않고도 증거능력을 인정할 수 있도록 규정하고 있는 형사소송법 제318조 제1항의 규정에 정면으로 배치된다. 판례도 형사송법 제318조 제1항은 전문증거금지의 원칙에 대한 예외로서 반대신문권을 포기하겠다는 피고인의 의사표시

97) 개정 형사소송법의 해석과 관련하여 법원행정처에서 발간한 '형사소송법 개정법률 해석'에서 영상녹화물의 독자적 증거능력이 부정된다고 설명하고 있지만, 이는 판례도 형성되지 않는 사안에 대하여 대법원도 아닌 법원행정처에서 일방적 견해를 밝히는 것은 이른바 '재판의 독립'을 저해할 수 있다는 비판이 가능하다. 일부 하급심 판례에서 "검사 작성의 피의자신문조서의 제출없이 피고인의 진술을 녹화한 영상물만 유죄의 증거로 제출한다면, 형사소송법 제244조에서 규정에 위배되어 증거능력이 없다"고 판시하였는바, 이는 법원행정처의 견해가 일부 반영된 것으로 분석된다(서울남부지방법원 2007. 6. 20. 선고 2006고단3255 판결).

에 의하여 서류 또는 물건의 증거능력을 부여하려는 규정이므로 피고인의 의사표시가 위와 같은 내용을 적극적으로 표시하는 것이라고 인정되면 위법수집증거가 아닌 한 증거동의로서의 효력이 있다고 판시하고 있다(대법원 82도2873, 86도893, 97도1230 등). 넷째, 본증으로서의 증거능력을 부인하는 통설에 의하더라도 피의자신문조서의 진정성립 인정을 위한 증거로서는 사용할 수 있다고 해석하고 있는 점을 감안할 때 통설의 우려와 달리 공판업무가 크게 가중될 것으로 예상되지 않는다. 수사기관 및 공판정에서 모두 자백한 경우에는 간이공판절차에 의하여 진행될 것이고, 수사기관에서는 자백하였으나 공판정에서 부인한 경우에는 어차피 피의자신문조서의 진정성립을 위하여 증거로 제출될 것이기 때문이다.

또한 사견과 같이 영상녹화물에 대하여 본증으로서의 증거능력을 인정한다 하여도, 영상녹화물은 전술한 바와 같이 '진술'증거로서의 성질과 진술의 '정황'을 기록한 증거물로서의 성질 2가지를 모두 지니므로, 구체적으로 어떠한 요건을 갖추어야 증거능력을 부여받을 수 있는가 문제된다. 상해혐의로 기소된 피고인이 수사절차상 영상녹화조사에서 "A를 칼로 찔렀다"고 자백한 경우를 사례로 상세히 살펴본다.

1) 피고인이 법정에서 계속하여 범행을 자백하는 경우이다. 이때는 법정의 자백이 있는 이상 영상녹화물을 증거를 제출할 필요성은 적지만, 증거로 제출하여도 증거에 동의할 것이므로 별다른 문제가 발생하지 않게 된다.

2) 피고인이 법정에서 진술을 번복하여 범행을 부인하면서, "수사기관에서 자백한 적도 없다"고 주장하며 이른바 영상녹화물의 실질적 진정성립까지도 부정하는 경우이다. 피의자신문조서의 경우에는 조사관을 증인으로 신청하여 실제로 그러한 진술을 하였는지 여부를 확인하여야 하겠지만, 영상녹화물을 재생함으로써 "A를 칼로 찔렀다"는 진술을 실제로 하였는지 여부를 확인하여 실질적 진정성립을 입증하게 된다. 이 경우 논리적으로는 자백진술에 대한 실질적 진정성립을 먼저 입증하여 증거능력을 갖춘 후 자백이라는 진술증거를 제출하여야 하겠지만, 영상녹화물의 특성상 '영상녹화물의 제출'은 자백이라는 진술증거의 제출과 실질적 진정성립에 대한 입증이 동시에 이루어진다.

3) 피고인이 법정에서 범행을 부인하면서, "자백한 것은 사실이나 강압과

회유에 의하여 자백하였다"고 주장하여 진술의 진정성립은 인정하지만 임의성을 부인하는 경우이다. 이 경우 논리적으로는 임의성을 입증하여 증거능력을 갖춘 후 자백이라는 진술증거를 제출하여야 하겠지만, 위와 마찬가지로 영상녹화물을 재생함으로써 "A를 칼로 찔렀다"라는 진술과 그러한 진술을 하는 정황을 동시에 입증하게 된다. 다만, 자백의 임의성을 입증하는 취지로 제출된 영상녹화물은 "자백을 하는 정황"을 기록한 증거물에 해당하므로 자백이라는 진술증거와는 개념상 분리됨에 유의할 필요가 있다. 증거물인 영상녹화물은 전문법칙이 적용되지 않으며 조작 없이 그대로 영상녹화 되었음이 입증됨으로써 증거능력을 부여받게 되는데, 형사소송법상 ① 전과정 영상녹화, ② 봉인 및 기명날인, ③ 피의자 또는 변호인의 이의절차(제244조의2) 등의 절차를 준수함으로써 입증되었다고 해석함이 상당하다 하겠다.

⑵ 탄핵증거로서의 증거능력

영상녹화물에 대하여 본증으로서의 증거능력을 부정하는 견해 중에서 탄핵증거로서의 증거능력도 부정하는 견해가 있다.[98] 이 견해는 제318조의2 제2항이 "제1항에도 불구하고"라고 규정하고 있는데, 이는 "탄핵증거의 예외적 허용규정에도 불구하고"라는 의미이므로 영상녹화물의 탄핵증거 사용은 불가능하다고 해석한다.

그러나 영상녹화조사를 피의자신문과 독립된 수사방법으로 이해하는 이상 그 결과물인 영상녹화물에 대하여 본증으로서의 증거능력뿐 아니라 증명력을 다투는 탄핵증거로서의 증거능력 또한 당연히 인정된다 하겠다. 가사 전문증거로서 증거능력이 없다고 할지라도 진술의 증명력을 다투기 위하여 탄핵증거로서 허용되는 점에 비추어, 영상녹화물만 제한하여 탄핵증거로 사용하지 못하게 하는 것은 상식에 반한다 하겠다. 따라서 제318조의2 제1항은 '탄핵증거의 사용에 대한 규정'인 반면, 동조 제2항은 '기억환기용 신문수단으로서의 증거사용에 대한 규정'으로서 전혀 별개의 성격을 갖는 법조문으로 이해함이 상당하다. 즉, 제318조의2 제2항의 규정은 수사기관에서 사실대로 진술하였으나 공판정에서 기억불명을 이유로 제대로 진술하지 못하여 기억을 재생할 필요가 있는 경우 그 목적으로 영상녹화물의 재생을 할 수 있다는 의미

98) 신동운, 전게서, 978쪽.

로 해석함이 상당하다 하겠다. 이러한 까닭으로 형사소송법은 기억환기를 위한 증거제시와 탄핵증거의 제출을 구별할 목적으로 제318조의2 제2항에서 "제1항에도 불구하고"라는 표현을 사용하고 있는 것이다.[99)]

4. 증거조사

(1) 원 칙

전술한 바와 같이 영상녹화물은 진술내용을 기록한 '진술증거'임과 동시에 그러한 진술을 하게 된 '정황'을 함께 기록한 '현장녹화물'로서의 성질을 동시에 지닌다. 따라서 증거로 제출된 영상녹화물은 두 가지 성질에 부합하도록 증거조사를 함이 상당하다.

일반적으로 피의자신문조서 등의 '증거서류'는 신청인 또는 재판장이 그 기재내용을 낭독함으로써 증거조사를 하고, 흉기 등의 '증거물'은 제시함으로써 증거조사를 한다(제292조, 제292조의2). 그런데 영상녹화물은 '진술증거'인 진술내용과 '현장녹화물'인 진술을 하게 된 '정황'이 각 증거가치를 지닌다. 이러한 2중성에도 불구하고 영상녹화물의 재생만으로 위 '진술내용'과 '진술을 하는 정황'을 동시에 모두 잘 드러낼 수 있다. 따라서 영상녹화물의 증거조사 방식은 그것이 2가지 성질을 동시에 지님에도 불구하고 영상녹화물의 재생 및 시청의 방법으로 족하다 하겠다.

영상녹화물이 증거로 제출되면, 법원은 검사가 먼저 피고인 또는 변호인으로 하여금 그 영상녹화물이 적법한 절차와 방식에 따라 작성되어 봉인된 것인지 여부에 관한 의견을 진술하게 한 다음, 공판기일에 봉인을 해체하고 영상녹화물의 전부 또는 일부를 재생하는 방법으로 증거조사를 하게 된다. 조사를 마친 후에는 지체 없이 법원사무관 등으로 하여금 다시 원본을 봉인하여 피고인의 서명을 받은 다음 검사에게 반환한다(형사소송규칙 제134조의4).[100)] 형

---

99) 영상녹화물을 탄핵증거로 사용한 사례에 대하여는 대전고등법원 2009노151판결 등 참조. (범행직후 병원으로 후송되는 구급차 안에서 자신의 범행을 자백하는 진술을 하는 장면을 촬영한 영상녹화물은 공판정에서 범행을 부인하는 피고인에 대한 탄핵증거로 사용할 수 있다.)

100) 물론 형사소송규칙은 제134조의2에서 "피의자신문조서의 실질적 진정성립을 위하여 영상녹화물의 조사를 신청할 수 있다"고 규정하여, 제134조의4 규정은 본증이 아닌 조서의 진정성립 인증을 위한 증거조사방법으로 규정하고 있는 듯하다. 하지만 사견과 같이 본증으로서의 증거능력을 인정하는 견해에 의하면 규칙 제134조의2는 "피의자신문조서의 실질적 진정성립을 위하여도 영상녹화물의 조사를 신청할 수 있다"로 해석하여, 본증으로서의 증거조사가 허용됨을

사소송법 제318조의2 제2항에 따른 기억환기를 위한 영상녹화물의 재생의 경우에도 같은 방법으로 증거조사를 하되, 검사의 신청으로 기억의 환기가 필요한 피고인 또는 피고인 아닌 자에게만 이를 재생하여 시청하게 하여야 한다(형사소송규칙 제134조의5).

그런데, 영상녹화물을 재생하는 하는 경우 통상 간단한 사건은 1시간 내외, 복잡한 사건은 10여 시간씩 많은 시간이 소요되므로, 영상녹화조사한 모든 사건에 대하여 영상녹화물을 재생한다면 법정은 영상녹화물 시청하는 극장으로 전락할 우려가 있다. 따라서 수사기관은 법정에서 영상녹화물을 증거로 제출할 필요가 있는 경우에 한하여 제출하고(선택제출의 원칙), 증거로 제출하더라도 다툼이 있는 진술에 한정하여 최소한으로 재생함으로써(일부재생의 원칙), 영상녹화물 재생에 따른 부작용을 최소화할 필요가 있다. 진술내용이 기재된 '증거서류'의 경우에도 원칙적으로는 '증거서류' 전부를 낭독함으로써 증거조사를 하여야 하지만, 재판의 효율성을 위하여 진술의 요지만을 낭독하는 실무관행이 정착되어 있음을 참고할 필요가 있겠다. 한편, 형사소송규칙은 영상녹화물의 증거조사에 대하여 '전부 또는 일부를 재생'하는 방법으로 증거조사를 한다고 규정하여 그 근거를 마련하고 있다.

(2) 선택제출

전술한 바와 같이 수사기관이 영상녹화물을 제작하여 증거를 구비하였다 하더라도 효율적인 재판업무 진행을 위하여 영상녹화물이 증거로 제출할 필요성이 있는 경우에 한하여 제출함이 상당하다. 독립된 조사방법으로서 영상녹화를 한 경우, 즉 피의자신문조서를 작성하지 아니하고 영상녹화만 한 경우에는 공판정에서 자백하였다 하더라도 수사단계의 진술증거로서 증거제출의 필요성이 인정될 것이다. 하지만 피의자신문과 영상녹화조사를 병행한 경우 즉, 영상녹화물과 함께 피의자신문조서를 작성한 경우에는 증거조사가 간편한 피의자신문조서가 별도로 존재하므로 영상녹화물의 증거제출에 대하여는 보다 신중하게 판단할 필요가 있다. 이하에서 증거제출의 필요성에 다여 구체적으로 살펴본다.

피고인이 법정에서 자백하는 경우, 영상녹화물과 함께 작성된 조서나 서

전제로 하고 있는 것으로 이해하게 된다.

면에 대하여 증거동의를 할 것이므로 법정에서의 진술과 조서 등으로 충분히 입증이 되므로 굳이 영상녹화물을 증거로 제출할 필요는 없다.

다음으로 피고인이 법정에서 부인하고 있고, 수사단계의 영상녹화조사시에도 부인하는 취지의 진술을 한 것에 불과한 경우를 살펴본다. 이 경우에는 영상녹화물의 재생이 입증에 큰 도움이 되지 않는 경우가 많아 증거물로 제출할 필요가 없는 경우도 많을 것이다. 하지만 통상 수사단계의 피의자신문에서 처음으로 수사기관에 의하여 구체적인 증거에 제시되는 현실을 감안할 때, 이에 대한 범죄자의 최초 진술 및 태도, 표정은 단순한 진술내용보다 훨씬 더 커다란 증거가치를 지니는 경우가 대부분이다. 따라서 경우에 따라서는 영상녹화조사시에도 피의자가 부인하는 경우라 할지라도 증거제출의 필요성이 인정되는 경우가 있을 것이다. 특히 피의자신문 및 공판정에서 모두 부인한다 할지라도 부인의 취지가 변화된 경우에는 더더욱 증거제출의 필요성이 인정된다 하겠다.

마지막으로 피고인이 법정에서 부인하고 있으나 수사기관에서는 자백한 경우를 살펴본다. 이 경우에는 피의자신문조서가 작성되었다 할지라도 내용부인 내지 진정성립 부인 등으로 조서의 증거능력이 다투어지는 경우가 있으므로, 자백하는 취지의 영상녹화물을 증거로 제시함으로써 조서의 증거능력을 인정함과 동시에 영상녹화물 자체를 진술증거로 제출할 필요성이 있다. 물론 피의자신문조서 작성을 병행하지 않고 영상녹화물만 작성한 경우에는 영상녹화물이 유일한 자백의 증거인 경우가 대부분일 것이므로 영상녹화물 자체를 독립된 진술증거로서 제출하게 될 것이다.

(3) 일부재생

수사기관이 영상녹화물을 증거로 제출하였더라도 효율적인 재판업무 진행을 위하여 그 전부를 재생할 필요는 없으며 다툼이 있는 진술 부분에 한정하여 그 일부를 재생함이 상당하다. 통상 피고인이 수사기관에서의 자백을 번복하여 범행을 부인하더라도 수사기관에서의 진술을 모두 번복하는 것이 아니라 그 일부분에 대하여 번복하는 경향이 있다. 예컨대, 수사기관의 영상녹화조사에서는 “A의 초대로 저녁에 A의 집을 방문하였다가 재산문제로 다툼 끝에 A의 손목을 칼로 찔러 상해를 가하였다”고 범행을 자백하였다가, “A의 초대로 저녁에 A의 집을 방문하였다가 재산문제로 다툰 것은 맞지만, 칼을 손에 쥔 채로 서로 밀고 당기다가 실수로 A의 손목을 다쳤다"며 진술을 번복한 경우이다. 피고인은 법정에서 이미 "A의 초대로 저녁에 A의 집을 방문하였다가 재산문제로 다투었다"며 영상녹화물과 동일한 진술을 하였으므로 굳이 이 부분까지 영상녹화물을 재생할 필요는 없다. 따라서 칼로 실제 찌른 것인지, 실수로 다친 것인지에 대하여 다툼이 있는 진술부분에 한정하여 재생하여 증거로 사용하면 족하다 하겠다. 이와 같이 영상녹화물이 증거로 채택되었다 할지라도, 법관은 A의 상처부위 및 정도, 목격자 진술, 현장촬영 사진 등 다른 증거들에 의하여 영상녹화물이 기록한 진술의 증명력을 자유로이 판단하여 무죄를 선고할 수 있다.

Ⅵ. 여론 : 피의자신문과 조사자증언제도

개정 형사소송법은 형사소송법 제316조 제1항에서 "피고인이 아닌 자(공소제기 전에 피고인을 피의자로 조사하였거나 그 조사에 참여하였던 자를 포함한다. 이하 이 조에서 같다)의 공판준비 또는 공판기일에서의 진술이 피고인의 진술을 그 내용으로 하는 것인 때에는 그 진술이 특히 신빙할 수 있는 상태 하에서 행하여졌음이 증명된 때에 한하여 이를 증거로 할 수 있다"고 규정하여, 이른바 조사자증언제도를 신설하였다. 이로써 "피고인이 피의자신문조서의 내용을 부인하면 증거능력을 부정하는 형사소송법 제312조 제2항의 취지에 비추어, 조사 경찰관이 법정에서 피의자신문시의 피고인의 진술을 증언하였더라도 그 증거능력을 부정하여야 한다"는 종래의 판례는 유지될 수 없게 되었다.

조사자증언제도의 입법취지는 개정 형사소송법에서 수사과정 기록제도(제244조의4), 변호인참여제도(제243조의2), 위법수집증거배제법칙(제308조의2) 등을 도입하여 피의자의 방어권을 강화하는 것에 대응하여 조사자증언제도를 허용함으로써 실체적 진실발견과의 균형을 도모한 것으로 보인다.[101] 조사자증언에 의하여 증거능력을 부여받기 위해서는 '특히 신빙할 수 있는 상태' 하에서 진술하였음을 입증하여야 하는데, 참여조사자의 증인, 영상녹화물 등이 이러

101) 신동운, 전게서, 187쪽.

한 특신상황을 입증하는 증거로 제출될 수 있다.

문제는 많은 사건을 처리하는 조사경찰관이 오래 전 조사내용을 어떻게 정확하게 기억하여 증언할 수 있는가이다. 불구속 재판의 경우 조사 후 수개월이 지나 증언하는 경우가 대부분이기 때문이다. “조서에 기재된 내용에 비추어 피고인이 그러한 진술을 한 것으로 기억이 된다”는 취지의 증언은 조서의 낭독에 불과하여 증거능력 부여여부에 대한 논란이 있을 수 있으므로 그에 대한 대비가 필요하다. 실무상 영상녹화조사를 하는 경우에는 영상녹화물을 증거물로 제출하면 별다른 문제가 없겠지만, 영상녹화조사를 하지 않는 경우에는 조사경찰관 및 참여경찰관이 피의자신문을 하면서 조서를 작성하는 외에도 별도의 메모를 하여 증언에 대비할 필요가 있다 하겠다.

Ⅶ. 결 론

개정 형사소송법은 개정 내용이 방대할 뿐 아니라 수사와 공판절차의 패러다임에 근본적 변화를 야기하여 ‘신(新) 형사소송법’이라 불리기도 한다. 특히 수사절차에 있어서는 피의자의 방어권을 보장하고 적법절차성을 강화하는 방향으로 개정 작업이 이루어졌으며, 실무상 가장 중요한 수사방법이라 할 수 있는 피의자신문에도 근본적인 변화를 가져왔다. 그 중에서도 피의자신문 내지 피의자조사에 있어서의 변호인참여제도와 영상녹화조사제도는 기존의 수사기관 주도에서 탈피하여 피의자의 방어권 보장을 획기적으로 강화하고 더 나아가 적법절차성을 보장하는 방향으로 개정되었다. 하지만 변호인참여제도는 수사기관 및 변호인들의 소극적 태도로, 영상녹화제도는 법원의 소극적인 태도로 인하여 제대로 활성화되지 않고 있을 뿐 아니라 그 구체적인 내용에 대하여는 아직까지도 제대로 된 판례조차 형성되지 않고 있는 실정이다. 향후 개정 형사소송법이 규정하고 있는 새로운 제도들이 정착되기까지는 많은 논의와 노력이 필요할 것으로 생각된다.

참고문헌

- 김영규, "피의자 신문기법에 관한 연구", 검찰(115호), 2004.
- 김종구, 「형사사법개혁론」, 법문사, 2002.
- 김종률, "영상녹화제도와 검찰수사실무 변화에 관한 연구", 형사법의 신동향(통권 8호), 2007.
- 노정환, "구속전피의자심문제도에 관한 고찰", 석사학위 논문, 한양대, 2001.
- 노정환, "수사절차상 범죄피해자의 법적 지위", 형사법과 헌법이념 제 3 권, 공법연구회, 박영사, 2010.
- 노정환, "수사절차독립성론", 법조(3, 4월호), 2008.
- 노정환, "진술거부권의 내용 및 고지", 형사법과 헌법이념 제 2 권, 공법연구회, 박영사, 2007.
- 노정환, "현행 압수수색제도에 대한 비판적 고찰", 법조(4월호), 2010.
- 노정환, "현행 체포제도에 대한 실무적 고찰", 법조(8월호), 2013.
- 노명선 · 이완규, 「형사소송법」, 성균관대학교 출판부, 2009.
- 대검찰청, 「검찰수사 실무전범(Ⅰ)」, 2008.
- 대검찰청, 「검찰수사 실무전범(Ⅱ)」, 2008.
- 대검찰청, 형사법연구회(편), 「형사법쟁점연구Ⅱ」, 박영사, 2010.
- 법무부, 「개정 형사소송법」, 2007.
- 법무부, 「독일형사소송법」, 1998.
- 박창호 외 4인, 「비교수사제도론」, 박영사, 2004.
- 배종대 · 이상돈 · 정승환, 「신형사소송법」(제 2 판), 홍문사, 2009.
- 백형구, 「형사소송법강의」, 박영사, 2001.
- 서보학, "피의자신문에 있어서서의 인권보장 및 방어권 강화방안", 형사법연구, 제 20호, 2003.
- 서상국, "피의자신문 참고인조사 방법 · 절차 및 증거능력 문제 연구", 해외연수공무원 연구논문, 2006.
- 신동운, 「신형사소송법」, 법문사, 2008.
- 신양균, 「형사소송법」(신판), 화산미디어, 2009.
- 오택림, "변호인의 피의자신문 참여권에 관한 연구", 법조(4월호), 2008.
- 유재영, "압수물의 처리와 압수물환부청구권에 관한 소고", 검찰(115호), 2004.
- 이완규, 「개정 형사소송법의 쟁점」, 탐구사, 2007.
- 이완규, 「형사소송법특강」, 법문사, 2006.
- 이영한, "새로운 형사소송법에서의 조서와 영상녹화", 법조(통권 617호), 2008.
- 이은모, 「형사소송법」, 박영사, 2010.

- 이정수, "범죄피해자 권리의 새로운 해석", 석사학위논문, 연세대학교, 2012.
- 이재상, 「신형사소송법」(제 2 판), 박영사, 2011.
- 임동규, 「형사소송법」(제 7 판), 법문사, 2011.
- 정웅석, "피의자신문의 영상녹화에 관한 연구", 법조(vol. 625), 2008.
- 정웅석 · 백승민, 「형사소송법」(전정제 3 판), 대명출판사, 2009.
- 정암 정성진 박사 고희기념논문집, 「한국형사법학의 이론과 실천」, 박영사, 2010.
- 차동언, 「형사증거법」, 법문사, 2007.
- 최영승, "피의자신문에 있어 적법절차의 법리에 관한 연구", 경희대 박사논문, 2003.
- 차용석 · 최용성, 「형사소송법」(제 2 판), 세영사, 2004.
- 한명관 외 5명, 프랑스 형사소송법, 법무부, 2005.
- 허인석, "영상녹화제도의 합리적 운용과 발전방향", 법조(vol. 624), 2008.

- 平野龍一, 刑事訴訟法(改訂坂), 有斐閣, 1972.
- 平野龍一, 刑事訴訟法, 弘文堂, 2004.
- 平野龍一 외 1명, 新實例刑事訴訟法, 靑林書院, 2007.
- 団藤重光, 新刑事訴訟法綱要, 創文社, 1981.
- 田宮 裕, 刑事訴訟法(新版), 有斐閣, 2004
- 平良木登規男, 捜査法(第2版), 成文堂, 2000.
- 熊谷 弘 외 2명, 捜査法大系(Ⅱ), 日本評論社, 1972.
- 新關雅夫 등, 增補 令狀基本問題, 一粒社刊, 1997.
- 藤井尙三, 朝鮮刑事訴訟法講義, 文林堂, 韶和 11년(1936년).
- 長沼範良 외 2명, 刑事訴訟法(제2판), 有斐閣, 2007.
- 池田修 외 1명, 刑事訴訟法講義(제2판), 東京大學出判會, 2007.
- 張 韜主編, 刑事偵査程序硏究, 中國人民大學出版社, 2000.
- 陳光中主編, 刑事訴訟法, 北京大學出版社, 2002.

- Claus Roxin, Strafverfahrensrecht, 25. Auflage, München, 1998.
- Gerhard Schäfer, Die Praxis des Strafverfahrens, 6. Auflage, Stuttgart Berlin Köln, 2000.
- Marc L. Miller Ronald F. Wright, Criminal Procedures, Wolters Kluwer, 2007.
- Wayne R. LaFave Jerold H. Israel, Criminal Procedure, West pubishing co. 1992.

지정토론문

임 재 동*

1. 서 론

주제발표자의 논문은 변호인참여제도와 영상녹화제도의 도입으로 대표되는 개정 형사소송법상의 피의자신문 내지 피의자조사와 관련하여, 논의되고 있는 여러 가지 쟁점에 대하여 실무상 문제점을 중심으로 논리적으로 검토한 훌륭한 논문으로 생각됩니다.

각 쟁점들에 대하여는 저도 주제발표자와 대부분 견해를 같이하고 있습니다만, 논리를 전개함에 있어 수사의 주체인 검사의 시각이 반영된 부분이 일부 있었는데, 저는 수사의 객체인 피의자를 변호하는 일에 종사하는 변호사로서 실무상의 경험을 토대로 저의 의견을 간단히 보충하도록 하겠습니다.

2. 피의자신문의 개념 관련

주제발표자는 피의자신문의 개념과 범위에 관한 학설을 최광의설, 광의설, 협의설, 최협의설에 대하여 검토한 다음 '수사기관이 수사상 필요한 경우 피의자의 출석을 요구하여 질문형으로 진술을 청취하는 수사기법'으로 이해하는 협의설이 타당하다고 결론을 내리고 있습니다.

그러나, 저는 수사기관이 질문형으로 진술을 청취하는 수사방법이라는 점에서는 협의설에 찬성하지만, 수사기관의 출석요구를 요건으로 하는 것에는 다른 견해를 가지고 있습니다.

이와 관련한 형사소송법의 규정을 보면, 형사소송법 제200조(피의자의 출

* 김앤장 법률사무소 변호사(2010. 1. 13. 발표).

석요구)는 "검사 또는 사법경찰관은 수사에 필요한 때에는 피의자의 출석을 요구하여 진술을 들을 수 있다", 제241조(피의자신문)는 "검사 또는 사법경찰관이 피의자를 신문함에는 먼저 그 성명, 연령, 등록기준지, 주거와 직업을 물어 피의자임에 틀림없음을 확인하여야 한다", 제242조(피의자신문사항)는 "검사 또는 사법경찰관은 피의자에 대하여 범죄사실과 정상에 관한 필요사항을 신문하여야 하며 그 이익되는 사실을 진술할 기회를 주어야 한다"라고 규정하고 있습니다.

즉, 형사소송법은 신문에 대하여 검사 또는 사법경찰관이 피의자에게 **물어 확인**하는 것으로 규정하고 있고, 피의자신문을 할 때에 반드시 출석요구를 하여야 한다고 규정하고 있는 것이 아니라 검사나 사법경찰관이 수사상 필요한 경우 출석을 요구하여 진술을 들을 수 있다는 것입니다. 따라서 피의자신문은 피의자가 임의로 수사기관에 출석을 하였는지, 출석요구를 받고 출석하였는지를 불문하고 피의자에게 수사기관이 질문을 하고 피의자의 진술을 듣는 것을 피의자신문이라고 할 것이고, 출석요구를 받고 출석하였다고 하더라도 수사기관이 질문하고 피의자가 답변하는 것이 아니라 출석한 피의자의 자발적인 진술을 청취하거나 자발적으로 진술서를 작성하여 제출하는 것은 피의자신문이 아니라고 보는 것이 타당하다고 생각합니다.

이러한 견해는 수사기관의 출석요구를 전제로 하지 않는다는 점에서는 최광의설과 같으나 자발적으로 출석하여 임의로 진술하는 것을 피의자신문에서 제외되는 점에서 최광의설과는 차이가 있고, 광의설 및 협의설과는 출석요구를 전제로 하지 않는다는 점에서 차이가 있으며, 최협의설과는 임의로 출석한 피의자에 대하여도 피의자신문조서를 작성할 수 있다는 점에서 차이가 있습니다. 저의 견해에 의하면 주제 발표자의 협의설이 '수사기관이 우연한 기회에 피의자를 발견하거나 예고없이 피의자를 방문하여 그 현장에서 질문을 하고 피의자의 진술을 청취하는 경우는 피의자신문이 아니라고 하는 것과 달리 피의자신문에 해당한다고 보게 되는 것입니다.

3. 피의자신문 참여와 조서작성 관련

(1) 형사소송법 제243조는 "검사가 피의자를 신문함에는 검찰청 수사관

또는 서기관이나 서기를 참여하게 하여야 하고, 사법경찰관이 피의자를 신문함에는 사법경찰관리를 참여하게 하여야 한다"라고 규정하고 있습니다.

주제발표자의 논문에서도 본 바와 같이 수사참여자와 관련하여 법원은 "검사가 피의사실에 대하여 전반적 핵심적 사항을 질문하고 이를 토대로 그 신문에 참여한 검찰주사보가 직접 문답하여 피의자신문조서를 작성함에 있어 검사가 신문한 사항 중에 다소 불분명한 사항이나 또는 보조적 사항 등에 관하여 피의자에게 직접 질문하여 이를 조서에 기재하였다 하여도 참여주사보가 문답할 때 검사가 동석하여 이를 지켜보면서 문제점이 있을 때에는 재차 직접 묻고 참여주사보가 조서에 기재하고, 조서 작성 후에는 검사가 이를 검토하여 검사의 신문결과와 일치한다고 인정하여 서명날인하였다면 참여주사보가 불분명 또는 보조적 사항을 직접 질문하여 기재하였다 하여 이를 검사 작성의 피의자신문조서가 아니라고는 볼 수 없다"(대법원 1984. 7. 10. 선고 84도846판결)고 하면서, "검사가 임석하지 아니한 상태에서 참여한 검찰주사가 피의자신문을 마친 후 피의자의 자백진술이 담긴 피의자신문조서를 작성한 후 이를 검사에게 전달한바, 검사가 이를 살펴본 후 피의자가 조사를 받고 있던 방으로 와서 피의자신문조서를 가리키면서 피의자에게 '이것이 모두 사실이냐'는 취지의 개괄적 질문을 한 것에 불과하다면 그 피의자신문조서를 적법하다고 할 수 없다"(대법원 2003. 10. 9. 선고 2002도4372 판결)고 보고 있습니다.

그런데, 검찰의 피의자신문의 현실을 보면, 과거에 비하여 검사의 직접조사가 많아졌고, 참여 수사관이 신문하고 조서를 작성하기 전에 검사가 핵심적인 질문을 하고 난 후 참여 수사관이 조서를 작성하고 조서를 작성한 후에 다시 검사가 확인하는 질문을 하는 형식으로 피의자신문이 이루어지는 경우가 대부분입니다만, 아직도 검사가 혐의사실의 개요만 설명하고 참여 수사관이 단독으로 조서를 작성하고 조서 작성 후 '사실대로 진술하였느냐"는 정도의 질문만 하는 경우도 있고, 검사가 조사 현장에 있지 아니하거나 심지어는 검사가 출근조차 하지 아니한 휴일에 참여 수사관 단독의 피의자신문이 이루어지는 경우도 있습니다. 검찰은 그나마 나은 편인데, 사법경찰관이나 근로감독관 등 특별사법경찰관의 수사는 참여가 전혀 이루어지지 않고 단독조사가 이루어지고 있으며 단지 조서에 참여자를 추가하고 서명을 받고 있을 뿐입니다.

이와 같은 경우에 앞에서 본 판례에 의할 경우 적법한 피의자신문조서라고 할 수 없다고 할 것입니다. 물론 수사인력의 부족과 업무과중 등 현실적인 이유가 있기는 하지만 그러한 현실적인 문제는 그 자체를 해결하여야지 현실적인 어려움이 있다고 하여 위법적인 수사방식이 용인되어서는 절대로 안 될 것입니다. 입법론적으로는 차라리 단독조사를 인정하고 그 경우의 피의자신문의 공정성과 객관성을 담보할 수 있도록 영상녹화를 의무화하는 방안 등이 검토될 수 있을 것으로 생각합니다.

(2) 또한 형사소송법 제244조는 "① 피의자의 진술은 조서에 기재하여야 한다. ② 제1항의 조서는 피의자에게 열람하게 하거나 읽어 들려주어야 하며, 진술한 대로 기재되지 아니하였거나 사실과 다른 부분의 유무를 물어 피의자가 증감 또는 변경의 청구 등 이의를 제기하거나 의견을 진술한 때에는 이를 조서에 추가로 기재하여야 한다. 이 경우 피의자가 이의를 제기하였던 부분은 읽을 수 있도록 남겨두어야 한다. ③ 피의자가 조서에 대하여 이의나 의견이 없음을 진술한 때에는 피의자로 하여금 그 취지를 자필로 기재하게 하고 조서에 간인한 후 기명날인 또는 서명하게 한다"라고 규정하고 있습니다.

그런데, 실제 피의자신문에 있어서는 피의자가 조서를 열람한 후 이의를 제기한 경우 조서에의 증감, 변경을 거부하는 경우도 있을 뿐만 아니라 이의를 제기한 부분을 읽을 수 있도록 남겨두어야 함에도 불구하고 컴퓨터에서 수정하여 출력한 후 서명날인을 받는 경우도 많은데, 검찰이나 경찰 수사담당자들에 대한 교육이 있어야 할 것으로 생각합니다.

4. 피의자신문에의 변호인 참여 관련

(1) 형사소송법 제243조의2(변호인의 참여 등)는 ①항에서 "검사 또는 사법경찰관은 피의자 또는 그 변호인·법정대리인·배우자·직계친족·형제자매의 신청에 따라 변호인을 피의자와 접견하게 하거나 정당한 사유가 없는 한 피의자에 대한 신문에 참여하게 하여야 한다"라고 규정하고 있습니다.

이와 같이 형사소송법에서 명문으로 변호인참여권을 인정하기 전부터 수사기관에서 먼저 변호인참여제도를 시행하였는데, 경찰은 1999. 6. 5. 자체적으로 "피의자신문시 변호인참여지침"을 만들어 시행하였고, 검찰은 2002년 서울지검 피의자사망사건을 계기로 2003. 1.부터 피의자신문참여운영지침을 제정하여 변호인의 참여를 허용하였으며, 경찰은 2006. 7.부터는 피의자뿐만 아니라 피해자, 피내사자, 중요 참고인까지 변호인참여를 확대하는 '피의자 등 신문과정 변호인 참여지침'을 개정하여 시행하고 있습니다.

그러나, 통계에 의하면, 전체 형사사건수 대비 피의자신문시 변호인참여 건수의 비율은 0.05%를 밑돌고 있는 현실인데, 피의자의 방어권과 변호인의 조력권을 보장하고, 수사과정의 투명성을 높이기 위해 도입된 변호인참여제도가 활성화되지 못하고 있는 원인이 어디에 있는지 검토해 보아야 할 것입니다.

검찰 형사사건 처리건수 및 피의자신문시 변호인 참여건수

연 도	2003년	2004년	2005년	2006년	2007년	2008년 9월
검찰 형사사건 처리건수	1,914,979	2,057,194	1,845,316	1,809,624	1,948,306	1,499,261
변호인 피의자 신문 참여건수	112	158	303	367	541	580
백 분 율	0.01%	0.01%	0.02%	0.02%	0.03%	0.04%

이는 변호사들의 인식부족과 수임료 문제로 인한 기피현상 등에도 원인이 있겠지만, 참여하더라도 피의자 신문 도중에 임의로 개입할 수 없고 검사나 수사관의 가혹행위 등 인권침해를 감시하고 피의자에게 심리적 안정을 주는 정도의 일밖에 할 수 없다는 것도 제도가 활성화되지 못하는 원인이라고 생각됩니다.

현행 형사소송법은 변호인이 신문 중에 의견을 진술하려면 일일이 수사기관의 승인을 받도록 하고 있고 '정당한 사유'가 있을 경우에는 변호인의 참여를 제한할 수 있도록 규정하고 있는데, 변호인이 신문 도중 일일이 승인을 받기도 거북하고 수사에 지장을 준다며 승인을 거부하는 경우가 대부분이며, '정당한 사유'가 법률에 구체적으로 명시되어 있지 아니하여 수사기관이 자의적으로 변호인의 참여를 제한하는 근거로 남용될 수 있습니다.

특히, 일반적으로 '수사기밀누설의 염려'를 참여를 제한하는 정당한 사유의 하나로 들고 있는데, '수사기밀'이라는 개념 자체가 매우 추상적이어서 수사기관의 자의적 판단에 따라 변호인 참여가 배제될 위험이 있습니다. 공범

이 있는 사건 또는 중대한 사건의 경우 모두 수사기밀누설 우려를 이유로 변호인참여가 배제될 가능성도 없지 않고, 또한 수사기관이 피의자에게 던진 질문은 이미 수사기밀이라고 보기도 어렵거니와 피의자는 언제든지 질문받은 사항을 변호인이나 가족 등 누군가에게 누설할 수 있는데, 참여한 변호인의 수사기밀 누설 염려를 참여권 배제의 정당한 사유로 삼는 것은 부당하다고 할 것입니다.

따라서 참여변호인이 신문 중에도 제한 없이 피의자에게 조언하고 의견을 진술할 수 있도록 하고, 참여를 제한할 정당한 사유를 법률에 구체화하여야 할 것입니다.

(2) 그리고 형사소송법 제243조의2(변호인의 참여 등) 제3항은 "신문에 참여한 변호인은 신문 후 의견을 진술할 수 있다. 다만, 신문 중이라도 부당한 신문방법에 대하여 이의를 제기할 수 있고, 검사 또는 사법경찰관의 승인을 얻어 의견을 진술할 수 있다", 제4항은 "제3항에 따른 변호인의 의견이 기재된 피의자신문조서는 변호인에게 열람하게 한 후 변호인으로 하여금 그 조서에 기명날인 또는 서명하게 하여야 한다"라고 규정하고 있는데, 이와 같은 법률규정에도 불구하고 변호인의 의견을 조서에 기재해주는 경우가 거의 없는 것 같고, 변호인의 의견이 기재되어 있지 아니한 피의자신문조서에 변호인의 서명날인을 요구하는 경우도 있는데 이에 관하여 검찰에 어떠한 지침이 있는지 아시는 분이 계시면 알려주시면 감사하겠습니다.

지정토론문

황　병　돈*

1. 서　언

발표자의 표현대로 현행 교과서들이 공판절차상 증거능력을 중심으로 간접적으로 논의되고 있는 데 그치고 있는 피의자신문 문제를 보다 넓게 수사절차상의 제 문제점 전반에 걸쳐 심도있게 고찰하여 발표하신 점에 대하여 경의를 표합니다.

피의자신문의 개념을 협의로 파악하면서 피의자에 대하여 조사자가 질문하여 진술을 청취하는 방법으로 수사를 하였다면 이러한 수사방법은 피의자신문에 해당하는 것으로 보아 그 결과로서 작성된 문서의 명칭, 형태를 불문하고 피의자신문조서에서 요구하는 증거능력의 요건을 갖추어야 한다고 주장하는 발표자의 견해에 대하여도 찬성합니다.

다만, 개정 형사소송법에 새로 도입된 영상녹화조사와 관련하여 발표자의 견해와 차이가 있으므로 이에 대하여 의견을 제시하고 발표자의 보충적인 답변을 듣고자 합니다.

2. 영상녹화조사의 독립성 관련

(1) 발표자의 견해 요약

발표자는 영상녹화조사가 피의자신문과 독립한 수사방법인가의 여부에 대하여 ① 영상녹화조사가 피의자신문과 별개의 절차로 진행될 수 있는가, ② 영상녹화조사에 피의자신문에 준하는 정도로 엄격한 절차가 요구되는가, ③ 그 결과물인 영상녹화물이 피의자신문조서와 독립된 증거가치를 가지고 있는

* 홍익대학교 법과대학 교수(2010. 1. 13. 발표).

가 등 3가지를 기준으로 판단함이 상당하다고 하면서,

첫째, 영상녹화조사의 범위가 피의자신문 범위와 일치하지 않고 광의의 피의자조사에 대하여도 이루어질 수 있으며, 형사소송법 제244조의2 제1항에서 "피의자의 진술은 영상녹화할 수 있다"고 규정하여 수사기관의 재량권을 부여하고 있는 점,

둘째, 형사소송법 제244조의2 제2항에서 피의자신문에 준하는 엄격한 절차를 요구하고 있는 점,

셋째, 영상녹화물의 증거가치가 피의자신문조서와 비교할 수 없을 정도로 절대적인 우위에 있는 점 등을 들어, 독립적 수사방법설에 찬성하고 있습니다.

⑵ 부수절차설과 독립적수사방법설의 논거

(발표자의 정리를 토대로 합니다.)

1) 부수절차설은

① 법 개정에도 불구하고 제244조가 유지되고 있는데, 동조 제1항은 "피의자의 진술은 조서에 기록하여야 한다"고 규정하여 피의자신문조서의 작성의무가 인정되는 점, ② 입법과정에서 영상녹화물의 독자적 증거능력을 인정한 조문안이 삭제된 점, ③ 제318조의2 제2항의 "제1항에도 불구하고"라는 문구는 영상녹화물은 탄핵증거로도 사용할 수 없다는 의미인 점에 비추어 독립적 증거로 사용할 수 없다고 해석함이 상당한 점, ④ 영상녹화물이 심증형성에 미치는 영향이 과다하여 이른바 '비디오재판'이 될 우려가 있는 등 공판중심주의에 역행하는 점 등을 논거로 하고 있고,

2) 독립적수사방법설은

① 제244조 제1항의 조서작성 의무규정은 증거능력을 부여받기 위한 조건을 규정하고 있는 것에 불과한 것으로, 검사가 공소제기와 동시에 모든 기록을 법원에 제출하지 않고 증거로 사용할 필요가 있을 때만 제출하는 점에 비추어 훈시규정으로 해석되는 점, ② 입법과정에서 영상녹화물의 독자적 증거능력을 인정한 조문안이 삭제된 것은 사실이나 독자적 증거능력을 부정하는 조문도 없는 점에 비추어, 결국 영상녹화물의 성질에 대한 일반이론에 의하여 해결함이 상당한 점, ③ 제318조의2 제2항은 탄핵증거에 대한 특칙이 아니라 탄핵증거와 무관하게 기억환기용 자료를 제시하는 것에 대한 규정으

로 신문보조수단으로 해석함이 상당한 점, ④ 영상녹화물은 조서작성시 오류개입과 협박 내지 강압에 의한 허위기재를 차단할 수 있을 뿐 아니라 진술자의 진술태도나 어조, 신문방식과 대화내용을 모두 공판에서 확인할 수 있어 오히려 공판중심주의에 부합하는 점 등을 논거로 하고 있습니다.

(3) 토론자의 견해

1) 개정 형사소송법에 대한 소회

토론자도 피의자신문조서 작성에 투입되는 시간적 낭비와 절차적 문제점 등을 고려할 때 수사의 효율성을 도모하여 수사력을 극대화할 수 있는 데 크게 기여하고 나아가 수사기관에 의한 인권침해를 방지하고, 수사의 과학화·선진화에 기여하는 영상녹화조사의 전면적 도입을 적극 찬성하고 피의자신문조서와 동일한 증거능력을 부여하여야 한다고 생각하고 있습니다.

2005년 8월부터 11월까지 진행된 러시아유전개발 의혹사건 특별검사 사무소의 특별검사보로 재직하면서 당시 검찰에서 파견된 구태언 검사의 의견을 적극 반영하여 특별검사께 건의하여 원칙적으로 모든 수사과정을 영상녹화에 의하여만 기록하고 조서를 작성하지 않기로 하였던 것도, 특별검사에 의하여 법원에 영상녹화물이 증거로 제출되고 이를 토대로 기소범죄사실이 유죄가 인정됨으로써 수사방법의 획기적 전환을 기대하였기 때문이었습니다.

이후, 개정 형사소송법이 수사 현실을 도외시한 채 법원의 입장 등을 우선적으로 반영하여 기형적 모습으로 영상녹화조사를 규정하게 된 점에 대하여 상당한 실망을 금하지 못하였습니다만, 영상녹화조사를 증거의 영역으로 진입시킨 점에 대하여, 국민참여재판제도와 마찬가지로 「향후 발전시켜 나갈 제도」로서 인식한 입법사의 결단으로 이해하게 되었습니다.

2) 해 석 론

개정 형사소송법 제318조의2 제2항의 문리해석상 영상녹화물을 독립된 증거로 보기는 어렵다고 생각합니다.

독립적 수사방법설의 논거가 위 조항을 탄핵증거의 특칙이 아니라고 보고 있으나 조문 배열과 조문의 자구에 비추어 쉽게 찬성하기 어렵습니다. 즉,

첫째, 탄핵증거를 규정한 제318조의2에 제2항으로 신설되었고,

둘째, '기억을 환기시켜야 할 필요가 있다고 인정되는 <u>때에 한하여</u>'라고

규정하여 '기억을 환기시켜야 할 필요가 있다고 인정되는 때가 아닌 경우'에는 사용할 수 없도록 하였고,

셋째, '피고인 또는 피고인 아닌 자'만이 재생되는 영상녹화물을 시청할 수 있도록 하였으며,

넷째, '시청하게 할 수 있다'고 규정하여 법원의 재량으로 규정한 점 등

우리 입법자가 영상녹화물을 독립된 증거성을 부정함은 물론 탄핵증거로도 사용할 수 없도록 하겠다는 결단을 하였다고 보여지기 때문입니다.

물론, 독립적 수사방법설의 나머지 논거는 매우 경청할 만한 것이지만 위 제318조의2 제2항이 존재하는 한 부수처분설이 타당하다고 하지 않을 수밖에 없다고 보입니다.

3) 수사현실상 발생하는 문제점 판단

위와 같은 해석론에 터잡아 수사현실에 어떤 문제점이 발생할 것인가를 고찰해 보입니다.

영상녹화와 더불어 피의자신문조서가 작성된 경우에는 문제가 없습니다.

영상녹화만이 이루어진 경우에 문제가 발생할 수 있습니다.

상정 가능한 문제는 영상녹화시에 진술한 내용과 상이한 내용의 법정진술을 하는 경우인데, 이러한 경우에도 영상녹화물이 유일한 증거인 경우와 영상녹화가 중요한 증거가치를 지니고 있는 경우 외에는 대부분 문제가 될 여지가 없다고 보입니다.

영상녹화물이 유일한 증거인 경우는 피고인에게는 자백이 유일한 증거인 경우에 해당하여 보강증거가 없는 한 유죄의 증거로 할 수 없으므로(형사소송법 제310조) 어차피 '영상녹화물'만의 문제가 아닙니다.

영상녹화가 중요한 증거가치를 지니고 있어서 유무죄를 좌우하는 경우인데, 이러한 경우 검사나 사법경찰관이 굳이 영상녹화조사만 하고 피의자신문조서를 작성하지 않았을 가능성은 거의 없다고 판단됩니다. 소위 '교과서 사례'에서나 나올 수 있는 경우가 아닐까 생각합니다.

4) 영상녹화조사의 중요성

개정 형사소송법하에서 영상녹화물은 매우 중요한 기능을 가지고 있습니다.

즉, 조서의 진정성립의 증명을 위하여 사용할 수 있습니다. 발표자의 발표

내용에도 나타나듯이 대법원은 개정전 형사소송법 하에서 검사 작성의 피의자신문조서의 증거능력과 관련하여 전원합의체 판결로써 '원진술자에 진술에 의하여 형식적 진정성립뿐만 아니라 실질적 진정성립까지 인정된 때 한하여 비로소 그 성립의 진정함이 인정되어 증거로 사용할 수 있다'고 판시하였고, (대법원 2004. 12. 16. 선고 2002도537 판결) 개정 형사소송법은 위 판결 취지를 반영하여 제312조 제1항을 개정하였습니다.

영상녹화물이 없다면 사실상 수사기관의 정당한 수사활동이 사실상 형해화될 가능성이 매우 높았던 것인데, 입법자가 이에 대한 결단을 한 것은 매우 바람직한 태도였다고 보여집니다.

또한, 영상녹화물을 토대로 한 새로운 증거수집활동이 적법성을 갖추게 됩니다. 개정 형사소송법은 제308조의2에 '위법수집증거의 배제'를 명문화하여 향후 이에 따른 많은 문제점이 예상되는바, 피의자신문조서를 작성하지 않은 상태의 '영상녹화물'을 토대로 하여 제2차 증거수집활동이 이루어진 경우 위법수집증거로서 배제되는 비운(?)을 맛보지 않아도 될 것입니다.

영상녹화조사는 검찰의 대국민 신뢰제고에도 크게 기여할 것입니다.

영상녹화조사는 피의자에게 법정에서의 진술번복을 예방하는 효과가 있을 것이고, 피의자 아닌 자에 대하여도 영상녹화조사가 가능하므로(형사소송법 제318조의2 제2항은 '피고인 아닌 자의 진술'을 내용으로 하는 영상녹화물이 합법적인 수사결과물임을 규정하고 있습니다.)

5) 영상녹화조사의 활용을 위한 제언

첫째, 영상녹화조사가 과학적이고, 효율적이면서도 인권보장을 기할 수 있는 수사방법임을 지속적으로 확인시켜 나가야 할 것입니다. 그 대상은 물론 국민과 법원, 그리고 입법자 등입니다.

둘째, 참고인 조사시 활용도가 클 것입니다.

피의자 아닌 자의 진술을 기재한 조서는 검사와 사법경찰관의 작성 주체에 무관하게 증거능력이 동일하게 평가됩니다. 검사실 참여 계장을 복수입회로 하면서 동인들에게 사법경찰관 자격을 부여하고 검사가 부재하더라도 참고인 조사를 가능하게 하면서, 이때 영상녹화조사를 활용하게 한 이후에 이를 법정에 현출할 수 있을 것입니다.

개정 형사소송법은 제318조의2 제2항에서 '피고인이 아닌 자가 진술함에 있어서 기억이 명백하지 아니한 사항에 관하여 피고인 아닌 자에게 재생하여 시청하게 할 수 있도록' 규정하고 있는데, (참고인에 대한 영상녹화물을 직접 증거로 제출할 수 있는지의 여부는 본 발표주제와는 또 다른 주제라고 생각되지만,) 참고인 진술을 녹화한 영상녹화물을 증거로 제출할 수 없다고 하더라도 법정에서 증인으로 출석한 참고인에 대하여 영상녹화물을 토대로 신문하고 진술 번복 시 적절한 기법으로 이를 탄핵하는 것은 위 조항에서 규정된 '기억이 명백하지 아니한 때'로 해석되어 허용된다고 할 것입니다.

셋째, 조사자증언제도와 접목시켜 효과적으로 활용될 수 있을 것입니다.

발표자는 조사자증언제도가 도입되어 있기는 하나 많은 사건을 처리하는 조사경찰관이 오래 전 조사내용을 어떻게 정확하게 기억하여 증언할 수 있는가의 문제를 예상하고 있습니다. 이 경우 영상녹화물이 보관되어 있다면 조사자의 기억을 환기시킬 수 있음은 물론 조사자의 증언의 신빙성을 높이는 데 크게 기여할 것입니다.

3. 질 의

발표자는 영상녹화물에 대하여 독립된 증거로 인정하면서도 선택제출의 원칙을 적용하여 "수사기관에 자백하였으나 법정에서 부인하는 경우에는 조서가 작성되었더라도 내용부인 내지 진정성립 부인 등으로 증거능력이 부정되는 경우가 있으므로 자백하는 취지의 영상녹화물을 증거물로 제시할 필요가 있고, 영상녹화물은 이러한 경우에 한하여 증거물로 제출하여야 한다"고 주장하였는데, 그렇다면 사실상 독립된 증거로 인정하지 아니하는 경우와 차이가 없다고 보이는데 이에 대한 발표자의 의견을 듣고 싶습니다.

헌법적 관점에서 본 긴급강제처분의 성질과 범위

이 완 규*

Ⅰ. 영장주의와 긴급강제처분

1. 강제처분의 의의와 강제처분 법정주의

강제처분은 국민의 기본권을 제한 또는 침해하는 처분으로서 반의사성, 강제성, 의무부과 등의 성질을 가지는 처분을 말한다.1)

헌법은 국민의 기본권 제한은 국가안전보장·질서유지 또는 공공복리를 위하여 필요한 경우에 한하여 법률로써 제한할 수 있다고 규정하고 있다(헌법 제37조 제2항). 이러한 법률로서는 수사기관이 수사에 필요한 조사를 할 수 있다고 규정한 형사소송법 제199조 제1항과 같이 일반 규정일 수도 있고, 강제처분을 규정한 개별 규정일 수도 있다.

수사기관의 수사활동은 임의수사라고 하여도 대상자의 자유와 권리를 일정 정도 제한한다. 예컨대, 어떤 기업체의 대표가 수사대상이 된다는 사실 자체로 이미 그 사람의 경제적 이미지에 타격을 주게 되고 명예 등을 훼손할 수 있다. 그러므로 임의수사의 권한도 법률상의 근거가 있어야 하는 것이며 그것이 형사소송법 제199조 제1항이다.

---

* 대전지방검찰청 서산지청장(2010. 7. 19. 발표 당시 청주지방검찰청 제천지청장).

1) 의무부과를 강제처분의 징표로 보는가에 대해서는 현재 다수설은 영장을 요하는 처분을 강제처분으로 개념하면서 의무부과만으로는 강제처분으로 보지 않는 견해이나 의무부과처분은 순수한 임의처분과는 다른 성질을 가지며 그 성질과 근거를 합리적으로 설명하기 위해서는 강제처분의 징표로 보아야 한다. 의무부과를 강제처분의 징표로 보는 것은 1970년 이전의 다수설이었다. 강서룡, 『신형사소송법요의』, 법제신문사, 1954, 95쪽; 김용식, 『신형사소송법론』, 보문각, 1954, 109쪽; 서일교, 『형사소송법강의』, 제일문화사, 1957, 100쪽; 옥황남, 『신형사소송법해의』, 지구당, 1955, 99쪽; 유병진, 『형사소송법개요』, 서울고시학회, 1958, 138쪽; 정영석, 『형사소송법』, 법문사, 1966, 119쪽.

그런데 법은 임의수사와 구별되는 강제처분을 개념하면서 이에는 제199조 제1항의 일반적 법률규정으로는 부족하고 개별적 법률규정을 요구한다. 이를 강제처분 법정주의라고 한다. 이와 같이 개별적인 법률규정을 요하는 이유는 강제처분에 있어서의 기본권 제한이 개별적, 구체적이며 사회통념상 일반적 사회생활에 있어 수인하여야 할 정도를 넘는 정도에 이르기 때문이다.

2. 강제처분과 영장주의

영장주의는 중요한 강제처분을 함에 있어서 법관이 발부한 영장을 요하는 원칙이다. 사법권 독립에 의해 신분이 보장되고 중립적인 법관에 의한 판단을 통해 국민의 기본권을 중대하게 침해하는 처분을 통제하여 기본권을 보호하고자 하는 것이다. 강제처분과 영장주의의 관계에 대하여는 영장이 필요한 경우를 강제처분으로 보는 일원설과 강제처분에는 영장이 필요한 경우도 있고 영장이 필요없는 경우도 있다는 이원설이 주장되고 있다.

현재 다수설인 일원설은 임의처분과 강제처분의 구별을 영장의 요부에 따라 구별한다.[2] 이 견해에 의하면 법관의 영장을 요하는 체포, 구속, 압수, 수색, 검증 등은 강제처분이며, 영장을 요하지 않는 처분은 기본권에 대한 일정한 제한이나 침해가 있어도 임의처분으로 분류된다. 현재 실무도 이러한 견해에 따라 강제처분과 임의처분을 분류한다.[3]

한편, 이원설은 영장을 요하는 처분만 강제처분이 아니고 의무부과처분이나 출국금지와 같이 국민의 기본권에 대한 제한이 있는 처분은 영장을 요하지 않더라도 강제처분으로 본다.[4] 이 견해는 강제처분이 대부분 영장주의의 영역에 포함되지만 영장주의 영역은 기본권 침해가 중대하여 법관의 사전적 통제가 필요한 경우에 해당하는 것이고, 이에 미치지 않는 경우는 법률로 법관의

2) 배종대/이상돈/정승환, 『형사소송법』, 홍문사, 2009, 91쪽; 신동운, 『신형사소송법』, 법문사, 2008, 159쪽; 이영란, 『한국 형사소송법』, 나남, 2009, 287쪽; 차용석/최용성, 『형사소송법』, 21세기사, 200쪽.

3) 검찰사건사무규칙도 이러한 견해에 따라 제3절의 임의수사에서 피의자신문, 참고인조사, 감정위촉, 사실조회, 실황조사 등을 규정하고, 강제처분으로서 제4절 체포, 제5절 구속, 제6절 압수·수색·검증, 제7절 기타의 강제처분으로서 감정처분, 증인신문의 청구, 임시조치의 청구 등을 규정하고 있다.

4) 김희옥 등(김희옥 집필부분), 『주석 형사소송법(II)』, 한국사법행정학회, 2009, 129면; 이완규, 『형사법과 헌법이념(제3권)』, 박영사, 2010, 660쪽.

영장을 받지 않고 행할 수 있는 것으로도 할 수 있다는 견해이다. 따라서 강제처분은 법관의 영장이 필요한 강제처분과 영장이 필요없는 강제처분으로 구분된다.

한편, 영장주의가 적용되는 영역의 범위도 헌법적 수준의 요구와 법률수준의 요구로 나눈다. 헌법적 수준은 헌법이 영장을 요구하도록 정한 경우로서 이에 반하는 입법은 위헌의 문제가 발생하나,[5] 법률수준의 요구는 헌법적으로 요구되지는 않으나 입법자가 기본권(법익)침해가 중요하여 법관의 통제가 필요하다고 보아 영장을 요하도록 입법한 경우이다.[6] 따라서 헌법적 요구범위의 밖에서는 법률수준으로 영장요구를 규정하였다고 하더라도 사후에 입법자가 영장을 요구할 정도는 아니라고 판단하여 영장요구를 없애는 경우에도 이는 입법정책의 문제일 뿐 위헌의 문제는 없다고 한다.

3. 긴급강제처분의 필요성과 헌법상 영장주의와의 관계 문제

강제처분을 규정하는 법률들은 그 강제처분의 통제를 위해 일정한 사전적 절차를 규정한다. 그런데 수사기관이 실제로 강제처분을 행하는 현장에서는 상황의 긴급성으로 이와 같은 사전적 절차를 이행하기 어려운 경우가 있다. 그런데 이러한 경우까지 사전적 절차를 요구한다면 사실상 강제처분을 행하지 못하게 되고 이에 따라 그 강제처분으로 달성하고자 하였던 형사사법의

5) 헌법적 수준의 요구는 헌법규정으로부터 나온다. 헌법 제12조 제1항은 "모든 국민은 신체의 자유를 가진다. 누구든지 법률에 의하지 아니하고는 체포·구속·압수·수색 또는 심문을 받지 아니하며, 법률과 적법한 절차에 의하지 아니하고는 처벌·보안처분 또는 강제노역을 당하지 아니한다"고 규정하고 있다. 한편, 제12조 제3항은 "체포·구속·압수 또는 수색을 할 때에는 적법한 절차에 따라 검사의 신청에 의하여 법관이 발부한 영장을 제시하여야 한다. 다만, 현행범인인 경우와 장기 3년 이상의 형에 해당하는 죄를 범하고 도피 또는 증거인멸의 우려가 있을 때에는 사후에 영장을 청구할 수 있다"고 규정하고 있다.

이 헌법 규정에 의하면 먼저 체포, 구속, 압수, 수색, 심문은 헌법적 차원에서 강제처분으로 규정되어 있으며 그 중 체포, 구속, 압수, 수색은 법관의 영장이 필요한 영장주의의 적용영역이다.

6) 예컨대 금융거래자료의 제공, 즉 계좌추적에 관해서 미국, 독일 등의 국가에서는 이를 사실조회권의 대상으로 의율한다. 즉 법관의 영장을 요구하지 않는다. 그러나 우리나라는 이에 대해 법관의 영장을 요구하고 있다. 이와 같은 차이는 법익 침해의 정도에 대한 각국 입법자의 이해의 차이에 기인한다. 적어도 우리나라의 입법자는 금융거래자료에 대해 거래자가 가지는 정보의 자기결정권 또는 프라이버시의 침해에 대해 법관이 사전에 통제할 필요가 있다고 입법적으로 결단한 것이다. 이는 법률 수준의 영장주의라 할 수 있다. 물론, 향후에 입법자가 이에 대해서는 사전에 영장을 요할 정도의 법익침해가 아니라고 판단한다면 영장의 요청을 없애고 법률적 근거만으로도 족한 것으로 할 수도 있을 것이다.

큰 목적인 실체적 진실의 발견을 저해하며, 나아가 범죄의 적정한 확인과 처벌을 통한 국가, 사회의 유지라는 임무를 수행할 수 없게 될 수 있다. 따라서 일정한 경우 사전적 절차의 이행없이 긴급히 강제처분을 행하게 하고 사후에 이에 대한 통제방법을 두게 된다. 물론 이러한 긴급강제처분의 절차도 강제처분 법정주의에 따라 당연히 법률로 규정하여야 할 것이다.

그런데, 이러한 긴급강제처분의 절차를 규정함에 있어서는 영장주의에 관한 헌법규정과의 관계가 문제된다. 앞에서 본 바와 같이 이원설적 관점에서 강제처분 중에서 영장을 요하지 않는 영역이나 강제처분 중에서 법률적 수준으로 영장을 받도록 한 영역은 긴급처분을 규율함에 있어 법률상의 근거만 두면 될 것이나, 헌법적 수준에서 영장을 요하도록 한 영역에서는 영장주의의 관계에서 위헌의 문제가 발생할 수 있다. 그러므로 이러한 경우는 긴급강제처분의 가능성 및 그 범위를 헌법적 테두리 내에서 살펴보아야 한다. 따라서 본고에서는 헌법적 수준에서 요구되는 영장주의 영역에서의 긴급강제처분의 성질과 범위를 헌법적 관점에서 살펴보기로 한다.

Ⅱ. 긴급 강제처분의 헌법적 한계

1. 헌법 규정상 영장주의의 예외

헌법 제12조 제1항은 "모든 국민은 신체의 자유를 가진다. 누구든지 법률에 의하지 아니하고는 체포·구속·압수·수색 또는 심문을 받지 아니하며"라고 규정한다. 이에 따라 체포·구속·압수·수색은 중요한 기본권 침해로서 개별적 법률근거를 필요로 한다.

나아가 헌법 제12조 제3항은 "체포·구속·압수 또는 수색을 할 때에는 적법한 절차에 따라 검사의 신청에 의하여 법관이 발부한 영장을 제시하여야 한다. 다만, 현행범인인 경우와 장기 3년 이상의 형에 해당하는 죄를 범하고 도피 또는 증거인멸의 염려가 있을 때에는 사후에 영장을 청구할 수 있다"고 규정하여 체포·구속·압수·수색의 영장주의를 규정한다. 이 규정에 의해 우리나라에서는 체포·구속·압수·수색의 영장주의는 헌법적 수준의 테두리를 준수하여야 한다.

여기서 유의할 것은 헌법 제12조 제3항은 영장주의의 예외로서 2가지의 긴급상황, 즉 ① 현행범인인 경우와 ② 장기 3년 이상의 형에 해당하는 죄를 범하고 도피 또는 증거인멸의 염려가 있을 때만을 규정하고 있다는 점이다.

2. 영장주의에 관한 제12조 제3항 단서의 해석

한편, 헌법 제12조 제3항 규정상의 '영장을 제시하여야 한다'는 본문 문구와 '사후에 영장을 청구할 수 있다'는 단서 문구의 관계에 대한 해석도 실무상으로는 매우 중요한 문제이다. 이에 대해서는 해석상 견해가 나뉜다.

(1) 전부 사후영장설

먼저, 전부 사후영장설은 본문과 단서를 시간적인 순서 규정으로 해석한다. 이 견해는 헌법상의 영장주의 규정은 모든 경우에 법관의 영장을 요구하는 것이라고 전제한다. 그리하여 본문은 시간적으로 강제처분이 행해지기 이전의 사전영장주의를, 단서는 단지 '시간적으로' 사후에 영장을 청구할 수 있다는 것일 뿐 예외적인 상황에서 영장없이 긴급강제처분이 행해져도 반드시 모든 경우에 사후영장이 청구되어야 한다는 견해이다. 즉, 이 견해에서는 헌법 제12조 제3항이 규정하는 영장주의 예외는 사전영장주의에 대한 예외로서 시간적으로 사후의 영장이라는 예외가 있을 뿐 법관의 영장을 받지 않는 상황은 없다는 것이다.

이러한 전부 사후영장설은 특히 체포와 관련하여 현행법상 긴급체포에 있어 사후에 체포영장을 받지 않고 구속영장을 받도록 규정한 것에 대해 비판하면서 긴급체포에 대응하여 사후에 체포영장을 받아야 한다고 주장한다.7)

(2) 침해계속시 사후영장설

반면에 침해계속시 사후영장설은 제12조 제3항 본문은 영장주의를 선언

7) 신동운, 『형사소송법 제3판』, 법문사, 2005, 147쪽; 조국, 『위법수집증거배제법칙』, 박영사, 2005, 206쪽; 서보학, "긴급체포에 관한 검토의견", 『사법개혁위원회 자료집(VI)』, 사법개혁위원회, 2005, 129쪽; 이은모, "피의자 인신구속제도의 정비방안", 형사법연구 제19호(2003, 여름), 113쪽; 한상훈, "긴급체포 및 긴급압수수색의 개선에 대한 별개의견", 『사법개혁위원회 자료집(VI)』, 사법개혁위원회, 2005, 139쪽.

함과 동시에 사전영장주의를 규정하나, 단서는 영장주의의 예외로서 영장없이 행해질 수 있는 예외적인 상황과 그 경우 행해진 강제처분의 결과로서의 법익침해가 계속되어야 할 경우에 사후에 그 침해계속을 위한 영장을 청구하여야 한다는 사후영장주의를 규정한 것으로 본다.[8)]

따라서 단서는 단지 시간적인 순서만 정한 것이 아니고 예외적인 상황에서는 제12조 제1항에 의해 수사기관에 독자적인 강제처분권을 부여한 것이고(이 때 그 내용은 제12조 제1항에 따라 법률로 규정하여야 할 것이다), 다만 그 법익침해가 계속되어야 할 경우는 사후에 영장을 청구하라는 것이 되므로 수사기관의 긴급 강제처분이 실시된 후 법익침해가 종료된다면 영장을 청구할 필요가 없게 되는 것이다.

예컨대, 수사기관이 긴급체포를 하였으나 계속 구금의 필요가 없어 석방한 경우는 사후에 영장을 청구할 필요가 없으며, 긴급수색을 하였으나 압수할 물건이 없는 경우는 수색 자체에 의한 법익침해는 종료하였고 법익침해의 계속은 없으므로 사후에 영장을 청구할 필요가 없는 것이다. 그런 한에서 제12조 제3항 단서의 영장주의 예외는 긴급처분 후에 법익침해가 계속되는 경우에 있어서는 사후에 영장을 받아야 하는 시간적 예외가 되지만 법익침해가 종료되어 사후에 영장을 받을 필요가 없는 영역에 있어서는 수사기관의 영장없는 처분권한이 부여되는 것이어서 영장주의가 배제되는 예외가 인정되는 것이다.

(3) 검 토

먼저, 법규정상으로 헌법 제12조 제3항 단서는 긴급처분의 2가지 상황으로서 현행범인인 경우와 장기 3년 이상의 형에 해당하는 죄를 범한 경우를 규정하고 있다. 만약 전부 사후영장설과 같이 해석하면 이 규정상 현행범인을 영장없이 체포한 경우에도 모두 사후에 체포영장을 받아야 할 것이며 그것도 계속 구금하려 하는 경우뿐만 아니라 석방한 경우도 사후체포영장을 받아야 할 것이다.[9)]

그러나 체포된 현행범인에 대하여 계속 구금하려 하는 경우 사후구속영

8) 이완규, 『형사소송법 특강』, 법문사, 2006, 183-185쪽.

9) 실제로 이렇게까지 주장하는 견해도 있다. 한상훈, 앞의 글, 140쪽; 서보학, "긴급체포 및 긴급압수·수색에 관한 의견서", 『사법개혁위원회 자료집(VI)』, 사법개혁위원회, 2005, 211쪽.

장을 요구하는 이외에 체포 그 자체의 적법성을 심사하기 위한 사후체포영장을 요구하는 입법례는 없으며 우리나라도 1954년의 제정 형사소송법 이래 현행범인에 대해 계속 구금하려 하는 경우 사후에 구속영장을 받는 절차에 대해 위헌 주장이 제기된 바 없다. 그러므로 제12조 제3항은 현행범인과 같이 규정되고 있는 법조문의 체제로 보아도 침해 계속시 사후영장설이 타당하다.

나아가 기능상의 관점에서 보아도 ① 영장주의 예외는 긴급한 상황에 대처하기 위한 예외를 규정한 것으로서 긴급상황에 대한 판단은 현장의 다양한 상황에 임한 수사기관의 현장적 판단을 고려하여야 하므로 사후에 법관이 그 적정 여부를 판단하기 용이하지 않은 점, ② 이에 따라 수사기관에 일정한 재량을 부여하되 그 권한을 짧은 기간에만 허용함으로써 그 폐해를 막는 장치를 마련하고 있는 점, ③ 이미 법익침해가 종료되었다면 새삼 영장을 받을 실익이 없으며, 사후의 손해배상이나 증거능력 등과 관련하여 이미 행해진 긴급처분 자체의 적법성 여부에 대한 다툼이 있다면 이는 사후 영장에 의할 것이 아니라 별도의 절차에 의하여 해결하는 것이 적절하다는 점 등에서 침해계속시 사후영장설이 타당하다 할 것이다.

입법례를 살펴 보아도 예컨대, 미국은 체포되어 계속적으로 구금되는 피의자는 불필요한 지체없이 치안판사(magistrate)에 인치되어 심문을 받는바, 일반적으로 48시간 내에 이 절차가 개시되면 족하다.[10] 그리고 계속구금은 법원의 판단을 받으나, 법원의 판단을 받기 전 단계에서 석방하는 것은 법원이 관여하지 않는다.

영국은 1984년 경찰 및 형사증거법(Police and Crimlnal Evidence Act)을 도입하여 경찰의 체포 후 구금시간에 관한 상세한 규정을 마련하였는바, 36시간까지는 경찰의 자체판단에 의해 구금하되 36시간을 초과하는 경우는 치안판사(magistrate)의 계속구금영장(warrant of further detention)을 받도록 하고 있다. 그리고 경찰의 자체판단에 의한 36시간의 구금시간 내에 석방하는 경우 법원의 사후승인을 받지 않는다.[11]

독일 기본법에서도 구금(자유박탈, Freiheitsentziehung)에 관하여는 법관이 결정한다는 영장주의를 선언하고(기본법 제104조 제2항 제1문), 법관이 아닌 기

10) Federal Rules of Criminal Procedure, Rule 5(a); Dressler/Thomas III, Criminal Procedure: Principles, *Policies and Perspectives*(1999), 172쪽.

11) Sprack, *Crimanal Procedure*, 9.Ed.(2002), 8-17쪽.

관에 의해 구금된 경우는 지체없이 법관의 영장을 받아야 하며(기본법 제104조 제2항 제2문), 범죄혐의자에 대해 수사기관이 행한 긴급구금의 경우는 체포된 날의 다음날 안에 법관에게 인치하여야 한다(기본법 제104조 제3항)고 한다. 그러나 이러한 긴급처분 후에 이 기간 안에 피구금자가 석방된 경우는 법관에 인치할 필요가 없다고 해석한다.[12)]

3. 헌법 제12조 제3항에 해당하지 않는 경우의 긴급강제처분의 문제

(1) 문제의 의의

한편, 수사기관이 사전에 법관의 영장을 받을 수 없는 긴급한 상황은 제12조 제3항이 규정하는 현행범인 또는 장기 3년 이상의 죄를 범한 자 이외의 경우도 있을 수 있다. 즉, 장기 3년 미만의 죄를 범한 자에 대한 경우이다. 그런데 이 경우는 헌법이 예외를 규정하고 있지 않으므로 앞에서 본 바와 같은 구성, 즉 수사기관이 영장없이 긴급강제처분을 하고 계속 법익 침해시 사후 영장을 받는다고 하는 구성은 불가능하다. 그렇다면 이러한 경우에 대한 헌법의 취지는 무엇일까.

(2) 해석가능성

① 긴급강제처분이 불가능하다는 해석가능성

먼저, 헌법 제12조 제3항은 현행범인 및 장기 3년 이상의 죄를 범한 자에 대해서만 규정하고 있으므로 그 이외의 경우는 긴급강제처분이 불가능하다고 해석할 가능성이 있다.

② 모든 경우에 사후영장을 받는다는 해석가능성

다음으로 헌법 제12조 제3항을 수사기관이 영장없이 긴급강제처분을 하고 계속 법익 침해시 사후 영장을 받는 것이므로 계속 침해가 신속히 중단되는 한은 사후의 법관의 판단을 받을 필요가 없는 고유한 강제처분권을 부여한 것이라고 해석하는 관점에서는 이와 같은 구성을 벗어나는 한 긴급강제처분이 가능하다고 해석할 수도 있다. 즉, 영장없이 긴급강제처분을 하되 계속 침해 여부와 상관없이 모든 경우에 사후 영장을 받도록 하는 것으로서 그렇게

12) Boujong, *StPO- Karsruher Kommentar*, C.H.Beck, 2003, § 128 Rdnr. 2, 3.

하면 수사기관 고유의 강제처분권은 부인되기 때문이다.

입법적으로 일본의 긴급체포제도가 이와 같은 해석에 의해 제도화되어 있다. 일본은 헌법상 체포에 법관의 영장을 요하는 것으로 규정되어 있고 우리 헌법 제12조 제3항과 같은 예외규정이 없다. 이러한 헌법상 한계로 인하여 일본은 긴급체포제도를 규정하면서 사후에 모든 경우, 즉 긴급체포후 석방여부에 관계없이 법관의 사후 체포영장을 받는 것으로 하여 헌법상 영장주의의 예외를 두지 않는 취지를 충족시킨다는 해석으로 긴급체포제도를 제도화하였다.

(3) 검 토

헌법 제12조 제3항의 예외는 수사기관에 의한 계속 침해가 신속히 중단되는 한은 사후의 법관의 판단을 받을 필요가 없는 고유한 긴급강제처분권을 부여한 것이라고 해석하는 것이 타당하고, 그러한 관점에서 제12조 제3항에 규정되지 않은 경우에도 모든 경우에 사후영장을 받는 것으로 하여 이러한 고유의 긴급강제처분권을 인정하지 않는 것으로 구성하면 헌법에 반하지 않는다고 해석하는 것이 타당하다고 하겠다.

그러나, 그러한 해석이 가능하다고 하여도 그런 식으로 제도화하는 것이 적절한지는 별개 문제이다. 왜냐하면 그렇게 되면 긴급강제처분에 있어 수사기관은 장기 3년 이상의 범죄의 경우는 계속적 법익침해가 없는 한 법관의 영장을 받지 않아도 되는데, 장기 3년 미만의 범죄의 경우는 모든 경우에 사후 영장을 받아야 하므로 절차가 2분화되어 실무상 혼란이 있을 수 있기 때문이다.

Ⅲ. 긴급체포의 성질과 한계

1. 긴급체포제도의 의의

헌법 제12조 제3항은 체포, 구속 등에 있어 사전영장주의를 원칙으로 선언하고 있다. 그러나 수사실무에서는 긴급한 상황으로 사전에 법관의 영장을 받기 어려운 때가 있다. 이러한 상황에 대처하기 위해 일정한 요건 하에 사전에 영장을 받지 않고도 피의자를 체포할 수 있는 제도가 긴급체포 제도이다.

앞에서 본 바와 같이 헌법 제12조 제3항은 사전영장주의를 선언하면서도 단서에서 예외적으로 ① 현행범인인 경우와 ② 장기 3년 이상의 형에 해당하는 죄를 범하고 도피 또는 증거인멸의 염려가 있는 자에 대해서는 사전영장주의의 예외를 인정하고 있다.

이에 따라 형사소송법 제200조의3 제1항은 피의자가 「사형, 무기 또는 장기 3년 이상의 징역이나 금고에 해당하는 죄를 범하였다고 의심할 만한 상당한 이유가 있고, 증거를 인멸할 염려가 있거나 도망하거나 도망할 우려가 있어 긴급을 요하여 체포영장을 발부받을 수 없는 때 검사 또는 사법경찰관은 영장 없이 피의자를 체포할 수 있다」고 규정하고 있다.

2. 긴급체포인가 긴급구속인가

(1) 실질상 긴급구속

그런데 여기서 긴급체포 요건으로 규정되어 있는 것, 즉 ① 죄를 범하였다고 의심할 만한 상당한 이유가 있고, ② 증거를 인멸할 염려가 있거나 ③ 도망하거나 도망할 우려가 있는 때 등은 모두 구속의 요건이다. 즉, 현행법상 긴급체포는 용어는 체포라는 용어를 사용하고 있지만 그 요건은 구속의 요건이어서 실질상으로는 긴급구속에 해당한다. 구법상 긴급구속으로 규정되어 있던 것을 체포제도를 도입하면서 사후영장을 받기까지 48시간의 시간을 주는 점에서 체포와 유사한 점 때문에 긴급체포로 용어를 변경하였으나 실질적으로는 긴급구속임을 이해할 필요가 있다.

현행법상 긴급체포가 그 실질이 긴급구속인 것은 우리 헌법 규정으로 인한 제한 때문이다. 헌법은 제12조 제3항에서 영장주의의 예외로서 장기 3년 이상의 범죄에 해당하는 경우에도 도주와 증거인멸의 우려가 있는 경우에만 예외를 인정하기 때문에 이러한 구속의 요건이 갖추어지지 않았음에도 불구하고 긴급강제처분을 허용하는 것은 위헌의 문제가 발생하기 때문이다.

⑵ 입법 연혁

① 긴급구속의 긴급체포로의 변경과정

1995년의 형사소송법 개정 이전에는 긴급체포라는 용어를 사용하지 않고 긴급구속이라는 용어를 사용하였다. 그런데 실질과 요건이 전혀 변하지 않았는데고 불구하고 1995년의 법개정시에 체포제도를 도입하면서 용어를 긴급체포로 변경하였다.

그런데 당시에 체포제도의 도입이 임의동행의 문제를 해결하고 소환불응에 대한 대처수단을 마련하는 것이 문제였으므로 이 문제와 상관이 없는 긴급처분, 즉 긴급구속의 조문은 개정할 필요가 없었다고 할 수 있다. 즉, 피의자가 도망하거나 증거인멸의 급박한 우려가 있는 상황에 대한 대처수단으로서는 이미 긴급구속이 있었으므로 이 긴급구속을 활용하면 되는 것이고 피의자의 출석을 강제하기 위한 수단으로서 체포제도를 도입한다고 하여 이 수단을 달리 변경할 필요는 없었던 것이다. 그렇기 때문에 1992년부터 발표된 법무부의 개정시안 및 1994. 8.에 입법예고된 법무부안에도 긴급구속제도는 종래의 규정을 유지하는 것으로 되어 있었다.[13)]

② 긴급구속이라는 용어를 유지하고자 한 법무부안의 논거

이와 같이 긴급구속제도를 유지하고자 하였던 1994. 8.의 법무부안의 취지에 대해 당시의 법무부의 실무자이던 정동기 검찰4과장은 다음과 같이 그 이유를 설명하고 있다.

먼저, 체포제도를 도입함에 있어 긴급구속 이외에 또 다시 긴급체포를 도입하면 국민의 입장에서 보면 신체의 자유를 구속당할 가능성이 너무 많게 된다. 영장에 의하여 체포 또는 구속을 당할 수도 있고 현행범체포, 긴급체포, 긴급구속의 형태로 영장 없이 신체의 자유를 구속당할 수도 있다. 이는 기본권 보장의 강화라는 측면에서도 바람직하지 못한 것으로 생각된다는 것이다. 또한 수사기관, 특히 사법경찰관의 경우에도 과연 어떠한 절차를 통하여 피의자의 신체의 자유를 구속할 것인지에 대하여 혼선이 생길 우려가 다분하다. 따라서 긴급체포와 긴급구속은 국민이나 수사기관 모두 혼란 없이 또 남용의 우려 없이 사법적 통제의 대상이 될 수 있는 방향으로 이를 일원화할 필요가 있

13) 다만, 긴급구속의 활용을 위하여 요건을 다소 완화할 필요가 있다는 이유에서 「긴급을 요하는 때」만을 남기고 「지방법원판사의 구속영장을 받을 수 없는 때」라는 요건을 삭제하는 것으로 제안되었다.

다는 것이다.[14)]

다음으로 긴급체포제도를 도입하고 긴급구속을 폐지하는 방법에 대하여는 이렇게 하려면 긴급체포의 요건은 헌법의 요건에 따라야 하므로 장기 3년 이상의 죄를 범하였다고 의심할 만한 상당한 이유가 있고 도피 또는 증거인멸의 염려가 있는 자에 대하여 허용되어야 할 것이다. 이 때 개정 전의 긴급구속 조문과 같이 긴급을 요하여 지방법원판사의 영장을 발부받을 수 없는 때라는 요건을 추가하는 경우 이는 긴급체포는 실질상 긴급체포가 아니고 긴급구속과 같으므로 제도로서 긴급체포 고유의 의미가 없어 무용화할 수 있다는 것이다. 체포제도의 본지가 수사의 초기단계에서 피의자를 비교적 간이한 절차에 의하여 신속하게 신병을 확보하고자 하는 것임에도 헌법의 취지와 달리 긴급성의 요건 이외에 다시 지방법원판사의 영장을 발부받을 수 없는 때라는 요건을 부가하면 지나치게 엄격한 것이기 때문이다.

또한 영장의 청구에는 소명자료를 요하므로 수사기록 일체를 법원에 영장청구서와 같이 송부하여야 하고 또 구속영장청구시에는 구속전 심문을 위하여 수사기록 일체와 함께 피의자까지 법원에 인치하는 경우가 생기게 되는데, 긴급체포를 한 후 즉시 체포영장을 청구하고 또 다시 48시간 내에 구속영장을 청구하도록 하는 것은 현실적으로 수사기관에게 피의자를 체포한 후 사후 체포영장 청구에 모든 시간을 소비하게 하여 현실성이 없는 것이다. 결국 긴급체포의 도입은 현실적으로 문제점이 지나치게 많이 부각되어 곤란한 것으로 판단되어 긴급구속을 존치하고 긴급체포는 이를 도입하지 아니하기로 하였다는 것이다.[15)]

③ 긴급체포로의 용어변경

그런데 이와 같이 긴급구속을 유지하려던 법무부안에 대하여 학계에서 체포제도를 도입하는 이상 이에 대응하여 긴급체포제도를 도입하는 것이 논리적이므로 긴급구속을 긴급체포로 대체하여야 한다는 주장이 유력하게 제기되었고, 결국 이러한 분위기에 따라 국회에 제출되는 정부안에서는 종래의 긴급구속의 요건을 그대로 하고, 긴급체포로 용어만 바꾸게 되었다. 그리고 그렇게 하면서도 법안 설명에서는 「긴급구속제도를 폐지하고 긴급체포제도를

14) 정동기, "체포영장제도 도입에 관하여", 법조 1994. 9., 31쪽.
15) 정동기, 앞의 논문, 32쪽.

도입」하였다고 설명하였다.[16]

3. 긴급체포와 사후체포영장 논란

(1) 사후체포영장 논란의 전개

이와 같은 우여곡절 끝에 체포제도의 도입과 동시에 종래의 긴급구속이 긴급체포로 변경되자 긴급체포에 대해 사후 체포영장을 받지 않고 사후 구속영장을 받도록 한 것은 영장주의에 반한다면서 사후체포영장을 도입하여야 한다는 주장이 제기되기 시작한다.

이재상 교수는 법이 시행되기도 전인 1996. 5. 고시연구에 발표한 논문을 통하여 다음과 같이 주장한다.

「긴급체포를 영장에 의한 체포의 예외적인 경우로 규정하고 있음에도 불구하고, 구속영장의 청구에 있어서 영장에 의한 청구와 같은 시간 안에 구속영장을 청구하면 족하게 규정한 것은 입법론상 타당할 수 없다. 체포영장에 의한 체포를 원칙으로 하여 영장주의를 일관하는 것으로 해 두고 긴급체포의 효과를 통상체포와 같이 한다면 체포영장을 받을 필요가 없게 하여 긴급체포뿐만 아니라 통상체포까지 무영장체포로 만들 위험이 있기 때문이다. 체포의 요건이 갖추어지지 않은 경우에 48시간 동안 영장 없는 체포를 법이 인정하는 것은 영장주의에 대한 심각한 침해가 된다고 하지 않을 수 없다.」[17]

한편, 차용석 교수도 개정된 긴급체포제도를 설명하면서, 「긴급체포는 무영장체포의 경우로 해석된다. 종래 사후영장에 의해 긴급구속도 실질적으로는 영장주의의 보장 아래 포섭된다는 설명은 이젠 타당하지 않게 되었다. 왜냐하면 개정법의 긴급체포는 그 뒤에 피의자를 구속하고자 할 때에 구속영장을 신청·발부받게 되므로 이것은 통상의 구속영장으로서 긴급체포 이후의 구속에만 영장주의를 적용한 것으로 해석된다. 따라서 긴급체포 자체는 무영장체포라고 해석된다.」고 한다. 나아가 「종래에 긴급구속에서 사후영장주의의 보장이 미친다고 한 것은 그 사후영장이 동일한 구속의 계속을 허용하는 것이므로 해석상 사후영장발부시에 법관은 긴급구속의 요건도 심사하고 나아가서 장래

16) 또한 국회 심의과정에서 긴급체포의 요건에 단서 조항이 추가되어 긴급을 요하는 때에 대한 예시규정이 추가되었다.

17) 이재상, "개정 형사소송법상의 체포와 구속제도", 고시연구 1996. 5., 19쪽.

의 구속계속의 요건도 심사하는 것으로 이해되었다. … 그러나 개정법은 긴급체포를 긴급시의 체포행위와 통상구속을 접목시켜 놓았다. 따라서 후자의 구속영장이 전자를 커버하기 어렵다. 따라서 긴급체포 자체는 무영장체포행위라고 하여야 한다.」는 것이다.[18]

그리고 이러한 논리에 따라 긴급체포 후 지체없이 사후영장을 받도록 하여야 한다는 사후체포영장도입론에 이후 일부 학자들의 가세하였고[19] 그러한 주장이 2004년의 사개위와 2005년의 사개추위 법안 성안과정에서도 도입반대론과 다시 한 번 격렬한 논쟁을 벌이게 되었던 것이다.

⑵ 사후체포영장 논란에 대한 평가

① 긴급체포로의 용어변경에 의한 혼란

먼저, 1995년 법개정에서 종래의 긴급구속이라는 용어를 긴급체포로 변경한 것은 부적절하였다고 본다. 그리고 그 때문에 불필요한 사후체포영장 논란이 제기되고 있는 것이다.

앞에서 본 바와 같이 현행법상으로도 긴급체포의 요건은 범죄혐의, 도주 및 증거인멸의 우려와 긴급성인데 이것은 구속의 요건에 대응하는 것이다. 구속의 요건이 있으나 긴급한 상황으로 인하여 판사의 영장을 받을 수 없을 때 행하는 피의자의 신체에 대한 강제처분이므로 실질은 긴급구속인 것이다. 그러므로 이에 대한 사후영장은 구속영장을 발부받는 것이 오히려 당연한 것이다.[20] 그럼에도 불구하고 긴급체포라는 용어를 사용함으로써 사후에 체포영장을 받아야 한다는 불필요한 논쟁의 불씨가 되었다는 것이다.

사견으로는 긴급체포로의 용어변경은 일본의 입법례를 모델로 하여 무비판적으로 주장된 것으로 보인다. 그러나 일본과 우리나라는 헌법규정이 다르다. 나아가 일본과 우리나라는 긴급체포의 요건과 실질이 다르다는 점을 간과

18) 차용석, “개정 형사소송법의 내용 — 체포와 구속을 중심으로 —”, 형사법연구 제 9 호(1997), 75쪽.

19) 신동운, 『형사소송법 제3판』(2005), 147쪽; 조국, 『위법수집증거배제법칙』(2005), 207쪽; 배종대/이상돈, 『형사소송법 제4판』(2002), 253쪽; 이재상, 『형사소송법 제6판』(2002), 222쪽; 이은모, 형사법연구 제19호(2003, 여름), 113면; 김종덕, 법학연구 제8집(2002), 470쪽; 이재석, “체포제도에 관한 고찰”, 『현대형사법의 쟁점과 과제(이형국 교수 화갑기념 논문집)』(1998), 617쪽.

20) 이것은 독일의 임시체포(vorläufige Festnahme) 중 긴급한 경우에 행하는 긴급체포도 구속의 요건을 전제로 하고 있는데, 이에 따라 사후에는 구속영장을 받는 것으로 되는 것과 같다. 독일 형사소송법 제127조 참조.

한 것이다. 헌법 제12조 제3항은 「장기 3년 이상의 죄를 범하였다고 의심할 만한 상당한 이유가 있고 도피 또는 증거인멸의 염려가 있는 자」인 경우에만 사전영장의 예외를 허용하고 있다. 그리고 이 요건 중에서 도피 또는 증거인멸의 우려는 구속의 요건이므로 이 헌법조항에 합치하는 긴급처분은 긴급구속일 수밖에 없다.

만약 긴급체포를 실질에 있어서도 체포에 대응하는 개념으로서의 긴급체포로 구성하려면 체포요건에 대응하게 요건을 구성하여야 할 것인데 이를 위해서는 일본과 같이 범죄혐의와 긴급성의 두 요건으로 족한 것으로 규정해야 할 것이다. 그러나 이와 같이 도피와 증거인멸의 우려라는 구속요건을 제외한 형태의 긴급처분은 헌법 제12조 제3항에 반하는 문제가 있으며, 이에 반하지 않으려면 앞에서 본 바와 같이 전부 사후영장 요건이 필요할 것이다. 그런데 그렇게까지 긴급체포의 요건을 완화해가면서 체포에 대응하는 긴급체포를 입법화할 필요가 있는지 의문이다.

② 실질상 긴급구속으로서의 긴급체포와 사후 구속영장

긴급체포제도는 이와 같이 실질적으로는 긴급구속이고 사후 영장으로 심사되는 요건도 구속요건에 대한 것이므로 사후에 발부받는 영장은 구속영장이면 족한 것이다. 따라서 현행법도 사후체포영장이 아니라 사후구속영장을 받도록 한 것이다. 그러므로 현행법상의 긴급체포 제도에 대해 사후 구속영장과 별도로 체포영장을 받도록 하자는 주장은 불필요하고 부적절하다고 할 것이다.

Ⅳ. 긴급 압수·수색의 성질과 범위

1. 긴급 압수·수색 인정의 필요성

압수·수색이 내포하고 있는 기본권 침해의 중요성에 비추어 영장주의가 요구되고 있으나 수사기관이 실제로 압수·수색을 행하는 현장에서는 상황의 긴급성으로 인하여 미리 법관의 영장을 받기 어려운 경우가 있다. 이러한 경우에 영장이 없다는 이유로 압수·수색을 하지 못하게 한다면 그 사이에 중요한 증거나 몰수물을 은닉하거나 파괴하는 등으로 인해 압수물을 확보하지 못하게 될 가능성이 있다. 이에 따라 형사사법의 큰 목적인 실체적 진실의 발견을 저해하고, 나아가 범죄의 적정한 확인과 처벌을 통한 국가, 사회의 유지라는 임무를 수행할 수 없다. 따라서 일정한 경우 영장주의의 예외를 인정하지 않을 수 없다.

2. 영장주의 예외의 구성에 관한 입법례

(1) 미국의 입법례

미국 연방 수정헌법 제 4 조는 "비합리적인(unreasonable) 압수 · 수색"을 금지하고, 영장의 발부요건으로서 "상당한 이유(probable cause)"를 요구한다. 이에 따라 미국헌법 하에서는 영장이 있는가가 쟁점이라기 보다는 그 압수 · 수색이 합리적인가가 문제이다. 여기서 사전에 영장을 받아 압수 · 수색이 행해진다면 합리성에 대한 사전 검토가 있으므로 이를 보장하기 용이할 것이다. 그러나 비록 영장을 받아 행해지는 압수 · 수색이라도 그 영장발부시 요건 검토가 불비하여 영장발부가 비합리적인 것이라면 이는 헌법위반일 수 있는 것이다.

나아가 체포현장에서의 압수 · 수색이나 긴급상황에서의 압수 · 수색 등에 있어서는 영장없이 행하는 압수 · 수색을 인정하는데 이 때에도 그 적법성에 대한 기준은 그러한 상황이 사전에 영장을 요구하지 않는 근거로서 합리성이 있는가이다. 그리고 그것이 합리적이라고 판단된다면 그 압수 · 수색은 영장을 받아 행하는 것과 마찬가지로 합헌적이고 적법한 것이므로 그러한 긴급 압수 · 수색이 행해지더라도 사후에 다시 영장을 받아야 한다는 식의 논리는 구성하지 않는다. 즉 미국법에 있어 영장주의 예외는 사전이든 사후든 영장을 받지 않는 예외이다.

(2) 독일의 입법례

이에 반해 독일은 헌법에서 구금(자유박탈, Freiheitsentziehung)에 관하여는 법관이 결정한다는 영장주의를 선언하고(기본법 제104조 제 2 항 제 1 문), 법관이 아닌 기관에 의해 구금된 경우는 지체없이 법관의 영장을 받아야 하며(기본법 제104조 제 2 항 제 2 문), 범죄혐의자에 대해 수사기관이 행한 긴급구금의 경우는 체포된 날의 다음날 안에 법관에게 인치하여야 하고 법관은 영장을 발부하거나 석방결정을 하도록 규정하고 있다(기본법 제104조 제3항). 한편, 거주의 자유 부분에서는 거주지에 대한 수색은 법관의 영장에 의하여야 하며, 다만 긴급한 경우는 법률이 정한 기관에 의해 행하도록 하고 있다(기본법 제13조 제2항).

이러한 헌법구조 하에서 구금, 압수·수색 등에 관한 독일 형사소송법의 체제는 헌법에 따른 성문법의 규정체제로서 ① 법관의 사전영장주의와 ② 긴급상황에서의 수사기관의 긴급강제처분, ③ 그리고 그 긴급강제처분이 계속되는 경우의 법관의 사후영장 요구, ④ 긴급강제처분 자체에 대한 이의에 의해 법원의 판단을 받을 수 있는 이의절차의 4개 구조로 편성되어 있다.

이에 따라 수색의 경우는 법관의 사전영장에 의한 수색과 긴급한 상황에서의 검사 또는 사법경찰관의 긴급수색을 규정한다(독일 형사소송법 제105조 제1항). 수색의 경우는 수색이 행해지고 나면 수색 자체로 인한 강제의 결과가 지속되는 것은 아니므로 수사기관의 긴급수색의 경우 강제결과의 지속여부 판단을 위한 사후영장은 요구되지 않는다. 다만, 긴급수색이 행해지고 있는 상황에서는 이에 대한 이의를 하여 그 적법성과 상당성에 대한 법원의 판단을 구할 수 있다.[21]

한편, 압수의 경우도 법관의 사전영장에 의한 압수와 긴급상황에서의 검사 또는 사법경찰관의 긴급압수를 규정한다(제98조 제1항). 그런데 압수의 경우는 압수물이 있는 때에는 압수의 계속여부가 문제되므로 이에 대한 법관의 심사라는 영장주의의 관철이 문제된다. 이에 대해 긴급압수에 있어 ① 당사자가 긴급압수에 대해 이의를 제기하는 때에는 수사기관은 3일 이내에 법관의 사후영장을 받아야 하며(독일 형사소송법 제98조 제2항 제1문), 우편물의 긴급압수는 검사만이 행할 수 있고, 이의 여부에 상관없이 3일 이내에 법관의 사후영장을 받아야 하고(독일 형사소송법 제100조 제1항, 제2항). ② 당사자는 언제든지 법원에 판단을 구할 수 있다(독일 형사소송법 제98조 제2항 제2문).

이와 같이 독일의 체제는 사전영장주의, 긴급 압수수색, 처분계속시의 사후영장이나 이의절차의 구조이다.

---

21) Nack, *StPO- Karlsruher Kommentar*, C.H. Beck, 2003, §105 Rndr. 1.

3. 현행법상의 영장주의 예외 규정

(1) 헌법 규정

현행법상 헌법은 압수·수색에 관한 영장주의를 규정하고 있다. 이는 헌법상의 요청이므로 그 범위나 구조도 헌법규정의 틀안에서 구성되어야 한다. 먼저 헌법 제12조 제1항은 체포, 구속, 압수·수색에 대해 법률에 의하여야 한다고 규정하여 강제처분 법률주의를 선언하고 있다. 나아가 제12조 제3항에서는 현행범인인 경우와 장기 3년 이상의 형에 해당하는 죄를 범하고 도피 또는 증거인멸의 염려가 있을 때에는 사후에 영장을 청구할 수 있다고 규정하고 있다. 그리하여 수사기관이 긴급 압수·수색을 하고 사후에 영장을 받는 제도를 만들 수 있는 근거를 두고 있다. 이 조문에서 사후 영장은 침해 계속시 영장을 받는 것으로 해석하는 것이 타당하며 형사소송법 규정도 침해계속시 사후영장설에 따라 규정되어 있다.

(2) 형사소송법 규정

이러한 헌법의 틀 안에서 형사소송법은 수사기관의 압수·수색에 관하여 제215조에 영장주의 원칙을 규정하고, 제216조, 제217조에 영장에 의하지 아니한 강제처분이라는 제목으로 영장주의 예외를 규정하고 있다. 또한 제218조의 임의제출물 압수는 압수물의 제출이 임의적이라는 점에서 영장을 요하지 않는 것으로 하였다. 이 중 제216조와 제217조가 중요하다.

먼저, 제216조는 체포 또는 구속 현장에서의 긴급압수수색 및 범행 중 또는 범행 직후의 범죄장소에서의 긴급압수수색을 규정하고, 제217조 제1항은 긴급체포된 자가 소유·소지 또는 보관하는 물건에 대한 긴급압수수색을 규정한다. 제217조 제1항은 체포현장이 아닌 곳에서 긴급압수수색을 할 수 있다는 점이 특색이다. 긴급체포하는 현장에서의 긴급압수수색은 제216조 제1항 제2호와 제217조 제1항이 중복되므로 어느 규정에 의하든 상관없다.

4. 현행법상 긴급 압수·수색의 성질론

현행법상 영장주의의 예외를 인정한 근거에 관해서 종래 여러 견해들이 제시되고 있다. 특히 체포현장에서의 긴급 압수·수색과 관련하여 논의가 활발하다.

⑴ 부수처분설

먼저 부수처분설은 피의자의 체포나 피의자 구속이라는 가장 강력한 기본권 침해에 관하여 구속영장이 발부되었거나 체포의 경우와 같이 사후에 발부될 가능성이 있는 등 구속 또는 체포행위가 적법한 이상 그보다 기본권 침해가 적은 대물적 처분인 압수·수색·검증에 대하여는 체포현장에서 별도의 영장이 필요치 않다는 견해이다.[22] 부수처분설은 구속영장 발부가 보장되는 경우에는 대는 소를 겸한다는 원리가 작용한다고 보는 것으로서 이에 따라 대소포함명제설이라고도 한다.[23]

⑵ 긴급행위설

긴급행위설은 수사기관이 피의자를 체포 또는 구속하는 경우 체포현장에서 야기될 수 있는 위험을 방지하고 피의자가 증거를 인멸하는 것을 방지하기 위한 긴급행위로서 허용된다는 견해이다.[24]

⑶ 이 분 설

이 견해는 ① 압수에 있어서는 체포하는 과정에서 피의자로부터 흉기 내지 도주용구 등의 점유를 박탈하여 체포를 원활하게 행하려는 것과 유력한 증거물이나 몰수물들이 존재하는 체포현장에서 긴급하게 이것을 수집보전하는 양면의 필요성이 인정되어 긴급행위설이 타당하지만, ② 수색에 있어서는 체포라고 하는 강력한 처분이 적법하게 행하여진 이상 현장에서의 수색을 부수하더라도 주거 등의 평온을 침해하는 정도가 적다고 판단되기 때문에 부수처분설이 타당하다는 견해[25]이다.

---

22) 배종대/이상돈/정승환, 『형사소송법』, 홍문사, 2008, 187쪽; 신동운, 『신형사소송법』, 법문사, 2008, 293쪽.
23) 신동운, 앞의 책, 293쪽.
24) 신양균, 『형사소송법』, 다음미디어, 2009, 230쪽; 이재상, 『신형사소송법』, 박영사, 2008, 280쪽.
25) 백승민/정웅석, 『형사소송법』, 대명출판사. 2008, 320쪽.

(4) 검 토

① 논의의 실익

긴급 압수·수색의 성질론은 이를 어떻게 보는가에 따라 긴급 압수·수색의 범위 및 이와 관련하여 별도의 사후 압수·수색영장을 필요로 하는가라는 쟁점에 있어 결론을 달리 하기 때문에 중요한 실익이 있다.

부수처분설에 의하면 체포 또는 구속에 수반하는 부수처분이라는 점에서 사후에 별도의 영장을 필요로 하지 않지만 그 대신 체포 또는 구속에 부수하는 상황 자체를 엄격히 해석하여 제한하려 한다. 이에 반하여 긴급행위설은 사후에 별도의 영장을 필요로 하는 논리로 연결된다. 다만 그 범위에 있어서는 긴급행위의 목적에 따라 제한될 것이다. 영장없는 압수·수색을 피의자를 체포 또는 구속하는 수사기관 등의 안전을 도모하기 위한 목적의 긴급행위로 파악하는 견해는 그 목적 범위내로 제한하게 될 것이며, 또한 피의자가 증거를 파괴하거나 은닉하는 행위를 신속히 저지하기 위한 목적의 긴급행위로 파악하는 견해도 그 범위를 이러한 목적 범위 내로 정하려 할 것이다.

② 개정법상 법문의 변화와 성질론의 재검토

구법과 달리 현행법에서는 제216조 제1항 제1호의 타인의 주거나 가옥, 건조물 등에서의 피의자 수사(이는 주로 피의자를 찾기 위해 수색하는 행위가 될 것이다[26])에 대하여는 따로 사후에 영장을 받지 않는 구법체제를 유지하였으나, 제2호의 체포현장에서의 압수·수색에 대하여는 압수물이 있는 경우 구법과 달리 사후에 구속영장을 발부받더라도 별도로 압수·수색영장을 발부받아야 하는 것으로 되었다.

즉 구법상으로는 체포현장에서의 압수·수색도 사후에 법원의 심사를 받지 않아 영장주의가 배제되는 영역이었으나 신법에서는 압수물이 없는 경우는 구법과 같으나 압수물이 있는 경우는 사후에 영장을 받도록 하였다. 또한 제217조 제1항의 긴급체포된 경우의 소지, 소유, 보관물의 압수수색에서도 압수물이 있는 경우 구속영장과 별도로 사후 영장을 받도록 하였다.

이러한 조문의 변화에 따라 이 예외규정의 이론적 근거에 대한 해석론도 구법과는 달라져야 할 것이다. 왜냐하면 구법 하에서 논해지던 부수처분설이나 긴급행위설 중 수사기관의 안전보호를 위한 긴급행위설 등은 미국 판례이

26) 이에 따라 이재상, 앞의 책, 279쪽에서는 이를 피의자수색이라고 표현하여야 한다고 주장한다.

론에서 유래한 것으로 이들 이론들은 모두 미국법에서와 같이 사후에도 영장을 받지 않는 체제를 전제로 하여 이러한 무영장 압수·수색 등이 왜 영장을 받지 않아도 되는지를 설명하기 위한 이론이었기 때문이다.

따라서 사후에 영장을 받도록 한 신법에서는 그대로 적용될 수는 없을 것이다. 오히려 신법은 긴급한 상황에서 증거를 확보하기 위해 긴급압수수색을 폭넓게 인정하되 압수물이 있거나 이의가 있는 경우 등에 있어서 사후에 법원의 심사를 받게 하는 독일식 제도에 가까워졌다.[27]

③ 구체적 검토

㉮ 제216조 제 1 항 제 1 호의 성질

먼저, 제216조 제 1 항 제 1 호는 구법 규정이 유지되었는데 이 경우는 체포나 구속 그 자체를 위하여 타인의 주거 등에서 피의자를 찾기 위한 행위를 의미하므로 부수처분설에 따라 이해하여야 할 것이다. 즉 체포나 구속영장 등의 집행을 위하여 당연히 예정되어 있는 행위라는 점에서 이에 대한 수색을 위한 영장은 이미 발부된 체포영장이나 구속영장에 포함되어 있어 사전이든 사후든 별도로 수색영장을 받지 않아도 되는 것이다.[28] 나아가 현행범체포나 긴급체포의 경우는 헌법에서 사후에 영장을 받을 수 있도록 하고 있는데 이 때에도 사후에 발부받는 사후구속영장에는 체포행위에 부수하는 수색 등의 수사에 대한 사후승인이 포함되어 있다고 할 것이다.

이 규정을 부수처분설에 의하여 설명하지 않는다면 헌법 규정상 위헌의 문제가 발생할 수 있다. 체포나 구속과 별도의 긴급행위로서 행해지면 사후영장의 문제가 발생하는데, 본 호는 사후영장을 받아야 하는가 하는 문제에 대해 계속침해시 사후영장설에 따라 해석해야만 수색행위로 종료되고 압수물이 없어 사후압수영장이 필요하지 않다고 설명할 수 있을 것이다. 헌법은 현행범인이나 장기 3년 이상의 형을 범한 죄에 해당하는 경우만 긴급강제처분을

27) 독일 형사소송법은 검사나 사법경찰관이 긴급을 요하는 때(지체의 위험이 있는 때)에는 영장없이 압수를 할 수 있다고 하고, 이러한 긴급압수에 대하여는 관계자가 참여하지 않았거나 이의가 있는 때에는 3일 이내에 판사의 승인을 받아야 한다고 규정하고 있다(독일 형사소송법 제98조 제 1 항, 제 2 항). 그런데 수색에 대하여는 마찬가지로 검사나 사법경찰관이 긴급을 요하는 때에는 영장없이 수색을 할 수 있는데 이에 대하여 사후에 법원의 심사를 요구하지 않는다(동법 제105조 제 1 항). Nack. *StPO- Karlsruhe Kommentar,* C.H.Beck, 2003, § 105 Rdnr. 15.

28) 독일에서도 구속영장이나 구인장 등에는 대상자의 체포를 위하여 타인의 주거를 수색하는 점에 대한 영장의 의미가 포함되어 있다고 해석한다. Nack. *StPO- Karlsruhe Kommentar,* C.H.Beck, 2003, § 105 Rdnr. 6.

인정하는데도 불구하고 본 호는 이러한 제한이 없이 모든 범죄에 해당하기 때문에 긴급행위설로 설명할 수 없는 부분이 발생한다.

㈏ 제216조 제 1 항 제 2 호의 성질

한편, 제216조 제 1 항 제 2 호의 경우 구법의 해석상으로는 부수처분설에 따르는 것이 타당하였을 것이다. 왜냐하면 체포현장에서의 압수·수색에 대하여 이로 인한 압수물이 있는 경우에도 사후에 별도의 압수·수색영장을 받을 필요가 없다는 것은 구속영장의 집행에 따르는 부수처분으로 보아야 설명이 가능하기 때문이다. 그리하여 체포영장, 현행범체포, 긴급체포 등에 있어서의 긴급 압수·수색의 적법성과 타당성은 사후에 구속영장판단에서 함께 판단된다는 것으로 보아야 하기 때문이다. 반면에 긴급행위설에 의하면 체포자의 안전을 위한 긴급행위라고 하든, 증거의 인멸을 방지하기 위한 긴급행위라고 하든 구속영장으로 압수·수색영장이 대체되는 것을 설명하지 못하기 때문이다.

구법상의 긴급압수수색의 성질에 관하여는 이러한 부수처분설이 다수설이었으며 이 입장에서 보면 신법상의 사후영장은 불필요한 것이고 법의 이론체계에 불필요한 혼란을 가져오는 것이다. 이에 따라 구법상의 부수처분설의 입장에서 신법의 개정과정에서도 제216조 제 1 항 제 2 호의 경우까지 구속영장 발부와 별도로 사후 압수·수색영장을 받도록 하는 것은 타당하지 않다고 하면서 제216조 제 1 항 제 2 호를 사후압수·수색영장 대상에서 제외할 것을 주장하는 반대론이 있었다.[29] 그러나 이러한 반대론에도 불구하고 제216조 제 2 호의 체포현장에서의 압수·수색에 의한 압수물에도 구속영장 발부와 별도로 사후 압수·수색영장을 받도록 하는 법안이 그대로 통과되었다.

그런데 이와 같이 사후의 영장을 별도로 받는 체제가 된 신법에 있어서는 긴급압수수색은 부수처분설로는 설명하기 어렵다. 왜냐하면 압수물이 있는 경우 사후에 영장을 받아야 하기 때문이다. 사후에 영장을 별도로 받아야 한다면 이는 부수처분만으로 설명할 수는 없고 긴급행위설적 관점의 설명이 필요하다. 부수처분이 아니라 긴급한 행위로서의 별도의 처분이기 때문에 별도의 영장을 사후에 받아야 한다는 구조를 가져야 하기 때문이다.

한편, 신법에서는 압수물이 있는 경우 사후영장을 받되, 이는 현행범이나

29) 이준보, "법안 검토의견서(인신구속절차 등)", 사법제도개혁추진위원회 제 7 차 실무위원회(2005. 9. 5.) 설명자료, 『사개추위 형사소송법 등 개정백서 II』, 대검찰청, 2006. 727-728면; 이재상, "형사소송법 일부개정법률안에 대하여", 2006. 9. 25. 국회 법사위 공청회 자료.

긴급체포의 경우에 한정되지 않고 체포영장이나 구속영장에 의한 체포의 경우도 모두 포함되는 것으로 개정되었는데 이는 또한 헌법규정과 관련하여 그 성질을 해석함에 있어 또 다른 문제가 있다.

헌법은 영장주의의 예외를 인정하는 것으로서 '현행범인인 경우와 장기 3년 이상의 형에 해당하는 죄를 범하고 도피 또는 증거인멸의 염려가 있을 때'를 요건으로 하고 있다. 이와 같이 현행범이나 긴급체포 대상 범죄라면 긴급행위설로 설명하면서 사후에 영장을 받도록 한 것으로 용이하게 이론 구성할 수 있다. 그런데 체포영장이나 구속영장에 의해 체포되는 경우에 그 혐의범죄가 장기 3년 이상의 형에 해당하는 범죄라면 같은 이론구성이 가능하겠으나 그 영장 대상범죄가 긴급체포 대상범죄가 아니라면 이는 헌법 제12조 제3항 단서의 예외로는 설명하기 어렵다.

따라서 이 경우의 긴급압수수색을 헌법과 마찰없이 인정하려면 이는 체포영장 또는 구속영장 자체에 그 집행을 위한 부수적 압수·수색이 예상되어 있다고 하는 부수처분설에 의해야만 설명이 가능하다. 그런데 또 부수처분설에 의하면 이미 발부된 체포영장이나 구속영장이면 족하고 별도의 압수·수색영장을 받을 필요가 없어야 논리가 일관되는데 법은 또 이 경우에 압수물에 대해 사후 압수·수색영장을 요구하고 있어서 이론상 혼란이 있게 되는 것이다. 이는 입법과정에서 이와 같은 성질론이나 헌법규정 등과의 관계를 충분히 검토하지 않은 채로 조문화된 데 기인한다.

그러므로 신법에서 제216조 제1항 제2호의 긴급 압수수색의 성질을 설명하려면 부수처분설과 긴급행위설을 함께 고려해야 할 것이다. 즉, 일반적으로는 긴급행위설적 견지에서 헌법 제12조 제3항 단서의 범위안에서 규정하고 있으나, 장기 3년 미만의 범죄에 해당하는 경우의 긴급압수수색에서는 부수처분설적 성질이 전면에 나타난다. 다만, 부수처분설에 의하면 압수물이 있는 경우 사후 압수·수색영장을 받도록 한 규정은 불필요하나, 입법자가 이에 긴급행위적 성격을 추가하여 계속적 압수에 대한 법원의 사법심사를 강화하기 위하여 입법한 것이라고 설명하는 것이 타당할 것이다.

이렇게 해석할 때 종래의 해석론과 달리 해석하여야 할 것은 이러한 긴급행위로서의 긴급 압수·수색의 범위에 있어서 종래에 사후에도 영장을 받지 않던 체제와 달리 신법은 사후에 영장을 받아 사후 심사가 가능한 체제가 되었으므로 영장을 받지 않는 체제 하에서의 이론구성으로서 그 범위를 극히 제한적으로 해석하려 하였던 경향에서 벗어나 이제는 법원의 사후심사를 받는 점에서 체포현장성이나 압수대상물의 범위를 비교적 넓게 인정을 하여도 될 것이라는 점이다.

㉰ 제216조 제 2 항의 성질

제216조 제 2 항은 검사 또는 사법경찰관이 피고인에 대한 구속영장을 집행하는 경우에 그 집행을 위해 체포하는 현장에서 영장없이 압수·수색, 검증을 할 수 있다고 규정한다. 피고인에 대한 구속영장을 집행하는 검사 또는 사법경찰관은 재판의 집행기관으로서 활동하는 것이지만 집행현장에서의 압수·수색 또는 검증은 수사기관의 수사에 속한 처분으로 규정한 것으로서 따라서 그 결과를 법관에게 보고하거나 압수물을 제출할 것을 요구하지 않는다.[30]

그런데 본 조항에 의한 압수·수색 또는 검증에는 압수물 등 결과물이 있는 경우에도 사후에 영장을 요하지 않는다. 신법이 제216조 제 1 항 제 2 호의 긴급처분에는 사후에 별도의 영장을 받도록 규정하면서도 제216조 제 2 항은 사후영장을 받는 경우로 규정하지 않았기 때문이다. 따라서 본 조항에 의한 긴급 압수·수색 또는 검증은 부수처분설로 이해해야 할 것이다.

㉱ 제216조 제 3 항의 성질

제216조 제 3 항은 범행 중 또는 범행 직후의 범죄장소에서 긴급을 요하여 영장을 발부받을 수 없는 때에는 영장 없이 압수·수색할 수 있다고 규정한다. 본 조항에 의한 압수·수색은 체포 또는 구속을 전제로 하지 않는 점에서 체포현장에서의 압수·수색과 다르다.

수사기관이 범행의 현장에 도착하였을 때 범인이 이미 도주한 후이거나 범죄가 경미하여 체포·구속의 필요가 없는 경우에도 통상 범행장소에는 범죄에 관한 증거가 많고, 또한 증거인멸의 방지를 위한 압수·수색의 긴급성이 요청되어 이에 대비하여 본 항을 규정한 것이다. 그런 의미에서 본 규정은 긴급처분에 해당한다.

그런데 본 규정의 헌법적 근거는 무엇일까. 그것은 헌법 제12조 제 3 항의 현행범의 예외에 해당할 것이다. 현행범은 범죄의 실행 중 또는 범죄의 실행

30) 이재상, 앞의 책, 307쪽.

직후인 자를 말하는데 그에 해당하는 범죄장소는 현행범을 전제로 하는 것이기 때문이다. 따라서 헌법 제12조 제3항에 따라 긴급행위로 압수수색을 하되, 압수물이 있는 경우 계속 압수를 위하여는 사후에 영장을 받아야 할 것이다. 그렇기 때문에 구법시대부터 본 항은 사후에 영장을 받는 것으로 규정되어 있었다.

㉻ 제217조 제1항의 성질

한편, 제217조 제1항의 경우는 체포현장에서 행해지는 것뿐만 아니라 체포현장이 아닌 장소에서도 긴급압수수색이 가능하였으므로 부수처분으로 보기는 어렵다. 그렇다면 긴급하게 증거인멸을 방지하기 위한 긴급행위로 파악하여야 할 것이다.

그런데 이와 같이 이해하는 경우 구법에서는 사후구속영장으로 압수에 관한 영장까지 대체되는 것에 대해 설명이 어려웠다. 이 때문에 신법에서는 압수물이 있는 경우 별도로 사후의 압수영장을 받도록 하여 보완하였다. 따라서 제217조 제1항의 경우는 신법에서는 긴급행위로서 파악하는 것이 타당할 것이다.

5. 긴급 압수·수색의 범위

(1) 개별 규정

① 구속 또는 체포를 위한 피의자 수색

검사 또는 사법경찰관은 피의자를 구속 또는 체포하는 경우에 필요한 때에는 영장 없이 타인의 주거나 타인이 간수하는 가옥 등의 내에서 피의자수사, 즉 피의자를 체포하기 위한 수색을 할 수 있다(법 제216조 제1항 제1호). 영장 등 근거에 의하여 구속 또는 체포하는 경우 별도의 수색영장 없이 피의자가 있는 곳까지 접근할 수 있는 것을 말한다.

② 구속 또는 체포 현장에서의 압수·수색

검사 또는 사법경찰관은 피의자를 구속 또는 체포하는 경우에 필요한 때에는 영장 없이 체포현장에서 압수·수색할 수 있다(같은 항 제2호). 체포현장은 구속·체포와 동일성이 인정되는 범위 내의 장소를 말한다. 이 경우에도 압수를 계속할 필요가 있는 경우에는 지체 없이 압수·수색영장을 청구하여야 한다. 압수·수색영장의 청구는 체포로부터 48시간 이내에 하여야 하고(법 제217조 제2항), 만약 청구한 압수·수색영장을 발부받지 못한 때에는 압수한 물건을 즉시 반환하여야 한다(같은 조 제3항).

③ 범행 중 또는 범행 직후 범죄 장소에서의 압수·수색

범행 중 또는 범행 직후의 범죄장소에서 긴급을 요하여 영장을 발부받을 수 없는 때에는 영장 없이 압수·수색할 수 있다(법 제216조 제3항). 본 조항에 의한 압수·수색은 체포 또는 구속을 전제로 하지 않는 점에서 체포현장에서의 압수·수색과 다르다. 수사기관이 범행의 현장에 도착하였을 때 범인이 이미 도주한 후이거나 범죄가 경미하여 체포·구속의 필요가 없는 경우에도 통상 범행장소에는 범죄에 관한 증거가 많고, 또한 증거인멸의 방지를 위한 압수·수색의 긴급성이 요청되어 이에 대비하여 본항을 규정한 것이다.[31] 이 경우 사후에 지체 없이 영장을 받아야 한다(동조 제3항 후문)

④ 긴급체포된 자의 소유·소지·보관 물건 압수·수색

긴급체포된 자의 소유·소지 또는 보관하는 물건에 대하여 긴급히 압수할 필요가 있는 경우 24시간 이내에 영장 없이 압수·수색할 수 있다(법 제217조 제1항). 본항은 긴급체포 현장 이외의 곳에서 압수·수색이 가능한 것을 요체로 한다. 즉, 긴급체포의 경우 체포현장에서의 압수·수색은 제216조 제1항 제2호에 의하여 영장 없이 할 수 있고, 본 항에 의하여 긴급체포와는 다른 장소에 피의자가 소유·소지·보관하는 물건에 대하여 압수·수색이 가능한 것이다.

이 경우의 압수·수색은 긴급체포로부터 24시간 이내에 가능하고, 압수한 물건을 계속 압수할 필요가 있는 경우에는 지체 없이 압수·수색영장을 청구하여야 하는데, 이 경우 그 청구는 늦어도 체포한 때로부터 48시간 이내에 하여야 한다. 만약 청구한 압수·수색영장을 발부받지 못한 때에는 압수한 물건을 즉시 반환하여야 한다(법 제217조 제2항, 제3항)

⑤ 피고인에 대한 구속영장 집행 현장에서의 압수·수색

검사 또는 사법경찰관이 피고인에 대한 구속영장을 집행하는 경우에 필요한 때에는 집행현장에서 압수·수색할 수 있다(법 제216조 제2항). 이는 이미 기소된 후 재판과정에 있는 피고인에 대하여 발부된 구속영장을 그 집행기관이 집행하는 과정에서 압수·수색을 할 수 있음을 정하는 것이다. 이 압

31) 사법연수원, 「수사절차론」, 2009, 180쪽.

수·수색은 공소제기 및 그 유지를 위한 수사처분은 아니나 구속영장집행의 현장에서 수사기관이 행하는 수사처분이라고 할 수 있다.

(2) 긴급압수수색과 그 범위

긴급압수수색을 하는 경우 압수수색 대상물의 범위에 관하여 체포 또는 구속되는 범죄사실과 관련이 있는 물건에 한정되는가가 문제된다. 구법 하에서는 한정설이 통설, 판례였고 신법 하에서도 다수설이며 판례도 계속 한정설에 따르고 있는데 그 관련성을 탄력성 있게 압수 당시의 수사기관의 인식상황을 기준으로 해석하여 실무상 조화를 도모하고 있다.[32)]

그러나 앞에서 본 바와 같이 신법에서는 제216조 제3항에만 사후영장을 요구하던 구법과 달리 제216조 제1항 제2호, 제217조 제1항의 경우까지 사후영장을 요구하고 있어 법적 성질이 변화하였다. 즉, 사후영장이 요구됨으로써 압수수색의 적법성에 관하여 법관의 사후심사를 받는 길이 확보되었으므로 종전과 같이 좁게 해석할 필요는 없고 체포현장이나 범죄장소라는 시간적, 장소적 제한하에서라면 다른 범죄에 관한 증거라고 하더라도 압수할 수 있다고 보아야 한다는 비한정설이 제기되고 있다.[33)] 긴급압수제도와 관련한 실무

---

32) 대법원 2008.7.10. 선고 2008도2245 판결. 이 사안은 사법경찰관이 전화사기죄 혐의의 피의자를 피의자의 집에서 긴급체포한 직후, 그의 집을 수색하여 피의자가 보관하고 있던 다른 사람의 주민등록증, 운전면허증이 든 지갑 등을 압수한 사안이다. 피의자는 압수물을 근거로 점유이탈물횡령죄등의 혐의로 입건되었고 '점유이탈물(타인의 주민등록증, 운전면허증)횡령' 혐의로 기소되었다. 제1심과 항소심이 유죄를 선고하자 피고인이 압수물은 형사소송법 제217조의 영장 없이 압수할 수 있는 범위를 벗어난 위법수집증거인데 이를 증거로 점유이탈물횡령죄를 인정한 것은 위법이라고 주장하며 상고한 사안이다. 대법원은 이에 대해 먼저, 구 형사소송법(2007.6.1. 법률 제8496호로 개정되기 전의 것, 이하 같다) 제217조 제1항 등에 의하면 검사 또는 사법경찰관은 피의자를 긴급체포한 경우 체포한 때부터 48시간 이내에 한하여 영장 없이, 긴급체포의 사유가 된 범죄사실 수사에 필요한 최소한의 범위 내에서 당해 범죄사실과 관련된 증거물 또는 몰수할 것으로 판단되는 피의자의 소유, 소지 또는 보관하는 물건을 압수할 수 있다. 이때, 어떤 물건이 긴급체포의 사유가 된 범죄사실 수사에 필요한 최소한의 범위 내의 것으로서 압수의 대상이 되는 것인지는 당해 범죄사실의 구체적인 내용과 성질, 압수하고자 하는 물건의 형상, 성질, 당해 범죄사실과의 관련 정도와 증거가치, 인멸의 우려는 물론 압수로 인하여 발생하는 불이익의 정도 등 압수 당시의 여러 사정을 종합적으로 고려하여 객관적으로 판단하여야 한다고 하여 체포되는 범죄사실과 관련성을 요구하는 한정설의 입장을 보였다. 다만, 이 사건의 경우와 그 관련성이 있는가의 점에서는 위 법리와 기록에 비추어 살펴보면, 이 사건 중 제1호 내지 제4호는 피고인이 보관하던 다른 사람의 주민등록증, 운전면허증 및 그것이 들어있던 지갑으로서, 피고인이 이른바 전화사기죄의 범행을 저질렀다는 범죄사실 등으로 긴급체포된 직후 압수되었는바, 그 압수 당시 위 범죄사실의 수사에 필요한 범위 내의 것으로서 전화사기범행과 관련된다고 의심할 만한 상당한 이유가 있었다고 보이므로, 적법하게 압수되었다고 판단하였다.

33) 백형구 등(이완규 집필부분), 『주석 형사소송법 II』, 한국사법행정학회, 2009, 296쪽.

상 공백을 감안한다면 소수설인 비한정설이 타당하다고 하겠다(그런데 본 논문 작성 후 2012. 1. 1. 형사소송법이 개정되어 압수수색에 있어 사건과의 관련성이 요건으로 명시되게 되었다. 이는 긴급압수수색에도 적용된다고 할 것이어서 신법의 해석론으로서는 비한정설은 부적절하게 되었다. 따라서 신법하에서는 한정설에 의하되 범죄와의 관련성을 탄력적으로 넓게 해석하는 것이 적절할 것이다).

다만, 비한정설에 의하더라도 제216조 제2항의 피고인에 대한 구속영장 집행현장에서의 압수수색은 사후영장을 받지 않아 부수처분으로 보아야 할 것이므로 구속되는 범죄사실과 관련성이 있는 물건에 한정된다고 하겠다.

6. 실무상 공백의 입법적 보완과 관련된 문제

(1) 문 제 점

긴급압수수색에 관한 현행 형사소송법 규정은 긴급상황에 대한 대응에 있어 실무상 공백이 있고 이는 입법론상 문제이다. 실무상 가장 중요한 문제는 적법한 절차나 상황 하에서 수사기관이 증거물을 보았는데 그 때 법원에 영장을 받으러 갈 시간적 여유가 없는 경우에 이를 긴급히 확보할 수 있게 해주는 것이다.

이러한 상황 중에서 먼저, 체포 또는 구속현장과 관련된 경우나 긴급체포하는 범죄자에 대한 경우 등에는 현재 제216조와 제217조에 규정이 있어 이를 어느 정도 해결할 방법이 있다. 물론 이 경우도 압수대상물에 대한 한정설에 의하면 체포 또는 구속 현장에서 해당 범죄사실과 관련이 없는 새로운 범죄사실의 증거물을 발견한 경우 대처할 수 없는 공백이 있다.

그런데 특히 문제되는 공백은 이와 같이 긴급압수수색의 조문이 없는 경우로서 적법한 수사활동 중에 긴급히 증거물 등을 발견하는 경우이다. 예컨대 적법한 압수수색영장에 의한 수색 중에 영장 기재 범죄사실과는 다른 별개 범죄의 증거를 발견한 경우, 적법한 순찰활동 중에 범죄 증거를 발견하였는데 영장을 받을 여유가 없는 경우, 승낙을 받아 거주지를 수색하던 중 증거물을 발견하였는데 갑자기 태도를 바꿔 승낙을 철회한 경우 등이다.

이러한 경우 그 증거물 등을 확보하지 못한 채로 사전 영장을 발부받는 절차를 이행하면서 그 증거물 등의 은닉이나 멸실을 감수하여야 한다면 실체적 진실발견이나 국가의 범죄대응능력에 있어 치명적인 결함이 될 것이며 합리성도 없다고 할 것이다.

이러한 이유 때문에 미국 연방대법원 판례도 육안발견이론(plain-view)이나 긴급상황이론 등을 발전시켜 이러한 상황에 대처하게 하고 있다. 독일법도 수색중 우연히 발견한 경우의 압수(독일 형사소송법 제108조)나 지체의 우려(bei Gefahr im Verzug)만을 요건으로 하는 긴급압수수색(독일 형사소송법 제100조, 제105조 등) 규정에 의해 이러한 공백없이 긴급상황에 대처할 수 있게 하는 것이다.

특히 2007년 법개정으로 위법수집증거배제법칙이 도입됨으로써 물적 증거의 증거능력이 배제될 수 있는 상황이 되었으므로 현행법상의 공백 문제는 심각하다. 향후 입법적으로 시급히 해결되어야 할 것인데 이러한 이러한 입법적 해결에 있어서도 헌법규정과의 관계가 고려되어야 할 것이다.

⑵ 소위 육안발견(plain view) 이론의 입법화 문제

미국 연방대법원 판례에 의해 발전된 육안발견 이론은 적법한 수사활동 중에 자연스럽게 육안으로 발견한 증거물에 대해 영장없이 압수할 수 있다는 것이다.

이러한 이론은 우리 법제에서는 법률적 근거가 없는 한 적용될 수 없다. 헌법은 제12조 제1항에서 압수・수색의 법정주의를 채택하고 있기 때문에 근거할 수 있는 법조문이 없는 한 우리나라에서는 판례이론으로 이를 인정할 수는 없기 때문이다.

만약 입법화한다면 헌법과의 관계도 고려하여야 한다. 헌법 제12조 제3항 단서는 현행범인과 장기 3년 이상의 범죄에 대한 긴급 압수수색만을 영장주의의 예외로 규정하고 있기 때문이다. 따라서 장기 3년 이상의 범죄인 경우는 이러한 상황에서 긴급 압수를 하고 압수물의 계속 압수를 위해서 사후에 압수영장을 받는 것으로 규정할 수 있을 것이다.

그런데 이러한 상황이 장기 3년 미만인 범죄에 대해 발생하는 경우는 어떨까. 헌법과의 관계에서 이러한 경우는 영장을 받지 않는 예외를 구성할 수 없으므로 장기 3년 미만인 범죄에 대해 이런 상황에서 긴급압수할 수 있도록 하려면 압수물의 계속 압수여부를 불문하고 모든 경우에 사후영장을 받도록 해야 할 것이다. 즉, 이 경우는 수색 자체에 대해서도 사후 영장을 받아야 하며 압수물을 신속히 반환한 경우까지도 영장을 받아 법관의 심사를 받도록 해야하므로 모든 경우에 사후 압수수색영장을 받아야 한다.

⑶ 긴급행위로서의 긴급압수·수색 방식의 입법화 문제

또 다른 방법으로서는 독일 법제와 유사하게 긴급한 상황이 발생한 경우 광범위하게 긴급 압수수색을 할 수 있도록 허용하고, 사후 압수영장을 받도록 하는 것이다. 헌법 제12조 제3항 단서도 이러한 방식을 예상하고 있다.

그런데 이런 방식을 입법화함에 있어서도 헌법 제12조 제3항이 현행범인과 장기 3년 이상의 범죄에 대하여만 허용된다는 점을 고려해야 한다. 따라서 장기 3년 이상의 범죄에 대한 경우는 압수물이 없는 경우는 수색만에 대해 사후 영장을 받을 필요가 없으며 압수물이 있고 계속 압수하고자 하는 때에만 사후 압수영장을 받는 것으로 구성하면 된다. 그러나 장기 3년 미만인 범죄에 대해 이와 같이 구성할 수 없고 모든 경우, 즉 압수물이 없는 경우에도 수색 자체에 대해 사후 수색영장을 받도록 해야 할 것이며 압수물이 있었고 즉시 반환한 경우에도 그 압수에 대해서도 법관의 심사를 받아야 하므로 사후 압수수색영장을 받는 것으로 구성해야 한다.

Ⅴ. 결 어

개정 형사소송법에 위법수집증거배제법칙이 명문화되고 그 배제가 물적 증거에까지 적용됨에 따라 증거물을 취득하는 법적 절차를 합리적으로 규율할 필요성이 크게 대두되고 있다. 또한 법규정의 정비와 함께 합리적인 해석론도 중요해졌다. 종래에는 증거물의 취득절차상 위법이 있어도 그 증거능력을 인정하여 왔기 때문에 긴급 강제처분에 관한 해석론이나 입법론과 관련한 논의가 깊고 충분하지 못했다고 할 수 있다.

그러다 보니 개정법 시행 후에 긴급 강제처분의 위법성 여부에 대한 다툼이 빈발하게 발생하게 되는 데 반하여 실무는 이와 같이 나타나는 각종의 문제상황에 대처할 수 있는 이론구성이 시급해졌다고 하겠다. 나아가 실무상의 불합리한 공백에 대한 보완적인 입법화도 시급하다.

이러한 상황에서 헌법적 수준에서 영장주의가 요구되는 체포, 구속, 압수·수색과 관련한 긴급 강제처분의 성질과 우리 헌법 규정 하에서 발생하는 문제들을 살펴보았다. 우리 헌법 규정을 무시한 채 외국의 이론을 무분별하게 적용하려는 시도도 적절하지 않지만 외국의 입법례에서 실무상 공백을 없애기 위해 마련되고 있는 제도들을 무시해서도 안 된다.

헌법상의 요구와 헌법이 허용하고 있는 범위를 잘 검토하여 실무상 공백이 없도록 제도화함으로써 영장주의를 통해 보호하려고 하는 국민의 기본권 보호에도 만전을 기하면서도 실체적 진실을 철저히 밝히고 범죄자가 제도적 결함 때문에 처벌을 면하는 부정의가 이 사회에 만연되지 않도록 해야 할 것이다.

지정토론문

허 용 행*

1. 서 론

주제발표자의 발표문은 우리나라 헌법과 현행 형사소송법에서 정하고 있는 긴급강제처분과 관련하여, 논의되고 있는 여러 가지 쟁점에 대하여 실무상 문제점을 중심으로 논리적으로 검토한 훌륭한 논문으로 생각됩니다.

각 쟁점들에 대하여는 저도 주제발표자와 대부분 견해를 같이하고 있습니다만, 논리를 전개함에 있어 수사의 주체인 검사의 시각이 반영된 부분이 일부 있었는데, 저는 수사의 객체인 피의자를 변호하는 일에 종사하는 변호사로서 실무상의 경험을 토대로 긴급강제처분 중 특히 긴급체포와 관련된 저의 의견을 간단히 보충하도록 하겠습니다.

2. 헌법 제12조 제3항 단서의 해석에 관하여

주제발표자는 영장주의에 관한 헌법 제12조 제3항 단서의 '사후에 영장을 청구할 수 있다'는 문구의 해석과 관련한 학설을 전부사후영장설과 침해계속시 사후영장설로 나누어 검토한 다음 '헌법 제12조 제3항 단서의 영장주의의 예외는 긴급처분 후에 법익침해가 종료되어 사후에 영장을 받을 필요가 없는 영역에 있어서는 수사기관의 영장 없는 처분권한이 부여되는 것이어서 영장주의가 배제되는 예외가 인정되는 것'이라는 침해계속시 사후영장설이 타당하다고 결론을 내리고 있습니다.

그러나, 저는 헌법 제12조 제3항 단서의 의미가 수사기관에게 영장 없는 처분권한을 부여하여 주는 규정이라 취지에 대하여는 주제발표자와는 다른

* 김앤장 법률사무소 변호사(2010. 7. 19. 발표).

견해를 가지고 있습니다.

먼저 헌법 제12조 제3항은 '체포 · 구속 · 압수 또는 수색을 할 때에는 적법한 절차에 따라 검사의 신청에 의하여 법관이 발부한 영장을 제시하여야 한다. 다만, 현행범인인 경우와 장기 3년 이상의 형에 해당하는 죄를 범하고 도피 또는 증거인멸의 염려가 있을 때에는 사후에 영장을 청구할 수 있다'고 규정하고 있습니다.

그런데 헌법 제12조 제3항의 취지가 국민의 중요한 기본권을 보장하려는 데 있다는 점을 고려하고, 규정의 문구에 충실하게 해석한다면 위 규정은 국민에 대한 체포 · 구속 · 압수 또는 수색은 중요한 기본권 침해로서 반드시 영장을 필요로 한다는 영장주의를 규정하면서, 다만 단서에서 그러한 영장주의의 예외를 인정한 것으로 해석하여야 할 것입니다. 그리고 본문과 단서의 해석에 관한 일반적인 법해석학적 방법을 따른다면 예외를 인정하는 단서 조항은 본문에 비하여 엄격하게 해석하여야 할 것입니다.

그렇다면 본문 중 '영장을 제시하여야 한다'는 규정은 시간적으로 강제처분이 이루어지기 이전의 사전영장주의를 규정하고 있는 것이며, 단서는 단지 특수한 상황에서 영장없이 '시간적으로' 사후에 영장을 청구할 수 있다는 예외를 인정하고 있는 것일 뿐이라고 생각됩니다. 이렇게 해석하는 것이 수사기관에 의한 국민의 기본권 침해를 방지하기 위하여 영장주의를 규정하고 있는 헌법의 이념과도 부합하는 해석이 아닌가 생각합니다.

물론 그렇다고 하여 모든 긴급강제처분에 대하여 침해가 종료된 이후에까지 영장을 받도록 하는 것은 많은 문제점을 가져올 수 있다는 주제발표자의 의견에는 공감을 하는 바입니다.

한편, 주제발표자께서는 긴급처분 자체의 적법성 여부에 대한 다툼이 있다면 이는 사후 영장에 의할 것이 아니라 별도의 절차에 의하여 해결하는 것이 적절하다고 말씀하셨는데, 여기서 언급하고 계시는 별도의 절차에 대해서 혹시 생각하셨던 절차나 제도가 있으시다면 말씀해주시면 감사하겠습니다.

3. 긴급체포의 개념에 관하여

주제발표자는 긴급체포에 대하여 헌법 제12조 제3항에서 도피 또는 증거인멸의 염려가 있을 것을 요건으로 하고 있으며, 형사소송법 제200조의3 제 1항 역시 증거를 인멸할 염려가 있거나 도망하거나 도망할 우려가 있다는 등의 구속요건을 긴급체포의 요건으로 한다는 점을 들면서 긴급체포의 실질이 긴급구속이라고 정리하고 있습니다. 또 긴급체포가 1995년 형사소송법 개정 이전에는 긴급구속이라는 명칭으로 규정되고 있었는데 법이 개정되면서 그 실질 및 요건은 전혀 변하지 않았는데도 불구하고 명칭만 긴급체포로 변하게 되었다는 연혁적인 설명을 추가하고 있습니다.

그러나 저는 긴급체포가 주제발표자의 설명과 같이 긴급구속에서 출발하였다는 점에 대하여는 찬성하나, 긴급체포의 실질이 현재에도 긴급구속이라는 주제발표자의 견해와는 다른 견해를 가지고 있습니다.

체포와 구속은 인신구속제도를 구성하고 있는 두 가지 제도로서 개념상 구별되어야 하는 것으로 생각합니다. 체포는 수사 초기 단계에서 단기간에 걸친 피의자의 간편한 신병확보를 가능하게 하기 위한 제도임에 반하여, 구속은 피고인 또는 피의자의 신체의 자유를 체포에 비하여 장기간에 걸쳐 제한하는 강제처분입니다. 즉, 체포가 수사기관이 피의자를 수사하기 위하여 피의자의 신병을 확보하기 위한 수단이라면, 구속은 형사소송 절차의 원활한 진행과 형벌의 집행을 위하여 피의자 또는 피고인의 신체의 자유를 제한하는 수단인 것입니다. 구속은 단순히 수사를 용이하게 하기 위한 제도가 아니라는 점에서 체포와는 구별되는 것입니다. 따라서 체포와 구속은 그 목적이 엄연히 다른 제도라고 보는 것이 타당할 것입니다.

구속은 체포에 비하여 피의자 또는 피고인의 신체의 자유를 장기간에 걸쳐 제한하므로 그 사유에 있어서 체포에 비하여 엄격하게 규정하고 있고, 형사소송법은 그러한 구속의 요건 중 일부를 긴급체포에도 동일하게 규정하고 있는 것이 사실입니다. 그러나 이는 긴급체포가 영장에 의하지 아니한 체포라는 점에서 영장에 의한 체포의 경우보다 요건을 엄격하게 요구하고 있는 것이지 그 실질이 구속이라고 볼 수는 없는 것이라고 생각합니다. 긴급체포는 수사를 진행하기 위하여 피의자의 신병을 확보하기 위한 제도이지, 소송의 원할한 진행과 형벌의 집행을 위하여 피의자 또는 피고인의 신병을 장기간에 걸쳐 제한하려는 제도가 아니기 때문입니다.

또한 만약 긴급체포의 실질이 긴급구속이라면 형사소송법 제208조 제1

항에서 규정하고 있는 재구속 제한 규정의 적용을 받아야 하는 것이 아닌가 하는 생각이 듭니다.

즉, 형사소송법 제208조 제1항은 "검사 또는 사법경찰관에 의하여 구속되었다가 석방된 자는 다른 중요한 증거를 발견한 경우를 제외하고는 동일한 범죄사실에 관하여 재차 구속하지 못한다."고 규정하여 구속되었다가 석방된 자에 대한 재구속에 엄격한 요건을 요구하고 있습니다. 이는 신체의 자유를 크게 제한하는 구속을 신중하게 하도록 제한이라고 볼 수 있습니다.

그러나 긴급체포에 대하여는 이러한 제한이 규정되어 있지 않습니다. 형사소송법 제200조의4 제3항은 "2항의 규정에 의하여 석방된 자는 영장없이는 동일한 범죄사실에 관하여 체포하지 못한다."고 규정하여 긴급체포되었다가 석방된 경우라도 영장을 발부받으면 체포할 수 있게 하고 있습니다. 즉, 긴급체포의 경우에는 재구속을 제한하고 있지 않은 것입니다. 만약 긴급체포의 실질이 긴급구속이라면 긴급체포에 대하여 재구속의 제한을 적용하고 있지 않은 것이 피의자 또는 피고인의 신체의 자유에 대한 과도한 제한이 아닌가 하는 생각이 듭니다.

비록 긴급체포가 긴급구속에서 출발한 것은 사실입니다만, 이는 체포 제도 자체가 존재하지 않았던 시기에 영장을 받아 피의자 또는 피고인의 신병을 확보할 수 없는 긴급한 상황에서의 예외를 인정하려다 보니 긴급구속이라는 제도를 만들 수밖에 없었기 때문이지, 구속과는 구별되는 체포를 도입한 이상 긴급한 상황에서 인정되는 영장주의의 예외는 구속과는 더 이상 어울리지 않는 제도라고 생각합니다.

4. 긴급체포에 대한 사후 조치에 관하여

주제발표자는 긴급체포에 대한 사후체포영장 요부에 대한 논란에 관하여 긴급체포의 실질이 긴급구속이기 때문에 긴급체포에 대하여 사후적으로 체포영장을 받을 필요는 없으며, 바로 구속영장을 받도록 한 현행법의 제도가 타당하다는 견해를 가지고 계십니다.

긴급체포의 실질이 긴급구속이 아니라고 생각한다는 점에 대해서는 앞에서 말씀드렸던 바와 같습니다. 다만, 모든 긴급체포에 대하여 사후체포영장을 발부 받는 것은 불필요하다는 주제발표자의 견해에 대하여는 공감하는 바가 있습니다. 현실적으로 모든 긴급체포에 대하여 사후 체포영장을 발부받게 하면, 긴급체포된 피의자를 구속하고자 하는 경우에는 체포영장과 구속영장을 중복하여 받도록 하는 절차적 번거로움이 있게 되는 것이 사실입니다.

그러나 긴급체포된 피의자를 석방하는 경우에는 문제가 발생합니다. 긴급체포된 피의자에 대하여 48시간 내에 구속영장을 청구하지 않는 경우에는 피의자를 석방하여야 하는데, 이 경우는 수사기관에 아무런 제한 없는 체포권한을 인정하게 되는 결과가 되는 것입니다. 비록 형사소송법 제200조의4 제 4 항에서 "검사는 제 1 항에 따른 구속영장을 청구하지 아니하고 피의자를 석방한 경우에는 석방한 날부터 30일 이내에 서면으로 다음 각 호의 사항을 법원에 통지하여야 한다. 이 경우 긴급체포서의 사본을 첨부하여야 한다."라고 규정하여 구속영장 청구 없이 석방하는 긴급체포에 대한 통제를 규정하고 있으나, 단순히 검사의 긴급체포 사실 등이 통지만으로는 법원에서 적절한 통제가 이루어지기 어렵다고 보입니다. 이와 관련하여 보다 적절한 통제 방법에 대하여 생각하신 바가 있다면 알려주시면 감사하겠습니다.

지정토론문

정 준 섭*

지정토론을 맡은 숙명여대 정준섭입니다.

먼저 훌륭한 발표를 해 주신 이완규 지청장님께 감사의 말씀을 드립니다.

아울러 실무에 대해서 잘 알지도 못하고 경력도 일천한 제가 많은 법조인과 학계의 저명하신 교수님들을 모시고 이 자리에서 토론을 하게 된 것에 대하여 걱정도 되고, 너무 주제넘은 것이 아닌가 생각도 하게 됩니다.

이러한 이유로 토론이라기보다는 발표문에 대해서 발표자이신 이 지청장님께 몇 가지 질문을 드리는 것으로 지정토론을 대신하고자 합니다.

먼저 영장주의에 관한 헌법 제12조 제3항 단서의 해석에 관한 전부 사후영장설과 침해계속시 사후영장설의 논의입니다(p. 162 이하).

이 지청장님께서는 침해계속시 사후영장설을 취하시고 계신바, 이는 헌법 제12조 제3항 단서는 동항 본문의 영장주의의 예외로서 일정한 경우 영장없이 강제처분을 하는 것이 허용된다는 입장이신 것으로 보이나, 이는 헌법의 기본태도와 일치하지 않는 것이 아닌지 의문이 듭니다.

즉, 헌법 제12조 제3항 본문은 강제처분을 하고자 할 때에는 사전에 영장을 발부받아 행하여야 한다고 하면서, 다만 단서에서 일정한 경우 사후에 영장을 청구할 수 있다고 규정하여 사전영장(본문)에 대한 예외로서 사후영장(단서)를 허용하고 있는바, 이러한 규정 태도는 단서의 의미가 본문의 사전영장에 대한 예외일 뿐, 영장제도 자체에 대한 예외가 아님을 명시적으로 나타내고 있는 것이라고 보이기 때문입니다.

만일 이 지청장님과 같은 해석을 하려고 한다면, 동항 단서의 내용을 현재의 헌법규정과 같이 규정할 것이 아니라 "다만, 현행범인인 경우와 장기 3

* 숙명여자대학교 법학부 교수(2010. 7. 19. 발표).

년 이상의 형에 해당하는 죄를 범하고 도피 또는 증거인멸의 염려가 있는 때에는 그러하지 아니하다."고 규정하였어야 할 것입니다. 이렇게 규정하였을 경우에만 영장없이 강제처분이 허용될 수 있다고 해석될 수 있다고 보이기 때문입니다.

나아가 "체포된 현행범인에 대하여 계속 구금하려 하는 경우 사후구속영장을 요구하는 이외에 체포 그 자체의 적법성을 심사하기 위한 사후체포영장을 요구하는 입법례는 없으며, 우리나라도 1954년의 제정 형사소송법 이래 현행범인에 대해 계속 구금하려 하는 경우에 사후에 구속영장을 받는 절차에 대해 위헌주장이 제기된 바 없다. 그러므로 제12조 제3항은 현행범인과 같이 규정되고 있는 법조문의 체계로 보아도 침해계속시 사후영장설이 타당하다." 고 주장(p. 163 이하)하시면서, 그 이하에서 기능상의 관점에 관한 몇 가지 근거를 제시하고 계십니다.

사견으로도 그와 같이 해석할 필요성을 언급한 기능상의 관점과 타 입법례에서 그와 같은 태도를 취한 경우가 없다는 점에서 일응 그러한 해석의 필요성은 인정될 수도 있다고 생각합니다.

그러나 헌법의 규정 태도가 다른 나라와 다른, 우리나라의 경우를 다른 나라의 입법례를 근거로 위헌이 아니라는 결론을 도출하는 것은 합리적인 태도가 아니라고 생각합니다. 즉 외국의 입법례가 없으므로 우리나라에서도 위헌이 아니라고는 단정할 수 없다고 해야 합니다.

특히 미국과 독일에서의 수사기관의 긴급처분(p. 164)은 체포자를 치안판사 혹은 법관에게 데려가기 위한 절차로서 그 인치시기를 제한하기 위한 규정으로 이해되는바, 이는 우리나라에서와 같이 수사기관의 수사목적을 위한 체포·구속 등 긴급처분과는 그 성격이 다른 것으로 이해됩니다.

결국 위헌여부는 우리 헌법의 규정과 그 의미를 고려하여 별도로 검토되어야 할 부분이며, 단지 필요성 문제로서 위헌논의를 완전히 잠재울 수는 없다고 생각합니다.

이러한 점에서 헌법 제12조 제3항 단서의 의미를 침해계속시의 사후영장설을 취하는 것은 곤란한 것으로 보이는데 이에 대하여 발표자이신 이 지청장님의 견해는 어떠신지 궁금합니다.

두 번째로 헌법 제12조 제3항에 해당하지 않는 경우의 긴급강제처분의 문제 부분(p. 165 이하)에서, 발표자이신 이 지청장님께서는 모든 경우에 사후 영장을 받는다는 해석가능성을 제시하고 계십니다.

이러한 태도는 헌법상의 영장주의의 예외의 의미를 침해계속시 사후영장설이라고 이해하는 전제에서 침해가 계속되지 않더라도 사후영장을 받도록 한다면 긴급강제처분이 허용된다는 것으로 이해되는바, 이 역시 앞서의 위헌논의의 연장선상에 놓여 있는 것이므로 허용여부에 대하여 문제가 있을 수 있다고 생각됩니다.

특히 이 지청장님께서는 해석상으로는 가능하지만, 실무상 혼란이 있을 수 있다는 점을 근거로 제도화가 적절한지에 대한 검토가 필요하다고 하시지만, 실무상의 혼란은 제도가 정착되는 과정에서 해소될 수 있는 지엽적인 문제일 뿐이고, 오히려 영장주의라는 헌법적 가치에 위배되는 것은 아닌지에 대한 상세한 검토가 필요한 것이라고 생각합니다. 이에 대한 발표자이신 이 지청장님의 의견은 어떠신지요.

세 번째로 긴급체포인가 긴급구속인가 부분(p. 167 이하)에서 주장하시는 내용에 대하여는 저도 대체로 공감합니다.

체포제도의 도입취지에 비추어 볼 때, 체포제도는 수사초기에 비교적 간이한 절차에 의하여 피의자의 신병을 확보하고자 한 것임에도 긴급체포의 경우에 구속의 요건을 요구함으로써 지나치게 엄격하게 규정하여 사실상 긴급체포가 통상체포의 예외로서 긴급한(즉, 예외적으로 필요한) 체포로서 허용되는 것이 아니라 실제로는 통상구속의 예외로서 행해지는 것으로 볼 수 있기 때문입니다.

이러한 논지에서 현행법상의 긴급체포의 경우 개정전의 법상의 긴급구속과 동일하게 취급하여 사후 구속영장만 있으면 충분하지 않는가라는 생각을 갖게 합니다. 이는 곧 제도를 바꾼 것이 아니라 명칭만을 바꾼 것으로 이해하는 태도로 볼 수 있습니다.

그러나, 법의 개정에 의하여 새로운 명칭의 제도(긴급체포제도)가 시행되었고, 그것이 종래의 제도(긴급구속제도)와 요건에서 거의 차이가 없다고 하더라도, 대인적 강제처분의 기본적인 제도가 종래의 구속이라는 단일한 제도에서 체포와 구속이라는 이원적인 제도로 변모한 이상 긴급체포제도는 개정전의 법상의 긴급구속제도와는 다른 것이라고 파악하는 것이 개정법의 해석상 타당한 것이 아닌가 의문이 듭니다.

이러한 점에서 현행법상의 긴급체포제도가 헌법에 합치되기 위해서는, 헌법이 영장주의의 예외로서 요구하고 있는 긴급강제처분의 요건을 충족하는 경우에만 허용된다고 해야 하고, 그렇다면 영장에 의하지 아니한 체포인 긴급체포의 경우에도 그 체포 자체에 대한 법관의 사법심사를 통해서만 합헌성·합법성을 담보할 수 있는 것이라고 해야 하므로, 결국 사후 체포영장을 발부받아야 한다고 해석하는 것이 헌법적 해석에 부합하는 태도가 아닌가 생각합니다.

만일 이러한 태도가 실무상 문제가 있는 것이라고 한다면 이러한 문제는 입법적으로 해결해야 할 문제라고 생각합니다.

즉, 개정전의 법상의 긴급구속제도로 돌아가거나 아니면 구속영장 심사시 긴급체포에 대한 사후심사를 할 수 있도록 하는 제도적 보완(예컨대 영장의 명칭을 체포·구속영장이라고 하는 방안 등을 고려할 수 있다고 생각합니다.)이 필요하다고 생각되는데, 이 점에 대한 이 지청장님의 의견은 어떠신지요.

네 번째로, 신법은 긴급한 상황에서 증거를 확보하기 위해 긴급압수수색을 폭넓게 인정하되 압수물이 있거나 이의가 있는 경우 등에 있어서 사후에 법원의 심사를 받게 하는 독일식 제도에 가까워졌다(p. 178 이하, p. 181 이하)고 주장하고 계시는바, 종래 사후 구속영장에 의하여 긴급압수수색이 허용되던 것이 사후 압수수색영장을 발부받아야 하는 것으로 변경된 점만으로 긴급압수수색의 범위가 넓어지게 되었다고 단정할 수는 없다고 생각합니다. 오히려 절차가 더 까다로워졌다는 점(별도로 사후 구속영장을 발부받는 경우라 하더라도 반드시 사후 압수수색영장을 발부받아야 한다는 점)에서 긴급압수수색 자체에 대한 사법적 심사가 더 엄격해졌다고 볼 수 있으며, 그렇다면 긴급압수수색의 허용범위는 보다 엄격한 요건 하에서 제한적으로만 허용된다고 해석될 여지도 충분하기 때문입니다.

특히 이와 관련하여 법원행정처 발행 형사소송법 개정법률 해설 44면 이하에서는 "긴급압수·수색·검증의 대상물을 긴급체포된 자가 소유, 소지 또는 보관하는 물건으로 규정하기로 의결되었다. 다만, 현행법(2007. 6. 1. 개정전의 형사소송법을 의미) 제217조 제1항에서는 긴급압수·수색·검증을 함에 있어 긴급성의 요건이 명시되어 있지 아니하여 긴급압수·수색·검증의 남용을 방지할 제도적인 뒷받침이 되어 있지 않았으나, 개정법 제217조 제1항에서는 긴급성의 요건을 추가하여 긴급압수·수색으로 인한 부당한 인권침해의 소지를 최소화하려고 하였다"고 기술되어 있고, 법무부 발행 개정 형사소송법 104면에서도, "현행법(2007. 6. 1. 개정전의 형사소송법을 의미)은 긴급압수·수색·검증의 대상 범위가 지나치게 넓고, 긴급체포시 긴급압수·수색·검증을 예외적으로 허용한다는 제한 근거가 없다. 따라서 대물적 강제처분인 긴급압수·수색의 독자성을 인정하여 제도 남용을 방지하고자 한다"라고 기술되어 있는바, 이러한 점에 비추어 볼 때, 개정 형사소송법의 취지는 긴급압수의 남용을 억제하고 그 범위를 제한하고자 한 것으로 이해하는 것이 타당하다고 사료되는데, 이에 대한 이 지청장님의 의견은 어떠신지요.

그리고 발표문에서 구법, 신법이라는 용어를 사용하고 계시는데, 구법은 2007. 6. 1. 개정 이전의 법을 의미하는 것으로 보이고, 신법은 2007. 6. 1. 개정 이후의 법으로서 현재 시행되고 있는 법(2010. 1 1. 시행)을 의미하는 것으로 보이는바, 용어를 명확히 할 필요가 있다고 사료됩니다.

마지막으로, 신법에서는 제216조 제3항에만 사후영장을 요구하던 구법과 달리 제216조 제1항 제2호, 제217조 제1항의 경우까지 사후영장이 요구됨으로써 압수수색의 적법성에 관하여 법관의 사후심사를 받는 길이 확보되었으므로 종전과 같이 좁게 해석할 필요는 없고, 체포현장이나 범죄장소라는 시간적, 장소적 제한 하에서라면 다른 범죄에 대한 증거라고 하더라도 압수할 수 있다고 보아야 한다는 비한정설이 제기되고 있다는 부분(p. 184)에 대해서도, 앞에서 말씀드린 것과 같은 취지에서 이러한 법 개정만으로 긴급압수의 범위가 더 넓어졌다고 해석해야 할 근거로서는 불충분하다고 생각합니다. 물론 적법하게 압수수색 중 다른 범죄에 대한 증거를 발견한 경우 이를 압수해야할 필요성이 있는 것은 물론이나 이를 제한없이 압수할 수 있다(비한정설의 태도)고 하는 것은 사전영장주의를 원칙으로 한 헌법적 요청에 부합하지 않는 태도라고 해야 하지 않은가 생각합니다.

이러한 문제는 오히려 실체법적인 문제로 해결하는 것이 어떤가 생각합니다.

즉, 증거물을 은닉·훼손하는 행위를 처벌하는 조항을 신설하는 방법으로 해결하는 방안을 제안해 보고자 합니다.

현행법에 따르면, 범인은 자신이 범한 범죄의 증거를 은닉·훼손하더라도 처벌되지 않지만, 실체법을 개정하여 적법한 수색 도중 발견한 증거를 압수영장을 발부받을 시간적 여유가 없어 이를 발부받지 못하여 압수하지 못하고 있던 중 위 증거를 멸실·훼손하는 경우에는 비록 자신이 범한 범죄에 대한 증거라고 할지라도 처벌하는 규정을 신설하는 방안입니다. 또, 이러한 경우 타인이 범한 범죄의 증거물을 멸실·훼손하는 경우 현행 증거인멸죄의 형보다 가중처벌하는 방안도 함께 고려할 수 있을 것입니다.

이와 같이 법을 개정한다면, 위헌 여부에 대하여 논란의 여지가 있을 수 있는 긴급 압수수색의 범위를 확대하지 않더라도 위와 같은 문제는 상당 부분 해소될 수 있다고 생각되는데, 이에 대한 지청장님의 견해는 어떠신지요.

이상 몇 가지 질문을 드리는 것으로 지정토론을 마치고자 합니다.

여러 모로 능력과 실력이 부족한 제가 지정토론자가 되어 이 지청장님의 발표에 질문이라는 명목으로 반론을 제기한 것 같아 송구한 마음을 금할 수 없습니다. 이 지청장님과 이 자리에 참석하신 모든 분들께 저의 부족함과 무례함에 대한 용서를 구하오니 너른 아량으로 양해해 주시기를 부탁드립니다.

디지털 시대의 기본권과 온라인 수색

이 원 상*

Ⅰ. 들어가는 글

세상은 아날로그 세상에서 디지털 세상으로 빠르게 변화해 가고 있다. 1990년대 중반, 네그로폰테 교수가 "being digital"이라는 책에서 아톰(Atom)의 세상에서 비트(Bit)의 세상으로 빠르게 변화하고 있다고 주장한 지[1] 채 20년도 되지 않았지만, 우리는 이미 디지털이 아날로그를 능가하는 세상에 살게 되었다. 예를 들어 아날로그 시대에서 사람들은 시간과 공간의 지배를 통하여 많은 제약을 겪는다. 아날로그 사회에서 다른 사람과 의사소통을 하기 위해서는 전화나 우편을 이용하거나, 자동차나 기차를 타고 그 사람을 직접 만나는 방법이 있다. 전화는 그 사람이 받지 않을 수 있으며, 우편은 그 사람에게 도달하지 않을 위험이 있다. 그렇다고 직접 그 사람을 찾아간다고 해서 그 사람을 만날 수 있다고 보장할 수는 없다. 하지만 디지털 시대에서 한 사람, 한 사람은 서로 '접속'되어 있다.[2] 따라서 의사소통을 위해 아날로그식 방법들을 이용할 필요가 없다. 단지 언제나 사이버공간에 접속되어 있는 상대방에게 자신의 의사를 표시하면, 곧바로 그 사람과 의사소통을 할 수 있게 된다.[3] 이런 의사소통이 전지구적으로 실시간적으로 나타나기 때문에 디지털 시대에서 시간과 공간은 평평해지게(flat) 된다. 이처럼 아날로그 공간에서의 시공을 초월하는 것이 가

---

* 조선대학교 법학과 조교수(2010. 12. 20. 발표 당시 한국형사정책연구원).

1) 니콜라스 네그로폰테(백욱인 번역), 디지털이다, 1995, 13쪽 이하.

2) 사이버공간에서 집단이 공유하고 있는 통신에 접속하여 참여하고 있는 한, 그 사람이 언제, 어느 장소에 있는지 여부와 상관없이 그 사람은 다른 사람들에게 '현존'하는 것으로 간주된다; 하워드 라인골드(이운경 번역), 참여군중, 2002, 41쪽.

3) 이런 것을 가능하게 해 주는 기술들이 최근 우리사회에 급속히 전파되고 있는 스마트 폰과 트위터, 페이스북, 미투데이와 같은 소셜네트워크서비스이다.

능하도록 해준 디지털 시대는 이미 우리 사회에 깊이 뿌리를 내리고 있다.

디지털 시대는 단순히 우리의 생활에 있어서의 변화만을 초래하지는 않았다. 과거 그 어느 시대에도 경험할 수 없었던 디지털 혁명은 아날로그의 세상을 지지하고 있던 법의 영역에도 많은 도전을 가져오게 되었다. 예를 들어 형법에서는 전통적인 사기의 유형에 컴퓨터 사용 사기죄를 추가하게 되었다. 또한 이제까지 형법에서는 전혀 고려되지 않았던 온라인 게임에서의 아이템이 물건과 동일하게 취급되어야 하는지에 관해서도 많은 논란이 제기되고 있으며, 형사소송법에서는 물건이 아닌 디지털 정보에 대해서 어떤 압수·수색 시스템을 구축하여야 하는지에 관해서 고민을 하고 있다. 이처럼 우리 법시스템은 디지털 시대의 요구에 대해서 열심히 적응도 해 보고, 고민도 하고 있지만 아직까지 명확한 해답을 내어놓지 못하고 있는 실정이다. 이는 디지털 시대를 경험해 보지 못한 헌법 영역에서도 마찬가지이다. 네티즌들은 디지털 시대에 맞는 기본권을 인정할 것을 끊임없이 요구하고 있다. 하지만 아직까지도 우리 헌법에서는 디지털 시대를 반영하는 기본권이 무엇인지에 관해서 침묵하고 있다.

이런 가운데 온라인 수색과 관련된 독일 연방헌법재판소의 판결은 매우 눈여겨 볼 필요성이 있다. 독일 연방헌법재판소가 노르트라인-베스트팔랜주의 주법에서 규정하였던 온라인 수색과 관련된 규정들에 대해 위헌판결을 내리면서 소위 IT-기본권이라고도 일컬어지는 개인의 정보보호와 관련된 기본권을 선언하였기 때문이다. 하지만 2008년 10월 15일 연방수사청에 의한 국제테러범죄의 위험방지를 위한 법률(Gesetz zur Abwehr von Gefahren des internationalen Terrorismus das Bundeskriminalamt)이 통과되면서 연방수사청법률이 개정되었다. 이에 대해서 야당에서는 계속적으로 온라인 수색 관련 규정을 삭제할 것을 요구하고 있으므로 독일에서의 온라인 수색과 관련된 문제는 아직까지도 진행형이라고 할 수 있다.

독일 연방재판소가 천명한 IT-기본권인 "정보기술 시스템의 기밀성과 무결성 보장에 관한 기본권(Grundrecht auf Gewährleistung der Vertraulichkeit und Integrität informationstechnischer Systeme)"에 대한 내용은 이미 여러 편의 논문을 통해서 소개되었다.[4] 다만, 최근 계속되고 있는 온라인 수색에 대한 논쟁은

4) 박희영, 독일에 있어서 경찰에 의한 '예방적' 온라인 수색의 위헌여부, 2009; 이원상, "온라

IT-기본권을 근간으로 해서 논의될 수 있기 때문에 전반부에서는 IT-기본권과 관련된 부분을 다시 한번 요약해 보고, 후반부에서는 현재 진행중인 독일에서의 논의에 대해서 살펴보고자 한다.

Ⅱ. 디지털 시대의 새로운 기본권

1. 논의의 출발점

소위 IT-기본권의 출발점은 범죄에 대응하기 위해서 노르트라인-베스트팔렌주의 헌법보호법률(Gesetz über den Verfassungsschutz in Nordrhein-Westfalen)에 온라인 수색에 관한 내용이 규정되고, 동법률이 2006년 12월 20일부터 효력이 발생하면서 이다.[5] 동 법률의 주요 내용들을 보면 다음과 같다:

- 동법률 제3조에서는 헌법보호청(Verfassungsschutzbehörde)의 임무에 관해서 규정해 놓고 있다. 따라서 이 법률에 따르면, 헌법보호청은 1) 자유민주적인 기본질서, 연방이나 주의 구성이나 보안에 반하거나 또는 연방이나 주 또는 목적을 위한 그 구성원의 헌법기관의 공무집행을 불법적으로 방해하려는 시도, 2) 보안을 위협하는 활동이나 여타 세력을 위한 정보기관의 활동, 3) 무력이나 그를 위한 준비행위를 통해서 독일연방공화국의 대외적 이해를 위협하려는 시도, 4) 국제이해의 사상에 반하거나 국가 간의 평화로운 공동생활에 반하는 시도나 활동 등에 해당되는 시도나 활동을 하고 있다고 여겨지는 범죄혐의자에 대해서 기본권이 허용하고 있는 효력 범위 내에서 사물이나 개인과 관련된 정보, 서신 또는 문서를 수집하고 분석할 수 있다.[6]

인 수색에 대한 고찰", 형사법연구 제20권 제4호, 2008.

5) VSG-NW, Fn 10.

6) 노르트라인-베스트팔렌주의 헌법보호법률 제3조(임무) (1) Aufgabe der Verfassungsschutzbehörde ist die Sammlung und Auswertung von Informationen, insbesondere von sach- und personenbezogenen Auskünften, Nachrichten und Unterlagen über

1. Bestrebungen, die gegen die freiheitliche demokratische Grundordnung, den Bestand oder die Sicherheit des Bundes oder eines Landes gerichtet sind oder eine ungesetzliche Beeinträchtigung der Amtsführung der Verfassungsorgane des Bundes oder eines Landes oder ihrer Mitglieder zum Ziel haben,

2. sicherheitsgefährdende oder geheimdienstliche Tätigkeiten für eine fremde Macht,

3. Bestrebungen, die durch Anwendung von Gewalt oder darauf gerichtete Vorbereitungs-

- 헌법보호청은 임무수행을 위하여 비공개된 장소에서 심문을 하거나 제5조 제2항에 따른 수단에 의해서 개인정보를 수집할 수 있다(동법 제7조 제1항).

- 다만, 앞의 방법에 의해서 개인정보를 수집할 경우 제3조(헌법보호청의 임무) 제1항에 따른 계획 또는 활동에 대하여 인지하거나 인지를 위해 필요한 정보를 얻을 수 있는 경우(제1호), 보안을 위협하며 비밀리에 활동을 하는 것에 대해서 헌법보호청의 요원이나 기관, 대상물, 정보를 보호하기 위해서 필요할 때에만(동법 제7조 1항) 정당화된다.

- 이에 따라 헌법보호관청은 비밀리에 개인의 정보를 관찰하거나 규명할 수 있는 권한을 갖게 된다(동법 제5조 2항 11호). 국가 정보기관이 획득한 개인정보는 표기될 수 있으며, 조치가 끝난 후에 이 정보의 당사자에게 통지될 수 있다. 하지만 이런 통지는 다음의 경우에는 행해지지 않게 되는데(동법 제5조 3항), 통지로 인해서 임무 완수에 위험이 우려될 때(제1호), 정보제공으로 인해서 정보원천이 위험해질 수 있거나 헌법보호관청의 인지 상태나 업무 방식이 공개될 우려가 있을 수 있는 때(제2호), 정보제공이 공공의 안전을 위협하거나 연방이나 주(Land)의 안녕에 손해를 줄 수 있을 때(제3호), 업무상 데이터나 사안이 법률규정에 의하거나 주로 제3자의 권리 이익 때문에 비밀로 유지되어야만 할 때(제4조), 그리고 조치가 끝난 5년 뒤에도 여전히 이런 조건들 중 하나가 존재하며, 보안상 경계선상에서 개연성과 함께 장래에도 존재할 경우이다(제5조).

- 이와 함께 제3조 제1항에 따라 그 임무 수행에 필요하고, 동 조항에서 언급된 보호법익들에 대한 심각한 위험에 대해 실제적인 근거가 있을 때, 헌법보호정은 개별사안에 따라 신용기관, 금융기관 그리고 금융회사들로부터 자금 유통의 참여자들의 관한 정보나 돈의 흐름, 상태에 관한 정보들을 무상으로 수집할 수 있다(제5a조 제1항). 무엇보다 연방법률이나 주법률에서 이유나 범위 그리고 여타 데이터보호법률의 요청을 특별히 규정하고 있을 경우,

---

handlungen auswärtige Belange der Bundesrepublik Deutschland gefährden,

4. Bestrebungen und Tätigkeiten, die gegen den Gedanken der Völkerverständigung (Artikel 9 Abs. 2 des Grundgesetzes) oder das friedliche Zusammenleben der Völker (Artikel 26 des Grundgesetzes) gerichtet sind,

im Geltungsbereich des Grundgesetzes, soweit tatsächliche Anhaltspunkte für den Verdacht solcher Bestrebungen und Tätigkeiten vorliegen.

헌법보호관청은 연방이나 주의 헌법보호관청이나 다른 보안청에 있는 일반적인 데이터 가운데 개인정보 관련 데이터를 처리할 수 있는 권한을 갖게 된다(제13장).

노르트라인-베스트팔렌주에 규정된 앞의 규정들이 개인의 자유를 지나치게 제한하며, 무엇보다도 개인의 정보를 침해한다는 많은 견해들이 제기되었다. 이로 인해 연방헌법재판소는 본 사안에 대한 판단을 내리게 되었다.

2. 정보기술 시스템의 기밀성과 무결성 보장에 관한 기본권

온라인 수색에 관한 규정이 있기 이전에는 독일에서 온라인 수색이 형사소송법의 규정에 의해서 가능할 수 있을지에 관해서 많은 논란이 있었다. 예를 들어 형사소송법 제100a조(전기통신의 검열 및 기록), 제102조(정범 또는 공범에 대한 수색), 또는 제94조(압수의 대상)나 제98조(압수 명령) 등에 의해서 온라인 수색이 허용될 수 있는지 여부에 대해서 학계의 견해가 분분하였다.[7] 이런 가운데 노르트라인-베스트팔렌주가 온라인 수색에 대한 법률적 근거를 마련한 것은 많은 관심을 불러 일으켰다. 더욱이 지금은 이미 입법이 되어 있지만, 당시 독일정부는 BKAG에 온라인 수색에 관한 규정을 포함하는 것을 내용으로 하는 입법안을 제출해 놓은 상태였다. 따라서 연방헌법재판소의 판결은 커다란 파장을 예고하고 있었다. 이런 가운데 독일헌법재판소는 동 사안에 대하여 헌법불합치 판결을 내리게 되었으며, 판결의 요지는 다음과 같다.[8]

① 일반적인 인격권(Persönlichkeitsrecht: 기본법 제1조 제1항과 관련한 제2조 제1항)은 정보기술 시스템의 기밀성과 무결성 보장에 관한 기본권(Grundrecht auf Gewährleistung der Vertraulichkeit und Integrität informationstechnischer Systeme)을 포괄한다.

② 비밀리에 정보기술 시스템에 침입하고, 이를 수단으로 해서 시스템의 사용을 감시하고, 그 저장장치를 검색하는 것은 매우 중요한(überragend wichtig) 법익에 대한 구체적인 위험이 있다는 실제적인 근거가 존재하는 경우에 한해

7) Beulke, Strafprozessrecht, 제9판, 2006, 150쪽.
8) BVerfG 1 BvR 370/07.

서만 헌법적으로 허용될 수 있다. 매우 중요하다는 의미는 신체(Leib), 생명(Leben), 개인의 자유(Freiheit der Person) 또는 국가의 근간이나 존립, 인간의 존립근거를 위협하는 공공법익 등을 의미한다. 이런 조치는 비록 위험이 가까운 장래에 발생하리라는 충분한 개연성(Wahrscheinlichkeit)은 확인될 수 없지만, 특정 사실이 개별 사안에 있어 특정 개인에 의해 매우 중요한 법익이 위협되고 있다는 것을 가리키고 있을 경우에 한해서만 정당화될 수 있다.

③ 비밀리에 정보기술 시스템에 침입하는 것은 원칙적으로 판사의 명령에 유보되어 있다. 그런 침입에 대한 수권 법률은 개인의 생활형태의 핵심영역(Kernbereich)을 보호하기 위한 보호조치들(Vorkehrungen)을 포함하고 있어야만 한다.

④ 통신망에서 이루어지고 있는 정보통신의 내용이나 상황들을 수집하거나 그와 관련된 데이터들을 사용하는 국가의 조치들은 수권(Ermächtigung)(수권규정)에 의해서 제한될 수 있는데, 이를 위해서 기본법 제10조 제1항에 따른 침입이 고려되어야 한다.

⑤ 국가가 기술적 방법으로 인터넷 통신의 내용을 인지하는 경우 국가가 정보통신의 참여자가 아님으로 인하여 인지에 대한 권한을 획득할 수 없을 경우에만 기본법 제10조 제1항에서의 침입이 존재하게 된다. 국가가 인터넷 상에서 공개적으로 접근할 수 있는 정보통신 내용들을 인지하거나 공개적으로 접근할 수 있는 정보통신과정에 참여하는 경우, 국가는 기본적으로 기본권을 침해하는 것은 아니다.

3. 정보화 사회의 기본권으로서 개인정보자기결정권

IT-기본권에 앞서서 디지털 사회에서 보장되어야 할 기본권으로 창설된 것으로서 개인정보자기결정권(Recht auf informationelle Selbstbestimmung)이 있다. 개인정보자기결정권이란 원칙적으로 개인에게 개인정보의 제공과 이용에 관하여 스스로 결정할 권한이 있다는 것을 의미한다. 독일은 개인정보자기결정권에 대한 명시적인 규정을 기본법에 두고 있지는 않지만, 독일연방헌법재판소는 1983년 '인구조사' 판결을 통하여 기본법 제2조 제1항의 일반적 인격권으로부터 개인정보자기결정권을 변화된 생활영역에서의 구체적인 기본권으로서 인정하였다.[9] 즉 개인정보자기결정권은 연방헌법재판소의 판례를 통하여 형성된 헌법적 기본권으로서 개인이 자신의 정보에 관하여 스스로 자유롭게 결정할 수 있을 때에야 비로소 인간의 존엄성이 보장될 수 있다는 것을 인정한 것이다.[10] 이로 인하여 독일연방헌법재판소는 정보사회에 맞는 개인정보보호에 관한 기본권을 창출하여 개인정보가 보다 잘 보호될 수 있는 터전을 마련했다는 평가를 받기도 했다.[11]

우리나라의 경우에는 개인정보자기결정권을 "모든 국민은 사생활의 비밀과 자유를 침해받지 아니한다"고 규정하고 있는 헌법 제17조 규정에 의해서 보장된다는 견해가 있다. 이는 독일과는 달리 우리나라에서는 제17조에서 명시적으로 사생활의 비밀과 자유로부터 개인정보보호에 관한 직접적인 근거를 찾을 수 있기 때문이라고 한다.[12] 하지만 개인정보자기결정권의 근거를 헌법 제10조에서 찾는 견해도 있다.[13] 이에 반하여 우리 헌법재판소는 다음과 같이 판시하며 개인정보자기결정권을 헌법에 명시되지 않은 독자적인 기본권으로 보고 있다.[14]

> "개인정보자기결정권의 헌법상 근거로는 헌법 제17조의 사생활의 비밀과 자유, 헌법 제10조 제1문의 인간의 존엄과 가치 및 행복추구권에 근거를 둔 일반적 인격권 또는 위 조문들과 동시에 우리 헌법의 자유민주적 기본질서 규정 또는 국민주권원리와 민주주의원리 등을 고려할 수 있으나, 개인정보자기결정권으로 보호하려는 내용을 위 각 기본권들 및 헌법원리들 중 일부에 완전히 포섭시키는 것은 불가능하다고 할 것이므로, 그 헌법적 근거를 굳이 어느 한두개에 국한시키는 것은 바람직하지 않은 것으로 보이고, 오히려 개인정보자기결정권은 이들을 이념적 기초로 하는 독자적 기본권으로서 헌법에 명시되지 아니한 기본권이라고 보아야 할 것이다"

9) 독일헌법재판소는 일반적 인격권으로부터 개인정보자기결정권 이외에도 사생활의 보호(BVerfGE 101, 361), 개인의 자결권보호(BVerfGE 90. 263), 초상권(BVerfGE 101, 361), 반론권(BVerfGE 97, 125) 등을 도출해 내었다.

10) BVefGE 65, 1.

11) 김상겸, "독일의 의료정보와 개인정보보호에 관한 연구", 한·독사회과학논총 제15권 제2호, 2005년 겨울호, 12쪽.

12) 김연태, "정보의 자기결정권과 경찰의 정보관리", 고려법학, 2001, 160쪽.

13) 김철수, 헌법학(상), 2008, 838쪽.

14) 헌재 2005.5.26. 선고 99헌마513 결정.

다만 개인은 사회적 공동체의 구성원으로 서로 의사소통하며 발전하는 인격체로서 존재하고 있기 때문에 개인의 정보가 절대적이고 무제한적으로 보호되는 것만은 아니다. 따라서 공공의 이익과 상충되는 경우에는 비교형량을 통하여 제한될 수도 있다.[15] 다만 개인정보자기결정권을 제한하는 경우에도 헌법에 적합하고 명확한 법률적 근거가 있어야 하며, 비례성원칙을 벗어나서도 안 된다.[16]

4. IT-기본권과 개인정보자기결정권과의 관계

IT-기본권 이전에 독일헌법재판소에 의해서 창설된 개인정보자기결정권은 정보적 기본권을 보장하는 것에 있어서 한계를 지니고 있었다. 개인정보자기결정권은 개인정보의 제공과 이용에 관하여 개인 스스로 결정하는 것을 보장함으로써 정보의 '동적인 형태'를 보장하는 것으로 볼 수 있다. 이에 반하여 동 기본권은 정보의 '정적인 형태'를 보장해 주는 것에는 취약점을 나타내게 된다. 즉 정보가 정보로서 가치를 가질 수 있는 3요소인[17] 기밀성(Confidentiality),[18] 무결성(Integrity),[19] 가용성(Availability)[20]을 제대로 보호해 주지 못하는 것이다. 따라서 IT-기본권은 동적인 정보를 보호해 주던 개인정보자기결정권을 보완하여 정적인 형태의 개인정보까지 보호해주는 기본권이라고 할 수 있다. 따라서 두 기본권은 상호보완적인 관계에서 디지털 시대에서의 개인의 기본권을 보다 강하게 보호해 주고 있는 것으로 여겨진다.

15) 김연태, 앞의 글, 168쪽.
16) 위와 동일.
17) 이를 보안의 3요소라고도 칭한다.
18) 기밀성이란 소유자가 원하는대로 정보의 비밀을 유지하며, 정보가 오직 인가된 사람들에게만 공개될 수 있는 것을 의미한다. 주로 접근통제와 암호화를 통하여 구현될 수 있다.
19) 무결성이란 정보가 인가된 사람에 의해서만 접근 또는 생성, 삭제, 변경될 수 있도록 함으로써 정보의 정확성과 안전성을 보장하는 것을 의미한다. 주로 물리적인 통제나 접근 통제로 구현될 수 있다.
20) 가용성이란 정보가 적절한 방법으로 동작되고 권한이 부여된 사용자에게 정당한 방법으로 필요한 시점에 정보가 제공될 수 있도록 하는 것을 의미한다. 주로 백업, 중복성 유지, 위협요소로부터의 보호 등을 통하여 구현될 수 있다.

Ⅲ. 온라인 수색의 입법화

1. 연방수사청법으로의 편입

독일연방헌법재판소에 의해서 헌법불합치 결정을 받았던 온라인 수색이 연방수사청에 의한 국제 테러범죄의 위험방지를 위한 법률(Gesetz zur Abwehr von Gefahren des internationalen Terrorismus das Bundeskriminalamt)에 의해서 연방수사청법에 규정된 것은 매우 흥미로운 일이다. 하지만 독일연방헌법재판소는 "비밀리에 정보기술 시스템에 침입하고, 이를 수단으로 해서 시스템의 사용을 감시하고, 그 저장장치를 검색하는 것은 매우 중요한(überragend wichtig) 법익에 대한 구체적인 위험이 있다는 실제적인 근거가 존재하는 경우에 한해서만 헌법적으로 허용될 수 있다"고 판시함으로써 비록 조건부이지만 온라인 수색이 허용될 수 있는 여지를 남겨두었다. 또한 "이런 조치는 비록 위험이 가까운 장래에 발생하리라는 충분한 개연성(Wahrscheinlichkeit)은 확인될 수 없지만, 특정 사실이 개별 사안에 있어 특정 개인에 의해 매우 중요한 법익이 위협되고 있다는 것을 가리키고 있을 경우에 한해서만 정당화 될 수 있다"고 판시함으로써 특정 사안의 경우에도 허용될 수 있을 여지를 남겨두었다. 이로 인하여 독일연방정부는 2008년 10월 25일에 연방수사청법의 개정을 통하여 온라인 수색에 관한 규정을 도입하게 되었다.[21]

하지만 개정법률에는 온라인 수색에 관한 규정만이 도입된 것은 아니었다. 테러범죄에 대한 위험을 방지한다는 목적으로 여러 조치들이 포함되었다. 그 대략적인 내용은 다음과 같다:[22]

제3a장 국제 테러범죄의 위험방지(Abwehr von Gefahren des internationalen Terrorismus)

제20a조 일반적인 권한(Allgemeine Befugnisse)

제20b조 개인정보수집(Erhebung personenbezogener Daten)

---

21) BGBl. 1 S. 2586.

22) 이에 대한 상세한 설명으로는 박희영, "독일 연방사법경찰청에 의한 국제테러의 위험 방지를 위한 법률(상)(하)", 법제 2009. 1 및 2 참조.

제20c조 질문 및 정보의무(Befragung und Auskunftspflicht)

제20d조 신원확인 및 권한자인 것 같은 자의 검사(Identitätsfeststellung und Prüfung von Berechtigungsscheinen)

제20e조 감식조치(Erkennungsdienstliche Maßnahmen)

제20f조 소환(Vorladung)

제20h조 주거 내외에서의 기술적 수단의 설치에 관한 특별 규정들(Besondere Bestimmungen über den Einsatz technischer Mittel in oder aus Wohnungen)

제20i조 경찰의 감시에 대한 공시(Ausschreibung zur polizeilichen Beobachtung)

제20k조 정보기술 시스템에 비밀리에 침입(Verdeckter Eingriff in informationstechnische Systeme)

제20i조 정보통신의 감청(Überwachung der Telekommunikation)

제20m조 정보통신상왕래정보 및 사용정보의 수집(Erhebung von Telekommunikationsverkehrsdaten und Nutzungsdaten)

제20n조 모바일카드와 모바일기기의 확인 및 위치확인(Identifizierung und Lokalisierung von Mobilfunkkarten und -endgeräten)

제20o조 장소적인 이송(Platzverweisung)

제20p조 보관(Gewahrsam)

제20q조 인적 수색(Durchsuchung von Personen)

제20r조 물적 수색(Durchsuchung von Sachen)

제20s조 압류(Sicherstellung)

제20t조 가택 진입 및 수색(Betreten und Durchsuchen von Wohnungen)

제20u조 증언거부권자의 보호(Schutz zeugnisverweigerungsberechtigter Personen)

제20v조 법원의 관할, 표기, 사용 및 삭제(Gerichtliche Zuständigkeit, Kennzeichnung, Verwendung und Löschung)

제20w조 통지(Benachrichtung)

제20x조 연방수사청으로의 이송(Übermittlung an das Bundeskriminalamt)

2. 비밀스런 정보기술 시스템 침입

개정된 연방수사청법 제20k조가 온라인 수색에 관한 규정이다. 이는 최근 국제적인 테러를 계획하고 있는 테러리스트들이 사이버공간을 통해서 서로 의사소통을 함에도 불구하고 사이버공간의 기술적인(보안적인) 특징으로 인해서 테러범죄의 수사 및 예방조치를 취하기가 어렵다는 것에 기인한다. 따라서 제 1 조 제 1 문에 따르면 특정한 사안이 개인의 생명, 신체, 자유 또는 국가의 기반이나 존립을 위협하거나 인간의 존재 기반을 위협하는 것과 같이 공공의 이익에 대한 위험이 존재하고 있다라는 추측이 정당화되는 경우, 연방수사청은 당사자가 알지 못하게 기술적 수단을 이용하여 당사자가 사용하고 있는 정보시스템에 침입하여 정보를 수집할 수 있다.[23] 이처럼 본 조문에서는 연방수사청이 온라인 수색을 할 수 있는 근거를 마련해 주는 것과 함께 범위를 한정해주고 있다. 다만 그 범위가 매우 추상적이며 모호하다.

다만 충분한 개연성이 확인될 수 없는 경우에도 특정한 사안이 개별 사안에서 특정한 개인들에 의해서 위협되고 있는 제1문에서 언급된 보호법익에 대한 위험을 나타내고 있고 온라인 수색을 취하지 않을 경우 가까운 장래에 손해가 발생할 경우라면 역시 제1문에 따른 온라인 수색이 허용된다. 다만 온라인 수색은 제4a조에 따른 임무를 충족시키기에 필요하고, 다른 조치들이 가망이 없거나 본질적으로 어려울 경우에 한하여 실행될 수 있다.[24] 다시 말해서 위험에 대한 충분한 개연성이 존재하지 않는다고 하더라도 개별 사례에 따라 위험이 손해로 발전할 시간적 근접성이 존재하며, 위협하고 있는 사람의 사안에 대한 관련성에 따라서 예외적으로 허용될 수 있다.[25] 따라서 온라인 수색은 최후수단으로서 다른 수단들로는 임무 수행이 불가능한 때에 한하여 고려될 수 있다.

정보를 수집함에 있어서도 제한이 따르게 된다. 정보기술 시스템의 변경은 정보수집을 위해서 필요불가결한 경우에만 가능하며, 이 변경은 조치가 끝날 경우 기술적으로 자동 복구될 수 있어야 한다. 즉 정보기술 시스템이 조치 이전의 상태를 유지하도록 해야 한다는 것이다. 그리고 투입되는 수단은 기술

23) 제1항 제1문 Das Bundeskriminalamt darf ohne Wissen des Betroffenen mit technischen Mitteln in vom Betroffenen genutzte informationstechnische Systeme eingreifen und aus ihnen Daten erheben, wenn bestimmte Tatsachen die Annahme rechtfertigen, dass eine Gefahr vorliegt für
1. Leib, Leben oder Freiheit einer Person oder
2. solche Güter der Allgemeinheit, deren Bedrohung die Grundlagen oder den Bestand des Staates oder die Grundlagen der Existenz der Menschen berührt.

24) 제1항 제2문 Eine Maßnahme nach Satz 1 ist auch zulässig, wenn sich noch nicht mit hinreichender Wahrscheinlichkeit feststellen lässt, dass ohne Durchführung der Maßnahme in näherer Zukunft ein Schaden eintritt, sofern bestimmte Tatsachen auf eine im Einzelfall durch bestimmte Personen drohende Gefahr für eines der in Satz 1 genannten Rechtsgüter hinweisen. Die Maßnahme darf nur durchgeführt werden, wenn sie für die Aufgabenerfüllung nach § 4a erforderlich ist und diese ansonsten aussichtslos oder wesentlich erschwert wäre.

25) 박희영, 앞의 글(하), 20쪽.

적 상황에 따라서 권한 없는 사용으로부터 보호되어야 한다. 또한 복제된 데이터는 기술적 상태에 따라서 변경, 권한 없는 삭제 및 권한 없는 인지로부터 보호되어야 한다.[26] 이는 연방수사청이 취한 온라인 수색 이후에 다른 해커가 사용자의 컴퓨터에 있는 해킹 프로그램을 이용하지 못하도록 하는 것을 의미한다.[27]

그리고 기술적 수단을 투입할 때에는 기술적 수단의 명칭(Bezeichnung)과 그 투입 시기, 정보기술 시스템의 확인을 위한 설명과 그것에 행해지는 변경이 일시적이 아니라는 것, 수집된 데이터를 확인하는 것이 가능하다는 설명, 그리고 조치를 취하는 조직의 단위 등이 기록되어야 한다.[28] 이는 당사자의 기본권 보장 및 이후에 사용될 증거의 정당성을 보장하기 위해서도 중요한 절차라고 할 수 있다.[29]

기록데이터는 당사자 또는 그에 대해 권한 있는 공식적인 지위에 있는 자가 제 1 항에 따른 조치가 적절히 수행되었는지 여부를 검토할 수 있도록 하기 위해서만 사용될 수 있다. 그리고 기록데이터는 그 다음해 저장기간의 만료 때까지 보관될 수 있으며, 그 후 제 2 문에 언급된 목적을 위해서 계속해서 필요하지 않는 한 자동적으로 삭제되어야 한다.[30]

---

26) 제 2 항 Es ist technisch sicherzustellen, dass
1. an dem informationstechnischen System nur Veränderungen vorgenommen werden, die für die Datenerhebung unerlässlich sind, und
2. die vorgenommenen Veränderungen bei Beendigung der Maßnahme soweit technisch möglich automatisiert rückgängig gemacht werden.

Das eingesetzte Mittel ist nach dem Stand der Technik gegen unbefugte Nutzung zu schützen. Kopierte Daten sind nach dem Stand der Technik gegen Veränderung, unbefugte Löschung und unbefugte Kenntnisnahme zu schützen.

27) 이는 온라인 수색이 다른 말로 '해킹 수사'라고 일컬어지기도 하는 것에 기인한다. 연방수사청이 사용한 연방트로이얀이라는 해킹 프로그램은 다른 해커에 의해서 오・남용될 수도 있다; 박희영, 앞의 글(하), 21쪽 참조.

28) 제 3 항 제 1 문 Bei jedem Einsatz des technischen Mittels sind zu protokollieren
1. die Bezeichnung des technischen Mittels und der Zeitpunkt seines Einsatzes,
2. die Angaben zur Identifizierung des informationstechnischen Systems und die daran vorgenommenen nicht nur flüchtigen Veränderungen,
3. die Angaben, die die Feststellung der erhobenen Daten ermöglichen, und
4. die Organisationseinheit, die die Maßnahme durchführt.

29) 박희영, 앞의 글(하), 22쪽.

30) 제 3 항 제 2 문 Die Protokolldaten dürfen nur verwendet werden, um dem Betroffenen oder einer dazu befugten öffentlichen Stelle die Prüfung zu ermöglichen, ob die Maßnahme nach Absatz 1 rechtmäßig durchgeführt worden ist. Sie sind bis zum Ablauf des auf die Speicherung folgenden Kalenderjahres aufzubewahren und sodann automatisiert zu löschen, es sei denn, dass sie für den in Satz 2 genannten Zweck noch erforderlich sind.

온라인 수색은 연방경찰법 제17조(행위방해자)[31] 내지 제18조(상태방해자)[32]에 상응하는 책임이 있는 자에 대해서만 행해질 수 있다. 또한 다른 자가 불가피하게 연관되어 있는 경우에도 온라인 수색이 행해질 수 있다.[33] 따라서 수범자의 범위는 제한된다.

온라인 수색은 연방수사청의 장이나 그 대리인의 신청이 있을 경우에만 법원에 의해서 명령될 수 있다.[34] 즉 신청자와 발령권자가 매우 제한되어 있다. 명령은 문서로 발한다. 명령서에는 가능하면 이름과 주소를 포함된 조치의 대상자, 데이터 수집을 위해서 침해되는 정보기술 시스템의 가능한 한 정확한 식별표지, 종료시점을 명기한 조치의 종류, 범위, 지속기간 및 본질적인 이유가 기술되어야 한다.[35] 명령은 최고 3개월 내로 기간이 정해져야 한다. 다만 습득된 정보를 고려하여 명령의 전제조건이 지속되는 한에 있어서 매번 3개월이 넘지 않는 범위 내에서의 연장이 가능하다. 명령의 전제조건이 더 이상 존재하지 않는다면 명령을 근거로 침해된 조치는 지체 없이 종료되어야 한다.[36]

온라인 수색은 허용되더라도 비례성원칙을 벗어나서는 안 된다. 따라서 온라인 수색을 통해서 단지 개인의 생활 세계의 핵심영역에 대한 정보만을 획득하게 될 것이라는 추측에 대한 실제적인 근거가 존재한다면, 온라인 수색은

31) 연방경찰법(Bundespolizeigesetz) 제17조는 사람의 행위에 대한 책임에 관하여 규정하고 있다. 따라서 위험을 야기한 사람에게는 그에 대한 책임으로 인해서 여러 가지 조치가 취해질 수 있다는 내용이 규정되어 있다.

32) 연방경찰법 제18조에는 동물의 행위나 사물의 상태에 대한 책임에 관하여 규정하고 있다. 따라서 동물이나 사물로 인하여 위험이 발생한 경우에는 그 소유자에게 책임을 지울 수 있다는 내용들이 규정되어 있다.

33) 제4항 Die Maßnahme darf sich nur gegen eine Person richten, die entsprechend § 17 oder § 18 des Bundespolizeigesetzes verantwortlich ist. Die Maßnahme darf auch durchgeführt werden, wenn andere Personen unvermeidbar betroffen werden.

34) 제5항 Die Maßnahme nach Absatz 1 darf nur auf Antrag des Präsidenten des Bundeskriminalamtes oder seines Vertreters durch das Gericht angeordnet werden.

35) 제6조 제1문 Die Anordnung ergeht schriftlich. In ihr sind anzugeben

1. die Person, gegen die sich die Maßnahme richtet, soweit möglich, mit Name und Anschrift,
2. eine möglichst genaue Bezeichnung des informationstechnischen Systems, in das zur Datenerhebung eingegriffen werden soll,
3. Art, Umfang und Dauer der Maßnahme unter Benennung des Endzeitpunktes sowie
4. die wesentlichen Gründe.

36) 제6조 제2문 Die Anordnung ist auf höchstens drei Monate zu befristen. Eine Verlängerung um jeweils nicht mehr als drei weitere Monate ist zulässig, soweit die Anordnungsvoraussetzungen unter Berücksichtigung der gewonnenen Erkenntnisse fortbestehen. Liegen die Voraussetzungen der Anordnung nicht mehr vor, sind die auf Grund der Anordnung ergriffenen Maßnahmen unverzüglich zu beenden.

허용되지 않는다. 또한 가능한 한 개인 생활세계의 핵심영역에 해당되는 데이터들이 수집되지 않도록 기술적으로 보호되어야 한다. 이렇게 수집된 데이터들은 제5항에 따라서 명령을 발한 법원의 사물관할 하에서 반드시 연방수사청의 데이터보호담당관과 연방수사청의 다른 두 명의 공무원(그 중 한명은 법관직을 위한 자격을 가짐)에 의해서 핵심영역 관련 내용에 대한 검토가 이루어져야 한다. 특히 정보보호담당관은 이 업무를 수행할 경우 지시에 얽매이지 않으며 그로 인해서 불이익을 당해서는 안 된다(연방정보보호법 제4f조 제3항). 무엇보다 개인의 생활세계의 핵심영역에 해당되는 데이터들은 이용되어서는 안 되며 반드시 삭제되어야 한다. 그리고 데이터 습득의 사실이나 삭제의 사실은 문서화되어야 하며, 그 문서는 전적으로 정보보호 통제의 목적을 위해서만 사용되어야 한다. 그 문서가 이런 목적을 위해서 더 이상 필요하지 않다면 삭제되어야 하며, 늦어도 그 문서가 작성된 해의 말일까지는 삭제되어야 한다.[37]

3. 온라인 수색 조항의 삭제요구

현재 독일에서 온라인 수색에 관한 조문이 BKAG에 규정되어 본 규정에 대한 논의가 끝난 것처럼 보이지만, 아직 논의는 진행 중에 있다. 최근 야당인 Die LINKE는 비밀스럽게 정보기술 시스템에 침입하기 위한 것과 이로 인해서 얻은 데이터의 사용과 전송을 전송하기 위한 연방수사청의 권한(BKAG 제20k조)을 삭제하는 법안을 제출하였다. Die LINKE은 법안을 제출한 이유를 다음과 같이 밝히고 있다:[38]

37) 제7항 Liegen tatsächliche Anhaltspunkte für die Annahme vor, dass durch die Maßnahme allein Erkenntnisse aus dem Kernbereich privater Lebensgestaltung erlangt würden, ist die Maßnahme unzulässig. Soweit möglich, ist technisch sicherzustellen, dass Daten, die den Kernbereich privater Lebensgestaltung betreffen, nicht erhoben werden. Erhobene Daten sind unter der Sachleitung des anordnenden Gerichts nach Absatz 5 unverzüglich vom Datenschutzbeauftragten des Bundeskriminalamtes und zwei weiteren Bediensteten des Bundeskriminalamtes, von denen einer die Befähigung zum Richteramt hat, auf kernbereichs-relevante Inhalte durchzusehen. Der Datenschutzbeauftragte ist bei Ausübung dieser Tätigkeit weisungsfrei und darf deswegen nicht benachteiligt werden (§ 4f Abs. 3 des Bundesdatenschutzgesetzes). Daten, die den Kernbereich privater Lebensgestaltung betreffen, dürfen nicht verwertet werden und sind unverzüglich zu löschen. Die Tatsachen der Erfassung der Daten und der Löschung sind zu dokumentieren. Die Dokumentation darf ausschließlich für Zwecke der Datenschutzkontrolle verwendet werden. Sie ist zu löschen, wenn sie für diese Zwecke nicht mehr erforderlich ist, spätestens jedoch am Ende des Kalenderjahres, das dem Jahr der Dokumentation folgt.

연방수사청에 의한 온라인 수색을 위한 권한(BKAG 제20k)은 2008년 2월 27일자 연방헌법재판소의 판결 이후에[39] 2008년 10월 25일에 연방수사청에 의한 국제 테러리즘의 위험 방지를 위한 법률에 의해서 창설되었다. 동법 제20k조에 의해 수집되는 데이터는 사용되거나 특정한 전제 하에서 다른 곳으로 전송될 수 있다(동법 제20v조). 정보기술 시스템으로 비밀스럽게 침입하기 위한 권한은 헌법적 사고에 당면하게 된다. BKAG에 대한 연방헌법재판소에서의 계속적인 절차는 계류 중에 있다.

소위 온라인 수색과 모종의 데이터를 사용하거나 전송하는 것은 해당 권한규범의 삭제를 통해서 다시금 허용되어서는 안 된다. 연방대법원은 비밀스런 온라인 수색이 특별한 수권근거가 없으므로 허용되지 않는다는 것을 확인하고 있다.[40] 따라서 이 판결 이전에 있었던 연방기관들의 지배적인 실무는, 온라인 수색을 법률적인 근거 없이 시행하는, 허용되지 않는 것으로 선언된 것이다.

온라인 수색은 도청이나 소위 저장정보 수집처럼 국가의 가장 논란이 많은 권한에 속한다. 그러므로 인간의 자유권을 침해하는 조치는 매우 논란이 분분한데, 그 조치기 기본권 소유자에 대한 국가의 근본적인 관계를 건드리기 때문이다. 온라인 수색의 실행을 위한 기본권 침해가 짙은 권한은 삭제되어야 한다. 규범은 실제적으로 피상적인 것이 징표되고 있다. 2009년 1월에 연방수사청에 대한 개정된 법률이 발효된 이래로 연방수사청에 의해서 동법 제20k조(소위 온라인 수색)에 따라 정보기술 시스템에 비밀리에 침입하는 것이 한 건도 요청되거나 시행되지 않았다(원내교섭단체인 Die LINKE의 소질의에 대한 2010년 5월 21일자 정부의 답변 Bundestagsdurchsache 17/1814).

온라인 수색에 대한 공공의 논의와 연방헌법재판소의 강력한 논조는 연방수사청이 침해가 덜 짙은 수사 수단의 가능성을 인식했다는 것에 기인했다 — 공공의 안전이 위협되거나 일반적인 안전결함이 발생하지 않는다는 가정 하에.

단지 한 주, 즉 바이에른주는 이제까지 온라인 수색의 실행을 위한 법률적인 전제를 창설했다. 하지만 정부가 인지한 것에 따르면 이제까지 어떤 주도 경찰에 의한 온라인 수색을 시행하지 않았다(Bundestagsdurchsache 17/1814).

38) Drucksache 17/2423.
39) BVefG, 1 BvR 370/07. 2008년 2월 27일 판결.
40) BGH, StB 18/06, 2007년 1월 31일 판결.

4. 독일 온라인 수색의 시사점

독일에서의 온라인 수색에 대한 논의는 여전히 많은 논란을 일으키고 있다. 독일연방헌법재판소의 관련 판결에서는 IT-기본권을 선언하면서 기본적으로 온라인 수색이 헌법에 불합치하다는 판단을 내렸지만, 경우에 따라서는 온라인 수색이 허용될 수 있도록 입구를 열어놓았다. 온라인 수색이 입법적으로 BKAG에 규정된 것이다. 하지만 BKAG에서의 규정은 가능한 한 온라인 수색의 범위를 좁게 제한하고 있으며, 수단을 사용하더라도 최후 수단으로 사용하고, 최후 수단으로 사용함에 있어서도 비례성원칙에 따라서 사용되도록 하고 있다. 이는 독일이 테러위협으로 인해서 온라인 수색까지도 허용해야 하는 상황에 처해 있음을 반영하면서도, 피수색자의 기본권을 가능한 한 보호해 주려는 노력의 결과라고 볼 수 있다.

하지만 온라인 수색이 BKAG에 편입되었다고 해서 온라인 수색이 용이하게 사용될 수 있는 것은 아니다. 먼저 기술적인 문제가 있다. 특히 온라인 수색을 위해서 사용되는 소위 "연방트로이얀"의 기술적인 문제로 인해서 그 사용이 용이하지 않다. 이는 연방트로이얀의 개발과 운용에 있어서도 쉽게 해결될 수 없는 문제이다.[41] 또한 온라인 수색의 범위가 매우 모호하기 때문에 어떤 위험에 대해서 온라인 수색이 투입될 수 있을지에 대한 판단을 내리기 쉽지 않다.[42] 그리고 동법에서는 온라인 수색이 최후 수단적이고 비례적으로 사용되도록 기획해 놓았기 때문에 비록 기술적인 문제나 범위에 대한 문제가 해결되었다고 하더라도 이 수단을 투입하기가 만만치 않게 된다. 이런 점은 Die LINKE가 연방정부에 보낸 질의서에 대한 연방정부의 답변에서도 잘 나타나고 있나. 독일연방정부는 온라인 수색의 '최후수단성(Ultima Ratio)'으로 인해서 아직까지 한 번도 온라인 수색을 실행해 본 적이 없다고 하였다.[43]

이처럼 독일에서의 온라인 수색에 대한 논의는 외견상으로는 소모적인 논쟁처럼 보이지만, 헌법적으로는 디지털 시대의 기본권을 창출하여 개인의 정보를 보호해 줄 수 있는 기반을 조성해 주었으며, 형사소송법상으로는 기본권 침해적인 수사 수단이 법규범과 실무에서 어떻게 절제있게 사용될 수 있을

41) 이에 대해서는 이원상, 주 4)의 글, 347쪽 이하 참조.
42) 이에 대해서는 이원상, 앞의 글, 348쪽 이하 참조.
43) Drucksache 17/1814.

지를 보여주고 있다. 물론 아직까지 온라인 수색이 실행된 적이 없기 때문에 실행에 있어서의 시사점을 발견할 수는 없다.

Ⅳ. 나오는 글

디지털 시대는 법에 대해서도 끊임없이 새로운 요구를 하고 있다. 따라서 디지털 시대에서 법이 아날로그식 방식에 안주하게 된다면 머지않아 그 규범력에 대해서도 의문이 제기될 것이다. 이미 사이버공간에서의 삶과 자율적인 규정방식에 익숙한 사람들에게 아날로그식 법만을 강요하는 것은 쉽게 설득력을 얻을 수 없기 때문이다. 이런 가운데 아날로그식 법을 강제하는 국가와 그 수용을 거부하는 네티즌 사이의 밀고당기는 싸움은 계속해서 진행되고 있었다. 따라서 아날로그식 법을 강제하는 국가에 대해서 네티즌들은 헌법적으로 이전에는 없던 기본권에 대한 발견을 요청하기도 한다. 이런 맥락 가운데 독일연방헌법재판소가 창설한 기본권이 소위 IT-기본권이라고 일컬어지는 "정보기술 시스템의 기밀성과 무결성 보장에 관한 기본권"이다.[44)]

하지만 재미있게도 IT-기본권의 창설에 공을 세운 장본인인 온라인 수색은 아날로그식 방식이 아닌 디지털 시대에 적합한 수사방식이다. 이런 측면에서 보면 마치 아날로그 방식의 법을 강제하던 국가가 디지털 방식의 법에도 적응하고 있는 것과 같은 인상을 준다. 따라서 국가가 디지털 시대에 적응해 감에 따라 기본권과 관련된 또 다른 긴장감이 생겨날 수 있을 것이다. 특히 독일의 사례에서도 볼 수 있듯이 테러위협이 확산되고, 테러집단이나 개인이 사이버공간을 활동지로 이용하는 경우가 많아지게 될수록 이런 긴장감은 보다 팽팽해질 것이다. 국가는 사회와 국민의 보호 명목으로 개인의 기본권에 대한 침해까지도 감수할 것임에 반하여 시민단체나 개인들은 자신의 기본권을 지키려고 노력할 것이기 때문이다. 결국 아날로그 시대의 기본권에 관한 투쟁의 역사가 디지털 시대에도 그 모습만을 약간 달리한 채 계속되는 것이다.

독일에서의 이런 모습과는 달리 우리나라에서는 아직까지 이와 같은 논

44) 독일에서 이 기본권이 인정된 이후로 핀란드에서는 IT-기본권으로서 "인터넷 서비스 접근권"을 국민의 기본권으로 규정하기도 하였다. 이는 모든 국민들이 합리적인 가격으로 사이버공간에 접속하도록 하는 권리이다.

의가 진행되고 있지는 않다. 따라서 본 논문의 지평도 아직은 독일의 논의를 벗어나지는 않고 있다. 이는 아직 우리나라에서 움트지도 않은 사안에 대해서 구태여 독일의 사례를 끌어오면서까지 논쟁의 불씨를 지필 필요성을 느끼지 못하기 때문이다. 다만, 온라인 수색에 대한 논의 과정을 통해서 디지털 시대의 기본권이 어떻게 발견되고, 이를 보장하기 위해서 개인의 기본권을 침해하는 수단이 어떻게 제한되는지에 대한 메커니즘을 엿볼 수 있다는 판단이 본 주제를 선택한 이유이다. 하지만 우리나라도 외국에 군대를 파견하고 있으며, 분쟁국이라는 지위에 있기 때문에 독일에서와 같은 논의가 없으리라고는 할 수 없을 것이다. 그러므로 독일의 사례를 적절히 분석하고, 그 메커니즘을 이해한다면, 앞으로 이와 유사한 논의가 우리나라에서 진행될 경우 많은 도움이 될 것이라고 여겨진다.

지정토론문

정 영 서*

먼저 디지털 시대의 기본권과 온라인 수색이라는 다소 생소할 수 있는 주제를 심도있게 발표를 해 주신 이원상 연구위원님께 감사의 말씀을 전합니다.

저의 발제문은 발표문에서는 구체적으로 다루지 않은 온라인 수색에 대한 실행 방법을 일부 소개하면서, 온라인 수색이 형사소송법 상 수색의 개념과 어떻게 다른지, 그리고 국내에서 통신비밀보호법상으로 규정되어 있는 통신제한조치 등과의 관계 등에 대하여 그 내용을 보충하고, 토론 주제의 제의로 발표를 마무리하는 것으로 하겠습니다.

Ⅰ. 들어가며 — 왜 IT 기본권인가?

최근 몇 년 사이 개개인이 일상생활에서 사이버 공간에 의존하는 비중은 현격히 높아졌다. 더욱이 무선 인터넷이 언제 어디서나 가능한 스마트 폰의 출시로, 이젠 지인들과의 의사소통뿐 아니라, 개인 홈페이지 관리, 주식 거래, 물품 구입 등 생활에서 필요한 모든 것을 손 안에서 할 수 있는 시대가 왔다. 이에 따라, 사이버 공간에는 개인 일상의 흔적 — 지인과 주고받은 대화 내용, 사진, 일기장, 전자 파일 등 — 의 대부분이 남겨지게 되었고, 그 결과 전통적으로 개인의 내밀한 영역으로 보호되어 왔던 물리적 공간인 '주거' 이상으로, 사이버 공간은 법적으로 그 불가침성에 대한 보호의 필요성이 높아지고 있다.

이러한 점에서 독일연방헌법재판소가 2008. 2. 27. 판결로서 천명한 "정보기술 시스템의 기밀성과 무결성에 관한 기본권"[1]이 현재 우리 사회에서 시사

* 부산지방검찰청 검사(2010. 12. 20. 발표 당시 수원지방검찰청 평택지청 검사).

1) 독일연방헌법재판소에 의하여 천명된 이 기본권의 명칭에 대하여는 'IT 기본권' 이외에 '인터넷 기본권' 등 그 명칭이 사용자에 따라 다양하나, 이하에서는 발제문에서 호칭한 'IT 기본권'으로 통칭함.

하는 바는 크다. 발제문에서 언급하고 있는 바와 같이, IT 기본권 이전에 독일 연방헌법재판소에 의하여 확인되었던 개인정보자기결정권은 단순히 개인이 관리하고 있는 정보에 대한 권리를 보장하는 것이었다면, IT 기본권은 개개인이 자신의 주거와 같이 사용하고 있는 '인터넷 시스템'에 대한 '신뢰성(기밀성)과 무결성'을 그 보호영역으로 한다는 점에서 독일연방헌법재판소는 IT기본권을 선언함으로써, 인터넷 시스템의 불가침성을 일종의 객관적 가치 질서로서 인정하고, 헌법적 차원에서 보호하고자 한 것으로 해석될 수 있다.

본 토론문에서는 IT 기본권과 관련하여 발제문에서 중점적으로 다루고 있는 '온라인 수색'이 현행법상 국내에서 이미 이루어지고 있는 '디지털 증거에 대한 압수 수색'과 어떻게 구별될 수 있는지 살펴보고, 국내 관련법상 온라인 수색이 허용될 수 있는지 여부 등에 대하여 생각해 보기로 한다.

Ⅱ. 온라인 수색의 특질 및 형사소송법상 '수색'과의 구별[2)]

1. 온라인 수색과 전통적 의미에서의 '수색'과의 구별

온라인 수색이 기존의 오프라인 상의 수색과 어떠한 관계를 가지는가가 문제될 수 있는데, 이에 대하여 독일 내에서도 그 견해가 대립되고 있다.

일부 학자들은 온라인 수색이 기본적으로 컴퓨터 소프트웨어를 — 이른바 '트로이 목마 프로그램' — 을 통해 전자적 방법으로 찾는 것을 의미하는데, 기존의 오프라인 수색은 기본적으로 수사관이 수색 장소를 물리적, 직접적으로 방문하여 공개된 수색활동을 하는 것으로, 컴퓨터 이용자(수사 내상자 등)가 모르는 가운데(ohne wissen) 이루어지는 온라인 수색과는 근본적으로 다른 개념이라고 해석한다.[3)]

반면 독일의 또 다른 학자들은 온라인 수색을 독일 형사소송법 제102조[4)]

2) 이 부분 이하 1, 2항에 관해서는 박병욱, 경찰상 온라인 수색의 법률적 문제점 : 2008. 2. 27. 독일 연방헌법재판소 판결을 중심으로, 영남대학교 석사학위 논문, 2008, 9쪽 내지 12쪽 참조.

3) 연방헌법재판소도 이와 같은 입장에서 판결한 바 있다. BGH 2007. 1. 31. 판결-StB 18'06-Rn.5 =NJW 2007. 9. 30(전게 논문에서 재인용).

4) 독일형사소송법 제102조는 "범죄의 정범 또는 공범이나 증거인멸, 범인 은닉 또는 장물취득의 혐의를 받는 자에 대하여는 그 체포의 목적이거나 증거 방법의 발견이 추정되는 경우 주거와 기타

수색 개념의 일종으로 이해하면서, 독일 형사소송법상 제102조, 제103조에 의해 규율되는 수색은 주거뿐 아니라, 사람이나 그 사람이 지니고 있는 사물에 대한 수색을 허용하므로, 온라인 수색도 형사소송법상 수색 개념의 범주 안에 들어간다고 설명하고 있다.5) 즉 형사소송법상의 수색 개념에는 수색의 공개성(offenes Handeln)이나 수사관의 물리적 현존이 요구되지 않는다는 것이다.

이와 같은 독일 내 견해의 대립은 종국적으로 독일 형사소송법상 수색의 개념 및 근본 요소를 어떻게 파악할 것인가와 결부되어 있으며, 이는 우리나라에서도 온라인 수색의 허용 가능성과 관련하여 형사소송법 상의 수색과의 관계가 동일하게 문제될 수 있을 것이라 생각된다.

2. 온라인 수색의 구체적 방법

온라인 수색을 가능하게 하기 위한 온라인 수색 소프트웨어가 어떠한 경로를 통하여 설치될 수 있는지에 관해서 독일에서는 아래와 같은 방법이 논의되고 있다.

a. 특정정보의 다운로드 시 수색 소프트웨어가 실치되도록 하는 방법
b. 이메일을 엶과 동시에 수색 소프트웨어가 설치되도록 하는 방법
c. 해킹 기술을 이용하여 수색 소프트웨어를 설치하는 방법
d. 프로바이더 회사의 원조 하에 정보흐름길에 소프트웨어를 숨겨놓는 방법
e. 수사관의 직접적인 현장 방문을 통한 온라인수색소프트웨어의 설치 방법

또한 위와 같은 수색 소프트웨어를 설치한 이후에 어떤 온라인 수색에 있어 어떠한 기술적 방법이 가능한지 생각해 볼 수 있는 것은 다음과 같은 경우이다.

a. 개인 PC에 저장된 정보를 찾기 위한 PC의 수색
b. 인터넷 통신기술을 기반으로 한 인터넷 전화통화시 저장된 내용에의 접근
c. 암호화되어 저장된 문서를 열기 위한 비밀번호의 획득

공간 및 그 신체와 물건에 대한 수색을 할 수 있다"라고 규정되어 있음.

5) Hoffmann, Die Entwicklung des Internet-Rechts, NJW 2005, S. 123 f.(전게 논문에서 재인용).

이와 같은 온라인 수색에서 찾을 수 있는 가장 특징적인 요소는 수사대상자가 전혀 모르는 사이에 수색 소프트웨어가 설치되고, 그 소프트웨어를 이용하여 수사기관에서 계속적으로 온라인상에 있는, 또는 컴퓨터에 저장되어 있는 증거를 수집할 수 있다는 점이다. 현재 우리나라 수사기관에서 범죄 수사와 관련하여 디지털 증거를 수집하고자 하는 경우, 대부분 참여인의 참여 하에 피의자의 주거지 또는 사무실에 비치된 컴퓨터를 압수한 다음, 그 컴퓨터를 수색하는 방법에 의존하는 점을 고려해 보면, 위와 같은 수색으로 인하여 수사대상자의 내밀 영역의 침해의 정도, 범죄 수사의 관점에서 바꾸어 말하자면 수사 과정에서 얻을 수 있는 범죄 관련 증거의 양과 질은 현격히 달라질 수밖에 없음을 알 수 있다.

3. 우리나라 헌법 및 형사소송법에서의 수색에 관한 규정 및 온라인 수색

대한민국 헌법 제12조 제3항 전문에서는 "체포 구속 압수 또는 수색을 할 때에는 적법한 절차에 따라 검사의 신청에 의하여 법관이 발부한 영장을 제시하여야 한다"라고 규정되어 있고, 형사소송법 제109조 제1항에서는 "법원은 필요한 때에 피고인의 신체, 물건 또는 기타 장소를 수색할 수 있다"라고 규정되어 있다. 이와 같은 수색과 관련된 규정의 해석상 타인의 주거지에 대한 수색이 아닌 특정 물건에 대한 수색을 규정함에 있어서 수색의 공개성이나 수사관의 물리적 현존이 있을 것을 명시적으로 요구하고 있지는 않기 때문에 일응 '온라인 수색'이 현행 형사소송법상 수색의 일종으로도 해석될 여지는 있을 것으로 판단된다.

Ⅲ. 현행 통신비밀보호법과 온라인 수색의 허용 가능성

온라인 수색과 관련하여 우리나라는 통신비밀보호법에서 수사기관이 할 수 있는 통신제한조치를 규정하고 있고, 그에 대한 요건, 통신의 보호 등에 관하여 규율하고 있다. 그 구체적인 내용을 살펴보면, 동법 제2조 제3호에서

"전기통신"이라 함은 전화 · 전자우편 · 회원제정보서비스 · 모사전송 · 무선 호출 등과 같이 유선 · 무선 · 광선 및 기타의 전자적 방식에 의하여 모든 종류의 음향 · 문언 · 부호 또는 영상을 송신하거나 수신하는 것을 말한다고 규정하고 있고, 같은 조 제 9 호에서 **"전자우편"**이라 함은 컴퓨터 통신망을 통하여 메시지를 전송하는 것 또는 전송된 메시지를 말한다고 규정하고 있으며, 동조 제10호에서 **"회원제 정보 서비스"**라 함은 특정의 회원이나 계약자에게 제공하는 정보 서비스 또는 그와 같은 네트워크의 방식이라고 규정하고 있다. 계속해서 같은 조 제 7 호에서 **"감청"**이라 함은 전기통신에 대하여 당사자의 동의 없이 전자 장치 · 기계장치 등을 사용하여 통신의 음향 · 문언 · 부호 · 영상을 청취 · 공독하여 그 내용을 지득 또는 채록하거나 전기통신의 송 · 수신을 방해하는 것을 말한다고 규정하고 있다.

이와 같은 통신비밀보호법 법규정을 종합해서 해석하면 인터넷 이메일, 회원제로 서비스가 제공되는 옥션, 싸이월드, Facebook 등 대부분의 인터넷 사이트 등이 동법상의 "전기 통신"에 해당되고, 인터넷상의 음향 · 문언 · 부호 · 영상은 기존 통신과 마찬가지로 청취 · 공독 될 수 있으므로, 그와 같은 전기 통신에 대한 통신 제한 조치는 동법 제 5 조의 범죄 수사 또는 제 7 조의 국가 안보 등의 위험 방지를 위하여 필요한 때에 허용된다고 해석된다.[6] 또한 동법 제 2 조 제 8 호에서 "감청설비"를 규정하면서 감청설비는 대화 또는 전기통신의 감청에 사용될 수 있는 전자장치 · 기계장치 기타 설비를 말한다고 되어 있을 뿐이고, 동법 제10조의2에서 국가기관에 감청설비를 도입하는 때에는 매 반기별로 그 제원 및 성능 등을 방송통신위원회에 신고하도록 하고 있을 뿐, 그 감청 설비에 의한 감청의 방법 등에 관하여 구체적으로 제한 규정을 두고 있지 않기 때문에 현행법상으로도 이른바 '트로이 목마 프로그램' 에 의한 온라인 수색이 가능하다고 해석될 여지가 있다.

현재까지 수사기관에서 이른바 독일에서 논란이 된 '온라인 수색'에 준하

6) 범죄수사를 위한 통신제한조치의 허가 요건으로서, 동법 제 5 조에서는 "범죄를 계획 또는 실행하고 있거나 실행하였다고 의심할 만한 충분한 이유가 있고, 다른 방법으로는 그 범죄의 실행을 저지하거나 범인의 체포 또는 증거의 수집이 어려운 경우에 한하여 허가할 수 있다"라고 규정하고 있고, 통신제한조치를 할 수 있는 범죄로서는 내란, 외한의 죄를 비롯하여 살인, 협박, 강간, 강도, 공갈 등 다수의 범죄에 대하여 폭넓게 인정되고 있다. 다만 그 제한 조치의 기간은 2월을 초과하지 못하도록 되어 있고, 2월의 범위 안에서 연장할 수 있으며, 수사기관의 처분을 한 날로부터 30일 이내에 대상자에게 통지를 하도록 되어 있다.

는 통신제한조치를 시도한 바는 없으나, 장차 사이버 범죄의 대처 및 통신 매체의 인터넷화에 대처하기 위하여 도입 가능성 및 허용 여부에 관한 논의의 필요성이 있을 것으로 판단된다.

Ⅳ. 마 치 며

스마트폰의 이용자라면, 필수로 사용하고 있는 어플리케이션 중 하나가 바로 '카카오톡'이라는 어플이 아닐까 싶다. 카카오톡은 통신회사를 통하여 상호 간에 문자메세지를 주고 받는 기존의 형식에서 벗어나, 일종의 메신저 형태로 인터넷 망을 통하여 무료로 문자메세지를 주고 받을 수 있도록 개발된 어플리케이션이다. 개인적으로는 그 어플리케이션을 보면서 이젠 더 이상 기존의 통신영장에 의하여 피의자 또는 피내사자에 대한 통신 내역을 확인하는 것만으로는 범죄 혐의사실을 확인하는 데에 부족하고, 인터넷 망을 이용한 통신 어플리케이션의 이용내역까지 확인하여야만 정확한 수사가 가능하겠다는 생각을 한 적이 있다.

아날로그 시대에서 디지털 시대로 빠르게 변화하고 있는 이 시점에서, IT 기본권과 온라인 수색에 대한 논의는 많은 시사점을 던져주고 있다. 그러나 앞서 살펴본 바와 같이 국내법 규정상으로는 독일에서 논란이 되고 있는 이른바 '온라인 수색'이 가능한지 여부가 불분명할 뿐 아니라, 온라인 매체에 대한 구체적인 수사 절차 및 그 방법이 명확하게 정리되어 있지 않은 것으로 보인다. 따라서 현행법상으로 독일에서 논란이 되고 있는 '온라인 수색'이 일정 범위 내에서 가능하다고 해석될 수 있는지 여부, 그리고 그와 같이 해석되는 경우, 현행 법률이 이른바 대한민국 헌법상 개인정보자기결정권 등에 대한 침해로서 위헌이라고 해석될 수 있는지, 아니면 일정한 제한 범위 하에서는 가능하다고 볼 수 있는지, 그렇다면 그 적정한 범위 설정은 어디까지로 보아야 하고, 그 때 고려되어야 할 사항은 무엇이 있는지 등에 대한 깊이 있는 논의가 필요하다고 생각된다.

헌법재판소 판례로 본 수용자의 기본권 제한

이 태 승*

Ⅰ. 서 설

어느 사회에서나 범죄가 발생하고 범죄자가 양산된다. 이에 따라 이러한 범죄자를 교정·교화하는 시설이 생겨나는데, 이러한 교정시설 내에 수용되는 수용자[1]는 인간으로서의 가장 기초적인 기본권이라 할 수 있는 신체의 자유가 제한된다.[2]

때문에 수많은 국가작용 중 수용자에 관한 교정행정 작용의 분야는 한 나라의 기본권 보장 수준과 헌법의 실효성을 나타내는 바로미터이다. 범죄자들은 가장 반사회적인 자들이며 이들은 국가적 규율과 교정의 대상이 되어야 하지만, 그들 역시 국민으로서 하나의 인간으로서 인권의 주체가 되며 기본권의 보장을 받아야 하는바, 그들의 기본권이 한 국가에서 어느 정도 보장되고 있는가 하는 것은 민주 법치국가의 인권보호 수준의 중요한 표지가 된다. 이는 한 국가에서 일반 국민들에 대한 기본권 보장 정도를 가늠할 수 있는 중요한 척도가 될 수 있는 것이다.[3]

---

* 법무부 국가송무과장(2011. 1. 31. 발표 당시 헌법연구관/검사).

1) '수용자'는 수형자·미결수용자·사형확정자, 그 밖에 법률과 적법한 절차에 따라 교도소·구치소 및 그 지소에 수용된 사람을 말한다(형의 집행 및 수용자의 처우에 관한 법률 제2조 제4호).

'수형자'란 징역형·금고형 또는 구류형의 선고를 받아 그 형이 확정된 사람과 벌금 또는 과료를 완납하지 아니하여 노역장 유치명령을 받은 사람을 말한다(형의 집행 및 수용자의 처우에 관한 법률 제2조 제1호).

'미결수용자'란 형사피의자 또는 형사피고인으로서 체포되거나 구속영장의 집행을 받은 사람을 말한다(형의 집행 및 수용자의 처우에 관한 법률 제2조 제2호).

'사형확정자'란 사형의 선고를 받아 그 형이 확정된 사람을 말한다(형의 집행 및 수용자의 처우에 관한 법률 제2조 제3호).

2) 최창호, '수용자의 헌법상 권리에 관한 소고', 「형사법과 헌법이념(제2권)」, 369쪽.

3) 이명웅, '수용자의 기본권 제한', 헌법논총 제17권 257쪽 참조.

특히 미결수용자들은 헌법상 무죄추정의 원칙(헌법 제27조 제4항)이 적용된다는 점에서, 수용시설의 안전과 규율을 확보하기 위하여 미결수용자의 기본권을 제한하는 경우에도 형이 확정된 수형자(이른바 기결수용자)에 비하여 보다 엄격한 기준에 의한 위헌심사가 요청된다고 볼 수 있을 것이다.

이에 이 글은 수용자의 기본권 제한에 적용되어야 할 위헌심사 기준을 어떻게 설정할 것인가에 관한 문제를 살펴보고, 아울러 관련된 헌법재판소 판례들을 문제된 기본권 분야별로 검토해 보고자 한다.

Ⅱ. 위헌심사 기준 설정에 관한 문제

1. 문제의 소재

종래의 특별권력관계 이론에 의하면 수용시설의 수용자를 대상으로 하는 공법관계는 특별권력관계에 해당하는데, 이러한 관계에서는 특별한 법률원인에 의하여 성립되어 특별한 공법상의 목적을 위하여 필요한 범위 안에서 포괄적으로 일방이 타방을 지배하고 타방이 이 포괄적인 지배권에 복종하도록 되어 있기 때문에, 법률유보의 원칙이 적용되지 않고 권리의 제한이 있더라도 사법심사의 대상이 되지 않는다고 보았다.

그러나 위와 같은 특별권력관계 이론은 오늘날 의회주의, 법치주의, 기본권 존중주의가 확립된 헌법구조 하에서 그 존재기반을 상실하였다고 보는 것이 일반적이다. 헌법재판소도 수용시설 내의 안전과 질서 유지를 위해 행해지는 규율과 징계를 통한 수용자의 기본권 제한 역시 헌법 제37조 제2항이 정하고 있는 기본권 제한의 헌법적 한계를 벗어날 수 없으므로 필요한 경우에 한하여 법률로써 제한할 수 있되 과잉금지의 원칙에 위반되어서는 아니되고 기본권의 본질적인 내용을 침해할 수 없다고 보고 있다.[4)]

그런데 이와 같이 수용자에 대하여 기본권을 인정하고 그 제한에 대한 사법심사를 인정한다 하더라도, 이에 적용되어야 할 위헌심사의 기준이 일반 국민의 기본권 제한에서와 같은 것인지는 여전히 문제된다고 할 것이다.

---

4) 헌재 2005.2.24.자 2003헌마289 결정, 판례집 17-1, 261, 268.

전통적으로 범죄인 내지 범죄혐의자에 대한 수용시설 내부에서 발생한 문제에 대해서는 법원이 적극적으로 사법심사를 하는 것이 부적절한 것으로 평가되어 왔다. 그것은 범죄인들을 다루는 행형당국의 규율권과 명령권을 법원이 존중하여야 할 필요성이 있었기 때문이다. 그러한 규율과 명령은 수용시설의 안전과 질서를 위한 것이고, 범죄인들을 교화목적에 맞게 다루는 것은 고도의 어려움과 전문성을 요구하는 것이므로, 교도행정에 관련된 문제는 설사 그것이 기본적 인권에 관련된 사항이라도 법원이 적극적으로 나서서 무엇이 바람직한 것인지 혹은 합리적 재량 범위를 넘어서는 것인지 판단하기가 쉽지 않다. 또한 그들은 이미 국가의 형사절차에 따라 구금되어 신체의 자유가 제약된 상황이므로 이들에게 보장되어야 할 기본권의 범위가 다른 일반인의 기본권 범위와 같을 수는 없는 것이다. 또한 교도행정에 사용되는 자원과 예산은 한정되어 있을 수밖에 없는데, 법원이 그것들이 최대한이 되도록 요구하는 결정을 내리게 되는 것은 비현실적인 측면이 있다. 그렇다면 구체적으로 위헌심사의 기준을 어떻게 설정할지가 문제된다고 할 것이다.[5]

2. 상정 가능한 3가지 입장

수용자의 기본권 제한에 대한 위헌심사 기준에 관하여 다음과 같은 3가지 입장을 상정해 볼 수 있을 것이다.[6]

(1) 과잉금지원칙을 엄격하게 적용하려는 입장

헌법 제37조 제2항에서 도출되는 과잉금지의 원칙을 다른 일반인에 대한 기본권 제한 문제와 마찬가지로 똑같이 적용하는 입장이다. 이는 헌법재판소가 그동안 헌법 제37조 제2항을 과잉금지의 원칙(비례의 원칙)으로 해석하여 국민의 자유와 권리의 제한에 대해서 요구해 온 헌법적 척도에 충실한 안이라고 할 수 있다.

헌법재판소도 이러한 입장이라고 할 수 있는데, 구체적으로 “징역 · 금고 등 자유형을 선고받아 그 형이 확정된 자는 그 집행을 위하여 교도소에 구금

5) 이명웅, 전게 글 265~266쪽.
6) 이명웅, 전게 글 266~270쪽.

되며, 교도소는 '수형자를 격리하여 교정·교화하며 건전한 국민사상과 근로정신을 함양하고 기술교육을 실시하여 사회에 복귀하게 하는 것'을 목적으로 하는 국가기관이다(행형법 제1조, 제2조, 제3조). 따라서 교도소에서 수형자의 복역관계(재소관계)는 위와 같은 행형목적을 달성하기 위하여, 자유형의 선고를 받은 자를 행형법 등의 규정에 따라 수용함으로써, 국가와 수형자간에 성립하는 특수한 법률관계라고 할 수 있다. 이에 따라 수형자는 격리된 시설에서 강제적인 공동생활을 하게 되므로 헌법이 보장하는 신체의 자유 등 기본권에 대한 제한은 불가피하다. 그러나 이러한 수형자의 경우에도 모든 기본권의 제한이 정당화될 수 없으며 국가가 개인의 불가침의 기본적인 인권을 확인하고 보장할 의무(헌법 제10조)로부터 자유로워질 수는 없다. 따라서 수형자의 지위에서 제한이 예정되어 있는 자유와 권리는 형의 집행과 도망의 방지라는 구금의 목적과 관련된 신체의 자유 및 거주이전의 자유 등 몇몇 기본권에 한정되어야 하며 그 역시 필요한 범위를 벗어날 수 없다. 특히 수용시설 내의 질서 및 안전 유지를 위하여 행해지는 규율과 징계를 통한 기본권의 제한은 수형자에게 구금과는 별도로 부가적으로 가해지는 고통으로서 다른 방법으로는 그 목적을 달성할 수 없는 경우에만 예외적으로 허용되어야 할 것이다(헌재 2003. 12. 18. 2001헌마163, 판례집 15-2하, 562, 562). 이와 같이 수형자의 기본권 제한에 대한 구체적인 한계는 헌법 제37조 제2항에 따라 법률에 의하여, 구체적인 자유·권리의 내용과 성질, 그 제한의 태양과 정도 등을 교량하여 설정하게 되며(헌재 1999. 5. 27. 97헌마137등, 판례집 11-1, 653, 662 참조), 수용 시설 내의 안전과 질서를 유지하기 위하여 이들 기본권의 일부 제한이 불가피하다 하더라도 그 본질적인 내용을 침해하거나, 목적의 정당성, 방법의 적정성, 피해의 최소성 및 법익의 균형성 등을 의미하는 과잉금지의 원칙에 위배되어서는 안 된다(헌재 1997. 3. 27. 95헌가17, 판례집 9-1, 219, 234; 1998. 5. 28. 95헌바18, 판례집 10-1, 583, 595; 2002. 7. 18. 2000헌마327, 판례집 14-2, 54, 63 참조)"라고 설시한 바 있다.[7]

(2) 완화된 과잉금지원칙을 적용하려는 입장

과잉금지원칙을 적용하되 기본권 제한 목적의 정당성을 넓게 인정하고

7) 헌재 2004. 12. 16.자 2002헌마478 결정, 판례집 16-2하, 548, 558.

이를 달성하기 위한 수단의 선택에서 입법자 내지 행형당국의 재량을 최대한 존중하는 입장이다. 이는 '완화된 의미의 과잉금지' 심사라 할 수 있다. 이에 의하면 입법부와 행정부의 재량은 존중되어야 하며, 해당 입법이나 조치가 교도행정을 위하여 '필요한 범위 내'의 것이라면 그것이 필요 최소한의 조치인지 여부를 엄격하게 따져보지 아니하더라도 합헌으로 인정될 수 있을 것이다.

이러한 입장은 헌법 제37조 제2항의 과잉금지 심사를 유지하면서도 국가의 형벌권 행사와 교도행정에 있어서 요구되는 전문성과 재량을 사법판단에서 가능한 한 존중하는 것이 될 수 있다.

⑶ 합리성 심사를 적용하려는 입장

입법자 내지 행형당국의 재량을 폭넓게 인정하고 기본권 제한에 합리적인 이유가 있으면 합헌으로 인정할 수 있다는 입장이다. 이 경우 과잉금지의 원칙이 아니라 합리적 이유 유무를 따지는 완화된 심사가 이루어진다. 이러한 심사의 정도는 헌법재판소가 평등권 심사에서 설시해 왔다. 즉 헌법재판소가 행하는 심사는 그것이 '가장 합리적이고 타당한 수단인가에 있지 아니하고 단지 입법자의 형성이 헌법적 한계 내에 머물고 있는가 하는 것에 국한될 수 밖에 없다'고 한 바 있다. 기본적으로 수용자의 기본권 제한에 관하여 합리성 심사를 하는 입장은 우리나라에서는 쉽사리 채택되기 어렵다고 보인다. 수형자의 기본권 제한에 대한 심사는 헌법 제37조 제2항의 문언을 벗어날 수 없으며, 이 조항에서 과잉금지원칙을 도출하고 있는 헌법재판소의 판례에 따르면 그러한 사항에 대하여 과잉금지원칙을 떠나 합리성 심사만을 하기가 곤란하다.

3. 검 토

우리 헌법 제37조 제2항의 규정 형식과 내용을 볼 때, 수용자에 대한 기본권 제한 역시 일반 국민들의 경우와 마찬가지로 정당한 입법목적이 있는 경우에 필요한 범위 내에서만 가능하다고 볼 것이므로, 그 기본권 제한의 위헌 여부를 심사함에 있어 헌법 제37조 제2항에 의한 과잉금지원칙을 적용함이 타당할 것이다.

그런데 헌법재판소가 취하고 있는 위 (1)의 입장에 관하여는, '수용시설 내의 질서 및 안전 유지를 위하여 행해지는 규율과 징계'의 특징을 위헌심사시 적절히 반영하기 어려운 난점이 있다는 비판이 가능할 것이다.

즉 수용소 내의 안전과 질서는 수용자들과 교도관 등에게 매우 중요한 문제이며 교도행정의 목적에 맞게 전문적으로 이루어져야 할 영역이므로 수용자에 대한 기본권의 제한에 대해서는 일반 국민들의 기본권 제한에서보다 위헌심사의 기준이 보다 완화될 전문적·정책적 필요성이 있다고 볼 수 있는데, 그럼에도 불구하고 이에 대하여 과잉금지 원칙을 엄격하게만 적용한다면 그러한 필요성을 적절하게 반영하기 어렵다는 것이다. 특히 과잉금지의 원칙 중 '피해의 최소성'을 엄격하게 적용할 경우 헌법재판소가 교도행정이라는 특수한 전문적 분야에서 '보다 덜 제약적인 대안이 없을 것'이란 헌법적 요청을 관철하려 함으로써, 교도소 내의 안전과 질서를 위한 당국의 재량에 지나치게 깊이 개입하게 되는 문제점이 나타날 수 있을 것이다. 그러므로 '피해의 최소성' 원칙을 예외 없이 교도행정 분야에도 적용한다면 이는 지나치게 엄격한 심사기준이라는 비판의 소지가 있을 것이다.[8)]

통상 국가의 수용시설에 수용된 범죄자 내지 혐의자에게는 수용시설의 안전과 행형목적 등을 위하여 규제가 불가피하며, 그러한 규제에는 기본권의 제한이 동반될 것이지만, 그렇다고 수용자에 대한 기본권 제한이 아무런 법률적 근거 없이도 이루어질 수는 없다. 수용자의 기본권 제한시 동반되는 특수성이 있다 하더라도 그러한 특수성이 기본권 제한근거를 일반인과 달리 하는 것을 합리화할 수는 결코 없다고 할 것이다.[9)]

다만 위헌심사의 기준은 기본적으로 헌법의 해석에 관한 문제로서 해당 사안에 대한 심사기준은 결국 구체적인 자유·권리의 내용과 성질, 그 제한의 태양과 정도 등을 참작하여 종합적으로 설정하는 것이 바람직하다는 관점에서 그와 같은 특수성이 입법목적과 수단의 적정성 판단에서 반영될 수는 있다고 할 것이다.

한편 앞에서 잠시 언급한 바와 같이 미결수용자에 대하여는 헌법상 무죄추정의 원칙이 적용되기 때문에 수용시설의 안전과 규율의 필요성이 기결수

8) 이명웅, 전게 글 267~268쪽 참조.
9) 이명웅, 전게 글 260쪽 참조.

에 비하여 더 적다고 할 것이므로, 미결수용자의 기본권 제한에 있어서는 더욱 엄격하게 위헌심사가 이루어져야 할 것이다.

헌법재판소도 "미결수용자의 경우 헌법 제27조 제4항에 의하여 유죄의 판결이 확정될 때까지 무죄로 추정되므로 형사절차에서 필요한 최소한의 불이익만을 입도록 할 필요성은 형이 확정된 경우에 비하여 더욱 크다고 할 수 있다"라고 같은 취지로 설시한 바 있다.[10]

Ⅲ. 기본권 분야별 헌법재판소 판례 검토

1. 인간의 존엄과 가치(인격권), 신체의 자유, 사생활의 비밀과 자유

(1) 미결수용자 관련

1) 재소자용 수의착용 처분에 대한 위헌확인 사례

미결수용자에게 재소자용 의류를 입게 한 것이 헌법에 위반되는지 여부가 쟁점이 된 사건에서, 미결수용자가 수감되어 있는 동안 수사 또는 재판을 받을 때에도 사복을 입지 못하게 하고 재소자용 의류를 입게 한 행위로 인하여 기본권 침해가 있다고 결정한 사례이다.[11] 미결수용자에 대하여 무죄추정의 원칙을 관철하고 인격권 등의 제한을 억제한 것이라는 데에 그 의의가 있는 결정이라고 할 것이다.

① 구치소 안에서 사복을 입지 못하게 하는 것에 대한 헌법재판소 판단: 합헌

먼저, 구치소 안에서 사복을 입지 못하게 하는 것이 구금의 목적이나 시설의 규율과 안전유지를 위한 제한의 한계 범위를 벗어난 것인지 여부에 관하여 본다.

미결수용자에게 구치소 안에서 사복을 입지 못하게 하고 재소자용 의류를 입게 하는 것은 개인의 자유로운 인격의 발현을 억제하고 모욕감이나 수치심을 느끼게 하여 인간으로서의 존엄과 가치를 침해하는 면이 있다.

그러나 시설 안에서는 재소자용 의류를 입더라도 일반인의 눈에 띄지 않

10) 헌재 2003. 12. 18. 2001헌마163, 판례집 15-2하, 562, 575.
11) 헌재 1999. 5. 27. 97헌마137, 98헌마5(병합) 전원재판부, 판례집 11-1, 653.

고, 수사 또는 재판에서 변해(辯解)·방어권을 행사하는 데 지장을 주는 것도 아니다. 미결수용자에게 사복을 입도록 하면 면회객 등과 구별이 되지 아니하며, 의복의 수선이나 세탁 및 계절에 따라 의복을 바꾸는 과정에서 증거인멸 또는 도주를 기도하거나 흉기, 담배, 약품 등 소지금지품이 반입될 염려도 있다. 또한 사회적 신분이나 빈부의 차이가 의복을 통하여 드러나고 이로 인한 수용자 간의 위화감으로 사고발생도 예상된다.

따라서 미결수용자에게 시설 안에서 재소자용 의류를 입게 하는 것은 구금 목적의 달성, 시설의 규율과 안전유지를 위한 필요최소한의 제한으로서 정당성·합리성을 갖춘 재량의 범위 내의 조치이다.

② 미결수용자가 수사 또는 재판을 받기 위해서 구치소 밖으로 나올 때에 사복을 입지 못하게 하는 것에 대한 헌법재판소 판단 : 위헌

다음, 미결수용자가 수사 또는 재판을 받기 위해서 구치소 밖으로 나올 때에 사복을 입지 못하게 하는 것이 구금의 목적 달성이나 시설의 규율과 안전유지를 위한 제한의 한계 범위를 벗어난 것인지 여부에 관하여 본다.

미결수용자가 일반인과 같은 사복을 입고 시설 밖으로 나오게 되면 중형에 해당하는 죄의 수사 또는 재판을 받는 자는 도주할 생각을 갖는 경우가 있고, 또 도주를 하면 일반인과 구별이 어려워 이를 제지하거나 체포하는 데도 어려움이 있다. 수사 또는 재판을 받을 때에 재소자용 의류를 입게 하는 것은 이와 같은 사고 방지에 필요하고도 유용한 수단이다.

그러나 미결수용자가 수사 또는 재판을 받기 위하여 시설 밖으로 나오면 일반인의 눈에 띄게 되어 재소자용 의류 때문에 모욕감이나 수치심을 느끼게 된다. 미결수용자는 수사단계부터 고지·변해·방어의 권리가 보장되어야 하고 재판단계에서는 당사자로서의 지위를 가지므로, 유죄가 확정되지 아니한 미결수용자에게 재소자용 의류를 입게 하는 것은 심리적인 위축으로 위와 같은 권리를 제대로 행사할 수 없게 하여 실체적 진실의 발견을 저해(沮害)할 우려가 있다.

우리의 교정 현실이 인적·물적 설비에서 상대적으로 부족하다고 할지라도, 미결수용자의 도주 방지는 계구(戒具)의 사용이나 계호 인력을 늘리는 등의 수단에 의할 것이지 기본권 보호의 필요성이 현저한 수사 또는 재판에서 사복을 입지 못하게 하는 것은 어떠한 이유를 내세우더라도 그 제한은 정당화

될 수 없으므로 헌법 제37조 제2항의 기본권 제한에서의 비례원칙에 위반된다고 할 것이다.

그러므로 미결수용자에게 재소자용 의류를 입게 하는 것은 무죄추정의 원칙에 반하고 인간으로서의 존엄과 가치에서 유래하는 인격권과 행복추구권, 공정한 재판을 받을 권리를 침해하는 것이다(1955년 유엔 범죄방지 및 범죄자처우 회의에서 채택한 '피구금자 처우에 관한 최저기준규칙' 제84조 제2항은 '유죄판결을 받지 아니한 피구금자는 무죄로 추정되고 무죄인 자로서 처우되어야 한다'고 하고, 제17조 제3항은 시설 내에서는 사복을 입는 것이 허용되지 아니하는 피구금자에 대하여도 그가 '정당하게 인정된 목적을 위하여 시설 밖으로 외출할 때에는 언제나 자신의 사복 또는 눈에 띄지 않는 의복을 입도록 허용되어야 한다'는 규정도 이러한 면을 고려한 것이다).

헌법재판소에 이 심판청구가 계류된 이후, 법무부는 1999. 3. 4. 수사 또는 재판시에 미결수용자가 사복을 입을 수 있게 새로 지침을 만들었다. 다만, 1999. 4.부터 같은 해 6.까지 5개 시범실시기관인 서울구치소, 울산구치소, 군산교도소, 홍성교도소, 강릉교도소 등에만 허용하고 같은 해 7.에는 전국적으로 확대 실시할 예정이다.

2) 유치장 내 화장실 설치 및 관리행위에 대한 위헌확인 사례

유치인으로 하여금 유치실 내 화장실을 사용하도록 강제한 피청구인의 행위가 헌법재판소법 제68조 제1항의 공권력의 행사 또는 불행사에 해당하고, 차폐시설이 불충분하여 사용과정에서 신체부위가 다른 유치인들 및 경찰관들에게 관찰될 수 있고 냄새가 유출되는 유치실 내 화장실을 사용하도록 강제한 피청구인의 행위로 인하여 기본권의 침해가 있다고 결정한 사례이다.[12] 이 결정은 미결수용자들에 대한 기본권 제한에 과잉금지원칙을 엄격하게 적용한 것이라고 볼 수 있다.

헌법재판소의 구체적인 판단

(1) 이 사건 청구인들의 법적 지위

(가) 유치장은 경찰관직무집행법 제9조에 의하여 법률이 정한 절차에 따라 체포·구속되거나 신체의 자유를 제한하는 판결 또는 처분을 받은 자를 수용

12) 헌재 2001. 7. 19. 2000헌마546, 판례집 13-2, 103.

하기 위하여 각 경찰서에 설치할 수 있도록 되어 있는 시설이고 행형법 제68조에 의하여 미결수용실에 준하도록 되어 있으며 유치장에 수용되어 있는 유치인들의 도망과 증거인멸을 방지하는 기능을 한다.

이 사건 청구인들은 앞에서 본 바와 같이 현행범으로 체포되어 영등포경찰서 유치장에 수용되었으나 아직 구속영장이 발부되지 않은 단순히 체포된 상태에 있음에 불과한 체포 중의 유치인으로서 구속영장이 발부·집행된 행형법상 미결수용자의 지위도 취득하기 전의 신분이었다. 체포 중의 유치인들은 혐의사실에 관한 수사기관의 조사 후 검찰이 영장을 청구하지 않거나 검찰의 구속영장청구에 대한 법원의 영장기각결정으로 석방되기도 하는바, 이 사건 청구인들은 실제로 법원의 구속영장이 발부되지 아니하여 석방되었다.

(나) 미결수용자들은 격리된 시설에서 강제적 공동생활을 하므로 구금목적의 달성, 즉 도주·증거인멸의 방지와 규율 및 안전유지를 위한 통제의 결과 헌법이 보장하는 신체의 자유 등 기본권에 대한 제한을 받는 것이 불가피하다. 그러나 이러한 기본권의 제한은 헌법 제37조 제2항에서 규정한 국가안전보장·질서유지 또는 공공복리를 위하여 필요한 경우에 한하여 법률로써 할 수 있으며, 제한하는 경우에도 자유와 권리의 본질적인 내용을 침해할 수 없다. 무죄가 추정되는 미결수용자의 자유와 권리에 대한 제한은 구금의 목적인 도망·증거인멸의 방지와 시설 내의 규율 및 안전 유지를 위한 필요최소한의 합리적인 범위를 벗어나서는 아니 된다(헌재 1999.5.27. 97헌마137등, 판례집 11-1, 653, 661-662 참조).

또한, 미결구금은 수사 및 재판 등의 절차확보를 위해 불가피한 것이기는 하나 실질적으로 형의 집행에 유사한 자유의 제한을 초래하는 폐단이 있다는 것은 널리 인식되어 있는 사실이다. 미결수용자들은 구금으로 인해 긴장, 불안, 초조감을 느끼는 등 심리적으로 불안정한 상태에 빠지고 위축되며, 육체적으로도 건강을 해치기 쉽고, 자칫 열악하고 불리한 환경의 영향으로 형사절차에서 보장되어야 할 적정한 방어권 행사에 제약을 받거나 나아가 기본적 인권이 유린되기 쉽다. 그러므로 구금 자체의 폐단을 최소화하고 필요 이상으로 자유와 권리가 제한되는 것을 피하기 위해서, 그리고 이들의 형사절차상 방어권의 실질적 보장을 위해서는 규율 수단의 선택에 있어 충돌되는 이익들 간의 신중한 비교교량을 요하며, 통제의 효율성에만 비중이 두어져서는 아니 된다.

(다) 위와 같은 점들은 아직 구속여부에 관한 종국적 판단조차 받지 않은 잠정적 지위에 있는 이 사건 청구인들에게도 당연히 적용되고, 이들에 대한 기본권 제한은 구속영장이 발부·집행된 미결수용자들의 경우와는 달리 더 완화되어야 할 것이며, 이들의 권리는 가능한 한 더욱 보호됨이 바람직하다.

(2) 인정되는 사실 및 기본권 침해여부

청구인들이 그 주장과 같이 차폐시설이 불충분한 이 사건 화장실 사용을 강요당함으로써 굴욕감과 수치심을 느끼지 않을 수 없었고 이에 따라 자연스런 생리적 욕구자체를 억제하여야만 하였다면 헌법 제10조에 의해 보장되는 인격권 침해가 가장 직접적으로 문제되므로 그 침해 여부를 검토하기로 한다.

(가) 자료에 의하면 다음과 같은 사실이 인정된다.

청구인들은 서울 영등포경찰서 유치장에 2000.6.18. 09:00경부터 같은 달 20. 02:00경까지 수용되어 있었는바, 이 사건 유치실은 유치장 1층에 위치하였으며, 각 면의 너비 중 후면과 좌·우면이 각 약 5m, 전면이 약 2.3m 정도 되는 사다리꼴의 형태로서, 수용 적정 인원이 8명이다. 이 사건 유치실 좌·우면 및 후면의 각 3개면은 바닥으로부터 천장까지 벽으로 막혀 있으나 출입문이 설치된 유치실 전면에는 22여개의 쇠창살이 8㎝ 간격으로 바닥에서부터 천장까지 세로로 세워져 있을 뿐이어서 유치실 내부 및 유치실 안의 한쪽 구석에 위치한 이 사건 화장실의 모습이 창살의 틈을 통하여 유치실 밖에 있는 같은 층의 경비경찰관들 뿐만 아니라 2층의 경비경찰관에게도 관찰될 수 있게 되어 있고 유치실 밖에는 유치인들의 동태를 감시하기 위해 유치실을 앞쪽으로부터 관찰할 수 있는 감시카메라(CC-TV)가 4대가 설치되어 있었다. 청구인들은 다른 여성유치인들과 함께 이 사건 유치실에 수용되어 있던 중 유치실 밖의 화장실 사용이 허가되지 아니하여 이 사건 화장실에서만 용변을 보아야 했다.

청구인들 유치 당시(그 후 이 사건 화장실은 개수되었다) 이 사건 화장실의 구조는 장방형으로서 2개면은 천장까지 이어져 있는 유치실 벽면에 붙어 있고, 나머지 2개면 중 1개면은 그 높이가 거실 바닥으로부터 약 76㎝인 차폐벽으로, 유치실 전면에서 정면으로 보이는 나머지 1개면은 같은 높이의 차폐벽과 그 높이가 거실 바닥으로부터 약 74㎝인 화장실문으로 가려져 있었고(그러나 화장실 바닥이 거실 바닥보다 약 12㎝ 더 낮다), 화장실문에는 그 상단으로부터 약 4㎝ 아래의 위치에 가로 약 30㎝, 세로 약10㎝의 직사각형의 유리창이 설치되어 있었다. 그리고 차폐벽이나 화장실문의 윗 부분은 거실과의 사이에 차폐시설이 없이 개방된 구조이고, 쪼그려 앉은 자세로 사용하는 방식의 수세식변기가 설치되어 있었으며 이 사건 화장실이나 유치실 내에는 창문 등의 별도의 환기시설도 없었다.

이와 같은 상황이었으므로 이 사건 청구인들이 용변을 볼 때는 그 소리와 냄새가 같은 유치실 내 거실로 직접 유출될 수 있고, 옷을 벗고 입는 과정에서 둔부 이하가 이 사건 유치실 내의 다른 동료 유치인들에 노출될 수 있으며, 이 사건 유치실 밖에 있는 같은 층의 경찰관들이나 특히 유치실을 앞 쪽에서 내려다 볼 수 있는 2층에 있는 경찰관들에게는 옷을 추스르는 과정에서 허벅지 등이 보일 수 있게 되어 있었다.

(나) 위와 같은 구조의 이 사건 화장실 사용을 강제한 피청구인의 행위가 청구인들의 인격권을 침해하였는지 여부에 관하여 살펴본다.

1) 유치장에 수용되어 있는 유치인들 중에서는 불안한 심리상태에서 자해, 자살을 하거나, 같이 수용된 다른 유치인들에게 가해행위를 하거나, 도주를 기도하는 등의 행동을 하는 자가 있으므로 유치인들의 동태를 감시할 필요성이 있는 점은 부인할 수 없다. 따라서 화장실을 유치실 내에 두어 유치장에 수용되어 있는 다수의 유치인들이 용변을 볼 때마다 유치실 밖으로 드나들 필요가 없도록 하고, 어느 정도 유치실 내 화장실을 포함한 그 내부를 관찰할 수 있는 구조로 설치하는 것에 대해서도 일단 그 타당성을 인정할 수 있다.

그러나 감시와 통제의 효율성에만 치중하여 앞서 본 바와 같이 지나치게 열악한 구조의 화장실사용을 모든 유치인들에게 일률적으로 강요하는 것은 미결수용자의 자유와 권리에 대한 제한이 구금의 목적인 도망·증거인멸의 방지와 시설 내의 규율 및 안전 유지를 위한 필요최소한의 합리적인 범위를 벗어나서는 아니된다는 원칙에 부합하기 어렵다.

또한 일반적으로 유치인들의 동태에 대한 감시가 필요하다 하더라도 이러한 감시가 가능하면서도 덜 개방적인 다른 구조의 시설 설치가 불가능한 것도 아니다. 예를 들어서, 하체를 가려줄 만한 높이의 하단부 차폐벽 위에 반투명한 재료를 사용한 차폐시설을 설치하여 어느 정도 그 행동을 감시할 수 있도록 하면서도 신체 부위의 노출과 냄새의 직접적 유출을 막고, 용변을 보는 자로 하여금 타인으로부터 관찰되고 있다는 느낌을 보다 덜 가질 수 있는 독립적 공간을 만들 수 있는 것이다.

더구나 구속영장이 집행된 미결수용자 또는 유죄판결이 확정된 수형자들이 사용하는 영등포구치소 또는 영등포교도소의 수용실 내 화장실은 내부의 관찰이 어느 정도 가능한 재료로 되어 있기는 하지만, 이 사건 화장실과는 달리 차폐시설이 천장까지 닿도록 되어 있어 독립적인 공간이 어느 정도 확보되어 있고 창문 등 환기시설도 따로 설치되어 있었다.

2) 헌법 제10조에서는 "모든 국민은 인간으로서의 존엄과 가치를 가지며, 행복을 추구할 권리를 가진다"라고 하여 모든 기본권의 종국적 목적이자 기본이념이라 할 수 있는 인간의 존엄과 가치를 규정하고 있는바, 이는 인간의 본질적이고도 고유한 가치로서 모든 경우에 최대한 존중되어야 한다.

그런데 앞에서 본 사실관계에 비추어 보면, 보통의 평범한 성인인 청구인들로서는 내밀한 신체부위가 노출될 수 있고 역겨운 냄새, 소리 등이 흘러나오는 가운데 용변을 보지 않을 수 없는 상황에 있었으므로 그때마다 수치심과 당혹감, 굴욕감을 느꼈을 것이고 나아가 생리적 욕구까지도 억제해야만 했을 것임을 어렵지 않게 알 수 있다. 나아가 함께 수용되어 있던 다른 유치인들로서도 누군가가 용변을 볼 때마다 불쾌감과 역겨움을 감내하고 이를 지켜보면서 마찬가지의 감정을 느꼈을 것이다.

그렇다면, 이 사건 청구인들로 하여금 유치기간 동안 위와 같은 구조의 화장실을 사용하도록 강제한 피청구인의 행위는 인간으로서의 기본적 품위를 유지할 수 없도록 하는 것으로서, 수인하기 어려운 정도라고 보여지므로 전체적으로 볼 때 비인도적·굴욕적일 뿐만 아니라 동시에 비록 건강을 침해할 정도는 아니라고 할지라도 헌법 제10조의 인간의 존엄과 가치로부터 유래하는 인격권을 침해하는 정도에 이르렀다고 판단된다.

3) 신체 과잉 수색행위에 대한 위헌확인 사례

현행범으로 체포된 청구인들로 하여금 경찰관에게 등을 보인 채 상의를 속옷과 함께 겨드랑이까지 올리고 하의를 속옷과 함께 무릎까지 내린 상태에서 3회에 걸쳐 앉았다 일어서게 하는 방법으로 실시한 정밀신체수색으로 인하여 청구인들의 기본권이 침해되었다고 결정한 사례이다.[13]

13) 헌재 2007. 7. 18. 2000헌마327, 판례집 14-2, 54.

위 결정은 현행범으로 체포된 사람들을 경찰서 유치장에 수용하는 과정에서 흉기 등 위험물 및 반입금지물품의 소지·은닉 여부를 확인하기 위하여 실시하는 정밀신체수색의 헌법적 한계를 설정한 것이라는 점에 의의가 있다고 할 것이다.

헌법재판소의 구체적인 판단

(1) 인정되는 사실

㈎ 청구인들은 2000. 3. 20. 00:20경 공직선거및선거부정방지법위반의 현행범으로 체포되어 성남 남부경찰서에서 피의자로서 조사를 받은 후, 같은 날 04:30경 유치장에 수용되면서 신체검사실에서 담당 여자경찰관으로부터 속옷을 걸친 상태에서 신체를 더듬는 방법으로 간단하게 신체검사를 받았다.

청구인들은 같은 날 13:00경 경찰관이 지켜보는 가운데 접견실에서 변호인과 집단으로 접견을 마친 후, 같은 날 13:30경 유치장에 재수용되는 과정에서 담당 여자경찰관으로부터 흉기 등 위험물 및 반입금지물품의 소지·은닉 여부 등의 확인을 위하여 상의를 모두 벗고 하의를 속옷과 함께 무릎까지 내려 정밀하게 신체검사를 받도록 요구받았다. 이에 청구인들은 이미 신체검사를 받았을 뿐만 아니라 변호인 접견을 마치고 재수용되는 것이므로 흉기 등 위험물 소지·은닉의 가능성도 없다는 등의 이유를 들어 거부하였다. 그러나 위 경찰관이 신체검사의 이유 및 근거 등을 제시하면서 신체검사에 협조할 것을 강력히 요구함에 따라 정밀신체검사라는 이름으로 이 사건 신체수색을 받았으며, 당시 일부 청구인은 생리 중이었다.

정밀신체검사는 시정이 가능한 밀폐된 신체검사실에서 여자 경찰관에게 등을 보인 채 뒤로 돌아서서 스스로 브래지어를 포함한 상의를 겨드랑이까지 올리고 팬티를 포함한 하의를 무릎까지 내린 상태에서 앉았다 일어서기를 3회 실시하는 방법으로 이루어졌다.

㈏ 위 사건을 수사한 경찰은 같은 달 21. 청구인들에 대하여 구속영장을 청구하지 아니하고 청구인들을 석방하였다. 그 후 청구인 김○경은 2000. 6. 16. 기소유예처분을 받았고, 같은 신○경은 불구속기소되어 같은 해 11. 1. 징역 8월 집행유예 1년을 선고받고, 그 무렵 위 판결이 확정되었으며, 같은 박○애는 불구속기소되어 같은 해 11. 1. 벌금 700,000원을 선고받고 항소하였으나 2001. 1. 9. 항소기각되어, 그 무렵 위 판결이 확정되었다.

한편 청구인들은 국가 등을 상대로 위법·부당한 신체검사로 인한 위자료 청구소송을 제기하여 2000. 11. 10 서울지방법원(2000가합35295)에서 원고 일부승소판결이 선고되었고, 국가가 항소하여 2001. 7. 6. 서울고등법원(2000나59403)에서 원고 패소판결이 선고되었으나, 청구인들이 상고하여 같은 해 10. 26. 대법원(2001다51466)에서 파기환송판결이 선고되었고, 현재 서울고등법원(2001나66996)에서 재판계속 중이다.

(2) 이 사건 신체수색으로 인하여 청구인들의 헌법상 기본권이 침해되었는지 여부

청구인들이 그 주장과 같이 피청구인으로부터 법률상의 근거도 없이 과도한 이 사건 신체수색을 강요당함으로써 수인의 한계를 넘어설 정도로 극도의 모욕감과 수치심을 느끼지 않을 수 없었다면 헌법 제10조에 의하여 보장되는 인격권 및 제12조에 의하여 보장되는 신체의 자유의 침해 여부가 문제된다 할 것이다.

㈎ 경찰서 유치장 내의 수용자에 대한 신체검사의 법률적 근거

유치장은 경찰관직무집행법 제 9 조에 의하여 법률이 정한 절차에 따라 체포·구속되거나 신체의 자유를 제한하는 판결 또는 처분을 받은 자를 수용하기 위하여 일선 경찰서에 설치할 수 있도록 되어 있는 시설로서, 수용되어 있는 유치인들의 도망과 증거인멸을 방지하는 기능을 한다.

그리고 이 사건 신체수색을 포함한 경찰서 유지장 내의 수용자들에 대한 신체검사는 구 행형법 제68조에 의하여 경찰서 유치장이 미결수용실에 준한다는 규정과 같은 법 제10조의 규정에 근거하여 이루어지는 것이다. 즉 경찰서 유치장은 그 성질에 반하지 아니하는 범위 내에서 미결수용실에 관한 관련 규정을 준용하여 운영되는 것인바, 그 중 신체검사에 관하여 구 행형법 제10조 제 1 항은 '신입자(수용자로서 교도소, 소년교도소 또는 구치소 신입하는 자)에 대하여는 신체, 의류를 검사하고, 지문을 채취하며 사진을 촬영하여야 한다'고 규정하고, 같은 조 제 2 항은 '수용 중의 자에 대하여도 당해 소장이 필요하다고 인정할 경우에는 신체, 의류를 검사하고 지문을 채취하며 사진을 촬영할 수 있다'고 규정하고 있다. 따라서 위 각 조항은 경찰서 유치장 내의 수용자에 대한 신체검사의 법률적 근거가 된다 할 것이다.

(나) 경찰서 유치장 내의 수용자에 대한 신체검사의 허용범위

피청구인이 유치장에 수용되는 자에 대하여 실시하는 신체검사는 수용자의 생명·신체에 대한 위해를 방지하고 유치장 내의 안전과 질서를 유지하기 위하여 흉기 등 위험물이나 반입금지물품의 소지·은닉 여부를 조사하는 것으로서, 위 목적에 비추어 일정한 범위 내에서 신체수색의 필요성과 타당성은 인정된다.

그러나 이러한 행정목적을 달성하기 위하여 경찰청장이 일선 경찰서 및 그 직원에 대하여 그 직무권한 행사의 지침을 발한 이 사건 규칙에 따른 신체검사가 당연히 적법한 것이라고는 할 수 없고, 그 목적 달성을 위하여 필요한 최소한도의 범위 내에서 또한 수용자의 명예나 수치심을 포함한 기본권이 침해되는 일이 없도록 충분히 배려한 상당한 방법으로 이루어져야 한다. 따라서 경찰서 유치장 내의 수용자에 대한 정밀신체검사는 수용자가 신체의 은밀한 부위에 흉기 등 위험물 및 반입금지물품을 소지·은닉한 채 입소할 가능성이 있다고 판단되며, 다른 방법 예컨대 외부로부터의 관찰 또는 촉진에 의한 검사 등으로는 위 물품을 도저히 찾아내기 어렵다고 볼 만한 합리적인 이유가 있고, 수용자에 대한 기본권 침해의 여지를 최소화하는 수단과 방법으로 실시되는 경우에 한하여만 허용된다 할 것이다.

(다) 판　　단

헌법 제10조는 모든 기본권 보장의 종국적 목적이자 기본이념이라 할 수 있는 인간의 본질적이고 고유한 가치인 인간의 존엄과 가치로부터 유래하는 인격권을 보장하고 있고(헌재 1990. 9. 10. 89헌마82, 판례집 2, 306, 310 등 참조), 제12조는 정신적 자유와 더불어 인간의 존엄과 가치를 구현하기 위한 가장 기본적인 자유로서 모든 기본권 보장의 전제가 되는 신체의 자유를 보장하고 있다(헌재 1992. 4. 14. 90헌마82, 판례집 4, 194, 206 등 참조). 따라서 구 행형법 제68조 등에 근거하여 경찰서 유치장 내의 수용자에 대한 정밀신체검사의 실시에 따라 국민의 기본권에 대한 제한이 불가피하다 하더라도, 그 본질적인 내용을 침해하거나, 목적의 정당성, 방법의 적정성, 피해의 최소성 및 법익의 균형성 등을 의미하는 과잉금지의 원칙에 위배되어서는 아니 된다(헌재 1997. 3. 27. 95헌가17, 판례집 9-1, 219, 234 ; 헌재 1998. 5. 28. 95헌바18 판례집 10-1, 583, 595 등 참조).

그런데 앞에서 본 바와 같이 청구인들은 공직선거및선거부정방지법위반의 현행범으로 체포된 여자들로서 체포될 당시 흉기 등 위험물을 소지 은닉하

고 있었을 가능성이 거의 없었고, 처음 유치장에 수용될 당시 신체검사를 통하여 흉기 등 위험물 및 반입금지물품의 소지·은닉 여부를 조사하여 그러한 물품이 없다는 사실을 이미 확인하였으며, 청구인들이 변호인 접견실에서 변호인을 집단으로 접견할 당시 경찰관이 가시거리에서 변호인 접견과정을 일일이 육안으로 감시하면서 일부 청구인의 휴대폰 사용을 제지하기도 하였던 점 등에 비추어 청구인들이 유치장에 재수용되는 과정에서 흉기 등 위험물이나 반입금지물품을 소지·은닉할 가능성도 극히 낮았다. 또한 성남 남부경찰서의 경우 변호인 접견 후 신체검사를 실시하여 흉기 등 위험물이나 반입금지물품의 소지·은닉을 적발한 사례가 없었던 사실을 피청구인이 자인하였으며, 특히 청구인들의 옷을 전부 벗긴 상태에서 앉았다 일어서기를 반복하게 하는 방법의 이 사건 신체수색은 그 자체로서 청구인들의 명예와 자존심 등을 심하게 손상하는 점 등을 함께 보태어 보면, 피청구인이 청구인들에 대하여 실시한 이 사건 신체수색은 그 수단과 방법에 있어서 필요 최소한의 범위를 명백하게 벗어난 조치로서 이 사건 신체수색으로 말미암아 청구인들에게 심한 모욕감과 수치심만을 안겨주었다고 인정하기에 충분하다.

그렇다면 피청구인의 청구인들에 대한 이러한 과도한 이 사건 신체수색은 그 필요성에도 불구하고 그 수단과 방법에 있어서 필요한 최소한도의 범위를 벗어났을 뿐만 아니라, 이로 인하여 청구인들로 하여금 인간으로서의 기본적 품위를 유지할 수 없도록 함으로써 수인하기 어려운 정도라고 보여지므로 헌법 제10조의 인간의 존엄과 가치로부터 유래하는 인격권 및 제12조의 신체의 자유를 침해하는 정도에 이르렀다고 판단된다.

4) 계호근무준칙 제298조 등에 대한 위헌확인 사례

법무부 훈령인 계호근무준칙 제298조 제1호·제2호에 대해 공권력행사성과 직접성을 인정하고, 검사조사실에서의 구속 피의자에 대한 계구사용에 관한 원칙을 제시하면서, 검사조사실에서의 계구사용을 원칙으로 정한 위 계호근무준칙조항과, 도주, 폭행, 소요, 자해 등의 위험이 구체적으로 드러나거나 예견되지 않음에도 여러 날 장시간 피의자신문을 하면서 계구로 피의자를 속박한 행위가 신체의 자유를 침해하였다고 결정한 사례이다.[14)]

14) 헌재 2005. 5. 26. 2004헌마49, 판례집 17-1, 754.

위 결정은 계구사용에 대한 기준을 계호의 필요성에 상응하는 만큼으로 정함으로써 수용자의 신체의 자유가 구금된 이상으로 지나치게 제한되어서는 안 된다는 법리를 재확인한 것이라고 할 수 있다.

헌법재판소의 구체적인 판단

(1) 다수의견

(가) 계호근무준칙의 위헌성

1) 교도소, 구치소 등 수형자나 미결수용자의 수용시설에서 구금확보를 위해 장애가 되는 요인들을 예방하고 배제하며 수용자나 제3자의 생명·신체·재산에 대한 장애나 위험을 예방·배제하기 위하여 필요에 따라 강제력을 행사할 수 있어야 하므로 교정공무원에게는 신체적인 유형력 행사, 교도봉·가스분사기·최루탄 등의 보안장비나 무기를 사용한 강제력 행사 등의 권한을 포함하는 계호권이 주어지는데 이러한 계호권에는 포승, 수갑 등의 계구를 사용할 권한도 들어 있다(행형법 제3장 및 같은 장 제14조 참조). 이와 같이 계구는 계호의 필요에 의해 사용할 수 있지만 그 사용이 불가피한 경우에도 꼭 필요한 경우에만 사용할 수 있을 뿐, 일단 구금된 자라는 이유만으로 계구사용이 당연히 허용되는 것은 물론 아니다. 포승, 수갑 등을 사용한 신체의 결박은 자연스러운 거동을 불가능하게 하거나 매우 불편하게 만들 뿐 아니라 종종 심리적 위축까지 수반하며 장시간 계속될 경우 심신에 고통을 주거나 나아가 건강에 악영향을 끼치고 사용하는 방법에 따라서는 인간으로서의 품위에까지 손상을 줄 수도 있다. 그러므로 계구를 사용한 신체의 자유의 추가적 제한 또한 헌법 제37조 제2항에 따른 기본권 제한의 한계를 지켜야 하고 목적의 정당성, 방법의 적정성, 피해의 최소성 및 법익의 균형성을 갖춤으로써 과잉금지의 원칙에 반하지 않아야 한다. 과도한 계구사용은 이와 같이 신체의 자유, 나아가 인간의 존엄성의 침해가 될 수 있다. 특히 미결수용자의 경우에는 무죄추정원칙에도 불구하고 수사나 재판의 필요성 때문에 불가피하게 구금한 것이므로 그 자유제한은 불가피한 정도에 그칠 필요성이 더욱 요구된다. 2004. 12. 18. 선고 2001헌마163 결정에서 우리 재판소는 수용자에 대한 계구사용은 도주, 가해, 자살 등을 막기 위해 사용할 수 있으나 분명하고 구체적인 위험이 있는 상태에서 이를 제거하기 위해 필요한 만큼만 사용되어야 한다고 판시한 바 있다.

2) 행형법 제14조에서는 계구의 사용요건과 종류 등을 규정하고 있고 행형법 시행령은 이를 더 구체화하고 있다. 위 제14조 제1항은 계구를 사용할 수 있는 사유에 관하여 "수용자의 도주·폭행·소요 또는 자살의 방지 기타 교도소 등의 안전과 질서유지를 위하여 필요한 경우"라고 하고 있다. 또 위 법 시행령 제46조에서는 계구의 종류별 사용 요건에 대해 규정하고 있는데 그 중 제1항은 "포승과 수갑은 소요·폭행·도주 또는 자살의 우려가 있는 자와 호송중의 수용자에게" 사용한다고 규정하고 있고, 제45조에서는 "계구는 당해 소장의 명령 없이 사용하지 못한다. 다만, 긴급을 요하는 때에는 사용 후 즉시 소장에게 보고하여야 한다"라고 규정하고 있다. 또 이 사건 기록에 나타나는 청구인과 피청구인의 주장과 자료에 의하면 원칙적으로 구속된 상태에 있는 모든 피의자나 피고인은 검사 조사실에서 조사를 받는 시간 중 계구로 결박된 상태에서, 그리고 계호교도관이 같은 방에서 계호를 하는 상태에서, 조사를 받는 것이 확립된 관행으로서 검사가 계구를 해제하라고 요구하는 경우에도 계호교도관은 이 사건 준칙조항에 따라 이에 바로 응하지 않고 지휘계통을 따라 상급자에게 보고하여 승인을 받아야만 비로소 해제가 이루어지는 것으로 보인다.

3) 결국 구속 피의자에 대한 계구의 사용은 도주, 폭행, 소요 또는 자해나 자살의 위험이 분명하고 구체적으로 드러난 상태에서 이를 제거하기 위해 필요한 만큼만 사용하는 것이 원칙이라고 보아야 한다. 또한 검사가 피의자신문을 하는 경우에는 계구의 계속적 사용이 피의자의 심리상태를 위축시키고 검사에게 대항하여 자기를 정당하게 변호할 의지력을 약화시킬 수 있다는 점이 정면으로 고려되어야 한다. 피의자의 방어권을 충분히 보장해 주어야 한다는 헌법과 형사소송법의 정신은 이 경우에도 최대한 관철되어야 하기 때문이다.

그렇다면 검사가 검사조사실에서 피의자신문을 하는 절차에서는 피의자가 신체적으로나 심리적으로 위축되지 않은 상태에서 자기의 방어권을 충분히 행사할 수 있도록 계구를 사용하지 말아야 하는 것이 원칙이고 다만 도주, 폭행, 소요, 자해 등의 위험이 분명하고 구체적으로 드러나는 경우에만 예외적으로 계구를 사용하여야 할 것이다.

4) 이렇게 볼 때 이 사건 준칙조항의 위헌성은 그대로 드러난다. 왜냐하면 이 조항은 위에서 설명한 바와는 반대로, 검사실에서의 계구사용을 원칙으로 하면서(제1호) 심지어는 검사의 계구해제 요청이 있더라도 이를 거절하도록

규정함으로써(제2호 본문) 계구의 사용을 거의 절대적인 원칙으로 삼고 있기 때문이다. 비록 제2호 단서에서 "다만, 상관으로부터 지시를 받았을 때에는 예외로 한다"라고 하는 예외를 형식상 두고 있지만 이것이 실제로 적용되기란 매우 어려울 것이라는 점은 권력의 속성과 관료체계의 경직성으로부터 쉽게 이해될 수 있다.

따라서 이 조항이 취하고 있는 원칙과 예외의 이러한 완전한 전도는, 기본권은 원칙으로 최대한 보장하고 예외로 최소한도로만 제한하여야 한다는 헌법상의 기본권보장원칙에 어긋나게, 신체의 자유를 원칙적으로 과도하게 제한하여 이를 침해하는 결과를 가져오므로 헌법에 위반된다.

(나) 계구사용의 위헌성

1) 검사가 조사를 하는 곳은 비록 실내이긴 하지만 일정한 구역을 외부로부터 완전히 물리적으로 차단시키고 있는 교도소나 구치소에 비하여서는 구속된 피의자가 도주하기가 다소 용이하다고 볼 측면이 있고 또 검사조사실에 비치된 물품을 사용하여 폭행이나 자해를 할 우려가 상대적으로 높은 점이 없지 않다. 그러나 이러한 위험적 요소는 검사조사실의 출입문을 일시적으로 시정하고 다른 사람의 출입을 잠시 금지시키고 검사조사실에 비치된 물품의 위치와 재질, 모양 등을 적절히 선택하는 방법 등을 통하여 비교적 용이하게 상당 정도 제거가 가능하다고 보는 것이 상식에 비추어 합당하다. 그리고 계구의 해제를 원칙으로 한다고 하더라도 도주나 자해 등의 위험이 다른 경우에 비하여 높다고 인정되는 피의자에 대하여 사전에 계호를 강화하는 조치(계구의 사용을 포함한다)를 예외적으로 강구하는 것까지 막아야 한다는 것도 아니다.

2) 그러므로 이 사건의 경우에도 특별한 사정이 없는 한 검사가 청구인에 대하여 검사조사실에서 피의자신문을 하는 동안에는 계구를 해제하고 신문을 하는 것이 원칙이고 도주나 폭행, 소요 또는 자해 등의 위험이 예상되는 특별한 사정이 있을 경우에 한하여 예외적으로 계구를 사용했어야 할 것이다. 만일 그렇게 하지 아니하였다면 앞의 (가)의 판단에서 본 바와 같이 이는 헌법상의 신체의 자유를 침해하여 위헌이 될 것이다.

3) [별지 2] 기재와 같이 피청구인이 인정하는 계구사용시간의 내용에 따르면 청구인은 2003. 10. 24.경부터 11. 6.까지 사이에 10일 동안은 피의자신

문을 받는 동안 거의 계속하여 계구로 결박된 채 있었고 그 중 3시간 이상 계속 결박상태에서 피의자신문에 응한 날을 가려보아도 5일 이상이나 된다.

또한 기록에 의하여 이 사건 검사조사실의 구조, 청구인이 그 곳에서 조사를 받을 당시의 주변 상황, 청구인의 성향, 신체적 조건, 수용생활태도, 혐의사실의 내용, 구속경위, 조사 당시의 행동이나 심리상태 등을 종합적으로 살펴보면, 피청구인도 어느 정도 시인하는 바와 같이, 청구인이 도주를 하거나 소요, 폭행 또는 자해를 할 위험이 있었다고 인정하기는 어렵다. 청구인의 충동적인 자해의 위험에 관하여도 이것이 구체적으로 드러나거나 예견되었다는 사정이 전혀 발견되지 않는다.

그럼에도 불구하고 이와 같이 수일간, 그리고 장시간에 걸쳐 피의자신문을 하는 동안 계속 계구를 사용한 것은 막연한 도주나 자해의 위험 정도에 비해 과도한 대응이라 하지 않을 수 없고 따라서 신체의 자유를 제한함에 있어 준수되어야 할 피해의 최소성 요건을 충족하지 못한 것이다. 또 청구인에게는 수갑과 포승을 동시에 사용하였는데 위와 같이 장시간 계구를 사용할 경우에는 수갑과 포승 중 한 가지만 사용하는 것이 고통을 줄이는 한편 자해의 위험 방지에도 충분하였을 것이라는 점에서도 역시 피해의 최소성원칙을 어긴 것이 된다.

또한 신체를 결박하는 것은 단순히 신체적인 고통을 초래하는데 그치지 않고 긴장과 심리적 위축을 수반할 수밖에 없는데 실질적으로 열등한 지위에서 신문에 응해야 하는 피의자의 입장에서는 이러한 긴장과 심리적 위축이 방어권행사에 큰 장애가 된다는 점에서 신체의 자유에 대한 이러한 제한은 법익의 균형성도 갖추지 못한 것이다.

4) 그렇다면 2003. 10. 24.경부터 같은 해 11. 6.까지 사이에 수회에 걸쳐 청구인이 서울지방검찰청 검사조사실에서 피의자 신문을 받는 동안 피청구인 산하 교도관이 수갑과 포승으로 계속 청구인의 신체를 결박해 둔 행위는 청구인의 신체의 자유를 침해한 것이므로 위헌이라 할 것이다.

(2) 재판관 송인준, 주선회의 반대의견

다수의견은, 이 사건 준칙조항은 헌법에 위반되고 이에 근거한 계구사용행위도 청구인의 신체의 자유를 침해하였으므로 위헌적인 공권력행사라고 보고 있다. 그러나 검사조사실에서의 미결수용자에 대한 계구사용행위에 대하여는, 이로 인하여 제한되는 미결수용자의 신체의 자유와 계호권 보장을 통한 국가형벌권 실현 사이의 충돌하는 법익에 관하여 합리적인 비교교량을 통하여 헌법상 조화로운 해석을 도모할 필요가 있으므로 아래와 같이 반대의견을 밝혀 둔다.

(가) 우리 헌법은 모든 국민이 갖는 인간으로서의 존엄과 가치를 밝히면서(제10조), 이를 구현하기 위한 가장 기본적인 자유로서 신체의 자유를 보장하고 있고(제12조 제1항), 신체의 자유는 모든 기본권 보장의 전제가 되는 것으로서 신체거동의 자유와 함께 신체의 안전성이 외부로부터의 물리적인 힘이나 정신적인 위협으로부터 침해당하지 아니할 자유를 포함한다(헌재 1992. 12. 24. 92헌가8, 판례집 4, 853, 874)는 점은 우리도 인식을 같이 하고 있다.

또한 무죄가 추정되는 미결수용자의 자유와 권리에 대한 제한은 구금의 목적인 도주·증거인멸의 방지와 시설 내의 규율 및 안전 유지를 위한 필요최소한의 합리적인 범위를 벗어나서는 안 되고, 이러한 기본권의 제한은 헌법 제37조 제2항에 따라 구체적인 자유·권리의 내용과 성질, 그 제한의 태양과 정도 등을 교량하여 한계를 설정해야 함은 두말할 나위가 없다.

(나) 행형법령에서 계구사용의 요건으로 수용자의 도주·폭행·소요 또는 자살의 방지 기타 교도소 등의 안전과 질서유지를 위하여 필요한 경우로 한정하고(행형법 제14조 제1항, 동법시행령 제46조 제1항), 포승과 수갑의 사용을 이송 및 출정을 위한 호송 기타 교정시설 이외의 장소에서 수용자를 호송할 때 등(계구규칙 제4조)으로 규정하고 있음은 위와 같은 헌법이념과 원리를 구체화한 것으로 이해할 수 있다.

이 중 '호송'이란 수용자를 일시적으로 구금시설 외의 장소로 이동시키는 것을 말하는데, 예컨대 미결수용자의 경우에는 검사 또는 재판부의 소환에 응하기 위하여 일시적으로 검찰청이나 법원으로 호송하는 경우가 대부분이다. 이 때 호송관서에서 출발하여 검찰청 또는 법원에 도착한 후, 그리고 검찰구치감에서 수용 및 검사조사실에서의 조사 또는 법정대기실에서의 대기 및 법정 내 재판 과정에서의 계호업무는 그 성격상 호송의 개념 범위 내에 있는 업무로 보아야 하며, 이러한 인식에 터잡아 교도관이 이를 계속 수행하며 계구를 사용하고 있는 것이 교도실무라고 할 수 있다. 즉, 검사조사실에서도 호송 중의 계호권이 미치는 범위이므로 교도관은 당연히 계구를 사용한 상태로 근접계호를 하고, 검사로부터 계구해제의 요청을 받는 경우에도 이를 거절하고 상관에게 보고하여 수용자의 연령·성격·범수(犯數)·범행내용·수용생활태도·교정사고전력·사고유발위험성 등을 종합적으로 고려하여 계구 해제의 여부를 판단하는 것이다.

(다) 교도관에 의한 수용자의 신병확보는 보안작용으로서의 직무권한, 즉 계호권의 기본적인 내용이라고 할 수 있다. 이 계호업무는 교정시설의 내외를 불문하고 교도관의 책임과 의무에 속한다. 비록 검사가 수사상 필요에 의하여 구금시설에 수용되어 있는 수용자를 소환할 경우에도 앞서 본 바와 같이 수용자가 수용기관에서 검찰청으로 일시 그 신병이 옮겨지기는 하나 성질상 수용의 연장에 속하는 것이므로 담당교도관의 수용자에 대한 신병확보와 계호의 책무는 계속된다고 할 것이다. 그리고 구치감 거실이나 법정 내에서와는 달리 검사조사실에서의 계구사용은 다음과 같은 특수사정이 특별히 고려되어야 한다.

첫째, 검사조사실은 일반적으로 교도소 등 교정시설이나 구치감 거실과는 달리 도주나 폭행·자해·자살방지를 위한 시설이 갖추어지지 않은 것이 현실이다. 즉, 구치소나 교도소에는 거실(구금공간)에서 일반사회로의 최접근지까지 거실문·중간문(1~3단계)·주벽·이중철조망 등 5~7단계의 도주방지 차단장치 등이 있는데 비해, 검사조사실은 검사조사실에서 나올 경우 바로 일반사회로의 탈출이 가능하고(물적계호시설면), 2명 정도의 교도관만이 계호하고 있으며(계호인력면), 무전기 등 최소보안장비만 보유하고 있는 실정이다(보안장비면). 또한 민원인이나 불구속 피의자들의 왕래가 잦고, 참고인이나 공범 등을 함께 조사할 때에는 그들 사이의 이해관계가 첨예하게 충돌할 경우 폭력 등 돌발적 사고가 발생할 위험성이 매우 높다. 따라서 구금시설이라고 볼 수 없는 검사조사실에서 일반적으로 계구를 해제하는 경우 언제 어떻게 야기될지 모르는 이러한 돌발적인 상황을 효과적으로 예방하고 제지할 수 없는 상당한 어려움에 처한다고 할 수 있다.

둘째, 검사조사실에서 구속된 미결수용자는 수사검사의 추궁에 대하여 자신을 방어하기 위하여 최선을 다하는 과정에서 급격히 흥분되기 쉽고, 신문상황이 시시각각 달라지는 긴박한 상태이므로 피의자 등이 언제 어떻게 도주, 가해 및 자해 등을 할지 알 수 없어 구체적이고 임박한 위험이 항상 도사리고 있다. 따라서 교도관은 미리 이러한 위험의 예방 차원에서 계구를 사용할 수 밖에 없을 것이고, 검사조사실에서 조사를 받는 미결수용자는 변화하는 신문 상황에 따라 심리상태와 신체조건이 개별적이고 상이하여 그때그때 계구사용 여부를 결정한다는 것은 현실적으로 불가능할 뿐만 아니라, 그렇게 한다면 사실상 검사의 조사 자체도 어렵게 될 것이다. 실례로, 구속된 피의자가 검사조사실에서 공범인 피의자와의 대질신문 과정에서 범행사실이 드러나자 참여계장을 밀치고 책상서랍 안에 있는 면도칼로 자해한 사고, 검사조사실에서 수갑과 포승이 시용(施用)된 상태에서 투신하거나, 대질하던 참고인이 불리한 진술을 하자 투신자살하려고 한 사고, 검찰조사실에서 조사받던 중 준비한 칼로 복부를 긋고 자해한 사고 등 현행 계호준칙 하에서도 적지 않게 검사조사실 등에서 미결수용자의 가해 및 자해 사고가 발생하였고, 만약 앞으로 구속된 미결수용자에 대하여 검사조사실에서 원칙적으로 계구를 사용하지 못하게 한다면 이러한 사고는 더욱 빈발할 가능성이 높고 검사조사실에서의 안전과 질서가 상당히 위태로워질 수 있다.

셋째, 「법무연감」의 교정업무편 통계를 보면 2000년의 경우 1일 평균수용인원은 수형자와 미결수용자를 포함하여 62,959명, 2001년에 62,235명, 2002년에 61,084명, 2003년에는 58,945명 등으로서 매년 낮아지고는 있지만 교도관 1인당 평균 수용인원은 여전히 5명에 이르고 있다. 그런데 검사조사실로 소환되는 수용자에게는 교도관 2명이 항상 복수계호를 하여야 하고 도주의 우려가 있는 강력범 및 문제수용자의 경우는 계호인원을 증가배치해야 하는데 현실적으로 계호인력이 턱없이 부족한 실정이므로, 여기에 계구가 해제되어 자유스러운 상태로 조사를 받게 할 경우 교도관의 수용자에 대한 계호부담은 엄청나게 가중될 것이다.

넷째, 법무부는 1999. 5. 27. 97헌마137등 사건에서 선고한 헌법재판소 결정의 취지를 존중하여 미결수용자의 사복착용을 허용하고 있어 검찰의 조사과정에서 도주 및 폭행 등의 우려가 더욱 높아졌고, 위 사건에서 헌법재판소도 "미결수용자의 도주방지는 '계구의 사용'이나 계호인력을 늘리는 등의 수단에 의할 것"이라고 판시하였는바(판례집 11-1, 653, 665), 현실적으로 단기간 내에 계호인력을 늘리는 것은 매우 어려운 실정인 점 등을 감안하면 검사조사실에서의 계구사용은 불가피한 측면이 강하다.

다섯째, 이 사건에서 청구인에게 사용된 '양수승'의 포승 및 '금속수갑'은 국가보안법위반의 범죄혐의를 받고 있는 피의자의 폭행, 소요와 도주 및 자해와 같은 구체적이고 돌발적인 위험상황을 사전에 예방하고 사후 진압함에 있어 적절하고 효과적인 방식이 될 수 있다. 즉, 포승 또는 금속수갑 중 어느 하나만을 계구로 사용할 경우 결박상태가 느슨하게 되어 도주나 소란, 폭행과 자해의 행위로 용이하게 옮겨갈 수 있다. 또한 피청구인은 청구인에 대하여 신체제압의 정도가 심대한 신체의 하지 또는 하퇴부를 함께 결박하거나(하지승 또는 하퇴승) 허리와 손목을 함께 묶는 방법(가죽수갑)을 취하지 않음으로써 계구의 종류와 사용방법에 있어서 신체의 자유에 대한 침해를 최소화하려 하였다. 따라서, 위에서 본 바와 같은 검사조사실의 일반적인 인적·물적 계호현황과 수감 이후 청구인을 예의 관찰하고 계호해 온 피청구인이 포승이나 수갑 중 어느 한 가지만으로는 계호목적을 위하여 충분하지 않다고 보아 이 두 가지를 병행사용한 판단이 명백히 잘못되었다거나 과잉한 수단을 선택하였다고는 단정할 수 없다.

(라) 교도소 등 구금시설은 다수의 수용자를 집단적으로 관리하고 있고 더욱이 수용자들은 특수환경에서의 구금생활로 인하여 정신적 안정과 평형을 잃기 쉬운 처지에 있으므로, 수용자에 대하여는 수용자의 생명과 신체의 보전, 위생 및 건강관리, 시설 내의 질서유지 등을 위하여 일반 사회에서와는 다른 보다 엄격한 규율과 통제를 마련할 필요가 있다.

구체적으로 이 사건 청구인은 독일에 거주하는 주요 해외공작원인가의 여부와 관련하여 당시 비상한 사회적 관심과 반향을 불러 일으키는 와중에서 구금되었고, 청구인에 대한 국가보안법위반 등 혐의사실을 놓고 집요하게 추궁되고 첨예하게 대립되는 조사과정을 거치고 있었다. 따라서 이 조사과정에서 돌발적으로 야기될 수 있는 사건·사고를 막아 청구인과 타인의 생명·신체의 안전을 지키고 시설 내의 질서유지를 확보하는 것은 구체적 위험을 방지하기 위한 긴절한 것이어서 계구사용 목적의 정당성이 인정될 뿐만 아니라 필요하고도 불가피한 제한이라고 아니할 수 없다. 또한 이와 같은 결론은 이 사건 조사 당시 청구인이 존경받는 학자이고 외국의 대학에서 오랫 동안 가르친 경력이 있는 신분이었다 하더라도 마찬가지라고 할 것이다.

이상과 같은 이유로 우리는, 이 사건 준칙조항(제298조 제1호·제2호)은 행형법 및 동법 시행령을 근거로 검사조사실 내에서의 계구사용에 관하여 필요한 규율을 하고 있는 것이므로 헌법에 위반되지 아니하고, 이 사건 계구사용행위도 위와 같은 법령에 근거한 정당한 계호목적을 위하여 불가피한 최소한의 조치로 볼 수 있어 이로 말미암아 청구인의 기본권이 일부 제한되었다고 하더라도 이를 두고 과잉금지원칙에 어긋난 위헌적인 공권력행사라고는 볼 수 없으므로, 청구인의 청구를 모두 기각하여야 한다고 보는 바이어서 다수의견에 반대하는 것이다.

5) 무죄판결 후 교도소 연행에 대한 위헌확인 사례

무죄 등 판결 선고 후 석방대상 피고인을 의사에 반하여 교도소로 연행하는 것은 헌법상 허용되지 않는다고 결정한 사례이다.[15)]

위 결정은 무죄판결의 선고로 구속영장의 효력이 상실된 석방대상 피고인을 종래의 관행에 따라 법정에서 즉시 석방하지 아니하고 석방절차를 밟기 위하여 일정한 시간 사실상 구금한 행위가 불법적인 신체의 자유 제한임을 확인한 것이다.

그런데 위 사건 헌법소원 후 법무부장관과 검찰총장의 새로운 지침이 제정 · 시행되자, 헌법재판소는 더 이상 법정에서 석방대상 피고인을 교도관이 석방절차라는 명목으로 피고인의 동의 없이 교도소로 연행 내지 구금하는 행위를 계속하는 행위를 반복할 위험이 있는 것으로 보이지 아니하고, 헌법질서의 수호 · 유지를 위하여 특히 해명이 필요한 것으로 인정되지 아니하여 권리보호이익이 없다는 이유로 각하하였다.

헌법재판소의 구체적인 판단

이 헌법소원심판은 법원에서 무죄판결의 선고로 구속영장의 효력이 상실된 석방대상 피고인을 법정에서 즉시 석방하지 아니하고 석방절차를 밟기 위하여 일정한 시간 사실상 구금한 행위가 헌법상 정당성이 있는지 여부를 심판대상으로 하는 것이다.

(가) 먼저 청구인의 제주지방검찰청 검사에 대한 청구 부분을 검토한다.

행형법에 의하면 형사피의자 또는 형사피고인으로서 구속영장의 집행을 받은 자는 구치소나 교도소 또는 소년교도소 안의 미결수용실에 수용하고, 구

15) 헌재 1997. 12. 24. 95헌마247, 판례집 9-2, 806.

치소, 교도소, 소년교도소(이하 “교도소”라 한다)의 장이 이들 수용에 관한 권한을 행사하도록 규정하고 있다(행형법 제2조, 제3조 제1항, 제8조). 검사는 구속영장이나 재판의 집행에 관하여 지휘할 권한(형사소송법 제81조, 제460조)과 교도소를 수시로 시찰할 권한만을 가지는 것이다(행형법 제5조 제2항). 검사는 청구인의 구금행위라는 사실행위를 행하는 기관이라고 볼 수 없고, 구속영장의 집행으로 피고인을 구속·구금하는 사실행위는 교도소장이 행하는 것이다.

따라서 검사가 무죄 판결의 선고로 구속영장의 효력이 상실되었음에도 불구하고 청구인을 구속 내지 감금한 사실행위는 존재하지 아니하므로 이 부분 헌법소원심판청구는 부적법하다.

(나) 다음 청구인의 제주교도소장에 대한 청구부분을 살피기로 한다.

1) 청구인은 1995.7.27. 10:00 무죄판결을 선고받고 같은날 15:06경 석방되었으므로 청구인에 대한 기본권 침해 상태는 이미 종료되었다고 하겠다.

형사소송법 제331조에 의하면 무죄 등 판결 선고와 동시에 바로 구속영장의 효력이 상실되는 것이므로, 무죄 등 판결을 받은 피고인은 법정에서 즉시 석방되어야 하는 것이다(헌법재판소 1992.12.24. 선고, 92헌가8 결정 참조, 판례집 제4권 853, 867면). 바꾸어 말하면 교도관이 석방절차를 밟는다는 이유로 법정에 있는 석방대상 피고인을 그의 의사에 반하여 교도소로 다시 연행하는 것은 어떠한 이유를 내세운다고 할지라도 헌법상의 정당성을 갖는다고 볼 수 없는 것이다.

2) 그러나 헌법소원은 국민의 기본권침해를 구제하여 주는 제도이므로 사실관계 또는 법률관계 등의 변동으로 말미암아 청구인이 주장하는 기본권의 침해가 종료됨으로써 그 침해의 원인이 된 공권력의 행사 등을 취소할 실익이 없게 된 경우에는 원칙적으로 권리보호의 이익이 없는 것이다. 다만 동종의 침해행위가 앞으로도 반복될 위험이 있다거나 헌법질서의 수호·유지를 위하여 긴요한 사항이어서 그 해명이 중대한 의미를 지니고 있는 때에는 예외적으로 권리보호의 이익을 인정하는 것이 우리 재판소의 견해이다(헌법재판소 1992.1.28. 선고, 91헌마111 결정, 판례집 제4권 51, 56면; 1997.3.27. 선고, 92헌마273 결정, 판례집 제9권 1집 337, 342면).

이 헌법소원 심판 계속중, 법무부장관은 1997.11.20. “구속피의·피고인

석방절차개선지침시달"을 수립·시행하고, 검찰총장은 1997. 12. 1. "석방지휘신속처리지침"을 제정·시행하고 있는데 이들 지침의 요지는 아래와 같다.

형사소송법 제331조에 의하여 구속영장의 효력이 상실된 경우, 교도관은 석방대상 피고인에 대하여 포승·수갑 등 계구(戒具) 사용을 금하고, 교도소에 임의(任意) 동행하되 자유인으로서 처우한다. 공판관여 검사는 법정에서 선고 내용을 확인하고, 재판장으로부터 석방대상자에 대한 판결문 또는 판결초고 사본이나 재판결과통지 또는 석방대상자 명단을 교부받아 석방지휘서를 작성하여 즉석에서 교도관에게 교부한다. 교도소에 석방자 명단 또는 석방지휘서를 유선으로 알려주거나 팩스로 보내어 석방에 따르는 행정처리절차를 진행하도록 하고, 석방대상 피고인이 교도소 도착 후 지체없이 탈의·영치품 반환 등 필요한 절차를 마친 다음 귀가할 수 있도록 한다. 교도소에 임의로 동행하는 석방대상 피고인에 대하여 실질적인 불이익이 없도록 만전을 기한다. 재판장은 판결 선고 직후 석방대상 피고인의 재판결과통지 등을 공판관여 검사에게 교부하여 주도록 법원과 긴밀히 협조한다.

3) 이러한 일련의 사실에 의하여 생각건대, 무죄 등 판결 선고 후 석방대상 피고인이 교도소에서 지급한 각종 지급품의 회수, 수용시의 휴대금품 또는 수용 중 영치된 금품의 반환 내지 환급문제 때문에 임의로 교도관과 교도소에 동행하는 것은 무방하나 피고인의 동의를 얻지 않고 의사에 반하여 교도소로 연행하는 것은 헌법 제12조의 규정에 비추어 도저히 허용될 수 없는 것이다.

그러나 법무부장관과 검찰총장의 위 지침의 각 제정·시행으로 더 이상 법정에서 석방대상 피고인을 교도관이 석방절차라는 명목으로 피고인의 동의 없이 교도소로 연행 내지 구금하는 행위를 계속 반복할 위험이 있는 것으로는 보이지 아니하고, 헌법질서의 수호·유지를 위하여 특히 해명이 필요한 것으로도 인정되지 아니하므로 이 사건 심판은 권리보호의 이익이 없다고 하겠다.

따라서 청구인의 제주교도소장에 대한 이 심판청구는 심판청구의 이익이 없으므로 부적법하다.

⑵ 수형자 관련

1) 마약류사범에 대한 정기적 소변채취 사례

마약류사범에 대한 정기적 소변채취는 과잉금지의 원칙 등에 위반되지

아니한다는 취지로 헌법소원을 기각한 사례이다.[16)]

헌법재판소의 구체적인 판단

(1) 영장주의와의 관계

이 사건 소변채취는 교정시설의 안전과 질서유지를 위한 목적에서 행하는 것으로 수사에 필요한 처분이 아닐 뿐만 아니라 청구인과 같은 검사대상자에게 소변을 종이컵에 채취하여 제출하도록 한 것으로서 당사자의 협력이 불가피하므로 이를 두고 강제처분이라고 할 수도 없을 것이다. 따라서, 이 사건 소변채취를 법관의 영장을 필요로 하는 강제처분이라고 할 수 없어 구치소 등 교정시설 내에서 위와 같은 방법에 의한 소변채취가 법관의 영장이 없이 실시되었다고 하여 헌법 제12조 제3항의 영장주의에 위배하였다고 할 수는 없다.

(2) 과잉금지원칙의 위배 여부

㈎ 마약류의 특징 중의 하나가 중독성에 있고, 마약류사범 또한 재범 이상이 대다수를 차지하는 점 등을 고려하여 보면, 교정시설 내부로 마약이 반입되거나 이를 마약류사범이 복용하게 될 위험성이 항상 존재하고, 그 경우 당해 수용자에 대한 교정의 목적이 근본적으로 훼멸될 뿐만 아니라 다른 수용자들에 대한 위해로 인하여 또 다른 사고가 발생할 수 있다. 이러한 가능성 및 위험성이 상존하는 이상 마약류사범 등 이에 접근할 가능성이 있는 수용자들에 대하여 정기적으로 소변채취를 통하여 마약반응검사를 실시하는 것은 교정시설 내의 안전과 질서유지 및 교정목적에 기여하는 측면이 높다는 점에서 그 목적의 정당성이 인정된다.

㈏ 마약의 반입 여부는 의류, 휴대품, 거실, 작업장에 대한 검사와 신체의 외부나 체강 등에 대한 육안관찰을 통하여 확인할 수 있으나 그 또한 완벽하게 할 수는 없는 것이고, 그 복용 여부는 육안으로 판별할 수 없다는 점에서 소변채취를 통한 마약반응검사는 그 방법의 적절성도 인정할 수 있다.

㈐ 이 사건 소변채취는 청구인 등 검사대상자들의 협력행위를 통하여 이루어지고, 이에 응하지 않는다고 하여 징벌 등 제재수단도 없다. 짧은 시간(1 내지 3분) 내에, 간단한 방법(소변이 채취된 종이컵에 붕산나트륨과 T.B.P.E. 시약을 떨어뜨림)에 의하여 실시되며, 그 결과도 즉석에서 알 수 있다. 이러한 점에서, 피해의 최소성의 원칙도 지켜졌다고 볼 수 있다.

---

16) 헌재 2006. 7. 27. 2005헌마277, 판례집 18-2, 280.

(라) 이 사건 소변채취는 신체에 대한 자기결정권이 제한되고 하기 싫은 일을 하여야 하는 등의 사익의 제한이 있으나, 앞에서 본 바와 같이 검사대상자들에 대한 교정목적의 실현가능성의 제고 및 교정시설의 안전과 질서유지라는 공익이 훨씬 크다고 할 것이므로 법익의 균형성도 갖추었다.

2) 금치 중 절대적으로 운동을 금지하도록 한 행형법시행령 제145조 제2항[17]에 대한 위헌확인 사례

헌법재판소는 금치 중 절대적으로 운동을 금지하도록 한 형행법시행령 조항에 대하여 이는 인간의 존엄과 가치 등을 침해한 것이라고 결정하였다.[18]

헌법재판소의 구체적인 판단

(1) 입법목적의 정당성 및 수단의 상당성

수형자를 격리하고 교정·교화하여 사회에 복귀하도록 하는 행형법의 목적을 달성하기 위해서는 무엇보다 수형자의 안전한 구금이 확보되어야 한다. 이를 위해서 행형 기관은 교도소의 안전과 질서를 유지해야 할 과제를 안게 된다. 그러므로 징벌 중에서 가장 중한 징벌인 금치 처분을 받은 자를 엄격한 격리에 의하여 외부와의 접촉을 금지시키고 구속감과 외로움 속에 반성에 전념토록 함으로써 수용 질서를 확립하고자 하는 행형법시행령 제145조 제2항의 입법 목적은 정당하며, 금치 기간 동안 징벌실에 수용하는 것 이외에 일반 수형자에게 허여(許與)된 권리인 운동에 제한을 가하는 것은 이와 같은 목적을 달성하기 위하여 필요 적절한 수단이다.

(2) 최소침해성 및 법익균형성

운동은 신체적·정신적 건강 유지를 위하여 최소한의 기본적 요청이라고 할 수 있다(행형법시행령 제96조 제2항). 그런데 금치 처분을 받아 외부세계와의 교통이 단절된 채 1평 남짓한 좁은 징벌실에 수용되는 수형자에 대하여, 최장 2개월 동안 일체의 운동이 금지될 경우 수형자는 신체적 건강뿐만 아니라 정신적 건강을 해칠 위험성이 현저히 높다. 아무리 가장 중한 징벌인 금치 처

17) 행형법시행령 제145조(징벌의 집행) ② 금치의 처분을 받은 자는 징벌실에 수용하고 그 기간 중 접견, 서신수발, 전화통화, 집필, 작업, 운동, 신문·도서열람, 라디오청취, 텔레비전시청 및 자비부담물품의 사용을 금지한다. 다만, 미결수용자의 소송서류 작성, 변호인과의 접견 및 서신수발은 예외로 하며, 소장이 교화 또는 처우상 특히 필요하다고 인정하는 때에는 접견·서신수발 또는 도서열람을 허가할 수 있다.

18) 헌재 2004. 12. 16. 2002헌마478, 판례집 16-2 하, 548.

분을 받은 수형자라고 하여도 인간으로서의 기본적 건강을 유지할 수 없도록 하는 조치를 수인하도록 강요하는 것은 문명국가에서는 이를 수용하기 어려운 비인도적인 징벌이라 아니할 수 없다. 또한 금치 기간의 장단(長短)에 관계없이, 또한 예외의 여지없이 금치 처분을 받은 수형자의 운동을 절대적으로 금지하는 것은 지나치게 징벌 집행의 편의만을 위한 조치라고 할 것이다.

그렇다면 금치 처분을 받은 수형자에 대한 절대적인 운동의 금지는 징벌의 목적을 고려하더라도 그 수단과 방법에 있어서 필요한 최소한도의 범위를 벗어난 것이며, 수형자의 헌법 제10조의 인간의 존엄과 가치 및 신체의 안전성이 훼손당하지 아니할 자유를 포함하는 제12조의 신체의 자유를 침해하는 정도에 이르렀다고 판단된다.

3) 엄중격리대상자에 대한 계구사용행위, 동행계호행위, 실외운동 제한행위 및 CCTV 설치행위 등에 관한 사례[19]

헌법재판소의 구체적인 판단

(1) 이 사건 계구사용행위 및 동행계호행위 부분

엄중격리대상자는 수형자 중에서 교도관이나 동료 수용자를 폭행하거나 흉기를 만들거나 도주 또는 자해를 시도하거나 기물을 손괴하거나 소란을 피우는 등 수용질서를 위반하여 징벌을 많이 받는 등 교정사고의 위험성이 높은 사람을 분류처우회의의 심의를 거쳐 지정하고, 실제로 엄중격리대상자로 선정되는 사람은 전체 수형자의 1% 미만이다. 따라서 엄중격리대상자로 선정된 청구인들에 대해서는 교정사고를 예방하고 다른 수용자 및 교도관의 생명·신체를 보호하기 위하여 이 사건 계구사용행위 및 동행계호행위를 실시할 필요가 크다고 할 것이다.

또한 청구인들은 상습적으로 교정질서 문란행위를 저질러 엄중격리대상자로 선정된 점, 이 건 계구사용행위 및 동행계호행위는 엄중격리대상자가 장소를 이동하는 경우에만 실시되고 다른 일상생활을 할 경우에는 실시되지 않는 점, 엄중격리대상자에게 사용되는 계구는 상대적으로 신체구속이 덜한 금속수갑이 사용되고 계구사용시간도 하루 평균 10분 내외에 불과한 점, 엄중격리대상자가 3개월 동안 엄중격리처우를 받으면서 규율을 위반하지 않으면 계

19) 헌재 2008. 5. 29. 2005헌마137, 판례집 20-1 하, 187.

구사용의 실시를 중단하고 있는 점 등을 종합해 보면, 이 사건 계구사용행위 및 동행계호행위는 엄중한 이동계호가 필요한 경우에 한하여 부득이한 범위 내에서 실시되고 있다고 할 것이고, 이로 인하여 수형자가 입게 되는 자유 제한에 비하여 교정사고를 예방하고 교도소 내의 안전과 질서를 확보하는 공익이 더 크다고 할 것이다. 이 사건 계구사용행위 및 동행계호행위가 청구인들의 기본권을 부당하게 침해한다고 보기 어렵다.

(2) 이 사건 실외운동 제한행위 부분에 대한 판단

엄중격리대상자로 지정되어 청송제2교도소로 이송된 수형자는 폭행・난동・도주 등 교정사고의 발생을 방지하기 위하여 독거실에 수용하면서 실외운동도 약 5.5평 가량의 부채꼴 모양의 1인 운동장에서 혼자 운동하게 한다. 운동장으로 이동할 때에 손목수갑을 차고 다른 수용자와 분리되어 호송되어야 하므로 운동시간도 1시간을 채우지 못하게 되지만, 1인 운동장(7개)이 부족하여 운동시간을 증가시키지 못하고 있다. 이는 교정사고 발생의 위험성이 높은 엄중격리대상자에 의한 폭행・난동・도주 등의 교정사고 발생을 방지하기 위하여 다른 수용자나 교도관과의 접촉을 차단하기 위한 조치이므로 그 목적의 정당성 및 수단의 적정성이 인정되며, 그로 인한 자유의 제한 정도도 그다지 크지 않다고 할 것이다. 이 사건 실외운동 제한행위가 청구인들의 기본권을 부당하게 침해한다고 보기 어렵다.

(3) 이 사건 CCTV 설치행위 부분에 대한 판단

이 사건 CCTV 설치행위는 교정사고의 위험성이 높은 수형자를 효율적으로 감시하여 교정사고를 방지하고 수용질서를 유지하기 위하여 필요한 것이라고 하더라도, 수형자의 일거수・일투족을 24시간 지속적으로 감시하고 녹화함으로써 수형자 개인의 사생활 비밀 및 자유를 제한하는 것이므로 헌법 제37조 제2항에 따라 필요한 경우에 한하여 최소한도로 실시되어야 한다.

㈎ 재판관 이강국, 재판관 김종대, 재판관 민형기, 재판관 목영준, 재판관 송두환의 위헌의견

구금시설 내 CCTV 설치・운용에 관하여 직접적으로 규정한 법률규정을 찾아볼 수 없다. 이 사건 CCTV 설치행위는 법무부 훈령 및 예규인 보안장비관리규정과 법무시설기준규칙에 규정된 CCTV의 설치기준 및 관리요령에 의하여 실시되었다. 2005. 8. 17. 제정된 '특별관리대상자 관리지침' 제53조 제3

항에서 엄중격리대상자의 자해·자살 등을 방지하기 위하여 수용거실에 CCTV를 설치할 수 있는 근거규정을 마련했지만, 이는 법무부 예규에 불과하여 헌법 제37조 제2항이 요구하는 법률유보의 원칙을 충족시키지 못한다. 피청구인은 CCTV를 통한 수형자의 감시는 교도관의 시선감시를 대신하는 계호활동이므로 일반적인 계호활동의 근거규정인 행형법 제14조 내지 제17조의2에 의거한 것이라고 주장하지만, 교도관의 시선계호와 CCTV에 의한 녹화는 기본권 제한의 정도에서 현저하게 다르다. 교도관에 의한 시선계호는 인간의 불완전한 기억 속에 보관될 뿐이고 재현될 수 없지만, CCTV에 의하여 녹화된 내용은 얼마든지 재생이 가능하고 복사되어 유포될 수 있으며, 원하는 특정부분을 정밀하게 촬영하거나 확대할 수 있고 편집이 가능한 것이다. 따라서 교도관의 시선계호를 전제로 한 행형법 규정을 수형자의 사생활에 중대한 제약을 가져오는 이 사건 CCTV 설치행위에 대한 근거법률로 보기는 어렵다. 결국 이 사건 CCTV 설치행위는 헌법 제17조가 보장하고 있는 수형자의 사생활의 비밀과 자유를 침해하는 것임에도 불구하고, 법률의 근거도 없이 국가의 공권력에 의하여 시행되었다고 할 것이므로, 헌법 제17조 및 제37조 제2항에 위반된다고 확인하여야 한다.

㈏ 재판관 이공현, 재판관 조대현, 재판관 김희옥, 재판관 이동흡의 기각의견

1) 이 사건 CCTV 설치행위의 법적 근거

이 사건 CCTV 설치행위는 이러한 시선계호에 필요한 인력이 부족한 문제를 해결하고 계호의 지속성과 효율성을 확보하여 교정사고를 방지하고 수용질서를 유지하기 위한 것이다. 이 사건 CCTV 설치행위는 교도관의 육안에 의한 시선계호를 CCTV 장비에 의한 시선계호로 대체한 것에 불과하므로, 이 사건 CCTV 설치행위에 대한 특별한 법적 근거가 없더라도 일반적인 계호활동을 허용하는 법률규정에 의하여 허용된다고 보아야 한다. CCTV는 교도관의 시선에 의한 감시를 대신하는 기술적 장비에 불과하므로, 교도관의 시선에 의한 감시가 허용되는 이상 CCTV에 의한 감시 역시 가능하다고 할 것이다.

2) 과잉금지원칙 위반 여부

이 사건 CCTV에 의하여 감시되는 엄중격리대상자는 상습적으로 폭행·소란·자살·자해 등을 하거나 도주한 전력이 있는 수형자들 중에서 엄중한 격리와 계호가 필요하다고 인정된 자들이므로, 지속적이고 부단한 감시가 필

요한데, 교도관의 인력이 이에 미치지 못하는 점, 이 사건 엄중격리대상자를 독거실에 수용함으로써 폭행·소란 등의 위험성은 제거되었다고 하더라도, 자살·자해나 흉기 제작 등의 위험성은 해소되지 못하므로 독거실 내의 생활도 계속적으로 감시할 필요가 있다고 보이는 점 등을 고려하면, 이 사건 CCTV 설치행위는 그 목적의 정당성과 수단의 적절성을 인정할 수 있다.

이 사건 CCTV 카메라는 상하좌우 이동기능 및 줌(zoom) 기능이 없어 특정부분을 확대하거나 정밀하게 촬영할 수 없고, 관찰 모니터는 화면만 나타날 뿐 소리는 들리지 아니하며, 19인치 화면을 16분할하여 사용하고 있어 수형자의 미세한 동작이나 표정을 쉽게 확인하기 어려운 점, 이 사건 CCTV 카메라 밑 부분에 CCTV 카메라로 촬영되지 않는 약 50cm 내외의 사각지대(수형자가 벽에 비스듬히 기대어 두 다리를 쭉 펴는 경우 무릎 이하만 보임)가 존재하여 옷을 갈아입는 사적 공간 등으로 활용할 수 있고, 독거실 내의 화장실은 칸막이가 설치되어 있어 CCTV를 통하여 용변을 보는 수형자의 하반신은 관찰할 수 없고 다만 상반신의 움직임을 통해 이상한 행동을 하는지 여부만 관찰할 수 있도록 되어 있는 점, 이 사건 CCTV로 녹화된 자료들은 교정공무원에 의하여 관리되므로 교정 목적 외의 용도로 사용된다고 보기 어렵고, 특별히 저장하지 않는 이상 용량부족으로 1-2주일 이내에 자동적으로 삭제되도록 되어 있는 점 등을 종합하면, 이 사건 CCTV 설치행위가 기본권 제한의 최소성 요건이나 법익균형성의 요건을 충족시키지 못한다고 보기 어렵다. 따라서 이 사건 CCTV 설치행위는 헌법 제17조 및 제37조 제 2 항을 위반하여 청구인들의 사생활의 비밀 및 자유를 침해하였다고 볼 수 없다.

2. 통신의 자유, 표현의 자유, 변호인의 조력을 받을 권리, 청원권

(1) 미결수용자 관련

1) 서신검열 등에 대한 위헌확인 사례

미결수용자가 변호인에게 보내는 서신에 관한 검열행위가 헌법상 보장된 통신의 비밀을 침해받지 아니할 권리와 변호인의 조력을 받을 권리를 침해한다는 이유로 위헌확인을 결정한 사례이다.[20]

---

20) 헌재 1995. 7. 21. 92헌마144, 판례집 7-2, 94.

위 결정은 미결수용자에 대한 서신검열은 미결구금제도의 실효성 있는 운영과 일반사회의 불안 방지를 위하여 필요하고도 유효적절한 방법이라고 인정한 뒤, 다만 무죄추정을 받고 있는 형사피의자 또는 피고인의 경우 신체구속 상황에서 생기는 여러 피해를 제거하기 위해서는 변호인의 조력을 받을 권리가 충분히 보장되어야 할 것인바, 변호인과의 서신을 검열하는 것은 특별한 사정이 없는 한 미결수용자의 통신의 자유와 변호인의 조력을 받을 권리를 과도하게 침해하는 것이라는 점을 확인하였다.

헌법재판소의 구체적인 판단

(가) 헌법 제18조는 "모든 국민은 통신의 비밀을 침해받지 아니한다"고 규정하여 통신의 비밀을 침해받지 아니할 권리를 기본권으로 보장하고 있다. 따라서 통신의 중요한 수단인 서신의 당사자나 내용은 본인의 의사에 반하여 공개될 수 없으므로 서신의 검열은 원칙으로 금지된다고 할 것이다.

그러나 위와 같은 기본권도 절대적인 것은 아니므로 헌법 제37조 제2항에 따라 국가안전보장·질서유지 또는 공공복리를 위하여 필요한 경우에는 법률로써 제한할 수 있고, 다만 제한하는 경우에도 그 본질적인 내용은 침해할 수 없다.

(나) 미결수용자의 서신에 대한 검열에 있어서는 그것이 국가안전보장·질서유지 또는 공공복리를 위하여 '필요한 경우'에 해당하는지, 그리고 그 검열이 기본권의 본질적인 내용을 침해하는 것인지의 여부가 문제로 된다.

본래 신체의 자유를 최대한으로 보장하려는 헌법정신, 특히 무죄추정의 원칙으로 인하여 현행의 형사사법제도는 불구속수사·불구속재판을 원칙으로 하고 예외적으로 피의자 또는 피고인이 일정한 주거가 없거나 도망 또는 증거를 인멸할 우려가 있는 때에 한하여 구속수사 또는 구속재판을 인정하고 있다. 이와 같이 질서유지 또는 공공복리를 위하여 구속제도가 헌법 및 법률상 이미 용인되어 있는 이상 구속의 요건에 해당하여 구금된 미결수용자는 구속제도 자체가 가지고 있는 일면의 작용인 사회적 격리의 점에 있어 외부와의 자유로운 교통과는 상반되는 성질을 가지고 있고, 뿐만 아니라 수사 및 재판과정에는 고소·고발인, 수사경찰관, 피해자, 증인, 감정인 등 많은 사람들이 관련되는데 미결수용자의 처지에서는 이러한 사람들에게 원망과 분노를 가지고 있을 수도 있으므로, 만약 미결수용자가 이들에게 서신을 제한 없이 발송

할 수 있게 한다면 증거인멸의 부탁, 출소 후의 보복 협박, 교도소 등에 있는 동안의 뒷바라지 강요 등 각양각색의 협박편지가 그대로 발송될 수 있고, 이와 같은 사례들이 사회에 전파될 때 많은 사람이 수사 및 재판과정에서의 증언 또는 진술을 기피할 것이고 보복이 두려워서라도 각종 불법행위를 외면하게 되어 공정한 사법제도가 운영될 수 없게 될 위험이 있다. 따라서 증거의 인멸이나 도망을 예방하고 교도소 내의 질서를 유지하여 미결구금제도를 실효성 있게 운영하고 일반사회의 불안을 방지하기 위한 미결수용자의 서신에 대한 검열은 그 필요성이 인정된다고 할 것이다.

다만 미결수용자에 대한 서신검열이 허용된다고 하더라도 통신의 비밀을 보호하려는 헌법정신에 따라 그 검열은 합리적인 방법으로 운용되어야 하고 검열에 의한 서신 수발의 불허는 엄격한 기준에 의하여야 하며 또 서신내용의 비밀은 엄수되어야 할 것인바, 교도관집무규칙 제78조와 재소자계호근무준칙 제284조 등은 서신검열의 기준 및 검열자의 비밀준수의무 등을 규정하고 있으므로, 그와 같은 제도 하에서 운용되는 서신검열로 인하여 미결수용자의 통신의 비밀이 일부 제한되는 것은 질서유지 또는 공공복리라는 정당한 목적을 위하여 불가피할 뿐만 아니라 유효적절한 방법에 의한 최소한의 제한으로서 헌법에 위반된다고 할 수는 없다 할 것이다.

(다) 그러나 헌법 제12조 제4항 본문은 "누구든지 체포 또는 구속을 당한 때에는 즉시 변호인의 조력을 받을 권리를 가진다"라고 규정하여 변호인의 조력을 받을 권리를 보장하고 있으므로, 미결수용자의 서신 중 변호인과의 서신은 다른 서신에 비하여 특별한 보호를 받아야 할 것이다.

헌법 제27조 제4항은 "형사피고인은 유죄의 판결이 확정될 때까지는 무죄로 추정된다."라고 규정하여 무죄추정의 원칙을 선언하고 있는데, 이 무죄추정의 원칙은 불리한 처지에 놓인 피의자·피고인의 지위를 보호하여 형사절차에서 그들의 불이익을 필요한 최소한에 그치게 하자는 것으로서 인간의 존엄성 존중을 궁극의 목표로 하고 있는 헌법이념에서 나온 것이다. 구속은 피의자나 피고인에 대하여 특히 부득이한 사유가 있을 때에만 인정되는 제도이나, 단순히 수사나 재판의 편의만을 위하여 수사기관이나 재판기관에 의하여 구속제도가 남용되기 쉬우며 특히 구속된 피의자에 대하여는 고문이나 폭행 등이 자행되기 쉽고 구속된 상태에서는 헌법 제12조 제2항에 규정하고 있는 진술거부권도 효과적으로 보장되지 않을 수 있다. 따라서 무죄추정을 받고 있는 피의자·피고인에 대하여 신체구속의 상황에서 생기는 여러가지 폐해를 제거하고 구속이 그 본래의 목적에 벗어나 부당하게 이용되지 않도록 보장하기 위하여 헌법 제12조 제4항 본문은 위와 같이 신체구속을 당한 사람에 대하여 변호인의 조력을 받을 권리를 기본권으로 보장하고 있는 것이다.

그리고 신체구속을 당한 사람에 대하여 변호인의 충분한 조력을 받게 하기 위하여서는 무엇보다도 먼저 신체구속을 당한 사람에게 변호인 또는 변호인이 되려는 자와의 사이에 충분한 접견교통을 허용하여야 할 것이다. 변호인 등은 구속된 자와의 접견교통에 의하여 그에게 피의사실이나 공소사실의 의미와 진술거부권 등의 중요성 및 행사방법을 인식시키며 자백강요나 고문 등에 대한 적절한 대응방법을 가르쳐 허위자백을 하지 않도록 권고하고 피의자로부터 수사기관의 부당한 조사 유무를 수시로 확인할 수도 있는 것인데, 이러한 일은 구속된 자와 변호인의 교통 내용에 대하여 비밀이 보장되고 부당한 간섭이 없어야 가능한 것이다. 그리하여 헌법재판소는 "(피고인의) 변호인과의 자유로운 접견은 신체구속을 당한 사람에게 보장된 변호인의 조력을 받을 권리의 가장 중요한 내용이어서 국가안전보장·질서유지·공공복리 등 어떠한 명분으로도 제한될 수 있는 성질의 것이 아니다"라고 판시한 바 있고(1992. 1. 28. 선고, 91헌마111호 결정), 그 결과 1995. 1. 5. 행형법 제18조 제3항, 제62조 및 제66조 등이 개정되어 미결수용자와 변호인과의 접견에는 교도관의 참여가 허용되지 않도록 되었던 것이다. 위와 같은 변호인의 조력을 받을 권리의 기본적인 취지는 접견의 경우뿐만 아니라 변호인 또는 변호인이 되려는 자와 피의자 또는 피고인 사이의 서신의 경우에도 적용되어 그 비밀이 보장되어야 할 것이다.

(라) 다만 피의자나 피고인과 변호인 사이의 서신의 비밀을 보장받기 위하여는 다음과 같은 조건을 갖추어야 할 것이다.

첫째, 교도소 측에서 상대방이 변호인 또는 변호인이 되려는 자라는 사실을 확인할 수 있어야 한다. 왜냐하면 변호인이 피의자나 피고인을 면회하는 경우에는 교도관이 그 신분을 직접 확인할 수 있지만, 서신의 경우에는 이를 확인할 수 없어서 제3자가 변호인이라고 사칭하거나 수감자가 제3자를 변호인으로 칭하여 서신을 교환하면서, 도주·증거인멸·수용시설의 규율과 질서의 파괴·기타 위법행위를 도모할 수도 있기 때문이다.

둘째, 미결수용자의 변호인과의 사이의 서신임이 확인되었다고 하더라도, 이를 통하여 마약 등 소지금지품의 반입을 도모한다든가, 그 내용에 도주·증거인멸·수용시설의 규율과 질서의 파괴·기타 형벌법령에 저촉되는 내용이 기재되어 있다고 의심할 만한 합리적인 이유가 있는 경우가 아니어야 할 것이다. 왜냐하면 이러한 불법을 도모한다고 의심할 만한 사정이 있는 경우에도 단지 변호인과의 서신이라는 이유만으로 검열을 하지 못한다고 한다면 이는 변호인의 조력을 받을 권리를 빙자하여 행하여지는 불법을 방치하는 결과가 될 수 있기 때문이다. 물론 이 경우 그 의심은 교도소 측의 자의적인 것이어서는 아니되고 합리적인 기준에서 판단되어야 하며, 그 판단기준으로는 피고인의 범죄혐의 내용, 신분, 평소의 생활이력 및 구금시설 안에서의 생활태도 등이 고려될 수 있을 것이다.

(마) 돌이켜 이 사건에 관하여 보건대, 먼저 청구인 이○호가 변호인이 아닌 청구외 유○렬에게 발송한 서신은 위에서 본 미결수용자의 서신검열에 관한 일반원칙에 따라 검열이 가능하고, 또한 청구인 박○옥이 1992. 5. 25.자로 위 이○호에게 보낸 서신의 경우 위 박○옥이 변호인이라는 사실이 피청구인에게 확인되었다고 볼 수 없으므로, 피청구인이 위 각 서신을 검열한 행위로 인하여 청구인들의 기본권이 침해되었다고 볼 수는 없다.

그러나 이 사건 기록에 의하면 위 박○옥이 위 이○호에게 보낸 같은 해 5. 26.자 서신과 위 이○호가 같은 해 6. 2.자로 위 박○옥에게 보낸 서신의 경우에는 그 각 서신의 봉투에 발신인 또는 수신인이 변호사라는 사실이 표시되어 있고, 위 이○호는 위 박○옥으로부터 발송된 위 5. 25.자 서신을 전달받으면서 변호인으로부터 온 서신을 검열한 데 대하여 항의하였음을 알 수 있으며, 그 서신에 소지금지품이 포함되어 있거나 불법적인 내용이 기재되어 있다고 의심할 만한 사정은 보이지 아니한다. 따라서 청구인 박○옥과 이○호 사이의 위 5. 26.자 서신과 6. 2.자 서신에 대하여는 그것이 변호인과의 사이의 서신교환이라는 사실이 확인되었고 또 위 이○호의 범죄혐의내용(집회및시위에관한법률 위반)이나 신분(교사) 등에 비추어 소지금지품의 포함 또는 불법내용의 기재 등이 있다고 의심할 만한 사정이 없음에도 피청구인이 이를 검열한 것이므로, 이는 헌법상 보장된 청구인들의 통신의 비밀을 침해받지 아니할 권리와 청구인 이○호의 변호인의 조력을 받을 권리를 침해한 것이라 할 것이다.

그리고 구법 제62조는 형이 확정된 수형자에 대하여 서신검열을 규정한 같은 법 제18조 제 3 항 및 시행령 제62조를 미결수용자에 대하여도 준용하도록 규정하고 있고 피청구인의 위 검열행위도 위 규정에 따른 것이므로, 위 검열행위가 위헌임을 확인함에 있어서 위 구법 제62조의 규정 중 앞서 본 변호인과의 사이의 서신검열이 허용되는 조건을 갖추지 아니한 경우에도 검열을 할 수 있도록 준용하는 부분에 대하여는 헌법재판소법 제75조 제 5 항에 따라 위헌선언을 하기로 한다.

2) 변호인의 조력권 침해에 대한 위헌확인 사례

변호인의 조력을 받을 권리의 필수적 내용은 신체구속을 당한 사람과 변호인의 접견교통이라고 한 뒤, 이러한 변호인과의 자유로운 접견은 신체구속을 당한 사람에게 보장된 변호인의 조력을 받을 권리의 가장 중요한 내용이어서 국가안전보장 · 질서유지 · 공공복리 등 어떠한 명분으로도 제한될 수 있는 성질의 것이 아니라고 결정한 사례이다.[21]

위 결정은 헌법 제12조 제 4 항이 보장하고 있는 신체구속을 당한 사람의 변호인의 조력을 받을 권리는 무죄추정을 받고 있는 피의자 · 피고인에 대하여 신체구속의 상황에서 생기는 여러 가지 폐해를 제거하고 구속이 그 목적의 한도를 초과하여 이용되거나 작용되지 않게끔 보장하기 위한 것으로, 여기의 변호인의 조력은 '변호인의 충분한 조력'을 의미한다고 확인하였다.

헌법재판소의 구체적인 판단

(가) 헌법 제27조 제 4 항은 "형사피고인은 유죄의 판결이 확정될 때까지 무죄로 추정된다."라고 하여 이른바 무죄추정의 원칙을 선언하였는데 공소가 제기된 형사피고인에게 무죄추정의 원칙이 적용되는 이상, 아직 공소제기조차 되지 아니한 형사피의자에게 무죄추정의 원칙이 적용되는 것은 너무도 당연한 일이며 이 무죄추정의 원칙은 언제나 불리한 처지에 놓여 인권이 유린되기 쉬운 피의자, 피고인의 지위를 옹호하여 형사절차에서 그들의 불이익을 필요한 최소한에 그치게 하자는 것으로서 인간의 존엄성 존중을 궁극의 목표로 하고 있는 헌법이념에서 나온 것이다. 이 무죄추정의 원칙으로 인하여 불구속수

21) 헌재 1992. 1. 28. 91헌마111, 판례집 4, 51, 60-61.

사, 불구속재판을 원칙으로 하고 예외적으로 피의자 또는 피고인이 도망할 우려가 있으나 증거를 인멸할 우려가 있는 때에 한하여 구속수사 또는 구속재판이 인정될 따름이다.

(나) 피의자, 피고인의 구속은 무죄추정을 받고 있는 사람에 대하여만 부득이 인정되고 있는 제도이므로 구속이 도망의 방지나 증거인멸의 방지라는 구속의 목적을 넘어서 수사편의나 재판편의를 위하여 이용되어서는 아니됨에도 불구하고 이것이 수사기관이나 재판기관에 의하여 남용되기 쉬우며 구속된 피의자나 피고인은 그것만으로도 불안, 공포, 절망, 고민, 정신혼란 등 불안정한 상태에 빠지게 되고 수입상실, 수입감소, 사회활동의 억제, 명예의 추락 등 많은 불이익을 입게 되는데 특히 구속된 피의자의 경우는 자칫 자백을 얻어내기 위한 고문·폭행 등이 자행되기 쉽고, 헌법이 보장하고 있는 진술거부권(헌법 제12조 제2항 후단)도 보장되기 어렵게 되며, 구속이 그 목적을 일탈하여 수사편의나 재판편의로 이용될 때 공소제기가 잘못되거나 재판이 잘못되어 원죄(寃罪)사건이 생기기 쉽다. 이처럼 무죄추정을 받고 있는 피의자, 피고인에 대하여 신체구속의 상황에서 생기는 여러가지 폐해를 제거하고 구속이 그 목적의 한도를 초과하여 이용되거나 적용하지 않게끔 보장하기 위하여 헌법 제12조 제4항 본문은 "누구든지 체포 또는 구속을 당한 때에는 즉시 변호인의 조력을 받을 권리를 가진다"라고 규정하여 신체구속을 당한 사람에 대하여 변호인의 조력을 받을 권리를 기본권으로 보장하고 있다. 그리고 "변호인의 조력"은 "변호인의 충분한 조력"을 의미한다.

(다) 신체구속을 당한 사람에 대하여 변호인의 충분한 조력을 받게 하기 위하여서는 무엇보다도 먼저 신체구속을 당한 사람이 변호인과 충분한 상담을 할 수 있도록 해 주어야만 할 것이므로 변호인의 조력을 받을 권리의 필수적 내용은 신체구속을 당한 사람과 변호인과의 접견교통일 것이다. 변호인은 접견을 통하여 구속된 피의자, 피고인의 상태를 파악하여 그에 따른 적절한 대응책을 강구하고, 피의사실이나 공소사실의 의미를 설명해 주고 그에 관한 피의자·피고인의 의견을 듣고 대책을 의논하며, 피의자나 피고인 진술의 방법, 정도, 시기, 내용 등에 대하여 변호인으로서의 의견을 말하고 지도도 하고, 진술거부권이나 서명날인거부권의 중요성과 유효적절한 행사방법을 가르치고 그것들의 유효적절한 행사에 의하여 억울한 죄를 면할 수 있다는 것을 인식시

켜야 하며, 수사기관에 의한 자백강요, 사술(詐術), 유도(誘導), 고문 등이 있을 수 있다는 것을 알려 이에 대한 대응방법을 가르쳐 허위자백을 하지 않도록 권고하고, 피의자로부터 수사관의 부당한 조사(유도, 협박, 이익공여, 폭력 등) 유무를 수시로 확인해야 하며, 피의자나 피고인의 불안, 절망, 고민, 허세 등을 발견하면 그 감정의 동요에 따라 격려하여 용기를 주거나 위문하거나 충고하여야 할 것이다. 그런데 이러한 일은 구속된 자와 변호인의 대화내용에 대하여 비밀이 완전히 보장되고 어떠한 제한, 영향, 압력 또는 부당한 간섭없이 자유롭게 대화할 수 있는 접견을 통하여서만 가능하고 이러한 자유로운 접견은 구속된 자와 변호인의 접견에 교도관이나 수사관 등 관계공무원의 참여가 없어야 가능할 것이다. 만약 관계공무원이 가까이서 감시하면서 대화내용을 듣거나 녹취하거나 또는 사진을 찍는 등 불안한 분위기를 조성한다면 변호인의 이러한 활동은 방해될 수밖에 없고 이는 변호인의 조력을 받을 권리나 진술거부권을 기본권으로 보장한 헌법정신에 크게 반하는 일이다.

공소제기를 잘못하거나 오판 등에 의한 원죄(冤罪)는 구속된 피의자, 피고인과 변호인의 자유로운 접견교통에 의하여 사전에 예방될 수 있을 것이다.

(라) 이상과 같이 변호인과의 자유로운 접견은 신체구속을 당한 사람에게 보장된 변호인의 조력을 받을 권리의 가장 중요한 내용이어서 국가안전보장·질서유지·공공복리 등 어떠한 명분으로도 제한될 수 있는 성질의 것이 아니다. 그리고 구속된 사람을 계호(戒護)함에 있어서도 1988. 12. 9. 제43차 유엔총회에서 채택된 "모든 형태의 구금 또는 수감상태에 있는 모든 사람들을 보호하기 위한 원칙" 제18조 제4항이 "피구금자 또는 피수감자와 그의 변호인 사이의 대담은 법 집행 공무원의 가시거리(可視距離) 내에서 행하여질 수는 있으나 가청거리(可聽距離) 내에서 행하여져서는 아니된다"라고 적절하게 표현하고 있듯이 관계공무원은 구속된 자와 변호인의 대담내용을 들을 수 있거나 녹음이 가능한 거리에 있어서는 아니되며 계호나 그밖의 구실 아래 대화장면의 사진을 찍는 등 불안한 분위기를 조성하여 자유로운 접견에 지장을 주어서도 아니될 것이다.

(마) 헌법 제12조 제4항이 보장하고 있는 "변호인의 조력을 받을 권리"의 내용이 이상과 같음에도 불구하고, 피청구인은 국가보안법 위반으로 신체구속을 당한 청구인이 1991. 6. 14. 17시부터 그날 18시경까지 국가안전기획부 면회

실에서 그의 변호인과 접견을 하는 데 있어 소속직원(수사관)으로 하여금 접견에 참여하게 하고, 가까이서 지켜보면서 대화내용을 듣거나 기록하게 하였으니 이는 변호인의 조력을 받을 권리를 침해한 것으로서 헌법에 위반되는 일이다. 청구인의 변호인 접견이 그의 처 김○자와의 접견과 동시에 있었고, 대화내용의 비밀이 보장되는 자유로운 접견이라야 한다는 것은 변호인 접견에만 적용되고 변호인 이외의 자와의 접견에는 적용되지 않는 것이라 하여 그러한 경우에는 수사관을 참여시켜도 괜찮은 것 아닌가라는 의견이 있을른지도 모르나 구속된 사람과 변호인과의 대화내용에 비밀이 보장되어야 하는 이상, 변호인 이외의 자를 동시에 접견하는 경우라 하여도 변호인과의 대화내용이 청취당하여서는 아니되는 것이므로 그 경우 역시 관계공무원의 참여는 허용될 수 없는 것이며, 구속된 자와 변호인 이외의 자와의 접견에 관계공무원의 참여가 꼭 필요한 경우라면 접견을 시키는 수사기관이나 교도소는 변호인 접견과 변호인 이외의 자와의 접견을 분리하여 실시하면 되는 것이다. 그럼에도 불구하고 피청구인은 청구인으로 하여금 그의 변호인 및 그의 처와 동시에 접견을 시키면서(더구나 변호인은, 변호인 접견은 비밀이 보장되어야 한다면서 청구인과 따로 만날 수 있게 해 달라고 요구하였다) 소속직원을 접견에 참여시켜 대화내용을 듣거나 기록하게 하였으니 이는 위헌임을 면할 수 없다.

(바) 결국 청구인의 기본권(변호인의 조력을 받을 권리)을 침해한 피청구인의 위헌적인 공권력행사는 취소되어야 할 것이나 취소되어야 할 공권력행사는 이미 종료되었으니 이를 취소하는 대신, 위헌적인 공권력행사가 또 다시 반복될 수 있는 위험성을 제거하기 위하여, 그리고 헌법 제12조 제4항에 규정된 변호인의 조력을 받을 권리와 내용(변호인과의 자유로운 접견을 포함한다는 것)을 명백히 하기 위하여 피청구인의 공권력행사가 위헌인 것임을 선언적 의미에서 확인하고, 나아가서 행형법 제18조 제3항에는 "수형자의 접견과 서신수발은 교도관의 참여 또는 검열을 요한다"라고 규정되어 있는데 같은 법 제62조는 "미결수용자에 대하여 본법 또는 본법의 규정에 의하여 발하는 명령에 특별한 규정이 없는 때에는 수형자에 관한 규정을 준용한다."라고 규정하여 미결수용자(피의자, 피고인)의 변호인 접견에도 행형법 제18조 제3항에 따라서 교도관이 참여할 수 있게 하였는바, 이는 앞에서 설명한 바와 같이 신체구속을 당한 미결수용자에게 보장된 변호인의 조력을 받을 권리를 침해하는 것이

어서 헌법에 위반되는 법률이고 피청구인의 위헌적인 공권력행사는 바로 위와 같은 위헌법률에 기인한 것이라고 인정되므로 헌법재판소법 제75조 제5항에 의하여 행형법 제62조의 준용규정 중 행형법 제18조 제3항을 미결수용자의 변호인 접견에도 준용하도록 한 부분에 대하여 위헌선언하기로 하여 주문과 같이 결정한다.

⑵ 수형자 관련

1) 수형자의 서신에 관한 검열행위 사례

재판이 확정되어 형의 집행 중에 있는 수형자의 서신에 관한 검열행위는 헌법에 위반되지 않는다고 결정한 사례이다.[22]

자유형의 본질상, 그리고 구금시설의 규율과 질서 유지를 위하여 수형자에게는 통신의 자유에 대한 제한이 수반되지 않을 수 없는데, 수형자의 교화·개선과 교도소 내 질서유지에 해로운 서신을 규제하기 위해서는 서선검열이 불가피하고도 유효적절한 수단일 뿐만 아니라, 형사절차가 종료되어 교정시설에 수용 중인 수형자는 원칙적으로 변호인의 조력을 받을 권리의 주체가 될 수 없으므로 기본권의 침해가 존재하지 않는다는 것이다.

헌법재판소의 구체적인 판단

(1) 통신의 자유 침해 여부

수형자를 구금하는 목적은 자유형의 집행이고, 자유형의 내용은 수형자를 일정한 장소에 구금하여 사회로부터 격리시켜 그 자유를 박탈함과 동시에 그의 교화·갱생을 도모함에 있다. 그러므로 자유형의 본질상 수형자에게는 외부와의 자유로운 교통·통신에 대한 제한이 수반되는 것이다. 그런데 수형자의 사회적 위험성이나 사회방위의 관점에서는 사회로부터의 격리가 불가피하나, 때로는 수형자의 교화·갱생을 위하여 일정한 범위 내에서 서신수발의 자유를 허용하는 것이 보다 더 유익할 수도 있다. 따라서 수형자에게 통신의 자유를 구체적으로 어느 정도 인정할 것인가의 기준은 기본적으로 입법권자의 입법정책에 맡겨져 있다고 할 것이다.

수형자의 교화·갱생을 위하여 서신수발의 자유를 허용하는 것이 필요하다고 하더라도, 구금시설은 다수의 수형자를 집단으로 관리하는 시설로서 규

22) 헌재 1998.8.27. 96헌마398 판례집 10-2, 416.

율과 질서 유지가 필요하므로 수형자의 서신수발의 자유에는 내재적 한계가 있다고 하지 않을 수 없다. 즉, 구금의 목적을 달성하기 위하여는 우선 수형자의 신체적 구속을 확보하여야 하고 교도소 내의 수용질서 및 규율을 유지하여야 할 뿐만 아니라, 수형자의 교화·개선에 해로운 물질이나 서신의 수발을 허용하여서는 아니된다. 따라서 수형자의 도주를 예방하고 교도소 내의 기율과 질서를 유지하여 구금의 목적을 달성하기 위하여는 수형자의 서신에 대한 검열은 불가피하다고 할 것이다.

그런데 수형자가 수발하는 서신에 대한 검열이 허용된다고 하더라도 통신의 비밀을 보호하려는 헌법정신에 따라 그 검열은 합리적인 방법으로 운용되어야 하고 검열에 의한 서신수발의 불허는 엄격한 기준에 의하여야 하며 또 교도관 등이 지득한 서신내용의 비밀이 엄수되어야 할 것임은 미결수용자의 경우와 다름이 없다. 그리하여 법 제18조 제2항에서 "수용자의 서신수발은 교화 또는 처우상 특히 부적당한 사유가 없는 한 이를 허가하여야 한다"고 규정하여 수형자의 서신수발의 자유를 원칙적으로 보장하고, 구금의 목적상 수용자의 서신수발은 교도관의 검열을 요하도록 하되(같은 조 제3항), 서신의 검열이나 발송 및 교부를 신속하게 하도록 규정하고 있으며(같은 조 제4항), 나아가 교도관집무규칙 제78조와 재소자계호근무준칙 제284조 등은 서신검열의 기준 및 검열자의 비밀준수의무 등을 규정하고 있다. 그러므로, 이러한 현행법령과 제도 하에서 수형자가 수발하는 서신에 대한 검열로 인하여 수형자의 통신의 비밀이 일부 제한되는 것은 국가안전보장·질서유지 또는 공공복리라는 정당한 목적을 위하여 부득이 할 뿐만 아니라 유효적절한 방법에 의한 최소한의 제한이며 통신의 자유의 본질적 내용을 침해하는 것이 아니므로 헌법에 위반된다고 할 수 없다.

(2) 변호인의 조력을 받을 권리 침해 여부

헌법 제12조 제4항 본문에서 "누구든지 체포 또는 구속을 당한 때에는 즉시 변호인의 조력을 받을 권리를 가진다"라고 규정하고 있고, 형사소송법 제30조 제1항에서는 "피고인 또는 피의자는 변호인을 선임할 수 있다"라고 규정하고 있을 뿐만 아니라, 원래 변호인의 조력을 받을 권리는 형사절차에서 피의자 또는 피고인이 검사 등 수사·공소기관과 대립되는 당사자의 지위에서 변호인 또는 변호인이 되려는 자와 사이에 충분한 접견교통에 의하여 피의사실이나 공소사실에 대하여 충분하게 방어할 수 있도록 함으로써 피고인이나 피의자의 인권을 보장하려는데 그 제도의 취지가 있는 점에 비추어 보면, 형사절차가 종료되어 교정시설에 수용 중인 수형자는 원칙적으로 변호인의 조력을 받을 권리의 주체가 될 수 없다. 다만, 수형자의 경우에도 재심절차 등에는 변호인 선임을 위한 일반적인 교통·통신이 보장될 수도 있겠으나, 기록에 의하면 청구인은 교도소 내에서의 처우를 왜곡하여 외부인과 연계, 교도소 내의 질서를 해칠 목적으로 변호사에게 이 사건 서신을 발송하려는 것이므로 이와 같은 경우에는 변호인의 조력을 받을 권리가 보장되는 경우에 해당한다고 할 수 없다. 요컨대, 수형자의 서신수발에 대한 검열은 구금의 목적상 필요한 최소한의 제한이고, 이 사건의 경우에는 청구인이 변호인의 조력을 받을 권리를 보장받을 수 있는 경우에 해당하지 아니하므로, 이 사건 서신검열 행위로 인하여 변호인의 조력을 받을 권리 등 청구인의 기본권이 침해되었다고 볼 수 없다.

2) 국가기관을 수신인으로 하는 수형자의 서신에 관한 검열행위 사례

국가기관을 수신인으로 하는 수형자의 서신에 관한 검열행위는 통신의 자유 침해가 되지 않는다고 결정한 사례이다.[23]

국가기관에 발송하는 서신이라는 이유만으로 검열을 하지 않는다면, 사인에게 보낼 서신을 국가기관의 명의를 빌려 검열 없이 보낼 수 있게 됨으로써 검열을 거치지 않고 사인에게 서신을 발송하는 탈법수단으로 이용할 수 있게 되므로, 일반 서신에 대하여 검열을 하지 않을 경우와 동일한 부작용이 나타날 위험이 있다는 것이다.

헌법재판소의 구체적인 판단

(1) 통신 비밀의 자유 침해 여부

수용자의 경우 교화, 갱생이라는 행형의 목적 달성을 위해서 일반인들에 비해 보다 많은 자유가 제한되는 것은 사실이지만, 청구인의 주장처럼 국가기관에 대한 서신 발송시 사전에 검열을 하지 않는다 하더라도 수용자들의 교화, 갱생의 목적 달성에 전혀 지장이 없다면 사전 검열 없이 서신 발송이 가능하도록 해야 한다. 그러나 서신 검열은 단지 누구에게 언제 서신을 보낸다는

---

23) 헌재 2001. 11. 29. 99헌마713, 판례집 13-2, 739.

확인 정도를 위해서 존재하는 제도가 아니라 수용자가 발송하는 서신에 대해 발송 전 그 내용을 일일이 살펴 수용질서 유지에 저해되거나 새로운 범죄를 일으킬 가능성이 있는 것에 대해서는 미리 그 발송을 차단함으로써 수용자가 재차 범죄를 저지르는 것을 사전에 방지하고 수용자를 적절하게 교화하고자 하는 제도이다. 그런데 만약 국가기관과 사인에 대한 서신을 따로 분리하여 사인에 대한 서신의 경우에만 검열을 실시하고, 국가기관에 대한 서신의 경우에는 검열을 하지 않는다면 사인에게 보낼 서신을 국가기관의 명의를 빌려 검열 없이 보낼 수 있게 됨으로써 검열을 거치지 않고 사인에게 서신을 발송하는 탈법수단으로 이용될 수 있게 되고, 종국에는 여러 가지 부작용을 불러올 것이다. 따라서 수용자가 국가기관에 발송하는 서신에 대해 검열을 하는 것은 헌법 제37조 제2항에서 규정하고 있는 국가안전보장, 질서유지, 공공복리라는 정당한 목적을 위하여 부득이할 뿐만 아니라 유효, 적절한 방법에 의한 최소한의 제한이므로 통신의 자유에 대한 침해가 되지 않는다.

(2) 청원권 침해 여부

모든 국민은 청원권을 가지고 있으므로 교도소 수용자라 하더라도 원칙적으로는 자유롭게 청원할 권리가 보장된다. 그러나 위에서도 본 바와 같이 수용자 구금의 목적은 수용자를 일정한 장소에 구금하고 사회로부터 격리시켜 그 자유를 박탈함과 동시에 그의 교화·갱생을 도모함에 있고, 구금시설은 다수의 수용자를 집단으로 관리하는 시설이므로 규율과 질서 유지가 필요하다. 따라서 국가기관에 대한 청원의 경우 이에 대한 아무런 제한 없이 청원할 수 있도록 한다면 이를 이용하여 검열 없이 외부에 서신을 발송하는 탈법수단으로 이용할 우려가 있다고 지적된 위에서의 이유는 여기에서도 그대로 타당할 것이다. 결론적으로, 국가기관에 대한 청원 내용이 담긴 교도소 수용자의 서신에 대해 검열하는 것은 헌법 제37조 제2항이 규정하고 있는 질서유지 등의 목적달성을 위한 필요·최소한의 제한으로서 청원권의 본질적 내용을 침해하는 것이라고 할 수 없다.

3) 금치 중 절대적으로 접견·서신수발을 금지하도록 한 행형법시행령 제145조 제2항[24] 사례

금치기간 중인 수용자에 대해서 서신수발을 원칙적으로 금지한 행형법시행령 제145조 제2항은 헌법에 위반되지 않는다고 결정한 사례이다.[25]

헌법재판소의 구체적인 판단

(1) 입법목적의 정당성 및 수단의 상당성

수형자를 격리하고 교정·교화하여 사회에 복귀하도록 하는 행형법의 목적을 달성하기 위해서는 무엇보다 수형자의 안전한 구금이 확보되어야 한다. 이를 위해서 행형 기관은 교도소의 안전과 질서를 유지해야 할 과제를 안게 된다. 그러므로 징벌 중에서 가장 중한 징벌인 금치 처분을 받은 자를 엄격한 격리에 의하여 외부와의 접촉을 금지시키고 구속감과 외로움 속에 반성에 전념토록 함으로써 수용 질서를 확립하고자 하는 행형법시행령 제145조 제2항의 입법 목적은 정당하며, 금치 기간 동안 징벌실에 수용하는 것 이외에 일반 수형자에게 허여(許與)된 권리인 접견, 서신수발에 제한을 가하는 것은 이와 같은 목적을 달성하기 위하여 필요 적절한 수단이다.

(2) 최소침해성 및 법익균형성

자유형의 본질상 수형자에게는 외부와의 자유로운 교통·통신에 대한 제한이 수반되며, 수형자에게 통신의 자유를 구체적으로 어느 정도 인정할 것인가의 기준은 기본적으로 입법권자의 입법정책에 맡겨져 있다고 할 것이다(헌재 1998. 8. 27. 96헌마398, 판례집 10-2, 416, 428 참조). 금치 징벌의 목적 자체가 징벌실에 수용하고 엄격한 격리에 의하여 개전을 촉구하고자 하는 것이므로 접견·서신수발의 제한은 불가피하다. 그런데 행형법시행령 제145조 제2항은 금치 기간 중의 접견·서신수발은 금지한다고 규정하면서도, 그 단서에서 소장으로 하여금 "교화 또는 처우상 특히 필요하다고 인정되는 때"에는 금치 기간 중이라도 접견·서신수발을 허가할 수 있도록 예외를 둠으로써, 접견·서신이 일률적으로 금지됨으로 인하여 수형자가 금치처분을 다투기 위한

24) 행형법시행령 제145조(징벌의 집행) ② 금치의 처분을 받은 자는 징벌실에 수용하고 그 기간 중 접견, 서신수발, 전화통화, 집필, 작업, 운동, 신문·도서열람, 라디오청취, 텔레비전시청 및 자비부담물품의 사용을 금지한다. 다만, 미결수용자의 소송서류 작성, 변호인과의 접견 및 서신수발은 예외로 하며, 소장이 교화 또는 처우상 특히 필요하다고 인정하는 때에는 접견·서신수발 또는 도서열람을 허가할 수 있다.

25) 헌재 2004. 12. 16. 2002헌마478, 판례집 16-2 하, 548.

변호사 접견 및 서신수발도 할 수 없게 되는 등 과도한 규제가 되지 않도록 조치하고 있다. 따라서 행형법시행령 제145조 제2항의 금치 수형자에 대한 접견・서신수발의 제한은 국가안전보장・질서유지 또는 공공복리라는 정당한 목적을 위한 필요・최소한의 제한으로서 수형자의 교통・통신의 권리를 과도하게 제한하는 것이 아니다.

4) 금치 처분을 받은 수형자에 대하여 집필을 전면 금지하고 있는 행형법 시행령 제145조 제2항 본문[26] 사례

행형법시행령 제145조 제2항 본문이 금치기간 중 '집필'을 전면 금지한 것은 법률유보원칙 및 과잉금지의 원칙에 위반된다고 결정한 사례이다.[27]

헌법재판소의 구체적인 판단

(1) 법률유보원칙 위반

먼저 행형법 제46조 제2항 제5호는 징벌의 일종으로 '2월 이내의 금치'를 규정하고 있는데, 금치의 개념 자체로부터는 그 사전적 의미가 제시하는 징벌실 수용이라는 특수한 구금형태만을 추단할 수 있을 뿐이고 거기에 집필의 전면적 금지와 같은 일정한 처우의 제한 내지 박탈이라는 금치의 효과 내지 집행방법까지 포함되어 있다거나 동 조항으로부터 곧바로 제한되는 처우의 내용이 확정된다고 볼 수 없다. 따라서 행형법 제46조 제2항 제5호를 집필 금지의 법률적 근거라고 할 수 없다. 나아가 행형법 제46조 제4항은 징벌을 부과함에 있어 필요한 기준을 법무부장관이 정하도록 하고 있는바, 이와 같이 위 조항의 위임사항은 '징벌의 부과 기준'이지 '징벌의 효과나 대상자의 처우'가 아님은 문언상 명백하며 그 위임에 따라 법무부령으로 제정된 규칙은 제4조 내지 제8조(개정 전 규칙은 제4조 내지 제6조)에서 징벌부과 기준, 참작사항, 교사와 방조의 처리, 징벌의 경중 및 가중 등을 규정하고 있을 뿐이다. 따라서 금치대상자에 대하여 집필을 전면 금지하는 이 사건 시행령조항의 근거를 행형법상의 징벌 내지 금치에 관한 조항에서 찾을 수는 없다.

---

26) 행형법시행령(2000. 3. 28. 대통령령 제16579호로 개정된 것) 제145조(징벌의 집행) ② 금치의 처분을 받은 자는 징벌실에 수용하고 그 기간 중 접견, 서신수발, 전화통화, 집필, 작업, 운동, 신문・도서열람, 라디오청취, 텔레비전시청 및 자비부담물품의 사용을 금지한다. 다만, 미결수용자의 소송서류 작성, 변호인과의 접견 및 서신수발은 예외로 하며, 소장이 교화 또는 처우상 특히 필요하다고 인정하는 때에는 접견・서신수발 또는 도서열람을 허가할 수 있다.

27) 헌재 2005. 2. 24. 2003헌마289, 판례집 17-1, 261.

결국 이 사건 시행령 조항은 금치처분을 받은 수형자의 집필에 관한 권리를 법률의 근거나 위임 없이 제한하는 것으로서 헌법 제37조 제2항 및 제75조에 위반된다고 할 것이다.

(2) 과잉금지원칙의 위반(표현의 자유)

(가) 입법목적의 정당성 및 방법의 적절성

이 사건 시행령 조항은 교도소 내의 규율을 위반하고 그 위반의 정도가 중한 것으로 판단되어 금치의 징벌을 받은 자에 대해 금치처분의 집행과 함께 금치기간 동안 일정한 불이익을 가함으로써 일반예방적 효과와 특별예방적 효과를 통한 규율의 준수를 강제하여 교도소 내의 안전과 질서를 유지하고 당해 금치대상자의 교화를 꾀하는 규정으로서 그 입법목적은 정당한 것으로 평가할 수 있다. 한편 이 사건 시행령 조항은 일반 수용자에게는 실질적으로 허용되어 있는 집필행위를 규율 위반으로 금치처분을 받은 자에 대하여는 금지함으로써 교도소 내에서 제한된 상태로나마 누릴 수 있는 이익을 박탈함으로써 규율 위반자에 대해서는 반성을 촉구하고 일반 수용자에게는 규율 위반에 대한 불이익을 경고하여 수용자들의 규율 준수를 유도하는 데에 필요하고도 효과적인 수단이 될 수 있을 것이므로 방법의 적절성도 있다고 보인다.

(나) 침해의 최소성

교도소의 안전과 질서 유지라는 입법목적을 위해 법률이 정한 제재는 징벌로서의 '금치'이다. 그런데 이 사건 시행령 조항은 징벌실 수용이라는 금치의 집행에 더하여 집필 금지라는 불이익을 부가한 것으로서, 그 규정 자체에서 볼 때 징벌실 수용에 덧붙여진 집필 금지가 과연 위와 같은 입법목적 달성을 위해 반드시 필요한 조치인지 의문이 든다. 물론 징벌실에 수용하면서 추가적으로 다른 처우를 제한하는 것이 징벌적 효과를 더 크게 하는 면이 있음은 부인할 수 없을 것이나, 금치 집행의 본질적 효과인 징벌실 수용과 그에 따르는 불가피한 사실상의 처우 제한 이외의 불이익은 가능한 한 최소한에 그치는 것이 수형자의 기본권 보장 면에서 바람직하다 할 것이고, 따라서 집필의 전면적 금지는 필요한 최소한도를 넘는 기본권 제한에 해당한다고 볼 여지가 있는 것이다. 그리고 교도소의 질서유지를 위해 마련된 규율을 위반하였다는 귀책사유와 금지되는 집필행위는 그 내용적 관련성이 매우 희박하다는 점을 간과해서는 아니된다. 교도소 내의 규율준수는 그 자체가 목적이 될 수 없고 결국은 교도소의 질서와 안전을 위한 것이며 궁극적으로는 행형법의 목적인 수형자의 교정·교화에 이바지하여야 하는 것임을 고려할 때 더욱 그러하다. 또한 굳이 집필행위를 제한하고자 하는 경우에도 집필행위 자체는 허용하면서 집필시간을 축소하거나 집필의 횟수를 줄이는 방법 또는 접견이나 서신수발과 같이 예외적으로 집필을 허용할 수 있는 사유를 구체적으로 한정하여 집필을 제한하는 방법 등을 통해서도 규율준수를 꾀하고자 하는 목적은 충분히 달성될 수 있을 것으로 보인다. 그런데 이 사건 시행령 조항으로 인해 금치처분을 받은 자는 최장 2개월간 집필이 무조건 금지되는바, 설사 그 집필의 목적과 내용이 수용자의 개인적인 사유로 반드시 허용되어야 할 경우이거나 또는 집필을 허용하는 것이 교정·교화상 도움이 되는 경우라고 하더라도 금치대상자에게 집필기회를 부여할 가능성이 원천봉쇄되어 있는 것이다. 결국 이 사건 시행령 조항이 규율 위반자에 대해 불이익을 가한다는 면만을 강조하여 금치처분을 받은 자에 대하여 집필의 목적과 내용 등을 묻지 않고, 또 대상자에 대한 교화 또는 처우상 필요한 경우까지도 예외 없이 일체의 집필행위를 금지하고 있음은 입법목적 달성을 위한 필요최소한의 제한이라는 한계를 벗어난 것이라고 할 것이다. 따라서 과잉금지의 원칙에 위반된다.

5) 화상접견시간 단축행위 사례

수형자 무인접견관리시스템의 시행 이후 피청구인이 청구인에게 4~5분 정도 줄어든 10~11분 정도의 화상접견시간을 부여한 행위는 수형자의 접견교통권을 과도하게 제한하는 것이 아니라고 결정한 사례이다.[28)]

헌법재판소의 구체적인 판단

(1) 수형자의 지위와 접견교통권

수형자가 갖는 접견교통권은 가족 등 외부와 연결될 수 있는 통로를 적절히 개방하고 유지함으로써 가족 등 타인과 교류하는 인간으로서의 기본적인 생활관계가 인신의 구속으로 완전히 단절되어 정신적으로 황폐하게 되는 것을 방지하기 위하여 반드시 보장되지 않으면 안되는 인간으로서의 기본적인 권리에 해당하므로 성질상 헌법상의 기본권에 속한다. 이러한 수형자의 접견교통권은 비록 헌법에 열거되지는 아니하였지만 헌법 제10조의 행복추

28) 헌재 2009. 9. 24. 2007헌마738, 판례집 21-2 상, 725.

구권에 포함되는 기본권의 하나로서의 일반적 행동자유권으로부터 나온다고 할 것이다.

(2) 이 사건 각 화상접견시간 부여행위의 위헌 여부

수형자 무인접견관리시스템의 시행 이후 피청구인이 청구인에게 4-5분 정도 줄어든 10-11분 정도의 화상접견시간을 부여한 행위가 수형자의 접견교통권을 과도하게 제한한 것은 아닌지를 살펴보기로 한다.

수형자에 대한 접견시간 부여 정도는 일반적 접견교통권의 본질적 내용을 침해하지 아니하는 범위 내에서 교도소장 등 관계 행정청의 재량에 속한다고 볼 것이다. 그런데 이 사건 각 화상접견시간 부여행위 당시 대전교도소의 접견 전담 직원의 수, 화상접견기기 및 접견실의 현황 등을 고려하면, 청구인 등 개개인의 수형자에게는 화상접견시간이 다소 부족하였다 하더라도 다수의 수형자에게 고루 접견기회를 부여하기 위하여 청구인에게 화상접견시간을 각 10분 내외로 부여한 피청구인의 조치는 사실상 불가피하였다고도 볼 수 있다. 또한, 피청구인이 청구인에게 화상접견시간을 각 10분 내외로 제한하여 부여함으로써 다른 수형자나 미결수용자의 접견교통권을 형평에 맞게 보호하고자 하는 것은 수형목적상 중대한 공익에 해당한다고 할 것인 반면, 화상접견시간이 위와 같이 10분 내외의 정도로 부여된다고 하여 청구인 등 수형자의 접견교통권이 특별히 과도하게 침해되는 정도에 이른다고는 단정하기 어렵다. 나아가 수형자로서는 화상접견시간이 불충분하였을 경우에 구 행형법 시행령 제57조의 규정에 의하여 교도소장의 허가를 받아 추가로 접견할 수 있고, 화상접견 이외에 일반접견, 서신수발(구 행형법 제18조의2), 전화통화(구 행형법 제18조의3) 등에 의해서도 가족 등과 접촉할 수 있는 점 등을 고려하면, 위와 같은 제한으로 인해 침해되는 사익은 그다지 크다고 할 수 없다.

그렇다면, 피청구인이 7회에 걸쳐 청구인에게 화상접견시간을 각 10분 내외로 부여한 것은 당시 대전교도소의 인적, 물적 접견설비의 범위 내에서 다른 수형자와 미결수용자의 접견교통권을 골고루 적절하게 보장하기 위한 행정목적에 따른 합리적인 필요최소한의 제한이었다 할 것이고, 청구인의 접견교통권을 과도하게 제한한 것으로는 보이지 아니한다. 따라서, 피청구인의 이 사건 각 화상접견시간 부여행위가 행정재량을 벗어나 과잉금지원칙에 위반하여 청구인의 헌법상 기본권을 침해한 것이라고는 볼 수 없다.

6) 접견횟수 초과를 이유로 변호사와의 접견을 불허한 처분에 관한 사례

수형자에 대한 월 접견 횟수 제한은 기본권을 침해한 것이 아니라는 취지로 결정한 사례이다.[29)]

헌법재판소의 구체적인 판단

수형자의 교화·갱생을 위하여 접견의 자유를 허용하는 것이 필요하다고 하더라도, 구금시설은 다수의 수형자를 집단으로 관리하는 시설로서 규율과 질서유지가 필요하므로 수형자의 접견의 자유에는 내재적 한계가 있다고 하지 않을 수 없다. 즉, 구금의 목적을 달성하기 위해서는 우선 수형자의 신체적 구속을 확보하여야 하고 교도소 내의 수용질서 및 규율을 유지하여야 할 뿐만 아니라, 수형자의 교화·개선에 해로운 물질이나 서신 수발을 허용해서는 안된다. 또한 형이 확정되어 자유형의 집행을 위하여 수용되어 있는 수형자는 미결수용자의 지위와는 구별되므로, 접견의 빈도 등이 상당 정도 제한될 수밖에 없다. 그러므로 수형자의 경우 월 접견 횟수를 제한하는 목적은 정당하다고 할 것이다.

문제는 변호사와의 접견을 일반접견에 포함시켜 월 4회의 횟수 제한을 받도록 하는 것이 수형자의 재판청구권을 침해하는지 여부이다. 살피건대, 기결수형자는 형사소송 절차 중에 있는 미결수용자와는 신분이 다르며, 기결수형자에게도 민사, 행정 등의 소송 계속 여부에 관계없이, 접견횟수 제한과 무관하게 접견이 허용된다고 하면 소송을 빙자하여 변호사 접견을 하려는 수용자를 제재할 수 없게 되어 수형자의 접견 횟수를 제한하는 규정의 취지를 몰각함은 물론 수용질서의 혼란을 야기할 수 있다. 따라서 이미 징역형이 확정되어 수형자로서 교도소에 수용된 자에게는 교정시설의 안녕이나 질서유지를 위하여 변호사와의 접견도 일반접견과 같이 보아 제한되어야 함은 불가피하다. 수형자는 접견 이외에 서신수발 또는 전화통화에 의해서도 변호사와 접촉하여 소송을 준비할 수 있다. 또한, 행형법시행령 제57조에서 소장은 수용자의 교화상 특히 필요하다고 인정할 때에는 월 접견 횟수 제한에 불구하고 수용자의 접견을 허가할 수 있다고 규정하고 있으므로, 교도소 시설 내의 부당함을 호소하는 소송이나 국가배상 청구 등의 민사소송을 제기한 수형자가 변호사 선임계, 소송서류, 사건 번호 등의 제출을 통하여 이를 소명하기만 하면 교도

29) 헌재 2004. 12. 16. 2002헌마478, 판례집 16-2 하, 548.

소장은 월 접견 횟수의 제한에 관계없이 변호인 접견을 허가해 주고 있다. 다만 아직 소송이 진행 중이거나 정식으로 변호사를 선임하지 않고 앞으로 소송을 제기하려고 하는 수형자는 당장 소송 진행 여부를 입증할 수 없으므로 월 접견 횟수를 이미 채운 경우에는 며칠 간 변호인과의 접견이 지연될 수밖에 없게 되나, 앞에서 본 바와 같이 소송 계속 여부에 관계없이 제한된 접견횟수를 초과하여 접견을 자유로이 허용할 수는 없으므로, 이것은 수형자의 구금 목적을 달성하고 구금 질서를 유지하기 위하여 일반 접견권을 제한함에 따라 발생하는 불가피한 결과이고, 며칠 간의 소 제기의 지연이 제27조의 재판청구권의 본질적인 침해라고 보기도 어렵다.

Ⅳ. 결 어

지금까지 수용자에 대한 기본권 제한에 적용되어야 할 위헌심사기준을 어떻게 설정할 것인가에 관한 문제를 간략히 살펴본 뒤, 관련된 헌법재판소 판례들을 문제된 기본권 분야별로 검토해 보았다.

오늘날 국가는 국민의 인권을 보장하기 위하여 그 존재 이유를 지닌다. 헌법은 국가권력의 남용으로부터 국민의 기본권을 보호하려는 법치국가의 실현을 기본 이념으로 하는 것으로, 헌법상의 기본권은 더 이상 종이 위의 법이 아니며 헌법적 효력을 갖는 규범으로서 입법, 행정, 사법 등 모든 국가기관을 기속하는 것이다.

기본적 인권의 보장에 관한 이러한 헌법적 구도와 의지는 국가작용이 미치는 각 분야에서 기본권이 규범력과 실효성을 지닐 때 완성될 수 있는 것으로, 가장 반사회적이라고 할 수 있는 범죄자들 혹은 범죄혐의자들의 기본권이 한 국가에서 어느 정도 보장되고 있는가 하는 것은 민주 법치국가의 인권보호 수준의 중요한 표지가 된다고 할 것이다.

이런 점에서 헌법재판소는 그 동안 수용시설에 수용 중인 수용자들도 기본권의 침해에 대하여 헌법재판으로 구제받을 수 있다는 점을 확고하게 선언함으로써 수용자들의 인권 신장에 크게 기여하였을 뿐 아니라, 우리나라의 법치 및 인권보호 수준을 제고하는 데 핵심적인 역할을 수행하였다고 할 것이다.

앞으로도 종교, 혼인, 교육, 근로의 자유, 재판청구권, 재산권, 적법절차, 평등권 등과 관련되어 여러 형태로 수용자의 기본권 제한 문제가 제기될 것으로 예상되는바, 보다 많은 헌법재판소 판례의 축적을 통해 위헌심사 기준이 더욱 정밀하게 정립되고, 수용시설의 안전과 질서에 관한 특수성까지 충분히 감안된 보다 규범조화적인 해석방법이 도출될 것으로 기대된다.

지정토론문

안 성 훈*

1. 들어가며

헌법 제10조는 "모든 국민은 인간으로서의 존엄과 가치를 가지며, 행복을 추구할 권리를 가진다. 국가는 개인이 가지는 불가침의 기본적 인권을 확인하고 이를 보장할 의무를 진다"고 규정하고 이다. 피수용자도 국민의 한 사람인 이상 헌법 제10조의 주체가 된다는 것에는 이론의 여지가 없다. 형의 집행 및 수용자의 처우에 관한 법률(이하, 행형법이라고 함) 제 4 조도 수용자의 인권은 최대한으로 존중되어야 한다고 규정하고 있다. 그러나 피수용자의 기본적 인권보장과 교정시설수용제도의 유지 · 운영은 서로 대립관계에 있기 때문에 양자를 어떻게 조화시켜야 할 것인가가 문제점으로 제기되지 않을 수 없다. 이러한 점에서 수용자의 기본권 제한에 관련한 헌법재판소 판례의 입장은 이론적으로도 실무적으로도 그 의미가 매우 크다고 할 것이다.

2. 피수용자의 법적 지위

피수용자는 수용의 목적에 따라 법률상의 근거에 기초하여 구금되어, 생명, 자유가 제한 내지 박탈되어 있는 특수한 법률관계를 맺고 있는 자이다. 따라서 피수용자의 수용목적에 따른 권리 · 자유의 제한은 불가피하다고 할 것이다.

종래에는, 피수용자가 교정시설에 수용되면 일반국민에게 법적으로 보장되는 권리 · 자유는 전부 박탈되는 OUT-LAW의 존재가 된다고 여겨졌던 시대도 있었다. 시설 내 수용 내지 구금의 법적 성격은 도로나 수도 등의 영조물

* 한국형사정책연구원(2011. 1. 31. 발표).

의 이용관계인 공법상의 특별권력관계에 근거하는 것이고, 피수용자의 권리의무는 영조물 권력에 의해 포괄적으로 제한될 수 있다고 해석되었던 것이다.

이러한 특별권력관계의 이론에 의하면, 시설의 장은 시설의 설치목적을 달성하기 위해 필요한 범위에 있어서 피수용자에게 법률에 의하지 않고 명령하고, 강제나 징벌을 부과할 수 있게 된다. 그러나 영조물 이용관계 중에서도 공립학교에 있어서의 학습관계 등 영조물의 이용에 대해서 일정의 지배관계를 인정할 수 있는 경우와는 달리, 강제수용관계에 있어서는 법적으로 고통의 장에 구금되어 생기는 이익은 피수용자에게는 없고 오로지 공공의 복지에 있게 된다. 따라서 특별권력관계의 이론을 강제수용관계에 적용하는 것은 피수용자의 기본적 인권을 무시하는 것으로서, 헌법 제37조 제2항 등을 위반하는 것으로 해석해야 할 것이다.

피수용자의 구금이 법률에 근거하여 용인되고 있는 이상, 피수용자에 대한 기본권의 제한 역시 당연히 법률에 근거하여야 한다. 헌법 제37조 제2항은 "국민의 모든 자유와 권리는 국가안전보장·질서유지 또는 공공복리를 위하여 필요한 경우에 한하여 법률로써 제한할 수 있으며, 제한하는 경우에도 자유와 권리의 본질적인 내용을 침해할 수 없다"고 하여 기본권 제한의 헌법적 한계를 제시하고 있다. 이와 같이 피수용자의 법적지위는 법률관계로서 파악되어야 하는 것으로, 피수용자의 권리의무 또한 법률에 그 근거를 두어야 하며 시설에 있어서의 구금 내지 수용관계도 법률적인 권리의무관계로서 파악해야 할 것이다.

3. 피수용자의 기본권의 제한과 그 한계

상술한 바와 같이 피수용자라고 할지라도 신체의 자유가 제한 내지 박탈당하는 이외에는 원칙적으로 일반 국민과 마찬가지로 취급되어야 할 것이다. 따라서 문제가 되는 것은 피수용자가 자유와 권리를 가지고 있는가 아닌가에 있는 것이 아니라, 피수용자의 기본권이 어떠한 범위에서 보장되고 제한되어야 하는가에 대한 것이다.

피수용자의 기본권을 교정시설수용관계의 관점에서 정리해 보면, 다음과 같이 나눌 수 있다. ① 기본권의 성격상 법률에 의해서도 절대적으로 제한·

금지할 수 없는 기본권,[1] ② 구금업무의 본래 성격상 당연히 금지되는 기본권,[2] ③ 구금목적 및 질서유지의 관점에서 법률로써 제한이 가능한 기본권[3] 등으로 구분할 수 있다.

피수용자의 기본권의 제한과 관련하여 주된 논쟁의 대상이 되는 것은 ③의 법률로써 제한이 가능한 기본권이다. 이들 권리는 구금업무 수행 상(예를 들어 보안문제, 범죄방지, 위생관리, 처우상의 관점 등)의 이유에서 어느 정도 제한되는 것이 불가피하나, 기본적 인권의 침해인 이상 피수용자의 권리의 제한은 수용목적에 따라 합리적으로 필요하다고 인정되는 최소한의 것으로 한정되어야 한다. 그 한도를 넘어 남용되는 경우에는 헌법 제37조 제2항 등에 위반된다고 해석된다. 이 때 '합리적으로 필요하다고 인정되는 최소한도'라는 조건만으로는 너무나 추상적이고 내용을 파악하기 어렵기 때문에, 그 근거 및 한계와 관련하여 논쟁의 대상이 된다.

교정시설수용관계를 규율하는 것은 행형법으로, 피수용자의 기본권의 제한의 법률상의 근거 및 한계는 행형법에서 찾을 수 있어야 한다. 그러나 그 법률상의 근거 및 한계를 모두 행형법에 규정하는 것이 불가능한 것 또한 사실이다.

"법률에 의한 행정"의 원리는 법률의 명문의 규정에 의해 행정을 규율하는 것만을 의미하는 것은 아니다. 가능한 한 명문화하는 것이 바람직하다고 할 것이나, 교정시설수용관계의 다방면에 이르는 모든 내용을 명문화하는 것은 현실적으로 불가능하다. 그것은 교정시설수용관계뿐만 아니라 다른 행정분야에 대해서도 마찬가지로, 점점 복잡하고 다양해지고 있는 오늘날의 행정에 있어서 재량의 문제가 자주 논의되는 것 또한 이러한 배경을 가지고 있다.

행형법에 명문의 규정이 없는 행정작용도, 헌법적 질서 하에서 용인되는 형벌제도를 실현하기 위하여 사회통념상 합리적으로 필요하다고 인정되는 범위에 머물러야 한다. "사회통념상 합리적으로 필요하다고 인정되는 범위"에 머문다는 것은, 즉 "조리(條理)"가 작용한다는 것이다.

---

1) 양심의 자유(헌법 제19조), 종교의 자유(헌법 제20조), 인간다운 생활을 할 권리(헌법 제34조 제1항) 등.

2) 거주・이전의 자유(헌법 제14조), 직업선택의 자유(헌법 제15조), 집회・결사의 자유(헌법 제21조 제1항) 등.

3) 사생활의 비밀과 자유(헌법 제17조), 통신의 비밀을 침해받지 않을 자유(헌법 제18조), 학문과 예술의 자유(헌법 제22조 제1항) 등.

교정시설수용관계에 있어서 “조리”는 구체적으로 무엇인가? 그것은 헌법적 질서 하에 자유형 또는 미결구금의 집행목적 · 집행내용으로서 객관적으로 용인되고 있는 “수용목적”에서 구할 수 있을 것이다. “수용목적”이 교정시설 수용관계에 있어서의 행정작용의 판단기준이 되는 실질적인 법률이 되는 것이다. 헌법은 기본적 인권의 보장에 대해서 형식적인 ‘법률의 유보’에 머물지 않고, 실질적인 법적 보장을 요구하고 있다. 피수용자의 권리자유의 문제도 행형법에의 명문규정의 유무와는 관계없이, 각각의 피수용자에 대해서 그 “수용목적”에 근거하여 고려해야 한다.

또한 피수용자의 기본권의 제한은 각각의 “수용목적”을 근거로 하는 것에만 그치지 않는다. 교정시설에 수용되어 행동의 자유가 제한 또는 박탈되어 있는 피수용자가 그 권리자유를 행사하려고 할 때에는, 필연적으로 교정시설의 인적 · 물적 설비를 이용하게 된다. 교정시설은 피수용자가 그 보장되고 있는 권리자유를 행사함에 있어서는 각각의 “수용목적”에 반하지 않는 한 최대한의 배려를 해야 한다. 그러나, 교정시설의 설비구조, 직원의 배치, 예산 등의 이유에 의해 사무처리능력에 한계가 있을 수 있고, 모든 피수용자에 대해서 공평한 권리자유의 행사를 보장하려고 한다면 각각의 형사시설의 사무처리능력에 따른 일반적인 제한, 즉 “관리운영상의 제한”이 있는 것은 불가피하다.

“관리운영상의 제한”은 교정시설의 인적 · 물적 능력의 제한 하에서 영조물로서의 기능을 적정하고 원활하게 발휘할 수 있는 체제를 확립하여, 규율 및 질서를 엄정하게 유지하면서 모든 피수용자에 대해서 공평한 권리행사의 기회를 담보하기 위해서 규정되는 제한을 말한다. 따라서 “관리운영상의 제한”은 각 교정시설의 사무처리능력, 피수용자의 종류에 따라 격차가 있으나, 오로지 권리 · 자유의 행사방법이나 절차에 관한 제약에만 국한되며 그 성질상 권리 · 자유의 내용에 의한 제한까지 이르는 것은 아니다.

이러한 법률상의 근거 및 한계에 의하여, 피수용자의 기본권의 제한은 제한의 구체적 근거, 제한의 허용기준 그리고 구체적인 제한조치의 적법성 판단기준이라고 하는 3가지 점에서 판단되어야 할 것이다.

4. 마 치 며

피수용자의 기본권의 제한범위는 각각의 피수용자에 대한 행사에 있어서 구체적인 제한근거에 의하여 개별적으로 판단되어야 한다. 따라서 구체적으로 개별 제한의 가부 및 한도를 판단하는 경우에 적용되는 일정한 판단기준이 확립되어야 할 것이다. 또한 그 판단기준은 피수용자에게 보장된 기본권의 중요성을 충분히 고려하는 한편, 교정시설수용제도가 헌법적 질서 하에서 중요한 의의를 가지는 형벌제도의 일환이 될 수 있도록 적정성을 가져야 한다. 이러한 점에서 보다 많은 헌법재판소 판례의 축적을 통해 더욱 구체적으로 판단기준을 정립해갈 수 있기를 기대하는 바이다.

마지막으로, 현재의 행형제도 하에서는 수형자의 교정교화와 건전한 사회복귀를 위한 처우를 강조하고 있는데, 이는 수형자를 처우의 객체로서 취급하는 것으로 수형자에 대한 간섭의 강화, 의무의 증대로 이어질 가능성이 있다. 현대의 형사정책적 사고의 흐름이 수형자에게 가능한 한 자유를 인정하도록 하고 있다는 것을 고려할 때, 교화개선이라는 적극적 행형과 인권옹호라고 하는 소극적 행형은 충돌할 수밖에 없다. 이러한 경우 그 양자 간의 조화를 어떻게 추구해 나갈 것인가? 더욱이 이러한 관점에서 본다면, 수형자의 권리·자유의 내용 및 제한의 한계는, 단지 법률론의 범주의 문제로서 이론적으로만 다루어져서는 안 될 것이고, 처우론 내지 정책론의 범주의 문제로서 현실적·구체적인 필요성의 위에서도 고려할 필요가 있을 것이다.

지정토론문

조 기 룡*

국민 일반에 대한 기본권 제한의 헌법적 척도인 과잉금지의 원칙은 교도행정의 특수성을 기초로 하는 행형당국의 재량을 고려하여 그 기준을 정립할 필요가 있음. 이는 기본권 제한의 기준을 완화하고자 하는 것이 아니라 사법적 심사를 함에 있어서 행정당국의 재량을 고려하여 도출되는 결론인 것임. 즉 행정부의 재량은 사법심사에서도 존중되어야 하므로, 교정당국의 해당 조치가 교도행정을 위하여 '필요한 범위 내'의 것이라면 그것이 필요최소한의 조치인지 여부를 심사할 필요 없이 합헌으로 인정될 수 있음. 이는 재량적 행정판단에 대한 사법심사에 있어서 사법판단이 행정판단을 대신할 수 없음을 의미함. 따라서 교도행정의 재량성이라는 관점에서 문제되는 몇 가지 사례를 검토해 볼 필요가 있음.

수용자의 기본권 제한에 대한 구제방안은 여기서 논의되는 헌법재판소의 위헌심사 뿐만 아니라 국가배상, 행정소송, 국가인권위원회 진정 등 다양한 방법으로 인정되고 있음. 인권보호적 측면에서 다양한 방법으로 중첩하여 수용자의 권리구제방안을 마련하고 있는 것이 현실임. 또한 국가배상에서 해석상 국가의 수용자에 대한 보호의무를 폭넓게 인정하여, 실제로 수용자의 인권보호법리도 교정현실에서 다양하게 반영되고 있음.

다음의 사례는 국가의 보호의무에 입각하여 수용자에 대한 의료처우가 얼마나 다양하게 이루어지고 있는지를 보여주고 있으며, 그럼에도 불구하고 사망 등 악결과가 발생한 경우에 교정당국에 대하여 얼마나 많은 비판이 가해지고 있는 지를 잘 보여주고 있음. 이러한 사례를 통해 국가가 국민의 세금으로 수용자에게 얼마나 많은 혜택을 부여하여야 하는지 그 기준 설정의 문제가 대두됨.

---

* 성동구치소 부소장, 법학박사(2011. 1. 31. 발표 당시 법무부 분류심사과장).

사례 1)

망인은 2007. 7. 20. 서울구치소에 수용되면서 당뇨·고혈압·만성신부전으로 입병조치 되었고, 2007. 12. 4. 샘안양병원에서 신부전으로 진단을 받게 되었고, 담당의사는 망인의 신장기능이 저하되어 혈액투석을 해야 하며 혈관확장을 위한 수술이 필요하다는 등의 소견을 밝혀, 2007. 7. 24. 만성신부전 상태에 대한 경과관찰을 위해 환자들을 수용하는 곳인 제 2 병동에 수용되어 진료 및 경과관찰 해오던 수용자임.

입소 후 11개월 동안 도합 51회에 걸쳐 진료하면서 망인의 만성신부전증에 대한 계속적인 경과관찰 및 투약처방을 하고, 외부병원 신장내과 전문의 소견에 따라 도합 8회에 걸쳐 정기적으로 외부병원인 샘안양병원에 이송하여 신장내과 전문의 진료 및 정밀 검사 등을 실시한 후 약처방을 받아 복용하는 등 망인에 대한 외부병원진료 및 투약처방이 이루어짐.

당뇨 및 고혈압은 15년간 앓아 혈액투석을 해야할 단계에 구속된 고령의 망인에 대해서 서울구치소 입소시부터 병동에 수용되어 구치소 내 의무관의 진료 및 지속적인 외부병원 이송진료를 통하여 경과를 관찰하여 왔고, 2008. 6. 11. 호흡곤란 증상으로 외부병원에 응급 이송될 때까지 적절한 의료조치를 받았음에도 갑자기 의식저하되는 불행한 결과가 발생함.

피고는 망인의 적극적인 질병 치료를 위해 국가예산으로 진료비를 지불(형집행정지 결정 후에도 원고가 망인 인수에 난색을 표해 구치소 측에서 약 4개월 동안의 병원비용을 더 지불 하였음)하는 등 최선을 다해왔고, 위 과정에서 직무상의 위법한 직무집행이 있거나 고의·과실을 찾아볼 수 없으며, 통상 갖추어야 할 의무를 소홀히 했다고 볼 수도 없음. 그런데 이에 대하여 망인 인수에 난색을 표한 유가족은 당시 보건의료과 직원들로서 고의 혹은 객관적인 주의의무를 다하지 않은 과실에 의한 위법한 직무집행으로 인하여 망인은 적절한 의료조치를 받지 못하여 뇌사상태에 이르게 되었고, 결국 사망에 이르게 되었다면서 대한민국을 상대로 93,834,770원의 손해배상을 청구하는 소를 제기하였고, 국가인권위원회는 이에 대하여 보건의료과 직원들을 징계하라고 권고하였음.

(구체적 외부진료 기록)

2007. 12. 4	경기도 안양시 소재 샘안양샘병원 이송하여 신장내과 전문의 진료 및 채혈, 채뇨를 실시한 결과 만성신부전으로 진단받고, 혈액투석 여부는 투약 및 경과관찰 후 결정하자는 전문의 소견.
2007. 12. 24	샘안양병원 신장내과 전문의 진료 및 채혈/채뇨/X-레이 촬영을 시행하고, 수용자가 호소하는 숨이 찬 증상은 콩팥에 요독증이 있어 일어나는 현상이며, 투석을 준비해야 할 것 같다는 소견을 받았으나 망

	인은 안하면 안 되겠느냐는 거부의사를 보였음. 그 밖에 칼륨수치는 많이 떨어졌다며 3주 후에 경과관찰을 위한 재진을 해보자는 소견으로 조제약 21일분을 처방받고 환소.
2008. 1. 14	샘안양병원 신장내과 전문의 진료 결과, 부종은 감소했다는 소견 및 당뇨약을 투약 중지하고 한달간 경과를 관찰한 후 혈액검사 결과를 보고 약물조절을 하자는 소견으로 조제약 30일분을 수령하고 환소.
2008. 2. 14	샘안양병원 신장내과 전문의 진료 결과, "만성신부전으로 증세의 호전은 없고, 현재 상태로 유지하는 것이 최선이다"라는 소견과 함께 약물 복용 및 경과관찰 소견으로 조제약 30일분을 처방받아 환소.
2008. 3. 13	샘안양병원 신장내과 전문의 진료 및 혈액검사 결과 "부종은 없고, 신장기능이 크게 악화되지도 않았다. 혈압약을 복용하며 한달 후에 혈액검사를 다시 시행해 보자"는 소견으로 조제약 30일분을 처방받고 환소.
2008. 4. 11	샘안양병원 전문의 진료 및 혈약검사 결과, "신장기능이 저하되어 언젠가는 혈액투석을 고려해야 한다"라는 소견으로 조제약 30일분을 처방받아 환소.
2008. 5. 9	샘안양병원 신장내과 전문의 진료 결과, "신장기능이 저하되어 폐부종이 생기면 혈액투석을 해야한다"라는 소견으로 조제약 30일분을 처방받아 환소.
2008. 6. 9	샘안양병원 신장내과 전문의 진료 및 혈액검사 결과, "신장기능이 저하되어 혈액투석을 해야 한다"라는 소견으로 조제약 30일분 처방을 받고, 외과 전문의 진료결과, "혈관확장을 위한 수술이 필요하다"는 소견. 2009. 7. 9. 오전에 신장내과 진료 예약을 하고 환소.
2008. 6. 11	17 : 00경 호흡곤란을 호소하여 긴급히 경기도 안양시 소재 한림대성심병원으로 긴급 이송하여 진료를 시행했으나 의식소실.

수용자에 대한 인권보호는 다른 측면에서 수용자의 생명 등을 보호하는데 취약한 결과를 가져올 수 있음을 생각해 볼 필요가 있음. 교정 행정의 편의성은 결국 효율적인 계호의 결과를 가져오는바, 이를 통하여 수용자의 자살을 방지하고 폭행 등 교정사고를 줄일 수 있기 때문임. 다음의 사례들은 수용자의 인권 보호만을 강조하여 또 다른 인권적 위험성을 증가시키는 사례라고 할 수 있음.

사례 2) CCTV 계호의 허용범위

이에 대한 헌재 결정은 5인이 위헌의견을 냈지만, 교도관의 육안에 의한 시선계호의 불완전성과 이로 인한 자살 등 교정사고 방지의 어려움과 함께 교정사고의 위험성이 높은 엄중격리대상자에 한하여 사용함으로써 침해의 최소성을 인정할 수 있다고 보임. 실제 교정현실에서 수용자의 사생활의 비밀 침해를 우려하여 CCTV 계호를 해제하였던 수용자에 의하여 자살사건이 발생한 경우가 있음. 해당 수용자의 생명권이 침해되는 결과가 초래된 이 사례는 결국 CCTV 계호가 평면적으로 수용자의 프라이버시권을 침해하는 것으로만 다루어질 수 없음을 잘 보여줌.

이 이외에도 유치장내화장실사용위헌사건과 관련하여 교정시설의 2-3인 사용의 소거실 화장실에 칸막이 설치가 논의되었는바, 수용자의 프라이버시 등 인권보호를 위해서는 이러한 칸막이 설치가 바람직하지만, 수용자의 자살 및 폭행 등 교정사고의 방지와의 조화점이 필요함. 이에 대하여 대법원은 해당 수용자에게 100만원의 손해배상을 명하는 판결을 하여 수용자의 프라이버시권을 우선시하였고, 이에 따라 교정당국은 전 교정시설 소거실에 화장실 칸막이를 설치하였음.

마지막으로 통신의 자유를 근거로 수용자에 대한 무제한적인 서신수발의 자유를 인정하는 것은 타인에게 또 다른 권리침해를 가져올 수 있음을 인식하여야 함. 수용자는 허위적인 글을 통하여 신문사 등 언론기관, 국가기관, 주변인물 등을 이용하여 자신의 편익을 도모하는 경우가 많음. 일부 수용자는 수용시설 안에서의 생활을 연재 형식으로 잡지사에서 기사화할 것을 기자와 약속하고, 여러 허위적인 글들을 발송하려 하고 있으며, 그 이외에도 허위 사실에 근거한 무고성 진정, 주변인에 대한 공갈·협박 등을 시도하고 있음. 이러한 일들이 단지 수용자의 통신권이라는 이름 하에 제한 없이 보장될 수는 없음. 따라서 일정한 경우에 수용자의 서신에 대한 검열이 허용되고, 일정한 경우에는 발송이 불허될 수도 있으며, 이는 헌법재판소 결정례에서도 잘 나타나고 있음. 최근 10년간 수용자가 국가인권위원회에 제기한 진정을 보면, 총 45,318건을 제기하여 단지 165건만이 인용되고 있음. 이는 국가인권위원회가 독립적 기관으로서 자유롭게 권고를 해왔던 배경을 고려하면, 얼마나 많은 허위의 무고성 진정 등이 남발되고 있는지 현실을 잘 보여주고 있음.

표현의 자유의 보호영역의 문제와 허위 사실 유포의 대체입법의 필요성

장 용 근*

Ⅰ. 서 론

표현의 자유는 기본권이라는 관념의 이해, 헌법상 보장되는 기본권 개념의 이해 및 기본권의 분류와 체계에 따라 그 모습을 달리할 수 있으나 그 기본에 있어서는 인간이 인격적 존재로서 그 자신을 구체화하는 수단이라는 점에서는 본질적 차이가 없다.[1] 일반적으로 표현의 자유는 정신적 자유의 하나로서 정신활동의 자유, 정신적 표현의 자유를 말하며, 정신적 표현이란 직접적으로 인격발현을 목적으로 하는 활동이어야 한다.

종교・양심・사상・학문과 예술을 외부적으로 표현하는 자유가 표현의 자유이며, 우리 헌법상 기본권으로서의 표현의 자유는 언론・출판・집회・결사의 자유를 총괄하여 통칭되고, 이에 관한 원칙적 규정인 헌법 제21조도 이들을 동일한 조문에서 규정하고 있다. 표현의 자유는 정신적 자유의 외부적 표현으로서 현대 대중민주정치에 있어서 필수적인 자유이며 표현의 자유가 없는 곳에는 민주정치가 성립할 수 없다. 그리하여 표현의 자유는 일반적인 개별적 기본권보다 우월적인 지위를 보장받고 있으며 이를 보호하기 위한 일련의 법리가 개발되고 있다.[2]

---

* 홍익대학교 법과대학 부교수(2011. 3. 21. 발표), 이 논문은 전기통신사업법 47조 1항에 대한 위헌결정 이전에 본인이 작성한 “인터넷상의 표현의 자유의 보호영역과 사상의 자유시장 한계 — 전기통신사업법 47조 1항의 위헌성을 중심으로”, 세계헌법연구 제15권 3호, 2009년 12월호의 일부 내용을 기초로 하여 전기통신사업법 47조 1항의 위헌결정이 내려진 이후에 입법정책적 측면에서 추가로 작성한 것임.

1) 성낙인, “제3장 表現의 自由”, 「基本權의 槪念과 範圍에 관한 硏究(헌법재판연구 제6권)」, 헌법재판소, 1995, 167쪽.

2) 성낙인, 앞의 논문, 168쪽.

표현의 자유에는 고전적인 형태인 언론·출판의 자유와 집회·결사의 자유, 그 외에도 현대적인 라디오·TV·영화 등에 의한 표현의 자유와 집단시위행동에 의한 표현의 자유 등이 포함되어 있으며, 우리 헌법재판소는 선거운동의 자유를 표현의 자유의 한 태양으로 보고 있다.[3] 언론·출판의 자유가 개인적 의사의 표현의 자유라면, 집회·결사의 자유는 집단적 의사의 표현의 자유라고 할 수 있고, 특히 언론·출판의 자유가 표현의 자유 가운데서도 가장 중요한 것으로 평가되고 있다.

그런데 오늘날은 사이버 상의 표현의 자유가 가장 중요한 문제로 떠올라 있다.

사이버공간이란 통신망으로 연결된 컴퓨터들을 통하여 사람과 사람들 간의 의사소통이 이루어지는 가상적 공간이다. 이것은 사람과 사람의 대면행위를 전제로 하지 않은 채 상호간의 교류가 이루어진다는 점에서, 즉 현실사회에서와 같이 수많은 감각정보가 동시적으로 전달되는 아날로그 방식이 아니라 일부분의 감각정보만이 코드로 변환되어 상호 전달되는 디지털 방식에 의하여 상호관계가 형성된다는 점에서, OFF-LINE과는 전혀 다른 인간관계를 만들어 내고 있다. 가상적이라는 수식어가 이 공간에서 지배하는 관념으로 제기되고 있음은 바로 이 때문이다. 환언하면 사이버공간은 지금까지의 인간간의 교류방식과는 달리, 탈공간성과 탈시간성에 더하여 탈인격성과 탈형식성의 속성을 겸비함으로써 기존의 사회구조와는 전혀 다른 별개의 사회적 행위 양상들을 창출해내는 현실세계의 구속으로부터의 해방을 구가하는 공간이기도 하다.[4]

이러한 공간의 특성으로 기존의 권위적인 그리고 특히 우리나라에서 다른 나라보다 더 권위적인 사회적 분위기로 인해서 어찌면 정당한 의견을 제대로 표현할 수 없는 민주화가 이루어지기 어려운 또한 억압받을 수밖에 없었던 사회적 상황이기에 다른 나라보다 더 가상의 공간이 발달할 수밖에 없었다고 보인다. 이러한 상황을 극복하고 민주화를 이루려는 국민들의 열망이 우리 국민들의 전자민주주의혁명을 이루고 있다고 보인다.

Herring은 인터넷 중심의 CMC는 상대적으로 적은 비용으로 네트워크에

3) 헌재 1994. 7. 29.자 93헌가4, 6(병합) 결정.
4) 한상희, "사이버민주주의 — 그 의미와 헌법적 전망", 『誠信法學 창간호』, 1998, 179-180쪽.

접근할 수 있고(접근성), 이용자들의 개방적 성격, 열린 특성의 이용행태, 명시적 검열 장치의 부재, 사회적 탈맥락성(social decontextualization) 등의 이유로 전자민주주의의 전망을 낙관적으로 보고 있다.5)

이러한 공간의 특성으로 기존의 권위적인 그리고 특히 우리나라에서 다른 나라보다 더 권위적인 사회적 분위기로 인해서 어쩌면 정당한 의견을 제대로 표현할 수 없는 민주화가 이루어지기 어려운 또한 억압받을 수밖에 없었던 그러기에 다른 나라보다 더 가상의 공간이 발달할 수밖에 없는 우리 국민들이 전자혁명이 일어나고 있다고 보인다. 하지만 이러한 긍정적인 측면 이외에 무책임성과 전파의 파급효과가 기존의 표현보다는 너무나 크다는 측면과 전파의 파급효과가 기존의 표현보다는 너무나 크기에 예외적인 경우에는 피해의 사후구제만으로는 공익에 미치는 피해를 방지할 수 없다는 문제점도 있기에 기존의 표현의 자유의 이론적 접근만으로는 한계가 있기도 하다.

이러한 중대한 국가상 표현의 자유를 둘러싼 논쟁이 일고 있는 가운데 헌법학자로서 우리의 민주주의의 현주소와 중요한 표현의 자유를 어디까지 보호할지에 대해서 지지한 고민을 하기 위해서 이 글을 작성하게 되었다. 하지만 이러한 사이버상의 표현의 자유가 일반적인 표현의 자유와는 근본적인 차이가 있지 않다는 것이 일반적인 주장인 것 같다.

이하에서는 이와 관련된 헌법전반의 문제를 검토하고자 한다.

Ⅱ. 언론·출판의 자유의 보호영역 일반론

1. 의 의

(1) 일 반 론

기본권의 구성요건이 기본권의 보호영역이다. 이러한 양심은 무엇인가, 직업은 무엇인가, 표현의 자유는 무엇인가 등의 규범영역의 해석을 통하여 구체적인 구성요소를 개념적으로 확정함으로써 기본권의 효력범위를 제한한다. 결

5) Susan Herring, Gender and Democracy in computer-Mediated Communication, Electronic Journal of Communication, vol. 3, 1993.

국 이는 본래 기본권의 제한의 문제는 아니나 기본권의 제한 문제와 관련하여 검토하는 것이 독일의 다수설이다.[6] 이러한 보호영역은 주로 입법자에 의하여 주로 결정되지만 입법의 특성인 일반성과 추상성으로 인하여 상식적인 지식과 경험을 기초로 하여 당해 조문의 구체적인 사법적 내지는 학리적 해석을 통해 구체화될 수밖에 없다. 독일 연방헌법재판소도 신앙, 양심, 직업, 예술 등에 대해서 정의를 내리고 있다. 이러한 보호영역은 기본권의 개입의 전제조건이 되어 이에 해당하지 않으면 당해 기본권에 해당하지 않게 된다. 다만 보호영역에 해당하지 아니하여도 반드시 처벌은 아니다 무시 내지는 관용도 최선의 방법이다. 하지만 중대한 위험의 경우는 처벌로서 예방적 효과가 필요하기도 하다.

⑵ 표현의 보호영역과 당사자적격의 완화의 구분의 필요성

또한 보호영역과 권리를 보장하기 위한 당사자적격의 완화와는 구분되어야 한다. 보호영역은 기본권이라고 할 수 있는데 이는 기본권의 개념적 내재적 한계인 타인의 권리, 도덕률, 헌법질서를 침해하지 않는 한도 내에서 가능한 것이기에 명백한 허위나 폭력적 행동을 조장하는 표현 등은 보호영역 안에 들어가서는 아니된다. 보호영역은 기본권이라고 할 수 있는데 이는 기본권의 개념적 내재적 한계인 타인의 권리, 도덕률, 헌법질서를 침해하지 않는 한도 내에서 가능한 것이기에 명백한 허위나 폭력적 행동을 조장하는 표현 등은 보호영역 안에 들어가서는 아니된다. 이러한 보호영역은 진지한 고려와 성찰 후에 합헌이라는 결론에 포함된 영역을 보호영역이라고 분류될 수 있는 사후적 개념이다. 하지만 설사 현행법상 불법적인 표현이기에 제한을 받는 것이 위헌인지를 다투기 위해서 헌법재판을 받는 것은 별개의 문제이고 이는 당사자적격의 완화의 문제이고 이는 헌법재판의 활성화와 표현의 자유의 신장을 위해서 넓게 확대할 필요가 있다. 즉 보호영역은 진지한 고려 후에 결론적으로 헌법 제37조 제2항에 비추어 문제가 되지 아니하는 보호가치 있는 영역을 의미하고 당사자적격의 완화는 헌법재판의 시작단계에서 일단 헌법재판에 들어가기 위하여 당사자의 주장이 명백히 헌법재판의 필요성이 없는 경우가 아닌 한 일단 헌법재판에 들어올 수 있도록 허용하여야 하는 개념이다.

---

6) 김철수, 학설판례 헌법학(上), 박영사, 2008, 432쪽.

2. 표현의 자유의 보호영역

(1) 보호영역의 의의

표현의 자유를 이해하기 위해서는 보호영역을 검토할 필요가 있는데 이는 확립된 표현의 자유의 보호영역(아동 외설은 확립되게 배제)에 해당시에는 당해 조항의 적용대상이 아니기에 처벌되지 아니하기 때문이다. 물론 경계선상에 있는 표현의 자유의 경우(상대적 보호영역-성인음란물)에는 헌법 제37조 제2항상 처벌의 대상이 될 여지도 있다. 하지만 보호영역에 해당하지 아니한 경우에도 당연히 처벌대상인 것은 아니다. 이는 무시 내지는 관용, 민사상 손해배상, 행정적 제재 등으로 해결이 가능할 것일 수도 있기 때문이다.

표현의 자유의 헌법적 보호영역은 정신적, 이성적 방법에 의한 언어나 행동의 표출을 의미하기에 이성적인 방법에 의하지 않는 표현은 헌법상 보호되지 않는다. 또한 여기서의 표현의 자유는 국민의 알권리를 위한 정보전달적인 목적으로 행해져야 한다.7) 표현행위는 사실주장과 의견표현행위로 분류될 수 있다. 의견표현은 그것이 공적인 사항으로서 원칙적으로 허용된다는 추정을 받지만 사실주장은 허위의 경우는 보호를 받지 못하고 진실한 사실일지라도 그것이 명예훼손적 발언인 경우 공익에 도움이 되지 않는 한 원칙적으로 면책이 되지 않는다.

표현의 자유의 천국인 미국에서도 화자가 조직폭력단에게 린치를 가하도록 선동하는 표현, 폭력적 반응을 유발시키는 이른바 투쟁적 언사나 진정한 협박, 음란물8)을 포함한 아동 외설, 명예훼손, 서비스나 상품과 관련된 허위의 표현, 성차별을 조장하는 불법적 표현 등은 금지되고 처벌되는 것으로 허용되고 있으며 미국의 수정헌법 제1조는 결코 규제되지 아니하는 수다(talkatives)를 보호하려는 것은 아니다.9) 하지만 미국의 수정헌법 제1조는 정부에 대한 반대의견의 억압이나 대중적이지 아니한 견해 표명의 억제에 대해서는 금지

---

7) Rodney A. Smolla, Smolla and Nimmer, On Freedom of speech; A Treatise on The Amendment, Student Edition, Mattthew Bender, 1994, p. 5.

8) 미국 연방대법원은 1957년 Roth v. U.S. 판결에서 "음란한 표현은 헌법상 보호되는 언론이나 출판의 범위 밖에 있다."라고 판시하였다.

9) Ronald D. Rotunda, The Warren Court and Freedom of the Press, in the Warren Court (Bernard schwarts, ed., Oxford University Press 1996); 이부하, 표현의 자유와 미국헌법, 한국학술진흥정보, 2007, 12-13쪽에서 재인용 참조.

하면서 오히려 이러한 견해들은 보호하려고 하고 있으며 이는 민주사회의 장점인 다양성을 보호하고자 한다는 점에서 근거하고 있다.

과거 영국에서는 국가나 공무원을 비난하는 성명서를 발표하는 것이 문서선동죄로 간주되어서 처벌된 경우가 있었으나 후에 관행적으로 그리고 입법에 의하여 제한이 가해지게 되었다.[10] 하지만 오늘날 이에 대한 문제는 전세계적으로 정치적 표현의 자유로 허용되어서 공익에 도움이 되고 진실한 사실이라면 허용되기에 해결되게 되었다. 사실적 주장의 경우에는 진실하고 공익에 적어도 해가 되지 아니할 것이어야 한다. 다만 이를 방지하기 위해서 처벌까지 가야 하는지에 대해서는 진지한 검토가 필요하다. 명예훼손이나 모욕, 음란한 표현 등은 공익에 해하는 표현의 구체적 예시이자 표현의 자유의 한계이자 보호영역에 속하지 않는다. 물론 공익을 위하여 진실한 사실을 공연히 표현하는 경우는 현행 형법 제310조상 위법성이 조각되는 것은 당연한 규정이다. 음란한 표현도 국가에 따라서는 표현의 범위에 속할 수 있다.

구체적으로 허위사실에 기초한 폭력적 선동은 보호영역에 해당하지 않으나 특히 미발표 내지는 미확정의 사실의 경우 어느 정도의 추측성이나 예측성 표현은 공익을 위하여 표출하는 경우, 후에 이것이 허위라고 증명되더라도 이는 표현행위 당시에 미리 대비함으로써 공익에 해가 되는 것을 예방할 수 있는 경우에는 표현의 자유의 보호 영역에 해당한다. 사실에 기초한 폭력적 선동의 경우도 무조건 처벌하여야 하는 것은 아니고 무시 내지는 관용으로 해결할 것도 존재한다.[11] 이는 표현의 자유의 보호영역에 해당하거나 해당하지 아니하여도 제37조 제2항의 대상이 되어서 당연히 제재의 대상이 될 수 없고 공익에 해가 되는 경우에만 가능하기 때문이다.

해가 되지 아니하는 일반적 행동의 사유와 알 권리를 전제로 하는 표현의 자유를 동일시할 수는 없다. 그리고 그 보호의 정도도 다르다고 할 것이다. 즉 당해 조항의 공익을 해할 목적의 허위의 사실을 전기통신망을 통해서 유포하

10) 이부하, 표현의 자유와 미국헌법, 한국학술진흥정보, 2007, 36-37쪽 참조.

11) 미국산소고기촛불집회에서 시위여성이 강간당하고 시위대에게 무차별폭행한다는 허위사실을 유포한 경우에는 표현의 자유의 영역에 해당하지 아니하지만 이를 형사처벌하는 것은 바람직한 민주주의의 발전을 위하여 관용의 정신으로 이해하는 것이 타당하다고 보인다. 또한 만우절에 있어서 거짓말이나 친구 사이의 거짓말이 중대한 해악을 끼치지 않는 한 단지 웃음이나 거짓말쟁이라는 사회적 평가로 끝낼 사항도 존재한다. 하지만 사회적 해악이 크다면 단지 관용으로 끝낼 일은 아니다.

는 행위는 표현의 보호영역에 포함되지는 아니하나 이를 처벌하는 것이 과잉금지인지 여부는 신체의 자유나 일반적 행동의 영역에 해당할 수는 있다고 할 것이다.

하지만 헌법재판소는 일명 미네르바사건 즉 전기통신기본법 제47조 제1항 사건[12]에서 "표현이 어떤 내용에 해당한다는 이유만으로 표현의 자유의 보호영역에서 애당초 배제된다고는 볼 수 없으므로, '허위사실의 표현'도 헌법 제21조가 규정하는 언론·출판의 자유의 보호영역에는 해당하되, 다만 헌법 제37조 제2항에 따라 제한될 수 있는 것이다."라고 하여 허위사실의 표현이 표현의 자유의 보호영역이라고 판시하나 이는 잘못된 결정이라고 보인다. 이는 권리와 권리의 남용을 혼동한 결정으로서 권리만을 보호하여야 하는 헌법재판소의 역할에 반한다고 보인다. 다만 진실인지 허위인지 모호한 경우에는 허위사실이 아닌 진실한 사실로 보아야 할 것이다.

(2) 표현의 보호영역의 목적인 알 권리

표현의 자유를 보호하는 이유는 국민의 알 권리를 충족하기 위한 것이기에 이에 대해서 간단히 검토하고자 한다. 따라서 앞서 검토한 명백한 허위의 사실은 표현의 자유의 보호영역에 해당하지는 아니한다고 보아야 한다. 우선 미국에서는 표현의 자유에 관한 Meiklejohn의 '자치이론'과 블라시의 '심사견제가치(checking value)이론'을 중심으로 알 권리의 구체적 권리성에 대한 견해의 대립이 있었다. 즉 Meiklejohn의 이론에 의하면 '국민은 피지배자인 동시에 지배자이다. 스스로 지배한다는 것은 판단에 대한 책임 또한 자신이 지는 것이다. 모든 문제를 스스로 해결하는 시민들에게 그 문제와 관련된 정보, 의견, 의문, 불신, 비판에의 접근기회가 주어지지 않으면 결과적으로 일반선에 대하여는 무분별하고 형평을 잃는 기도이다.'라고 하여 알 권리를 보장하는 구체적 입법이 없더라도 알 권리는 보장된다고 한다. 그러나 이에 대해 블라시는 '자치는 직접민주주의 원리이지만 공적문제의 해결은 국민에 의해 선출된 자가 해결해야 한다.'고 비판한다.[13]

이에 대해서 헌법재판소는 다음과 같이 판시하고 있다.

12) 헌재 2010. 12. 28.자 2008헌바157 결정.
13) 이관기, 알 권리와 프라이버시, 한국교육문화원, 1993, 49-52쪽.

> "알 권리의 법적 성질을 위와 같이 해석한다고 하더라도 헌법 규정만으로 이를 실현할 수 있는가 구체적인 법률의 제정이 없이는 불가능한 것인가에 대하여서는 다시 견해가 갈릴 수 있지만, 본건 서류에 대한 열람·복사 민원의 처리는 법률의 제정이 없더라도 불가능한 것이 아니라 할 것이고[14] …."

또한 헌법재판소는 형사소송기록 등사신청사건에서

> "… 알 권리의 실현은 법률의 제정이 뒤따라 이를 구체화시키는 것이 충실하고도 바람직하지만, 그러한 법률이 제정되어 있지 않다고 하더라도 불가능한 것은 아니고 헌법 제21조에 의해 직접 보장될 수 있다"

고 하는 것이 헌법재판소의 확립된 판례인 것이다.[15]

3. 기본권의 보호영역에 대한 헌재 결정례의 검토

(1) 직업의 보호영역

헌법재판소는 체육시설의 설치이용에 관한 법률시행규칙 제5조에 대한 헌법소원[16]에서 직업에 대하여 "직업이란 생활의 기본적 수요를 충족시키기 위한 계속적 소득활동을 의미하며 그러한 내용의 활동인 한 그 종류나 성질을 불문"이라고 판시하였다.

법률적으로 금지되어 있다는 이유로 그 직업이 헌법상 직업개념에서 배제될 수 있다면 법률과 헌법이 뒤바뀌게 될 것이라는 주장[17]도 있다. 따라서 이와 같은 요건은 직업개념에서 배제되는 것이 옳으며 단계이론이나 과잉금시의 원칙으로 법률적 금지 자체가 헌법적으로 정당화되는지가 걸러져야 될 것이다. 국내에서도 직업개념의 3요소로서 생활수단성, 계속성, 공공무해성이 들어지고 있는데 그러한 공공무해성이 바로 허용성에 해당되는 것이라고 본다면 공공에 유해가 되는 직업활동은 헌법상 직업개념에서 배제된다는 논리이나, 오히려 그러한 직업활동에 대한 금지법률 자체가 단계이론이나 과잉금

14) 헌재 1989. 9. 4.자 88헌마22 결정.
15) 헌재 1991. 5. 13.자 90헌마133 결정.
16) 헌재 1993. 5. 13.자 92헌마80 결정, 판례집 5-1, 365-374.
17) 방승주, 職業選擇의 自由 — 헌법재판소의 지난 10년간의 판례를 중심으로 —, 헌재 홈페이지 참조.

지의 원칙에 따라 심사되어야 할 성질의 것이라고 할 수 있을 것이다. 즉 허용되지 않는 직업은 직업의 개념규정 단계에서 배제될 것이 아니라 직업의 자유의 제한의 단계에서 공익적 사유에 의하여 그 제한이 정당화될 수 있는 활동인 것으로 이해하는 것이 기본권 보장의 측면에서 보다 효과적이라고 할 것이라는 요지다. 타당한 지적이라고 보인다.

⑵ 음란물-정보통신망 이용촉진 및 정보보호 등에 관한 법률 제65조 제1항 제2호 위헌소원(2009. 5. 28. 2006헌바109, 2007헌바49·57·83·129(병합))

1) 판시내용

음란표현이 언론·출판의 자유의 보호영역에 해당하지 아니한다고 해석할 경우 음란표현에 대하여는 언론·출판의 자유의 제한에 대한 헌법상의 기본원칙, 예컨대 명확성의 원칙, 검열 금지의 원칙 등에 입각한 합헌성 심사를 하지 못하게 될 뿐만 아니라, 기본권 제한에 대한 헌법상의 기본원칙, 예컨대 법률에 의한 제한, 본질적 내용의 침해금지 원칙 등도 적용하기 어렵게 되는 결과, 모든 음란표현에 대하여 사전 검열을 받도록 하고 이를 받지 않은 경우 형사처벌을 하거나, 유통목적이 없는 음란물의 단순소지를 금지하거나, 법률에 의하지 아니하고 음란물출판에 대한 불이익을 부과하는 행위 등에 대한 합헌성 심사도 하지 못하게 됨으로써, 결국 음란표현에 대한 최소한의 헌법상 보호마저도 부인하게 될 위험성이 농후하게 된다는 점을 간과할 수 없다.

이 사건 법률조항의 음란표현은 헌법 제21조가 규정하는 언론·출판의 자유의 보호영역 내에 있다고 볼 것인바, 종전에 이와 견해를 달리하여 음란표현은 헌법 제21조가 규정하는 언론·출판의 자유의 보호영역에 해당하지 아니한다는 취지로 판시한 우리 재판소의 의견(헌재 1998. 4. 30. 95헌가16, 판례집 10-1, 327, 340-341)을 변경한다.

2) 합헌 결정 부분에 대한 재판관 김희옥, 재판관 이동흡, 재판관 목영준의 별개의견(선례변경에 대한 반대)

헌법에 열거되어 있는 기본권의 고유한 보호영역을 확정하는 문제는 위헌성 심사의 첫 단계로서의 중요한 의미를 가지는 것으로서, 개개의 사건에서 문제된 모든 표현이 언론·출판의 자유의 보호영역에 포함될 수 없음은 자명한 것인바, 언론·출판의 자유의 보호영역에 관한 논의는 언론·출판의 자유에 관한 위헌성 심사를 위한 필수적인 전제가 된다.

한편, 우리 헌법 제21조 제4항은 언론·출판의 자유의 헌법적 한계를 명시하고 있으므로, 그 한계를 벗어난 표현은 헌법상 언론·출판의 자유의 보호영역에 속하지 아니한다고 할 것이고, 이른바 음란 표현이 언론·출판의 자유의 보호영역에 속하는지, 속하지 않는지는 규범적 개념인 음란의 판단기준을 어떻게 정립하느냐에 따라 달려있는 문제라고 할 수 있다.

그런데 이 사건 법률조항에서 정한 '음란' 개념은 이른바 엄격한 의미의 '음란', 즉 "인간존엄 내지 인간성을 왜곡하는 노골적이고 적나라한 성 표현으로서 오로지 성적 흥미에만 호소할 뿐 전체적으로 보아 하등의 문학적, 예술적, 과학적 또는 정치적 가치를 지니지 않은 것"을 뜻한다고 볼 것인바, 이에 의하면 예술의 자유나 학문의 자유 등 정신적 자유의 보호영역에 포함될 수 있는 진지한 문학적, 예술적 가치를 지닌 성적 표현은 '음란' 표현에 해당할 여지도 없는 것이 되고, 결국 이와 같은 '음란' 표현에는 미국 연방대법원이 수정헌법 제1조의 보호영역에 속하지 않는다고 보는 음란물(obscenity) 또는 독일 형법에 규정된 '하드코어 포르노그래피'와 유사하거나 그 이상의 해악을 지닌 성적 표현만이 해당될 수 있는 것이다. 따라서 이른바 엄격한 의미의 '음란' 표현은 헌법 제21조 제4항의 헌법적 한계를 벗어난 것이어서, 언론·출판의 자유에 의해서 보호되지 않는다.

한편, 이러한 엄격한 의미의 '음란' 표현은 헌법상 언론·출판의 자유에 의하여 보호되지 아니하므로, 이 사건 법률조항에서 '음란' 표현물을 정보통신망을 통하여 배포하는 행위 등을 처벌하고 있다고 하여도 언론·출판의 자유의 제한에 관한 과잉금지원칙 위반 여부의 심사는 불필요하다.

(3) 허위사실에 대한 헌재 결정례 ― '허위의 통신'과 표현의 자유의 보호영역

1) 전기통신기본법 제47조 제1항 위헌소원(2010. 12. 28. 2008헌바157, 2009 헌바88(병합))

[판시사항]

공익을 해할 목적으로 전기통신설비에 의하여 공연히 허위의 통신을 한

자를 형사 처벌하는 전기통신기본법 제47조 제1항(이하 '이 사건 법률조항'이라 한다)의 죄형법정주의의 명확성원칙 위반 여부(적극)

[결정요지]

이 사건 법률조항은 표현의 자유에 대한 제한입법이며, 동시에 형벌조항에 해당하므로, 엄격한 의미의 명확성원칙이 적용된다. 그런데 이 사건 법률조항은 "공익을 해할 목적"의 허위의 통신을 금지하는바, 여기서의 "공익"은 형벌조항의 구성요건으로서 구체적인 표지를 정하고 있는 것이 아니라, 헌법상 기본권 제한에 필요한 최소한의 요건 또는 헌법상 언론·출판의 자유의 한계를 그대로 법률에 옮겨 놓은 것에 불과할 정도로 그 의미가 불명확하고 추상적이다. 따라서 어떠한 표현행위가 "공익"을 해하는 것인지, 아닌지에 관한 판단은 사람마다의 가치관, 윤리관에 따라 크게 달라질 수밖에 없으며, 이는 판단주체가 법전문가라 하여도 마찬가지이고, 법집행자의 통상적 해석을 통하여 그 의미내용이 객관적으로 확정될 수 있다고 보기 어렵다. 나아가 현재의 다원적이고 가치상대적인 사회구조 하에서 구체적으로 어떤 행위상황이 문제되었을 때에 문제되는 공익은 하나로 수렴되지 않는 경우가 대부분인바, 공익을 해할 목적이 있는지 여부를 판단하기 위한 공익간 형량의 결과가 언제나 객관적으로 명백한 것도 아니다. 결국, 이 사건 법률조항은 수범자인 국민에 대하여 일반적으로 허용되는 '허위의 통신' 가운데 어떤 목적의 통신이 금지되는 것인지 고지하여 주지 못하고 있으므로 표현의 자유에서 요구하는 명확성의 요청 및 죄형법정주의의 명확성원칙에 위배하여 헌법에 위반된다.

재판관 조대현, 재판관 김희옥, 재판관 김종대, 재판관 송두환의 '허위의 통신' 부분의 명확성원칙 위반에 관한 보충의견

이 사건 법률조항의 입법연혁, 관련 조항의 체계에 비추어 보면, 이 사건 법률조항의 본래 입법취지는 '허위의 명의를 이용한 통신'을 규제하려는 데 있었다고 볼 것이다. 그러나 장시간에 걸쳐 사문화된 상태에 있었던 이 사건 법률조항이 최근 몇 년 사이에 내용상 허위의 통신 행위에 대하여 갑작스레 적용되기 시작하면서, 이 사건 법률조항의 '허위의 통신'이 어떠한 행위를 말하는지 다시 의문이 제기되게 되었다. '허위' 개념에는 내용의 거짓이나 형식의 오류가 모두 포함될 수 있기 때문에, 법률 용어로 사용하기 위하여는 보다 구체적인 부연 내지 체계적 배치가 필요함에도 이 사건 법률조항은 법조문 자체의 문언이나 관련 조항의 체계상 그와 같은 구체화의 취지를 명백하게 드러내지 아니한 결과, 당초 입법취지와는 달리, 확대된 법률의 해석, 적용이 가능하게 된 것이다. 결국 이 사건 법률조항은 '공익을 해할 목적'이 불명확하다는 점에서 뿐만 아니라 '허위의 통신'부분이 불명확하다는 점에서도, 죄형법정주의의 명확성원칙에 위반된다.

재판관 이강국, 재판관 이공현, 재판관 조대현, 재판관 김종대, 재판관 송두환의 과잉금지원칙 위반 여부에 관한 보충의견

표현이 어떤 내용에 해당한다는 이유만으로 표현의 자유의 보호영역에서 애당초 배제된다고는 볼 수 없으므로, '허위사실의 표현'도 헌법 제21조가 규정하는 언론·출판의 자유의 보호영역에는 해당하되, 다만 헌법 제37조 제2항에 따라 제한될 수 있는 것이다. 그런데 이 사건 법률조항을 당해 사건에서와 같이 공익을 해할 목적의 허위사실을 내용으로 하는 통신에 적용하는 것은, '공익' 개념의 모호성, 추상성, 포괄성으로 말미암아 필연적으로 규제되지 않아야 할 표현까지 다함께 규제하게 되어 과잉금지원칙에 어긋난다. 나아가 이 사건 법률조항은, 자신이 행하고자 하는 표현이 규제의 대상이 아니라는 확신이 없는 기본권 주체로 하여금 규제를 받을 것을 우려하여 스스로 표현행위를 억제하도록 할 가능성이 높은바, 제재에 대한 두려움으로 인하여 표현이 억제된다면, 표현의 자유의 기능은 훼손될 수밖에 없다. 결국, 이 사건 법률조항은 과잉금지원칙에 위배하여 표현의 자유를 침해하는 것으로서 헌법에 위반된다.

재판관 이동흡, 재판관 목영준의 반대의견

(1) 이 사건 법률조항은 "공익을 해할 목적"이라는 초과주관적 구성요건을 추가하여 '허위의 통신' 가운데 구성요건해당성이 인정되는 행위의 범위를 대폭 축소시키고 있는바, 초과주관적 구성요건 부분에 대하여 객관적 구성요건 행위와 같은 정도의 명확성을 요구할 것은 아니다. 한편 법률상 '공익' 개념은 '대한민국에서 공동으로 사회생활을 영위하는 국민 전체 내지 대다수 국민과 그들의 구성체인 국가사회의 이익'을 의미하고, 공익을 '해할 목적'은 행위의 주요 목적이 공익을 해하는 것인 때를 의미하는바, 그 의미가 불명확하다고 보기 어렵다. 다음으로 "허위의 통신" 부분에 관하여 살펴보면, 일반적인 '허위'의 관념은 내용의 거짓과 명의의 거짓을 모두 포괄하는 점 및 다른 형사

처벌 규정에서의 '허위' 개념의 용례에 비추어 볼 때, 이 사건 법률조항의 "허위의 통신"에서 '내용이 거짓인 통신'이 배제된다는 해석은 불가능하다. 한편 '내용의 허위'란 내용이 진실에 부합하지 않는 것으로서, 전체적으로 보아 '의견 표명'이나 '제안'이라고 볼 수 있는 경우는 이에 해당하지 아니한다. 결국 이 사건 법률조항의 "허위의 통신"은 그 의미가 명확하고, 죄형법정주의의 명확성원칙에 위배되지 않는다.

(2) 허위사실의 표현이 표현의 자유의 보호영역에서 배제되는 것은 아니지만, 이는 원론적으로 사상이나 지식에 관한 정치적・시민적 표현행위라고 볼 수 없으므로, 그에 대한 규제를 심사함에 있어서는 엄격한 비례의 원칙을 적용하는 것보다는 '피해의 최소성' 원칙에서 일부 완화된 심사를 함이 상당하다. 이 사건 법률조항은, 허위사실의 유포에 의한 공중도덕이나 사회윤리의 침해 등을 방지하고 국민의 올바른 정보획득권을 보호하는 것으로서, 정당한 입법목적 달성에 기여하는 적합한 수단에 해당한다. 한편 전기통신설비에 의한 허위사실의 유포는 강한 파급력을 가진 점, 명백한 허위의 사실이라도 통신이용자들에 의하여 자율적으로 신속하게 교정되기가 매우 어려운 점, 허위사실을 둘러싼 장시간의 논쟁에 막대한 사회적 비용이 소모될 수 있는 점 등을 참작하면, 지금 우리의 현실에서 일정한 범위의 명백한 허위통신에 대하여는 통상의 표현행위보다 엄격한 규제를 할 필요성이 있다. 더구나 이 사건 법률조항은 공연히 전기통신설비에 의하여 허위의 통신을 하는 것을 전적으로 금지하고 처벌하는 것이 아니라 그러한 행위 중 '공익을 훼손할 목적'이 있다고 인정된 행위에 한하여 처벌하고 있는 것이다. 따라서 이 사건 법률조항은 침해의 최소성원칙에 반하지 않는다. 나아가 이 사건 법률조항에 의하여 제한되는 기본권은 객관적 및 주관적으로 명백한 허위사실을 공익을 해할 목적으로 전파할 자유라는 점에서 보호되는 공익과 제한되는 기본권 사이에 현저한 불균형이 있다고 보기도 어렵다. 결국 이 사건 법률조항은 과잉금지원칙에 위배하여 표현의 자유를 침해하지 않는다.

2) '허위사실'의 표현[18]이 표현의 자유에 의하여 보호되는지 여부에 관한 외국의 결정례 및 학설 등

(가) 미 국

미국 연방대법원은 위법행위의 선동(incitement of illegal activity), 도발적 언사(fighting words), 음란물(obscenity) 등을 보호되지 않는 언론으로 분류하고, 몇몇 형태의 성적인 언론(sexually oriented speech)을 수정헌법 제1조에 의하여 보호되기는 하지만 낮은 가치의 것으로 취급하는 등 표현의 자유의 보호영역, 표현의 보호가치 등에 관하여 설시한 바 있으나, 정면으로 '허위사실의 표현'에 관하여 결정한 사례는 없다. 다만 의견특권을 설시한 것으로 보이는 사안(Gertz v. Robert Welch, Inc. 사건)에서 허위사실의 진술에는 헌법적 가치가 없다고 설시하면서도 중요한 언론 자유의 보호를 위하여는 어떤 허위성은 보호할 것이 요구된다는 취지를 설시한 바 있고, 명예훼손과 관련한 New York Times v. Sullivan 사건에서 "(오류가 있는) 진술(statement)은 자유로운 토론에서 불가피한 것이고, … 표현의 자유가 '존속하기 위해 필요한' '숨쉴 공간'을 가지려면 그 진술은 보호되어야 한다"고 하였으나, 의견과 구분되는 '사실'의 허위성의 보호를 표현한 것인지는 불분명하다.

한편 미국 연방대법원은 오직 진실한 상업적 언론만이 헌법에 의하여 보호된다고 하는바, 허위이고 기만적인 광고들[19]은 수정헌법 제1조에 의하여 보호되지 않는 것으로 보는 것 같다.

그 밖에 연방대법원의 판결은 아니나, 비행기나 자동차에 폭탄이 폭발의 목적으로 장착되어 있다는 등의 허위사실(false information)을 고의로, 악의적으로 유포할 경우 형사처벌하도록 한 연방법(18 U.S.C. §35 Imparting or conveying false information)에 대하여 연방항소법원은, Shenk v. United States 사건에서 소수의견을 낸 홈즈 대법관이 '명백하고 현존하는 위험'이 있는 사례로 예시한 "사람으로 가득한 극장에서 거짓으로 '불이야'라고 소리치기(false cry

18) 이 사건 법률조항의 '허위의 통신'은 뒤의 명확성 원칙 위배 여부와 관련하여 검토하듯이 '허위의 사실을 표현하는 내용의 통신'으로 해석된다. 만약 이러한 해석에 동의하지 않고, '가장통신'으로 해석하는 입장에 선다면, 허위사실의 표현이 표현의 자유에 의하여 보호되는지 여부는 검토가 불필요하다.

19) 허위의 상업적 언론을 보호하지 않는 것은 그러한 언론은 더 유해하고, 이익을 얻고자 하는 동기 때문에 위축될 가능성이 더 적으며, 대부분의 다른 유형의 표현보다 더 쉽게 진실이 입증된다는 판단에 근거한 것으로 보인다(미국헌법연구외 번역자료, 헌법: 원칙과 정책(하), 1515쪽).

of fire in a crowded thatre)"와 같이 명백하고 현존하는 위험이 있어 수정헌법 제1조의 보호를 받지 못한다고 보았으나,[20] 이것이 일정한 허위표현을 보호영역에서 배제하는 의미인지, 보호는 되나 제한이 정당화된다는 의미인지는 불명확하다.

㈏ 독 일

독일 기본법 제5조 제1항은 의견(Meinung) 표명, 전달의 자유를 보장한다. 이 때 '의견'에 '사실의 주장'(Tatsachenbehauptung)이나 '사실의 전달'이 보호되는지 여부가 문제되었는데, 사실을 전달함에 있어 어떤 것은 상세하게 전달하거나 강조하고, 어떤 것은 중요하지 않은 것으로 생략하는 것에는 이미 평가적 입장표명과 의견의 표명이 존재한다는 것이 일반적이다. 또한 사실의 전달이 의견형성의 조건에 해당하는 한 사실전달은 기본법 제5조 제1항의 보호범위에 속한다는 것에 다툼이 없다. 그러나 의도적으로 '입증된 허위사실'을 전달하는 경우 기본법 제5조 제1항의 보호범위에 속하지 않는다고 한다(BVerfGE 54, 208).[21]

독일 연방헌법재판소는 집회에서 유태인대량학살을 부인하는 언급을 피할 의무를 부과한 뮌헨시의 조치가 문제된 사안에서 '제3제국에서 유태인 박해가 없었다는 표현은 수없이 많은 증인, 문서, 형사재판의 사실인정 및 역사학적 인식에 의하여 허위로 입증된 사실주장에 불과하고, 그러한 주장은 그 자체로서 표현의 자유에 의한 보장을 향유할 수 없는 것'이라고 하면서(BVerfGE 90, 241), 허위사실의 표현이 표현의 자유에 의하여 보호되지 않음을 재차 확인하였으나, 의견과 사실의 분리가 어려운 경우에는 의견으로 보호된다고 보았다.

이에 대하여 기본권의 보호가 공동화되지 않으려면 발언의 내용이나 가치 또는 무가치, 목적은 기본법 제5조 제1항 제1문의 보호범위를 결정하는 기준이 되어서는 안 되고, 허위사실의 주장이 보호의 가치가 없다는 점은 보호범위를 정하는 기준으로서 적합하지 않으며, 진실과 허위의 구분이나 객관적 진실과 주관적 진실의 구분의 어려움이 존재하지 않는다 하더라도 이는 마찬가지라는 비판적 견해가 있다.[22] 한편 표현주체의 의사를 반영하지 않는 진

---

20) United States v. Rutherford, 332 F.2d 444.
21) 헌법재판소 역, 독일기본법 주해서 제1권(Ⅱ), 9-10쪽.
22) 헌법재판소 역, 독일기본법 주해서 제1권(Ⅱ), 12쪽.

실에 대한 의식적인 왜곡은 표현주체의 의사표시로서 보호받을 수 없으나 이러한 범위를 넘어 보호영역의 확정문제에 진리의 입증, 즉 사실의 객관적 정확성이 관건적 의미를 가질 수는 없으며, 의사표현의 자유는 항상 오류를 범할 수 있는 자유라는 비판적 견해도 있다.[23)]

(다) **캐 나 다**

1992년 캐나다 대법원은 홀로코스트가 유태인들에 의하여 날조된 것이라는 내용의 책자를 제작하여 허위사실을 유포(spreading false news)한 혐의로 유죄판결을 받고 상고한 피고인에 대한 재판에서 출판물이 허위라고 하더라도 표현의 자유에 의하여 보호되며, 처벌 근거조항이 헌법에 반한다고 판단하고, 상고를 인용하였다(R. v. Zundel). 법정의견을 낸 재판관 4인은 과장이나 명백한 허위도 유용한 사회적 목적에 기여하거나 정치참여 내지 자아실현을 증진시킬 수 있고, 복합적인 사회적·역사적 사실이 얽혀있는 경우 진실과 거짓의 구별이 어려우며, 어떤 이에게는 일정 부분 진실인 것이 어떤 이에게는 일정 부분 거짓인 것으로 받아들여질 수 있어 '허위'는 명백한 기준이 될 수 없다고 보았다.

재판관 3인은 반대의견을 제출하였으나, '허위사실'이 표현의 자유에 의하여 보호된다는 점은 법정의견과 마찬가지로 긍정하였다. 다만 처벌 근거조항이 의도적으로 악의적 거짓을 출판하는 것을 금하는 것을 그 목적으로 하고 있음을 적시한 후, 특정그룹의 존엄을 위협하고 차별을 도모하는 언론에 대한 제한으로서 최소침해기준(minimal impairment test)에 반하지 않으며 법익균형성[24)]을 충족한다고 보았다.

3) 우리 재판소의 선례

우리 재판소는 '허위사실'의 표현이나 '허위의 통신'이 표현의 자유에 의하여 보호되는지 여부에 관하여 명확하게 설시한 바 없다.

다만 '불온통신'을 금지한 구 전기통신사업법 제53조 제1항 및 공공의 안녕질서 또는 미풍양속을 해하는 것으로 인정되는 통신의 대상을 대통령령에 위임한 같은 조 제2항[25)]이 표현의 자유를 제한함을 전제로 판단한 바 있

23) 헌법재판소 역, 독일기본권개론, 179쪽.

24) (원문) … proportional to the importance of protecting the public interest in preventing the harms caused by false speech and thereby promoting racial and social tolerance in a multiculturaldemocracy.

25) 같은 법 시행령 제16조는 구체적으로 1. 범죄행위를 목적으로 하거나 범죄행위를 교사하는

으며(99헌마480), 최근 '음란 표현'도 표현의 자유의 보호영역에 있다고 판단(2006헌바109)하였는바, 표현의 자유의 보호영역을 매우 넓게 보는 입장으로 생각된다.

4. 소 결

규범의 보호영역은 기본권의 개념과 관련되는 것으로서 입법자가 우선적으로 결정하여야 하나 상당수는 사법적 해석으로 보충적으로 결정되어야 한다. 하지만 헌법재판소의 결정례 중에는 직업의 자유나 양심의 자유 등 일응 타당성있는 결정도 있으나 음란과 허위의 사실도 표현의 자유의 보호영역으로 결정한 것은 외국의 결정례에서도 찾아보기 힘든 결정이라고 보이고 일반상식적으로도 받아들이기 어려운 결정이라고 보인다. 여기서 보호영역이 당연히 선험적으로 존재하기보다는 우리가 현실적으로 끊임없이 찾아가야 하는 개념이기에 헌법 제37조 제2항을 다 검토한 후에 진지하게 고려하여 검토될 수도 있는 상대적인 직업이나 음란 등의 개념도 있고 이미 확립된 개념으로 존재할 수도 있는 명백히 허위의 사실의 경우 등과 같이 절대적 개념도 존재한다고 보이기에 이에 대한 고찰이 좀 더 정치하게 검토되어야 한다고 보인다.

또한 표현의 자유의 보호영역이라 함은 사회에서 보호할 가치가 있는 권장할 만한 개념을 전제로 한 것인데 허위의 사실을 보호할 가치가 있는 권장할 만한 개념이라고 보기는 어렵고 헌재가 허위의 사실을 보호하고자 한다면 허위로 재산권을 침해하는 사기죄와 허위로 공무집행을 방해한다는 규정, 허위사실에 의한 명예훼손죄는 왜 존치하여야 하는지에 대한 답을 주어야 할 것이나 이는 어렵다고 보인다.

이는 헌재가 우리 입법에 전체적으로 아니 전세계가 다 대부분 인정하는 허위사실이 부당하기에 처벌하는 경우도 있고 일부는 처벌보다는 사상의 자유시장에서 해결되어야 하는 것도 있다는 점을 간과하고 보호영역에 해당한다면 다 처벌해야 한다는 논리가 아닌가 하는 의구심과 미국에서도 음란 등의

내용의 전기통신, 2. 반국가적 행위의 수행을 목적으로 하는 내용의 전기통신, 3. 선량한 풍속 기타 사회질서를 해하는 내용의 전기통신을 규정하였다.

표현의 자유영역에서 배제되는 것들이 다른 위헌성심사를 하기 전에 선결적으로 결정되기보다는 위헌심사 후에 인정 여부가 결정된다는 점을 간과한 것은 아닌지 보호영역은 입법의 기준과 권장할 사항인데 과연 허위의 사실을 유포하는 것이 우리 사회의 나아갈 지표인지를 검토하지 않은 채 내린 결정은 아닌지 하는 의구심이 강하게 든다.

결론적으로 표현의 자유의 헌법적 보호영역은 정신적, 이성적 방법에 의한 언어나 행동의 표출을 의미하기에 이성적인 방법에 의하지 않는 표현은 헌법상 보호되지 않는다. 또한 여기서의 표현의 자유는 국민의 알 권리를 위한 정보전달적인 목적으로 행해지는 것만을 보호영역으로 설정해 사회의 중요한 기준을 제시해 주어야 할 것이다.

Ⅲ. 사상의 자유시장이론과 국가개입의 정당성 — 허위사실의 유포의 대체입법의 필요성여부

1. 의 의

사이버 상의 표현의 자유는 단순한 기존의 표현의 자유가 아닌 사이버 상의 표현의 자유의 문제이기에 기존의 표현의 자유 이론의 보호 이외에 쌍방향성과 전파가능성이 훨씬 용이하고 거대해진 사이버 상의 표현의 자유의 특수성을 고려하여야 한다. 하지만 사이버 상의 표현의 자유라고 하여도 오프라인에서의 표현의 자유와 근본적으로는 다르지 않다는 것은 국내외의 검증된 사실에 기초한다는 점을 밝혀 둔다. 다만 실제로 중국에서는 시민들의 인터넷상에서의 정치적 토론을 제한하고 있으며, 국내 인터넷 이외에 해외 인터넷에 접속하는 것 자체도 강력하게 막고 있다.[26] 이러하듯이 인터넷상의 표현의 자유는 한 나라의 정권의 존립자체를 흔들 수 있는 정도의 파괴력을 가질 수 있으며 이는 기존의 표현의 자유와는 다른 것을 인정하고 검토하는 것이 필요하리라고 보인다.

단순한 미국의 이론의 적용보다는 우리의 현실에 기초하여 세계에서 가

26) 정영화, "인터넷상의 표현의 자유의 규제", 『세계헌법연구』 6호, 452쪽.

장 전자민주주의가 활발한 우리나라가 그 모본을 보여야 한다는 책임의식을 가지고 고찰할 필요가 있다. 또한 지금의 규제인 처벌은 국민들의 자율적인 통제와 시민의식이 성숙되는 경우에는 폐지되어야 한다고 보이고 다만 단기적으로 사이버 상의 표현의 자유[27]를 진정으로 성숙된 단계로 끌어올리기 위한 전제로서 현재의 논의를 진행할 필요가 있다.

민주주의는 대화와 토론을 전제로 한 다수결을 통해서 공공선을 추구하는 과정이라고 할 수 있는데 이러한 민주주의를 이루기 위한 기본권으로는 의견과 표현과 집회의 자유가 반드시 보장되어야 한다.[28] 이는 다양성을 전제로 한 민주주의의 발전을 전제로 한 개념이라고 보인다.

여기서 사상의 자유시장이론[29]은 선험적인 판단에 의거하는 것이 아니라 토론과 검증이라는 단계를 거쳐 진리를 추구한다는 전제하에서 주장된다. 여러 주체가 서로 경쟁하며 수준 높은 질의 정보를 제공할 수 있도록 하는 것이 시장의 경쟁성을 통해 사상의 자유시장을 이룰 수 있도록 하는 중요한 대안이 되리라고 할 것이다. 하지만 사상의 자유시장은 국가의 자유방임을 의미한다고는 생각지 않는다. 자유에는 이에 걸맞는 책임이 따라야만 진정한 의미의 자유에 기반을 둔 민주주의국가가 도래할 수 있기에 이에 대한 검토가 필요하다고 보기에 국가의 개입의 정당성은 인정될 수 있다고 보인다. 따라서 개입의 수단이 문제라고 보인다.

2. 정보편차의 해소의 문제

(1) 의 의

오늘날 표현의 자유가 보장되기 위해서는 정보의 충분한 공급이 필요하다. 실제로 외국에서는 이러한 정보격차로 인해서 실제로 인터넷에 접근하기 어려운 사람들에게 공민권을 박탈하게 하며 경제적 원인으로 인해 사회적 계

27) 한상희, "전자민주주의의 헌법적 수용과 과제 — 표현의 자유와 관련하여 —", "헌법 50년의 평가와 정보화시대의 헌법적 과제", 「민주헌정과 국가정보화 — 전자정부와 전자민주주의의 실천을 위한 공법적 과제」, 한국공법학회, 1998. 6., 60쪽.

28) NORBERTO BOBBIO, NORBERTO BOBBIO, The Future of Democracy — A Defence of the rules of the Game, 1987, 25쪽.

29) 이는 미국의 홈즈대법관에 의하여 주장된 것으로서 존슈어트 밀의 사상이 그 기반이 된 이론이다.

층을 형성시켜 이러한 차이로 인해 정치적 차별까지 확대하게 한다는 비판이 있다. 그런데 이러한 검토도 어느 정도 정보화가 진행된 서구와 아시아의 선진국들의 문제이지 전세계적으로 본다면 인구의 70%가 컴퓨터 사용은 별개로 하더라도 문맹이고, 심지어 상당수의 사람들은 전혀 전화를 걸어 본 적도 없다고 한다.[30)]

정보 격차에 대한 연구는 과거에도 신문이나 인쇄 매체가 지식의 전달 수단인 시대에서도 존재하였으나 이에 대해서 심각히 검토하지 않은 채, 간과되었는데 그 이유는 인쇄 매체에 대한 대안 미디어로서의 라디오와 TV가 급속도로 확산됨으로써 그 대중적 설득력이 획득하기 어려웠기 때문이다.[31)]

그런데 정보 격차라는 연구가 활성화 된 것은 1980년대 중반 이후, 컴퓨터와 네트워크 기술이 결합된 인터넷이 확산되면서부터였다. 이는 기존의 라디오와 TV가 가지는 오락성 성격 이외에 학습적 성격을 지니게 됨으로써 성별, 계층 지역적 격차를 크게 하였기 때문이다.[32)]

(2) 사상의 자유시장(민간의 역할)

그런데 오늘날에 있어서 사상의 자유시장이 더 중요한 의미를 가지는 데에는 정보격차의 해소의 문제와도 관련이 있다. 즉 표현의 자유의 신장을 통해서 국민들에게 더 풍부하고 우수한 정보를 국가 이외에도 민간에서 자유롭게 공급한다는 측면에서 사상의 자유시장이론은 오늘날에도 중요한 역할을 할 것이다. 미네르바 사건 등이 발생한 데는 중요한 정보가 정부에 독점되어 있고 그에 대한 접근은 소수만 가능하다는 정보격차의 문제를 민간인이 국민들에게 알리려고 하였다는 점을 보면 앞으로도 사이버 상의 표현의 자유시장은 더 확대되고 공익에 해가 되지 아니하는 한 보장되어야 할 것이다.

(3) 국가의 역할(국가개입의 정당성)

헌법적 측면에서는 알 권리 차원의 문제이자 정보복지권[33)]에서의 문제라고 할 것이며 이러한 정보의 차이는 단지 직업이나 재산이나 기회의 차이의

30) Barry N. Hague and Brian D Loader (eds), digital Democracy: Discourse and Decision Making in the Information Age, Routledge, 1999, 140쪽.

31) 전석호, 정보사회론: 커뮤니케이션 혁명과 뉴미디어, 나남, 1993, 32쪽.

32) 김문조・김종길, “정보 격차의 이론적 · 정책적 제고”, 한국사회학 제36집 4호, 2002년, 127쪽.

33) 김문조・김종길, 전게논문, 148쪽.

문제만이 아니라 국민주권의 실질화에 역행한다고 할 것이다. 그런 점에서 정보 격차의 해소는 국민주권의 실질화를 위해서 반드시 필요한 요소 중에 하나라고 생각된다. 오늘날 국민들의 진정한 자유를 위해 복지국가가 도래한 것과 마찬가지로 정보에 있어서도 통제가 아닌 정보의 복지국가적 관점에서의 정확한 정보의 제공과 기반시설의 마련이라는 의미에서의 정보국가는 의미가 있다고 보인다. 다만 여기서 국가의 정보제공에 대한 국민들의 불신이 극에 달한 상태에서 국가에서 정확한 정보와 그에 대한 근거를 제공하지 않은 점과 과거 IMF사태에서 배운 국민들의 경험 등으로 인해 발생하였다. 따라서 근본적인 문제는 당해 규정이 아닌 국가의 신뢰의 문제인 점은 인정하기에 장기적으로는 국가의 정확한 정보제공 즉 신뢰성이 가장 중요한 근본적인 해결책이라는 점을 명확히 하면서 다만 현재의 상황에서 본 규정의 제한적인 관점에서의 존치 여부를 검토하고자 한다. 이와 더불어 국가는 자유시장의 실패의 중요한 원인인 정보의 비대칭성과 허위정보에 기초한 국민들의 판단의 오류와 그에 기초한 정치, 경제, 사회, 문화에서의 손실을 방지하기 위한 제한적인 개입을 하여야 할 의무가 존재한다고 보인다.

이러한 의미에서의 정보제공의 역할을 하는 국가의 문제는 매우 중요한 문제라고 보이고 이러한 점에서 국가의 개입의 정당성의 원리를 검토할 필요가 있다.

헌법의 기본원리로서 국가의 개입의 정당성의 원리는 현행 헌법에 명문화되어 있지 않으므로 인정 여부 및 근거에 대해서는 명확하지 않다. 더구나 정보국가원리가 다른 헌법상의 기본원리, 예를 들면 민주주의나 법치국가, 사회국가원리 등과 더불어 헌법상 기본원리로 인정되고 있다는 주장은 찾아보기 힘들다. 그러나 우리 헌법 상으로는 완전한 규정이라고 할 수는 없지만 헌법의 "국가는 과학기술의 혁신과 정보 및 인력의 개발을 통하여 국민경제의 발전에 노력하여야 한다"(헌법 제127조 제1항)는 조항은 국가의 기본권보호의무에 관한 헌법 제10조와 함께 상승적으로 작용하여 특히 정보화시대에 있어서 국가의 정보화기술개발을 통한 경제발전과 아울러 정보불평등 문제의 해결과 같은 기본권적 자유의 보장에도 함께 노력해야 한다는 것을 의무지우는 의미를 가지고 있기 때문에 정보국가원리를 구현하고자 하는 수단으로서의 국가목표 규정으로 볼 수 있다고 하겠다. 또한 헌법 제37조 제2항은 기본권의 제한의 근거로서 국가안전보장과 질서유지, 공공복리를 위하여 기본권을 제한할 수 있기에 표현의 자유의 제한의 근거규정으로서의 역할도 하고 있다. 하지만 후자보다는 전자에 더 중점을 두어야 한다는 것이 정보국가의 원칙적인 모습이다.

이로써 국가에게 국민의 정보와 관련된 생활의 보호와 육성에 관한 과제 또는 책임이 부여된다. 정보국가원리는 국가의 정보과제 또는 책임을 통하여 실현된다. 다시 말하면 정보국가원리는 국가의 정보정책과 불가분의 관계를 맺고 있다.[34)]

구체적으로 선거에서의 공정성, 공정거래위원회에서의 부당광고나 기타 규제 등 모두 표현의 자유의 목적인 국민의 알 권리를 위해서 국가의 개입이 허용되고 있다. 이에 대하여 정보국가원리의 개입수단에 대하여 검토의 필요성이 있는데 정보국가원리에는 처벌 위주보다는 주로 정보제공과 정보기반시설의 정비 등에 주안점이 두어야 한다고 생각한다. 다만 예외적으로 처벌이 가능한지는 구체적 상황에 따라 허용될 수 있을 것이나 자제되는 것이 민주주의발전을 위해서 필요하다고 보인다.

3. 대안 입법의 필요성

(1) 문제의 소재

본인의 사견으로는 명백한 허위사실은 표현의 보호영역에 포함되지 아니하지만 당연히 처벌하여야 하는 것은 아니다. 하지만 그 위험이 큰 경우에는 처벌 내지는 행정적 제재 등으로 대처가 필요할지도 모른다. 물론 이러한 제재보다는 손해배상 등으로 해결이 가능하다는 주상도 가능하지만 손해의 입증과 허위사실유포자가 배상능력이 없는 경우에는 실효성의 문제가 있기도 하다. 하지만 무엇보다 더 권력자나 정치인들의 허위사실의 유포 등도 처벌이 된다는 것을 전제로 논의되어야 한다고 생각이 든다.

다만 문제가 되는 전기통신기본법은 제 8 조에서 제45조까지 다 삭제되었

---

34) Steiner은 문화에 관련된 국가의 책임에 있어서도 위임을 자각하는 권한은 그 위임과 관련된 것의 정책적 내용에 따라 결정된다는 점을 지적하고 있다(Steiner, *K ulturauftrag im staatlichen Gemeinwesen*, in: VVDStRL 42 1984). 이러한 관점에서 볼 때 정보국가원리와 국가의 정보정책의 관계를 추론할 수 있다.

기에 단일법으로서 존치할지 다른 입법에 통합되어야 할지는 고려하여야 할 것이다.

전기통신기본법 제47조(벌칙) 제1항의 "공익을 해할 목적으로 전기통신설비에 의하여 공연히 허위의 통신을 한 자는 5년 이하의 징역 또는 5천만원 이하의 벌금에 처한다.<개정 1996. 12. 30.>"는 위헌결정되었고, 제2항의 "자기 또는 타인에게 이익을 주거나 타인에게 손해를 가할 목적으로 전기통신설비에 의하여 공연히 허위의 통신을 한 자는 3년 이하의 징역 또는 3천만원이하의 벌금에 처한다.<개정 1996. 12. 30.>"의 규정은 증권시장에서 작전세력 등에게 적용될 수 있지만, 이도 이익이나 손해 등의 개념과 관련하여 명확성 여부는 기존 헌재결정례에 따르면 문제될 소지는 있지만 일단 합헌이라는 전제하에 검토하고자 한다.

(2) 의안발의 입법의 검토

□ 전기통신기본법(제47조)

의안번호	제안일	제안자	진행현황	의안명	주요 내용
1810562	11. 1. 4	임동규 의원 등 10인	위원회 심사중 (회부)	일부 개정안	• 전기통신설비에 의하여 공공연하게 국가안전보장에 중대한 위험을 초래하고, 자유민주적 기본질서의 파괴와 사회혼란을 유도하며, 공공복리의 현저한 저해를 초래하는 통신을 한 자에게 5년 이하의 징역 또는 5천만원 이하의 벌금에 처하도록 함(제47조①)
1810575	11. 1. 5	조배숙 의원 등 10인	위원회 심사중 (회부)	일부 개정안	• 공익을 해할 목적으로 전기통신설비에 의하여 공연히 허위의 통신을 한 자는 처벌하도록 한 조항을 삭제함(제47조① 삭제)
1810595	11. 1. 7	여상규 의원 등 10인	위원회 심사중 (회부)	일부 개정안	• 국가안전보장이나 사회·경제적 질서 또는 공공기관의 정상적인 업무수행을 해할 목적으로 전기통신설비에 의하여 공연히 허위

					의 통신을 한 자는 5년 이하의 징역 또는 5천만원 이하의 벌금에 처하도록 함(제47조①)

의안번호	제안일	제안자	진행현황	의안명	주요 내용
1810936	11. 2. 25	손범규 의원 등 11인 (한)	위원회 심사중 (회부)	일부 개정안	• 국가 안전보장의 위해, 불법 집회 및 시위의 참여유도를 통한 사회적 혼란 초래, 증권시장, 외환시장 등에 관한 거짓 정보의 유통을 통한 경제적 혼란 유도, 법집행에 대한 신뢰를 훼손하여 국민의 불안 조성 또는 특정 종교나 정치단체의 비방을 목적으로 전기통신설비에 의하여 공연히 허위의 통신을 한 자에게 5년 이하의 징역 또는 5천만원 이하의 벌금에 처하도록 함(제47조①)
1810978	11. 3. 2	김창수 의원 등 10인 (자)	위원회 심사중 (회부)	일부 개정안	• 전기통신설비에 의하여 공공연히 허위의 사실을 주장하여 국가위기 시 폭력적 선동이 유발되거나 국민 경제상 막대한 피해를 야기되는 경우에 처벌하도록 함(제47조①)

□ 정보통신망법

의안번호	제안일	제안자	진행현황	의안명	주요 내용
1810653	11. 1. 19	정옥임 의원 등 13인	위원회 심사중 (회부)	일부 개정안	• 전쟁·사변·교전상태 또는 이에 준하는 군사적 무력충돌 상태, 내란·폭동·테러 또는 이에 준하는 국가적 차원의 비상상태, 「재난 및 안전관리 기본법」 제14조 제1항에 따른 대규모 재난 등의 국가사회적 위

					난이 발생하였거나 그 발생가능성이 긴박하다고 인정되는 경우에, 국가의 위난관리를 방해하거나 공중의 정확한 정보의 형성·유통에 지장을 초래할 목적으로 그 위난의 발생여부 및 발생원인, 정부의 위난관리정책 또는 위난과 관련된 사망·실종·상해 등의 피해에 관하여 허위사실이 포함된 정보가 유통되는 것을 금지하고, 이를 위반한 경우에는 5년 이하의 징역 또는 5천만원 이하의 벌금에 처하도록 함(제44조의7, 제71조)
1810865	11. 2. 18	이두아 의원 등 10인	위원회 심사중 (회부)	일부 개정안	• 국방·외교·식품·환경·재난 및 전쟁·테러 등 국가적으로 중대한 분야에 대한 명백하고 현존하는 위험 상황에서 이와 관련된 허위 내용의 정보의 유통을 금지하고, 이를 위반한 경우에 그 위험성의 정도에 따라 3년 이하의 징역 또는 3천만원 이하의 벌금이나 5년 이하의 징역 또는 5천만원 이하의 벌금에 처하도록 함(제44조의7, 제71조, 제72조)

(3) 논의의 타당성

1) 입법체계의 타당성

전기통신기본법은 상당수의 법규정들이 폐지되었기에 과연 이 법에다 다시 위헌결정된 규정을 보완해서 새로운 대체입법을 하는 것은 타당해 보이지 않는다. 따라서 상당수 규정들이 존치하고 있는 정보통신망법에 대체입법의 규정들을 규정하는 것이 타당하지 않나 생각이 든다.

2) 논거의 타당성

대체입법의 반대론은 헌법재판소의 이번 결정으로 처벌의 공백이 발생한다고 법무부가 밝히고 있는데, 국가보안법 형법 관련 규정을 살펴보면 국가·사회적 위험이 큰 것들은 현행법으로 처벌 가능한데 특히 국가보안법에 찬양고무죄는 징역형에 처할 수 있고 사회적 혼란이 중대한 경우 허위사실을 날포·유포한 자를 처벌하는 조항도 규정되어 있다. 형법상 규정, 내란죄 외환죄 등 중형으로 처벌할 수 있다고 한다. 또한 진실과 허위, 위험과 평화를 구분하고 만들어내는 것은 토론과 대화를 통해서이기에 처벌을 반대하고 있다. 또한 정보통신망법에 불법정보 규제하는 것이 존재하기에 대안이 있다는 입장이라고 보인다.

법무부의 대체입법 제정 취지를 살펴보면 천안함 폭침 등 (허위의 내용을 유포하여) 사회적 혼란을 야기하였다는 것인데 당시 사회위기나 혼란을 초래한 원인은 정부의 신뢰할 수 없는 대처, 발언, 변명, 일관성 없는 정책들이 문제였고 그에 대해서 비판을 하는 것이 사회혼란을 야기했다고 하는 것은 자신의 책임을 사회로 돌리는 것이라고 생각한다. 미네르바 사건 같은 경우도 정부의 외환위기 책임이 1차적으로 있음에도 책임을 회피하고 군사정권하의 유신헌법에서 만들어진 긴급조치가 국민여론을 통제하려는 식의 것들을 떠올리게 된다. 유언비어를 유포함으로써 사회혼란을 야기한다고 하는데, 판결문에서도 긴급조치가 가지고 있는 내용들, 유언비어를 날조·유포하는 내용 일체를 금지하고 이를 위반시 징역형에 처한다는 규정에서 유신헌법에 대한 논의를 전면 금지하고 탄압하는 것이다. 그래서 '긴급조치가 위헌이다'라는 대법원의 판단에도 반하는 내용이라는 주장도 중요한 근거가 된다.

대체입법이 필요하다고 하여 전기통신기본법 제47조 제1항의 개정을 위한 한나라당 등의 의원입법을 보면 헌법재판소에서 공익을 해할 목적이 명확성원칙에 반한다고 결정했기 때문에 이를 구체화시키겠다고 한 것이고, 개정안을 검토해보면 국가안전 보장에 중대한 위험을 초래, 사회혼란을 유도, 공공복리의 저해 등을 규정하고 있는데 이는 헌법재판소가 위헌 결정을 내린 조항을 역시 그대로 답습하고 있다는 문제점은 있다. 일반적으로 형법, 특별법은 공익의 침해범위를 정하고 있는데, 거짓말을 해서 재산을 뺏으면 사기죄가 되는 것이다.

허위사실이 무엇을 침해하는지 봐야 하는데 허위를 통해서 공공질서, 사회국가적, 공공복리를 침해하는 케이스는 상정할 수 없다는 주장도 있으나 이는 공익의 개념과 관련이 된다.

전쟁, 테러 등 국가적·사회적으로 허위사실을 유포한 국가사범을 포함해서 대검찰청은 미국 폭탄소문법처럼 만들겠다고 한다. 하지만 반대론으로는 특별법을 제정하거나 테러 및 군사 관련 유언비어를 차단하는 행정적 조치로 충분하지 않나 하는 비판도 가능하다. 즉 대체입법에서 형사처벌은 배제되어야 하며, 전쟁, 대북관계, 국가신용도와 같은 한정된 범위 내에서 임시조치와 같은 방법으로 이루어져야 한다고 주장된다.

(4) 소 결

우선 정부의 신뢰성을 회복하는 것이 급선무이다. 신뢰를 잃은 정부는 어떠한 말을 하여도 국민이 믿지 않는다. 하지만 자신의 이익추구 등의 목적없이 장난삼아 하는 말이 국가전체적으로 안보나 외환위기시에 걷잡을 수 없는 혼란을 야기하는데도 그대로 방치한다는 것도 문제이고 단지 삭제만으로 가능한지는 의문이다. 여기서 정부의 신뢰와 공권력의 권위상실이라는 이유로 처벌할 수는 없고 좀 더 구체적으로 국민 상당수에게 실질적 피해가 야기될 수 있는 경우에 한하여 예방적 목적의 삭제와 이를 실질화시키기 위하여 제한적 처벌이 타당할 것이다. 구체적으로는, 주장에는 사실적 논거가 제시되어야 하며 논거를 제시하지 않거나 명백히 허위의 논거를 제시한 때에 국민 상당수에게 실질적 피해가 야기될 수 있는 경우에 한해서만 처벌이 가능하다고 보는 것이 타당하지 않을까 생각한다. 국민 상당수에 대한 실질적 피해는 환율의 급격한 변동을 줄 수 있는 경우나 "전기통신설비에 의하여 공연히 허위 사실을 유포하여 정당한 공무집행을 방해한 자"를 처벌하는 것으로 개정할 것을 제안한다. "전쟁이나 테러에 관하여 허위 사실을 고지 또는 유포한 자" 등이 포함될 수 있을 것이다.

지정토론문

손 형 섭*

장용근 교수님의 발제문을 잘 읽었습니다. 사이버 표현의 자유에 대하여 기존 표현의 자유와 다른 시각에서 연구된 발제문에 대한 몇 가지 부언을 아래와 같이 합니다.

1. 발제문의 검토

"보호영역은 기본권이라고 할 수 있는데 이는 기본권의 개념적 내재적 한계인 타인의 권리, 도덕률, 헌법 질서를 침해하지 않는 한도 내에서 가능한 것이기에 명백한 허위나 폭력적 행동을 조장하는 표현 등은 보호영역 안에 들어가서는 아니된다"는 필자의 의견에 공감합니다. 장용근 교수님께서는 발제를 통하여 위와 같은 표현을 사이버 공간에서 하는 경우 표현의 자유의 보호영역으로부터 배제하여 사회 질서를 유지하려고 하시는데, 그 취지를 잘 알 수 있습니다.

헌법재판소의 2008헌바157·2009헌바88 전기통신기본법 제47조 제1항 위헌소원에서도 다수의견과 소수의견이 나뉘었는데 위와 같은 견해는 소수의견에 남아 있는 것 같습니다.

필자는 "음란과 허위의 사실도 표현의 자유의 보호영역으로 결정한 것은 외국의 결정례에서도 찾아보기 힘든 결정이라"고 하고 있습니다.

필자가 분석 한 바와 같이 기존 헌법재판소의 판단 구조에 있어 보호영역이 당연히 선험적으로 고찰되기보다는, 헌법 제37조 제2항을 근거로 과잉금지 원칙에 따라 위헌심사를 해 온 익숙한 논리 구조에 따라서, 2008헌바157·2009헌바88 사건에서 다루는 허위의 표현도 보호영역 안의 표현으로 평가한

* 경성대학교 법정대학 교수(2011. 3. 21. 발표 당시 헌법재판소 연구원).

것으로 생각됩니다.

2. 표현의 자유 보호영역에 대한 私見 — 표현의 자유에 관한 보호영역과 위헌심사에 관한 구조를 어떻게 보아야 할 것인가?

미국(혹은 일본)의 경우 표현의 자유의 우위적 지위를 인정하여, 위헌법률심사의 기준으로서 이중심사기준(혹은 삼중심사기준)에 따르고 있습니다. 따라서 표현의 자유에 대해서는 합헌성 추정은 배제되고, 위헌성을 판단할 때보다 엄격한 심사기준을 적용합니다.

그러나 음란물, 명예훼손의 경우에는 엄격한 심사를 하지 않는 것으로 알고 있습니다. 예컨대 선동(煽動)행위에 대해서도 '현존 명백한 위험'을 요구하던 원칙에서부터 Brandenburg v. Ohio, 395 U.S. 444(1969) 판결 이후 선동행위로부터 직접 위법성을 인정하거나 그 개연성을 인정해 오고 있는 것으로 보입니다.

외설물에 관하여 일본 최고재판소에서도 영미법의 학자 출신인 이토오마시미 재판관이 "어느 표현이 청소년을 대상으로 하는 경우 성인에 대한 표현의 규제와 같이 엄격한 기준을 적용하지는 않는다. 청소년 비행 등의 해악을 발생하기 상당한 개연성이 있는 것으로 족하다"(최고재판소 평성원년 9. 19 형집 43권 8호 785면)고 보충의견을 밝힌 바 있습니다.

즉 명예훼손, 음란, 선동의 표현물은 표현의 자유로 보호받아 엄격한 심사기준을 적용하는 대상이 아니라고 생각합니다. Low Value speech로서 엄격한 표현의 자유의 보호 대상이 아니라 합리성 심사로 충분한 표현물로 볼 수 있다고 생각합니다. 이와 같은 논리구조의 적용가능성 및 위헌심사 구조를 私見으로 제시해 봅니다.

3. 몇 가지 질문

(1) 미국 표현의 자유와 우리 헌법 제21조의 언론・출판의 자유는 달리 보아야 할 점이 많이 있지 않은가라고 생각합니다. 특히 헌법 제21조 제4항에서는 "언론・출판은 타인의 명예나 권리 또는 공중도덕이나 사회윤리를 침

해하여서는 아니된다. 언론·출판이 타인의 명예나 권리를 침해한 때에는 피해자는 이에 대한 피해의 보상을 청구할 수 있다"고 정하고 있어서 미국의 표현의 자유론과는 차이가 있을 것 같습니다.

(2) 장 교수님께서 "명백한 허위사실은 표현의 보호영역에 포함되지 아니하지만, 당연히 처벌하여야 하는 것은 아니다. 하지만 그 위험이 큰 경우에는 처벌내지는 행정적 제재 등으로 대처가 필요할지도 모른다"라고 하신 의견에 대해서도 그 취지를 공감합니다.

정치적 표현의 자유는 엄격한 보호돼야 한다는 것에는 동의합니다. 다만 민주적인 공감대를 형성하지 않은 낮은 가치의 표현에 대해서는 제한이 가능할 것입니다. 문제는 ① 어느 정도 허위 표현이 낮은 가치의 표현인가 ② 낮은 가치의 표현의 경우 어떠한 제제를 가할 것인가가 문제 된다고 생각합니다.

헌법재판소는 2008헌바157·2009헌바88 전기통신기본법 제47조 제1항 위헌소원에서 명확성의 원칙에 반하여 위헌이라고 결정하였습니다.

그러나 최근 일본 지진, 쓰나미, 원전의 방사능 위험 발생시 공공의 불안을 조성하는 메시지가 전기통신망을 통하여 유통된 사실을 보도를 통해 알 수 있었습니다. 따라서 위 법조의 위헌 결정 이후 표현의 자유도 보장을 하면서 헌법의 제21조 제4항의 취지를 살린 적절한 대체입법도 필요하다고 생각합니다. 어떠한 것이 적합하다고 생각하시는지 여쭙고 싶습니다.

즉, ① 명확한 구속요건의 처벌규정을 만들 것인가 ② 처벌규정이 아닌 다른 제한 규정을 두는 것이 타당할 것인가, 아니면 ③ 다른 어떠한 대체입법을 생각하시는지 여쭙고 싶습니다.

지정토론문

송 명 진*

1. 들어가며

최근 컴퓨터뿐 아니라 스마트폰 등 다양한 매체를 이용하여 실시간 인터넷을 할 수 있는 환경이 조성되어 가고 있고, 그에 맞추어 자신의 의사를 표출할 컨텐츠가 개발되고 있어 표현의 자유의 보호영역과 허위사실 유포 등에 관한 검토는 필수적인 것으로 보인다.

기본권의 제한의 문제는 형법 외에 다양한 분야에서 다양한 방법을 통하여 제한이 되는 문제이므로 헌법에서는 그 보호영역을 가급적 넓게 인정하는 것이 타당하다는 기본적 입장에서 다음과 같은 의견을 개진하고자 한다.

또한 대한민국헌법 제21조 제2항은 국민의 권리와 의무로서 언론출판의 자유를 규정하고 있고, 언론출판의 자유는 강학상 자유권적 기본권 중 정신생활영역의 자유로서 언론출판의 자유를 규정하고 있고, 언론출판의 자유는 사상과 의견의 교환을 통하여 민주주의 사회의 실현을 가능하게 하는 필수적인 권리이며 알 권리, 엑세스권 등 표현의 자유를 전제로 한 다른 기본권도 포함되어 있으나, 표현의 자유를 알 권리를 위한 정보전달적인 목적으로 행해져야 한다고 한정짓는 것은 타당하지 않다. 표현은 인간의 기본적인 욕구이고, 표현내용의 분야도 광범위하므로 그 보호영역을 넓게 인정하는 것이 타당하고, 일반적 행동의 자유보다 표현의 자유를 우선 적용하여 더 큰 보호를 해야 할 것이다.

* 대전지방검찰청 천안지청검사(2011. 3. 21. 발표 당시 서울서부지방검찰청 검사).

2. 표현의 자유의 보호영역과 관련하여

❍ 허위사실의 표현이 표현의 자유의 보호영역에 포함되는지에 관하여

- 발제자가 명백히 허위의 사실의 경우 등과 같이 절대적 개념도 존재한다고 보여 이에 대한 정치한 고찰이 필요하다고 한 취지에는 공감한다. 다만, 허위의 사실일지라도 기본권의 보호영역 특히 표현의 자유의 영역에 포함시켜야 할 것이다.
- 먼저 사실인지 의견인지의 구별도 쉽지 않다. 형법상 명예훼손죄의 구성요건인 사실의 적시와 관련하여서도 전체적인 글의 취지에 비추어 보아 의견을 표명하면서 사실이 포함된 경우 의견으로 보아 판단을 한 판례도 적지 아니하고, 의사를 표명하는 것은 전후 문맥, 표현을 하게 된 배경, 표현의 숨은 의도를 파악하여 종합적으로 판단해야 하는 것이므로 더욱 그러하다.
- 얼마든지 비판과 반박을 통하여 허위의 사실로 인한 해악을 막을 수 있는 것으로 보이고, 과학의 경우에도 수 십년이 흐른 후에 새로운 증거에 의하여 어떤 이론 또는 과학적 사실이 틀렸다고 밝혀지는 경우가 있다는 점에 비추어 보아도 표현의 자유가 항상 오류를 범할 수 있는 자유라는 견해에 따르면 더욱 보호영역 내에 포함시켜야 하는 것으로 보인다.
- 그리고 사실에 대한 허위성이 명백하지 않은 경우에는 허위사실이 아닌 진실한 사실로 보아 보호영역에 포함시켜 합헌성 여부를 가리자고 할 것이고, 이런 경우에는 결국 사실의 진실 여부와 상관없이 헌법상 보호가치가 있는지 판단하기 위한 것으로 보이는데 대한민국 헌법이 제37조 제2항을 규정하여 기본권의 제한에 관하여 포괄적으로 판단할 수 있는 기준을 마련해 둔 이상 보호영역을 축소할 이유가 없어 보인다.

❍ 음란물이 표현의 자유의 보호영역에 해당하는지에 관하여

- 인간의 존엄을 해하는 성적 표현이라는 개념 자체에 대해 가치 판단이 필요하고, 이러한 가치판단은 사회분위기, 문화에 따라, 또 이를 판단하는 사람의 가치관에 의하여서도 변할 수 있는 개념이므로 모호한 개념으로 보호영역에서 배제하여서는 안된다는 헌법재판소의 결정에 찬성한다.

- 음란물을 보는 사람, 음란물의 제작과정에서 그 제작에 참여하는 사람이 범죄에 노출되지 않도록 관리, 제한하는 문제가 더욱 중요할 것이다.

3. 허위사실 유포의 대체입법의 필요성 여부와 관련하여

❍ 인터넷을 이용한 표현은 인터넷의 쌍방향성과 전파가능성 때문에 파급효과가 큰 측면도 있으나, 쌍방향성이라는 특성으로 인해 잘못된 정보에 대한 정정이 일반적인 언론매체보다 더 빠른 시간 내에 널리 전파될 수 있다는 장점을 가지고 있다.[1] 그리고 '공익'이나 '허위'는 가치판단이 필요한데, 그 경우 허위사실의 내용자체를 규제하게 될 가능성이 있어 인터넷 상 허위사실의 유포를 처벌하기 위하여는 엄격한 요건을 갖추어야 할 것으로 보인다.

❍ 그리고 허위의 사실을 유포하더라도 공익을 해할 목적을 입증하는 것은 매우 어려운 일이며, 실제 공익을 해하는 결과가 발생하더라도 목적이 없다면 처벌할 수 없고, 명백히 공익을 해하는 결과가 초래할 가능성이 없다고 하더라도 목적과 허위사실의 구성요건만 충족한다면 처벌할 수 있는 문제도 발생할 여지가 있다.

따라서 증권거래와 같이 개별 분야에서 목적, 위험의 정도를 구체화하여 처벌할 수 있는 입법의 필요성은 있으나 특정 매체를 이용한 유포라는 사실을 두고 포괄적으로 처벌을 하려는 것은 법을 집행하는 자에 의한 여론의 통제수단으로 이용될 우려가 있다. 더하여 테러나 군사관련 유언비어를 차단하는 행정적 조치로 충분하다는 의견이 있을 수 있으나, 이는 사전검열과 비슷한 결과를 초래할 우려가 있어 신중해야 할 것이다.

4. 결 론

결국 표현의 자유의 영역을 넓게 인정하되, 이를 제한하는 방법을 다양화하고, 처벌 외에 홍보나 다른 규제수단을 통하여 표현의 자유와 공익의 균형을 이루려는 노력이 필요할 것이다.

---

1) 판례는 인터넷 게시판에 모욕적 언사나, 명예훼손을 하는 언급을 한 경우라도 토론을 하고 있던 중, 게시판에 서로의 의견을 비판할 수 있는 환경이 조성되어 있다면 사회상규에 위반되지 아니하는 행위로 보아 위법성을 조각(대법원 2008도1433, 2003도3972).

시민·사회단체의 정치활동 자유와 공직선거법상 선거운동 제한의 법적 문제점

하 재 홍*

Ⅰ. 서 론

이 글에서 살펴보려고 하는 것은 시민·사회단체의 정치활동의 자유와 공직선거법상 선거운동 제한의 경계선에 관한 것이다. 시민·사회단체의 정치활동은 원칙적으로 자유롭게 보장되는 반면, 선거운동은 공직선거법에 의해 주체나 기간, 방법 등에 있어 상당한 제한이 부과되어 있다. 시민·사회단체의 활동이라도 공직선거법상 선거운동에 해당하게 된다면 선거의 공정을 위해 공직선거법에 의해 허용되는 범위 내에서만 용인되는 것이고, 이에 위반한 경우에는 처벌 등 제재가 따르게 된다. 문제는 시민·사회단체의 특정한 활동이 자유롭게 보장되어야 하는 정치활동인 것인지 아니면 선거법에 의해 제한되어야 하는 것인지 모호해서 양자가 충돌하는 경우가 발생할 수 있다는 것이다.[1] 시민·사회단체로서 본연의 정부 감시·비판 활동을 수행하는 것이라도 정부 비판의 쟁점이 선거에 있어 쟁점으로 된다든지, 정당이나 후보자들과 정책에 관한 입장을 공유하고 정책협약식 등 공동의 정치적 활동을 수행한다든지 하는 경우에 그것이 선거에 영향을 미칠 목적의 선거운동이라 판단된다면

* 경기대학교 법과대학 교수, 변호사(2012. 5. 17. 발표).

1) 정치활동의 자유가 보장된다 하더라도 선거와 관련하여 선거에 영향을 미치게 할 목적의 정치적 표현은 원칙적으로 공직선거법의 규제 범위 내에 있는데, 정부 부처 업무로서 한 정치적 표현이라도 최근 정부부처의 장관이 여야의 선거공약 중 복지부분을 국가재정의 면에서 분석하여 공표하였다가 중앙선거관리위원회의 경고를 받았던 예가 있었음을 보면 선거기간 중 정치적 표현의 한계 내지 경계를 명확하게 확정해야 할 필요성은 시민사회단체의 경우뿐 아니라 정치활동이 허용되는 공직자와 정치적 중립 또는 선거 중립의 경우에도 생길 수 있음을 알 수 있다.

공직선거법에 의한 제재를 면할 길이 없는 것이다.

예를 들어 많은 시민·사회단체들 정부정책에 대한 비판활동으로서 4대강 사업 반대나 학교무상급식운동을 전개해 왔는데, 지난 2010. 6. 2. 지방선거에서는 이러한 정책문제가 핵심적인 선거쟁점 중의 하나가 되었다. 선거 후 몇몇 시민단체의 대표자 내지 책임자들은 공직선거와 관련하여 시민·사회단체의 활동이 공직선거법에 위반한 혐의로 기소되기에 이르렀는데, 일부 법원에서는 무죄로, 일부 법원에서는 유죄로 판결되었다. 경계가 명확하고 동일한 법리에서 사실관계만 상이하다면 판결결과가 다른 것은 이상할 일이 아니지만, 경계가 불명확하다면, 즉 사실관계가 비교적 유사하고 법원마다 동일한 법리를 언급하지만 법적 결론이 상이하다면 법리를 더 검토해서 경계가 명확해지도록 할 필요가 있다. 경계가 불분명하다는 것은 법의 실효성과 법적 안정성을 저해하고, 당사자에게 불측의 피해를 야기할 수 있음은 물론, 특히 선거에 있어서는 선거법이 추구하고자 하는 공정경쟁에 의한 선거의 이념이 침해될 위험이 생기게 될 뿐 아니라 당해 선거 자체가 무효로 될 위험도 있기 때문이다.[2)]

이 글에서는 시민·사회단체가 통상적으로 수행해 온 활동이 선거와 관련하여 공직선거법위반으로 기소된 두 사건을 중심으로 정치적 자유의 내용과 한계, 선거운동의 제한원리 등에 관해 살펴보고자 한다. 먼저 정치활동과

2) 공직선거법 제222조는 선거소송에 관해 규정하고 있는데, 이 조항은 개정 전 구 공직선거및선거부정방지법 제222조에서 유래한 것이다. 대법원 2005. 6. 9. 선고 2004수54 판결은 개정 전 법률에서의 선거소송에 관해 "선거라는 일련의 과정에서 선거에 관한 규정에 위반된 사실이 있고, 그로써 선거의 결과에 영향을 미쳤다고 인정하는 때에 선거의 전부나 일부를 무효로 하는 소송"을 가리킨다고 해석하고, "이러한 선거소송에서 선거무효의 사유가 되는 '선거에 관한 규정에 위반된 사실'이라 함은 기본적으로 선거관리의 주체인 선거관리위원회가 선거사무의 관리집행에 관한 규정에 위반한 경우와 후보자 등 제3자에 의한 선거과정 상의 위법행위에 대하여 적절한 시정조치를 취함이 없이 묵인·방치하는 등 그 책임에 돌릴 만한 선거사무의 관리집행 상의 하자가 따로 있는 경우를 말하지만, 그 밖에도 후보자 등 제3자에 의한 선거과정 상의 위법행위로 인하여 선거인들이 자유로운 판단에 의하여 투표를 할 수 없게 됨으로써 선거의 기본 이념인 선거의 자유와 공정이 현저히 저해되었다고 인정되는 경우를 포함하고, '선거의 결과에 영향을 미쳤다고 인정하는 때'라고 함은 선거에 관한 규정의 위반이 없었더라면 선거의 결과, 즉 후보자의 당락에 관하여 현실로 있었던 것과 다른 결과가 발생하였을지도 모른다고 인정되는 때를 말한다."고 판시하였다. 대법원의 이러한 입장은 현재의 공직선거법상 선거소송에도 마찬가지일 것으로 보인다. 2010. 6. 2.에 실시된 전라남도 진도군수 선거의 선거무효와 관련한 사건에서 광주고법 2011. 4. 1. 선고 2010수13 판결도 현 공직선거법상 선거무효소송의 법리에 관해 위 대법원 판결의 취지를 따르고 있다. 시민·사회단체 활동의 영향력을 볼 때 시민·사회단체의 활동이 적법한가 아니면 공직선거법 위반이 되는가에 의해 선거의 효력이 좌우될 여지도 크다.

선거운동의 관계에 관해 개관해 보고, 이어 문제가 된 두 사건에 있어 각각의 사실관계와 이에 대한 사실심 법원의 판단내용 및 그 당부에 대해 검토해 보기로 한다. 끝으로 가능하다면 공직선거법 개정방안도 제시해 보기로 한다.

Ⅱ. 정치활동과 선거운동의 관계

1. 정치 활동의 자유와 선거운동에 대한 제한과 관련한 문제 개관

헌법상 정치활동 내지 정치적 표현의 자유를 직접 보장하고 있는 조항은 없다. 그러나 공화주의와 국민주권주의를 선언하고 있는 헌법 제1조, 정당설립의 자유를 규정한 헌법 제8조 제1항, 선거권과 공무담임권을 보장하는 헌법 제24조 및 제25조, 국회의원의 불체포특권과 면책에 관한 헌법 제44조와 제45조 등의 규정과, 그 외 헌법이 정치적 중립을 요구(보장)하는 방법으로 정치활동의 자유가 제한되는 경우를 한정적으로 열거하고 있는 점을 보면, 정치활동의 자유는 국민의 기본적 권리로 보장되고 있음을 알 수 있고, 특히 정치적 표현의 자유는 언론·출판의 자유에 의해서도 보호받는 것에 의해 알 수 있다.

헌법에서 직접 정치적 중립에 관해 규정하고 있는 예는 군인(헌법 제5조), 공무원(헌법 제7조), 교육(헌법 제31조 제4항), 헌법재판소 재판관(헌법 제112조 제2항), 중앙선거관리위원회 위원(헌법 제114조 제4항) 등이 있는데, 군인의 경우 군대의 정치관여금지를 규정하는 것이고, 공무원과 교육의 경우 정치에 의해 직업공무원제도나 교육의 중립성이 훼손되지 않도록 하는 취지[3]이므로 공

3) 헌법 제7조 제1항은 "공무원은 국민전체에 대한 봉사자이며, 국민에 대하여 책임을 진다", 제2항은 "공무원의 신분과 정치적 중립성은 법률이 정하는 바에 의하여 보장된다"고 규정한다. 또 국가공무원법 제65조 제1항은 공무원이 정당이나 정치단체의 결성에 관여하거나 가입하는 것을 금지하고 제2항은 선거에 있어 특정 정당 또는 특정인을 지지 또는 반대하기 위한 선거운동의 금지를, 제3항은 공무원이 다른 공무원에게 제1항이나 제2항에 위배되는 행위를 할 것을 요구하는 등의 행위를 금지하고 있다. 공무원의 복무에 관한 규정들[예를 들어 국가공무원법 제61조 청렴의 의무, 제62조 외국 정부의 영예 등을 받을 경우, 제63조 품위 유지의 의무, 제64조 영리 업무 및 겸직 금지, 제65조 집단행위의 금지 등. 지방공무원법 관련 규정도 대동소이하다]의 규정을 종합하면, 공무원의 정치활동 내지 정치적 표현의 자유가 헌법에 의해서나 법률에 의해서나 직접 포괄적으로는 제한되지 않고 있다는 점을 알 수 있다. 위와 같이 국가공무원법 및 지방공무원법에 의해 정치활동이 제한되는 유형을 제외한 나머지 정치활동은 자유인가 하는 점에 대해, 논란의 소지가 있을 수 있지만, 헌법 제7조 제1항으

무원이나 교직원의 정치활동의 자유를 직접 제한하는 규정으로 보기는 어렵다. 헌법재판소 재판관과 중앙선거관리회 위원의 경우, 정당가입 및 정치관여가 금지되는데, 전자의 경우 헌법재판이 정치적 영향으로부터 독립할 수 있도록 하기 위해, 후자의 경우 선거의 자유 및 공정과 선거관리의 중립성을 보장하기 위한 것이다. 그 외 실정법상 정치활동의 자유가 제한되는 형태로는 ① 공법상 단체의 정치활동을 제한하는 경우,[4] ② 직무와 관련하여 정치활동이

로부터 정치적 자유가 포괄적으로 제한된다는 해석을 도출하기는 어려울 듯하고[공무원도 기본권 주체라는 점에서 헌법 제7조 제1항이 공무원의 기본권을 형해화시키는 근거조항으로 기능해서는 안 되고, 공직수행과 관련이 없거나 영향력을 미치지 않는 한 공무원 개인의 정치적 자유는 보장된다는 취지로, 정종섭, 『헌법학원론(제7전면개정판)』, 박영사, 2012, 943쪽, 947쪽], 그 외에 국가공무원법의 적용을 받는 공무원이라도 대통령령으로 정하는 특수경력직 공무원에게는 공무원의 정치활동 제한에 관한 동법 제65조가 적용되지 아니하고(국가공무원법 제3조 제3항. 이에 근거한 대통령령인 국가공무원법제3조제3항의공무원의범위에관한규정 제2조에 의하면 여기에는 대통령, 국무총리, 국무위원, 처의 장, 각 원・부・처의 차관, 정무차관 등이 포함된다), 또 공무원이라도 정당이나 정치단체 가입이 허용되는 경우가 있으므로[정당활동 제2조 제1항 제1호에 의하면, 대통령, 국무총리, 국무위원, 국회의원, 지방의회의원, 선거에 의하여 취임하는 지방자치단체의 장, 국회 부의장의 수석비서관・비서관・비서・행정보조요원, 국회 상임위원회・예산결산특별위원회・윤리특별위원회 위원장의 행정보조요원, 국회의원의 보좌관・비서관・비서, 국회 교섭단체대표의원의 행정비서관, 국회 교섭단체의 정책연구위원・행정보조요원과 고등교육법 제14조 제1항・제2항의 규정에 의한 총장・학장・교수・부교수・조교수・전임강사인 교원은 정당가입도 가능하다] 일부 정치적 공무원의 경우에는 통상적으로는 정치활동의 자유가 보장되는 반면 일반인과 마찬가지로 공직선거법에 의한 선거운동의 제한을 받게 되는 점에서 그 경계를 획정해야 하는 문제가 발생할 수 있다(공직선거법 제60조는 선거운동을 할 수 없는 자의 범위와 그 예외를 정하는데, 제1항 단서에 의하면 정무직 공무원도 기본적으로 선거운동을 할 수 있지만, 일부 정무직 공무원은 선거운동 자체가 금지된다. 다만 이러한 경우에도 정치활동이나 정당 가입은 제한받지 않으므로 선거운동제한에 의해 한계지어지는 정치활동의 경계가 문제된다). 한편 공직선거법 제9조 제1항은 "공무원 기타 정치적 중립을 지켜야 하는 자(기관・단체를 포함한다)는 선거에 대한 부당한 영향력의 행사 기타 선거결과에 영향을 미치는 행위를 하여서는 아니된다."고 규정하는데, 정치적 공무원이 이 규정의 적용대상인가 하는 것이 문제될 수 있다. 헌법재판소 2008. 1. 17. 선고 2007헌마700 결정은 정무직 공무원들의 일반적 정치활동은 허용되지만 공직선거법에 의해 "선거에 영향을 미치는 행위"만은 금지된다는 취지, 공직선거법에 의한 제한이 선거영역에서의 특별법이라는 취지로 이해하고 그러한 범위에서 대통령도 선거중립의무가 있다고 보았다. 헌법재판소 2004. 5. 14. 2004헌나1 결정도 동지. 대통령이나 정무직 장관의 경우 정당가입이 허용되는데, 공직선거법 제9조 제1항과 같은 추상적 조항만으로 선거중립의무를 인정할 수 있는지에 대해서는 납득하기 어려운 점이 있다.

4) 세부적으로는 ㉠ 단체의 정치활동을 금지하는 데 그치는 유형(공무원의 노동조합 설립 및 운영 등에 관한 법률, 교원의 노동조합 설립 및 운영 등에 관한 법률, 국가유공자 등 단체 설립에 관한 법률, 대한민국재향소방동우회법, 대한민국재향경우회법, 퇴직교원 평생교육활동 지원법, 지방문화원진흥법 등. 단 공무원노조의 경우 노조원인 공무원은 국가공무원법에 의해서도 제한된다)과, ㉡ 더 나아가 그 임원의 정당 또는 정치단체 가입을 금지하는 유형(경찰공제회법, 대한소방공제회법, 상호저축은행법, 한국지방재정공제회법, 상공회의소법 등)과 ㉢ 임원의 정치활동을 당연해임사유로 정한 유형(고엽제후유의증 환자지원 등에 관한 법률, 과학기술인공제회법, 군인공제회법, 대한민국재향군인회법, 참전유공자예우 및 단체설립에 관한 법률, 특수임무유공자 예우 및 단체설립에 관한 법률 등), ㉣ 단체의 선거운동을 금지하는 유형(자원봉사활동기본법 등), 단체의 정치활동을 금지하고 이에 관여한 자를 처벌하는 경우(향토예비군 설치법 등) 등이 있다. 공법상 단체의 정치활동 제한 내지 선거운동 금지에 대한 현재의

제한되는 유형,[5] ③ 국적과 관련한 경우[6] 등이 있다.

이상에서 본 것과 같이 헌법이나 법률에 의해 정치적 자유를 제한하는 경우에 있어 문제가 될 수 있는 것은 다음과 같다.

첫째 정치적 중립을 요구하거나 정치관여를 금지하는 경우, '정치적 중립' 또는 '정치관여'의 의미가 무엇인지 명확하여야 하는데, 그 의미가 다소 불명확하다는 것을 들 수 있다.[7] 이에 반해 정당가입이나 정치단체의 가입을 금지하는 경우에는, 예를 들어 정당활동이란 정당의 구성원으로서 정치적 주장이나 정책을 추진하고 공직후보자를 지지하는 활동을 의미한다고 해석할 수 있으므로, 정치활동의 한 유형으로서의 정당활동의 의미는 비교적 분명한 반면 정치적 중립성을 확보하거나 정치활동의 자유를 제한하는 범위에 있어서는 정당가입 금지만으로는 다소 협소하게 되는 점이 있다. 정치적 중립과 정당활동 금지의 관계를 보면, 정당가입이나 정치단체의 가입을 금지하는 취지가 정치관여 금지 또는 정치적 중립성을 확보하기 위한 것이라면, 정치의 의미에 비추어 과연 정당이나 정치단체에 대한 가입 금지만으로 정치적 중립성을 확보하는 필요적절한 수단이 되는 것인지 의문이 생기게 된다. 정당이나 정치단체 가입 금지만으로는 정치적 중립의 실질을 확보하지 못하면서 형식적으로 흐를 위험이 있다. 또 법률이 정당가입이나 정치단체 가입만을 금지하는 경우 그것은 법률로 정치활동을 제한하더라도 필요최소한에 그친다는 취지로 이해될 수도 있을 것이다. 실제로는 관계 법령들을 살펴보면 정치적 중립만 규정한 법령이 있는가 하면, 정당이나 정치단체가입의 가입을 금지하는 경우에는

법제를 분석·비판한 글로 김유환, "공법상 단체에 대한 정치활동제한 — 타당한 규제입법의 방향", 행정법연구 제20호, 행정법이론실무학회, 2008이 있다.

5) 세부적으로는 ㉠ 추상적으로 정치적 중립의무 또는 정치관여 금지를 규정한 경우(국회법, 방송통신위원회의 설치 및 운영에 관한 법률, 원자력안전위원회의 설치 및 운영에 관한 법률 등), ㉡ 더 구체적으로 정당가입 금지나 선거운동 금지를 규정한 경우(금융위원회의 설치 등에 관한 법률, 방위사업법, 예금자보호법, 진실·화해를 위한 과거사정리 기본법, 한국은행법 등), ㉢ 정치활동으로 보게 되는 행위유형을 구체적으로 예시하면서 위반시 처벌 또는 징계에 관한 규정을 두고 있는 경우(국가공무원법, 지방공무원법, 국가정보원법, 법관윤리강령, 헌법재판소 공무원 규칙 등) 등이 있다.

6) 정당법, 출입국관리법 등.

7) 흔히 정치적 중립의 의미를 정당 내지 정치단체 가입 금지로 이해하기 쉬운데, 당파성을 가지지 말고 국민 전체의 이익을 고려하여야 한다는 취지로 생각된다. 그러나 정치적 중립과 당파성이 서로 모순되는 것인지는 의문이다. 국가와 국민의 이익을 우선시하여야 한다는 점에서 보면 대통령이나 국회의원도 정치적 중립이 요구되는 지위에 있다고 보아야 하겠지만, 양자 모두 정당가입이 허용되고, 또 당파적인 것이 전체의 이익을 추구하고 향상시키는 데 있어 효과적인 수단이 될 수도 있다는 점에서 정치적 중립을 당파성 금지(정당 내지 정치단체 가입 금지)로만 이해하기 곤란한 점이 있다.

그것만을 금지하는 경우는 드물고 정치적 중립과 더불어 정당가입 금지 등을 함께 규정하는 것이 보통이다.

둘째 정치적 중립성이나 정치활동의 금지(정당가입이나 정치단체 가입이 금지) 문제와 선거운동의 자유에 대한 제한과의 관계이다. 정치적 활동의 자유가 보장된다 해도 공직선거법에 의해 선거운동의 자유가 제한될 수는 있는데, 공직선거법에 의해 선거운동을 제한하는 취지는 선거의 공정을 보장하고 선거의 과열과 혼탁방지 및 선거부정을 막기 위한 것이므로 선거운동의 제한이 정치활동 내지 정치적 표현의 자유에 대한 완전한 동결을 의미하지는 않는다(선거관리는 공정한 경쟁을 보장하기 위한 것이지 경쟁 자체를 막기 위한 것은 아니므로). 따라서 선거운동의 자유가 제한되는 경우에도 그것이 통상의 정치활동을 금지하는 것으로 여겨져서는 안 된다고 보아야 하고, 이러한 취지의 규정들을 공직선거법 제58조과 정당법 제37조 제2항에서도 찾아볼 수 있다. 이 경우에 있어 문제가 되는 것이 자유로서 보장되는 통상의 정치활동과 금지되는 선거운동 사이의 경계를 분명하게 획정할 수 있어야 한다는 것인데, 후자의 경우 단순한 선언규정에 그치지 않고 행위자에게 형사처벌 등의 벌칙이 따르고 경우에 따라서는 선거의 효력에도 큰 영향을 미치게 되기 때문에 여기서의 경계획정은 매우 중요한 과제가 되지 않을 수 없다.

2. 공직선거법에 의한 선거운동 자유의 제한과 시민·사회단체의 통상의 정치활동

최근의 국내 정치와 공직선거에 있어서 심각한 문제점으로 대두되고 있는 것을 하나 들자면, 정치활동 내지 정치적 표현의 자유는 날로 제고되고 있는 반면, 선거운동을 일정한 범위 내에서 제한함으로써 공정한 가운데 선거가 진행되도록 의도하는 선거법의 취지는 위축되고 있다는 점이다. 선거에 관해 각종 규제사항을 담고 있는 공직선거법이 법 내용의 복잡성은 물론, 선거운동의 자유를 과도하게 제한하고 있다는 지적을 듣는 것은 그리 어렵지 않다.[8)]

8) 예를 들어 선거운동의 원칙적 자유와 예외적 규제가 전도된 현상, 선거의 자유와 공정의 확보가 선거법의 기본이념이지만 우리나라 선거법의 현실은 자유와 공정 어느 것도 제대로 실현되기 어려운 처지에 있다고 지적하면서, 헌법재판소가 공직선거법상 규제에 대해 가지는 태도에 불구하고 주권자인 국민의 참여를 배제하고 공권력이 주도하는 폐쇄적이고 비민주적인 선거운동 규제방식은 청산해야 할 시점에 있다고 주장하는 견해로, 정만희, “정치관계법의 근

그런데 시민·사회단체의 활동이 과거와 달리 자유롭게 보장될 뿐 아니라 그 내용이나 활동영역이 미치는 범위에 있어서도 매우 활발하고, 여기에 다양한 정치 마케팅 기법의 개발·보급에 더해 인터넷 등 의사소통 수단이 광범위하게 보급됨으로 인해 정치활동 내지 정치적 표현의 자유가 실현되는 기회나 공간은 급속도로 확장되었다고 볼 수 있다. 이것은 그 반대로 공직선거에 있어서 선거가 적정한 범위 내에 관리되지 않는다면 선거의 공정이 해쳐질 위험도 그만큼 증대될 수 있다는 것을 의미하는데, 최근의 공직선거를 둘러싼 제반 사정을 보면 이러한 위험은 심히 우려할 만한 현실적인 문제로 되었다고 보아도 과언이 아닐 듯하다.

예를 들어 지난 2010.6.2.에 지방선거가 치러지면서 4대강 사업과 학교 무상급식 문제가 정치적으로 극심한 대립과 논란을 낳았는데, 이 문제에 대해 여당과 야당, 그리고 공직 후보자들간에 입장 차이가 확연하였다. 그런데 위 문제와 관련하여 일부 시민·사회단체들은 평소의 통상적인 정부 비판 내지 감시 활동 또는 그 연장선에서 정치적 표현을 하는 것이라 주장하면서 선거에 개입하는 것이라는 인상을 줄 수도 있는 정치활동을 강행하였고, 중앙선거관리위원회는 이러한 활동이 선거기간 중 선거에 영향을 미치게 할 목적으로 공직선거법에 위반하여 선거운동을 한 것이라 하여 단속하는 한편, 검찰은 관련된 시민운동가들을 기소하기에 이르렀다. 이러한 사건들에서 정치활동의 자유와 선거운동의 제한의 문제가 쟁점으로 제기되었는데, 이하에서는 그 중 대법원 2011.6.24. 선고 2011도3447 판결과 대법원 2011.10.27. 선고 2011도9234 판결의 사례를 중심으로 사실관계와 문제점을 살펴본다.

3. 선거운동 자유의 제한에 관한 법리

(1) 공직선거법상 선거운동의 제한에 관한 사항의 개관

1) 선거운동이 허용되는 인적 범위

선거운동과 관련하여 공직선거법은 원칙적으로 선거운동의 자유를 보장하고 있다. 즉 공직선거법 및 다른 법률에서 달리 규정하고 있지 않는 한, 누구든 선거운동을 할 수 있다(동법 제58조 제2항). 공직선거법에 의해 선거운동

본문제와 개정방향", 헌법학연구 제13권 제2호, 한국헌법학회, 2007, 70쪽, 98쪽.

이 제한되는 사람의 범위는 공직선거법 제60조 제1항[9]에서 규정하고 있다. 그러나 누구든 자유롭게 선거운동을 할 수 있다 하여도 수당·실비를 지급받을 수 있는 선거사무관계자의 인원은 한정되어 있고, 그 외는 어떤 명목으로든 금품 등을 제공받을 수 없다.[10] 자연인 외의 단체의 경우, 공직선거법은 일정한 범위의 단체 및 그 대표자와 임직원 또는 구성원에 대해 그 기관·단체의 명의 또는 그 대표의 명의로 선거운동을 하는 것을 금지하고 있다(제87조 제1항[11]). 따라서 정치중립의 의무가 없는 시민·사회단체의 경우, 선거운동을 할 수 없는 자에 해당하지 않으므로 선거운동의 자유는 원칙적으로 보장된다.[12]

---

9) ① 대한민국 국민이 아닌 자(단, 공직선거법 제15조 제2항 제3호에 따른 외국인이 해당 선거에서 선거운동을 하는 경우에는 허용), ② 19세 미만의 미성년자, ③ 동법 제18조 제1항의 규정에 의하여 선거권이 없는 자, ④ 국가공무원법 제2조에 규정된 국가공무원과 지방공무원법 제2조에 규정된 지방공무원(단, 정당법 제22조 제1항 제1호 단서의 규정에 의하여 정당의 당원이 될 수 있는 공무원은 허용. 그러나 국회의원과 지방의회의원 외의 정무직공무원은 불허), ⑤ 공직선거법 제53조 제1항 제2호 내지 제8호에 해당하는 자(제4호 내지 제6호의 경우에는 그 상근직원을 포함한다), ⑥ 향토예비군 중대장급 이상의 간부, ⑦ 통·리·반의 장 및 읍·면·동주민자치센터, 기타 명칭에 관계없이 읍·면·동사무소 기능전환의 일환으로 조례에 의하여 설치된 각종 문화·복지·편익시설에 설치된 주민자치위원회(주민자치센터의 운영을 위하여 조례에 의하여 읍·면·동사무소의 관할구역별로 두는 위원회) 위원, ⑧ 특별법에 의하여 설립된 국민운동단체로서 국가 또는 지방자치단체의 출연 또는 보조를 받는 단체(=바르게살기운동협의회·새마을운동협의회·한국자유총연맹)의 상근 임·직원 및 시·도 조직 및 구·시·군 조직을 포함하여 이들 단체 등의 대표자, ⑨ 공직선거법 제38조 제2항에 따른 선상부재자신고를 한 선원이 승선하고 있는 선박의 선장 등이 여기에 해당한다. 이상의 경우에도 ①에 해당하는 사람이 예비후보자·후보자의 배우자인 경우, ④부터 ⑧까지에 해당하는 사람이 예비후보자·후보자의 배우자이거나 후보자의 직계존비속인 경우에는 허용된다.

10) 수당·실비를 지급받음 없이 자원봉사로 선거운동을 하는 것을 생각해 볼 수 있지만, 인쇄물·시설물 기타 광고물을 이용하여 선거운동하는 자를 모집할 수 없으므로(선거사무장 등 사무원은 예외) 통상의 정당활동이나 선거운동기간 전에는 선거운동에 해당하지 않는 방법으로, 선거운동기간 중에는 법정의 방법을 통해 모집할 수 있을 뿐이다. 그 외 자원봉사단체는 단체 또는 그 대표자 명의로 특정 정당이나 특정인을 위한 선거운동을 할 수 없고(자원봉사활동기본법 제5조 제1항), 선거운동을 위한 사조직 기타 단체의 결성은 금지된다(공직선거법 제87조 제2항).

11) 여기에는 ① 국가·지방자치단체, ② 공직선거법 제53조 제1항 제4호 내지 제6호에 규정된 기관·단체(=한국은행을 포함하여, 공공기관의 운영에 관한 법률 제4조 제1항 제3호에 해당하는 기관 중 정부가 100분의 50 이상의 지분을 가지고 있는 기관, 농업협동조합법·수산업협동조합법·산림조합법·엽연초생산협동조합법에 의하여 설립된 조합, 지방공기업법 제2조에 규정된 지방공사와 지방공단), ③ 향우회·종친회·동창회, 산악회 등 동호인회, 계모임 등 개인간의 사적모임, ④ 특별법에 의하여 설립된 국민운동단체로서 국가 또는 지방자치단체의 출연 또는 보조를 받는 단체(=바르게살기운동협의회·새마을운동협의회·한국자유총연맹), ⑤ 법령에 의하여 정치활동이나 공직선거에의 관여가 금지된 단체, ⑥ 후보자 또는 후보자의 가족이 임원으로 있거나, 후보자등의 재산을 출연하여 설립하거나, 후보자등이 운영경비를 부담하거나 관계법규나 규약에 의하여 의사결정에 실질적으로 영향력을 행사하는 기관·단체, ⑦ 구성원의 과반수가 선거운동을 할 수 없는 자로 이루어진 기관·단체 등이 해당한다.

12) 2004년 공직선거법 개정으로 (국가와 지방자치단체, 법령에 의해 설립되고 국고보조를 받는 몇몇 관변단체 등을 제외하고) 단체는 원칙적으로 선거운동의 자유가 보장되는데(물론, 실질

2) 선거운동의 개념정의

공직선거법은 '선거운동'의 개념을 '당선되거나 되게 하거나 되지 못하게 하기 위한 행위'로 정의하면서, ① 선거에 관한 단순한 의견개진 및 의사표시, ② 입후보와 선거운동을 위한 준비행위, ③ 정당의 후보자 추천에 관한 단순한 지지·반대의 의견개진 및 의사표시, ④ 통상적인 정당활동, ⑤ 특정 정당 또는 후보자(후보자가 되려는 사람을 포함한다)를 지지·추천하거나 반대하는 내용 없이 투표참여를 권유하는 행위(단, 호별로 방문하는 경우, 선거일에 확성장치·녹음기·녹화기를 사용하거나 투표소로부터 100미터 안에서 하는 경우는 제외) 등은 선거운동으로 보지 않는 것으로 규정하고 있다(동법 제58조 제1항).[13]

3) 선거운동의 자유에 관한 제한

공직선거법은 누구든 선거운동을 할 수 있다고 규정하고 있지만, 그렇다고 해서 선거운동이 허용되는 기간이나 선거운동을 위한 기구설치, 선거사무관계자의 선임, 시설물과 매체 기타 선거운동의 방법, 기부행위 등에 아무런 제한이 없다는 것은 아니며, 이러한 제한사항은 공직선거법에서 매우 중요한 부분을 차지하고 있다.

선거운동의 방법으로 선거사무소 등 기구의 설치와 운영, 선거사무원의 선임, 문서·도화·언론·방송·집회 등에 의한 선거운동이 있으며, 선거운동의 방법과 관련한 중요한 제한사항으로는 ① 선거사무소의 설치와 선거사무관계자의 선임 등의 제한 및 유사기관 설치금지, ② 영화나 문서, 도화에 대한 제한, ③ 언론과 방송에 대한 제한, ④ 집회 등에 대한 제한, ⑤ 호별방문 제한, ⑥ 서명·날인운동의 금지 등, ⑦ 여론조사결과의 공표금지 등, ⑧ 서신·전보 등의 금지, ⑨ 후보자 비방금지 등, ⑩ 의정활동보고의 제한, ⑪ 기부행위의 금지·제한 등이 있다.

적으로 선거운동으로 할 수 있는 방법이 없지만), 동법 제87조가 제목을 "단체의 선거운동금지"로 한 것은 그러한 취지에 맞지 않아 개정이 필요하다는 지적으로 김현태, 『한국의 선거운동제도와 정치발전』, 오름, 2007, 136쪽.

13) 공직선거법상 '선거운동'에 대해 헌법재판소는 죄형법정주의의 명확성원칙에 반하지 않는다는 입장을 일관되게 취하고 있다. 예를 들어 헌법재판소 2008. 10. 30. 선고 2005헌바32 전원재판부 결정. 위 결정에서 4인의 반대의견은 '선거운동' 부분이 추상적이고 다의적이며 다양한 해석가능성을 내포하고 있어 명확성원칙에 반하는 것으로 보았다. 공직선거법상 '선거운동' 개념의 위헌성을 지적한 것으로 이부하, "공직선거시 낙선운동에 대한 헌법적 평가", 세계헌법연구, 제15권 제1호, 2009, 196쪽 등이 있다.

⑵ 선거운동방법의 제한규정 해석시 문제점[14]

이상에서 정치활동 내지 정치적 표현의 자유와 선거운동방법 등의 제한에 관해 개관해 보았는데, 선거운동방법에 대한 제한 규정들을 해석함에 있어 정치활동 내지 정치적 표현의 자유와 관련하여서는 기본적으로 다음의 점들이 문제가 될 수 있다.

첫째, 공직선거법에서 선거운동의 개념을 정의하고 있는데, 그 범위의 문제이다. 선거나 후보자 등에 대한 단순한 의견표명뿐 아니라, 통상의 정당활동 등은 선거운동으로 보지 않는다는 점에 비추어 보면, 정부에 대한 비판과 감시를 주목적으로 하는 시민정치단체에 대해서도 이러한 사정을 감안하는 것이 합당할 것으로 보인다. 따라서 시민·사회단체의 활동으로서 특정한 정부정책을 비판한다든지 이에 관한 사회여론을 환기하기 위해 현수막을 걸거나 서명운동을 한다든지 집회나 행진을 한다든지 하는 경우에 그것이 시민·사회단체의 통상적인 활동으로 전개되는 한에는 선거운동을 한 것으로 보기 어려울 것이다. 그러나 그렇다 하더라도, 그 정책이 정당간 또는 후보간 선거쟁점이 되었다든지(후보간 선거쟁점인 것이 시민·사회단체의 활동범위에 속하는 문제여서 시민·사회단체가 뒤늦게 정치적 논쟁의 장에 개입하였다 하더라도 마찬가지로 보아야 할 것이다), 더 나아가 정부정책을 비판하는 것이 결과적으로 특정 정당이나 그 후보자를 지지하거나 비판하는 취지로 이해될 사정이 있는 경우에는 어떤가? 시민·사회단체의 자유로운 활동을 보장하여야 한다는 측면에서는 그러한 활동을 선거운동으로 보기는 어렵다고 할 것이다. 그런데 문제는 공직선거법 제58조 제1항 제5호가 호별방문 등의 경우를 제외하고, '특정 정당 또는 후보자(후보자가 되려는 사람을 포함한다)를 지지·추천하거나 반대하는 내용 없이 투표참여를 권유하는 행위는 선거운동으로 보지 않는 것으로 규정하고 있으므로, 그 반대해석상 투표참여를 권유하는 행위로서 특정 정당이나 후보자를 지지·추천·반대하게 되는 경우에는 선거운동에 해당한다고 해석할 여지가 있다는 점이다.[15] 이러한 해석에 대한 하나의 근거로 공직선거법이 허

14) 공직선거법상 선거운동의 개념, "선거에 영향을 미치게 하기 위하여" 등 문언에 관해 죄형법정주의의 명확성원칙에 반하지 않는다는 것이 일관된 판례 입장(헌법재판소 2008. 10. 30. 2005헌바32 결정, 대법원 2009. 5. 28. 선고 2008도11857 판결 등)이지만, 법령 문언이나 헌법재판소의 결정에도 불구하고 여전히 불분명하고 예측가능성이 적을 수밖에 없다는 취지의 지적에 이재석·최인옥, "정치적 표현의 자유 확대방안 관한 연구", 『선거연구』, 중앙선거관리위원회, 2010 창간호, 190면, 197면.

용하지 아니한 방법으로 선거에 영향을 미치게 할 목적으로 현수막 등을 게시하는 것을 금지하고 있는 공직선거법 제90조 제1항[16]을 들 수 있는데, 동항 단서규정은 "정당(창당준비위원회를 포함한다)의 명칭이나 후보자(후보자가 되려는 사람을 포함한다. 이하 이 조에서 같다)의 성명·사진 또는 그 명칭·성명을 유추할 수 있는 내용을 명시한 것은 선거에 영향을 미치게 하기 위한 것으로 본다"고 규정하고 있다. 위 문언은 직접적으로는 선거운동의 개념이 아니라 '선거에 영향을 미치게 할 의사'에 관한 해석에 있어 일종의 간주규정으로 제시된 것이지만, 그렇다 하더라도 그 취지는 특정 정당이나 후보자와 관련된 내용은 선거운동에 해당한다는 것을 내용상 당연히 전제하고 있다고 볼 수 있다. 이와 같은 문언은 공직선거법의 다른 조항들에서는 찾아보기 어려우므로, 유추할 수 있는 내용을 명시하였다 하여 선거에 영향을 미치는 것으로 보아야 한다는 것이 공직선거법상 선거운동의 의미를 확정하고 사안을 검토할 때 일반적인 해석원칙이 된다고 할 수는 없을 것이다. 그러나 동법 제93조에서 직접 대상으로 하고 있는 '현수막 등의 게시'가 문제된 사안에 있어서 법원이 이 문언을 무시하거나 반대되는 해석을 하기는 어려울 것이다. 동 문언은 그러한 판단에 있어 참고하면 족한 것이고 실제에 있어 선거에 영향을 미치게 할 의사가 있었는지 여부는 사실확정의 문제로서 객관적인 사정을 참작하여 법원이 자유심증으로 판단할 문제에 불과하다고 한다면, 위 문언을 가볍게 취급하는 결과가 될 것이기 때문이다. 그런데 특이한 것은, 이 조항이 국민의 정치적 자유 및 선거운동의 자유를 제한하고 위반시 형사처벌하는 법규인 점을 감안하면, 선거운동의 해석에 있어 위 법규 자체가 일종의 피고인에 불리한 유추

15) 이것이 현재 중앙선거관리위원회나 대법원의 입장이고, 이 글에서 살펴볼 사건들에도 이러한 입장은 잘 나타나 있다.

16) 제90조(시설물설치 등의 금지) ① 누구든지 선거일 전 180일(보궐선거 등에서는 그 선거의 실시사유가 확정된 때)부터 선거일까지 선거에 영향을 미치게 하기 위하여 이 법의 규정에 의한 것을 제외하고는 다음 각 호의 어느 하나에 해당하는 행위를 할 수 없다. 이 경우 정당(창당준비위원회를 포함한다)의 명칭이나 후보자(후보자가 되려는 사람을 포함한다. 이하 이 조에서 같다)의 성명·사진 또는 그 명칭·성명을 유추할 수 있는 내용을 명시한 것은 선거에 영향을 미치게 하기 위한 것으로 본다. 1. 화환·풍선·간판·현수막·애드벌룬·기구류 또는 선전탑, 그 밖의 광고물이나 광고시설을 설치·진열·게시·배부하는 행위 2. 표찰이나 그 밖의 표시물을 착용 또는 배부하는 행위 3. 후보자를 상징하는 인형·마스코트 등 상징물을 제작·판매하는 행위 ② 제1항에도 불구하고 다음 각 호의 어느 하나에 해당하는 행위는 선거에 영향을 미치게 하기 위한 행위로 보지 아니한다. 1. 선거기간이 아닌 때에 행하는 「정당법」 제37조 제2항에 따른 통상적인 정당활동 2. 의례적이거나 직무상·업무상의 행위 또는 통상적인 정당활동으로서 중앙선거관리위원회규칙으로 정하는 행위.

해석을 할 것을 법문으로 규정한 것이라는 점이다. 따라서 현수막 등의 게시물이 어떤 경우에 특정 정당이나 후보자를 유추할 수 있는 내용이 되는 것인지는 이러한 점을 감안해서 합리적으로 제한해야 할 것이다.

둘째, 이 사건에서 문제되는 피고인들 행위에 대한 각 적용법조에 "선거운동과 관련하여", "선거운동을 위하여", "선거에 영향을 미치게 하기 위하여"와 같은 문언들이 포함되어 있다. 이들 조항이 공직선거법 위반행위에 대한 처벌규정의 해석과 관련되므로 형사법의 일반원칙에 따라 이들 문언을 해석해야 할 것이다. "선거운동과 관련하여"의 경우 객관적 사실관계를 기초로 당해 행위가 선거운동과 관련성이 있는지 여부를 기준으로 판단하면 충분하겠지만, "선거운동을 위하여"나 "선거에 영향을 미치게 하기 위하여"의 경우, 고의 외에 내심의 목적을 초과주관적 구성요건요소로 하고 있다. 대법원은 여기서의 '목적'에 대해 적극적 의욕이나 확정적 인식을 요하는 것이 아니라 미필적 인식만으로도 족하다는 입장이지만(대법원 2009. 5. 28. 선고 2008도11857 판결 등. 이 사건 하급심 판결들도 이에 따르고 있다), 강학상 확정적 고의와 지정 고의, 미필적 고의 등은 상호 분명히 구분되는 개념으로 취급하고 있으므로, '목적'을 미필적 인식과 구분하지 않는 것은 납득하기 어렵고, 다만 '목적'의 점에 대한 판단에 있어서는 미필적 고의와 마찬가지 방법, 즉 행위의 시기와 동기, 경위와 수단 및 방법, 행위의 내용과 태양, 행위당시의 정황 등을 고려하여 객관적으로 판단한다는 점은 동일하다는 취지로 이해할 수 있을 것이다.

Ⅲ. 사례분석

1. 4대강 반대 안양·군포·의왕 환경운동연합 사건 — 대법원 2011. 6. 24. 선고 2011도3447 판결

(1) 사실관계 및 당사자 주장

피고인 A는 안양·군포·의왕 환경운동연합(이하 '안양환경연합'이라 한다)의 사무국장, 피고인 B는 위 단체의 간사이다.[17]

17) 판결이유 등에 의하면, 안양환경연합은 생태계가 사람들의 무분별한 행위로 심각히 오염되

피고인들은 2010. 4. 22.부터 2010. 5. 1.까지 5회 공소사실과 같이 4대강 사

고 있음을 인식, 환경운동을 통해 안전하고 평화로운 삶터로 가꾸어 가는 것을 목적으로 1997년에 창립된 이래, 환경운동을 위한 조직사업 및 전문가 확보, 환경에 대한 시민의식을 높이기 위한 교육·홍보활동, 환경문제에 대한 조사연구와 정책대안제시 사업 등을 벌여 왔는데, 2009년 4대강 사업이 구체화되면서 이에 반대하기 위하여 회의 참여 10회, 집회 및 토론회, 기자회견 참여 20회, 거리캠페인 및 서명운동 9회, 강연 2회, 자전거탐사, 4대강 사업 현장조사 및 오체투지 참여 5회 이상 등 환경운동을 전개해 왔으며, 2010. 6. 10. 선거 후에도 지속적으로 4대강 전후 비교 사진전 등을 개최하였다고 한다. 피고인들이 반대한 4대강 사업은 한강, 낙동강, 금강, 영산강 4대강에 대하여 홍수·가뭄을 방지하여 물 문제를 해결하고, 하천생태계를 복원·활용하며, 지역균형발전과 지역경제 및 문화·관광을 활성화한다는 목표 하에 시행되는 사업으로, 2009. 6. 8. 국토해양부 등 정부 4개 부처에 의하여 그 마스터플랜이 발표되었고, 같은 해 11. 환경영향평가 협의가 완료되어 영산강, 금강에서 4대강 사업 기공식이 있었으며, 2009. 12. 31. 4대강 사업의 2010년 예산안이 국회를 통과하여, 피고인들이 공소사실의 행위를 하던 시점에는 그와 같은 예산이 집행되면서 4대강 사업이 본격적으로 시행되고 있었다. 한편 ○○는 2010. 3. 24.경 제5회 동시지방선거를 앞두고 유권자의 권리를 선언하며 출범한 단체로서, 출범선언문에 '○○는 4대강 죽이기 사업으로부터 강의 생태계를 살리고 전 국민 3분의 2가 마시는 식수원을 지키는 역할을 할 수 있는 후보가 당선될 수 있도록 노력할 것이다.'라고 밝힌 일이 있는 등 이른바 '4대강 사업'에 반대하는 후보가 당선될 수 있도록 적극 노력할 것을 활동목표 및 계획으로 삼고 출범하였는데, 안양환경연합은 '○○'의 참여단체인 '○○'의 소속 단체일 뿐만 아니라, 2010. 3. 19.경 제5회 동시지방선거의 군포시장선거에서 위 단체의 고문인 무소속 정○○ 후보를 지지하기로 결정하여 정○○을 전국 ○○ 녹색후보로 추천하기도 하였다. 피고인들이 이 사건 공소사실의 사진전에 사용한 사진들은 본부격인 전국 ○○에서 파일 형태로 보내준 것이거나 다른 환경단체인 4대강 범국민 대책위 산하 단체의 홈페이지에서 다운받아 온 사진들로서, 낙동강 유역의 공사 전후 비교 사진이 제일 많았고, 그 외 금강, 영산강, 남한강 유역의 사진들도 포함되어 있었다. 피고인들이 서명운동에 사용한 서명용지에는 "정부의 4대강 사업은 국가재정법, 하천법, 환경영향평가법, 문화재관리법을 위반하였고 살아있는 강을 죽이는 일에 국민의 혈세를 낭비하고 있습니다."라는 내용이 기재되어 있고, 작성자로 "4대강 사업 저지를 위한 ○○연대"가 표시되어 있었다. 피고인들이 배부한 "창조를 거스르는 4대강 사업은 당장 멈추어야 합니다."라는 인쇄물은 ○○측에서 4대강 사업 반대와 관련하여 제작한 인쇄물이고, "흘러라 생명의 강, 힘내라 수호천사"라는 인쇄물은 전국 ○○ 회원가입 캠페인 때 만들었던 인쇄물이며, "생명을 파괴하는 4대강 공사는 당장 멈추어야 합니다."라는 인쇄물은 전국 환경운동 관련 단체들이 모여서 만든 4대강 범국민대책위에서 제작한 인쇄물로서, 피고인들이 이를 직접 제작한 것이 아니고 이를 받아서 사진전 현장에서 배부한 것이다. 그리고 위와 같은 사진, 서명 용지, 인쇄물 어디에도 6·2 지방선거와 관련하여 특정한 정당이나 후보자를 찬성한다거나 반대한다는 기재는 없었다. ○○은 ○○을 포함한 경기도 내 12개 지역 ○○이 모여 경기도 단위의 환경문제를 해결하기 위하여 만든 단체로서, '○○'에 참여한 단체이기는 하나, 위 ○○에 참여한 단체의 수는 100여 개가 넘고, ○○이 그 ○○에 이름을 등록한 외에 구체적 활동에 참여한 증거는 없으며, 피고인들은 ○○로부터 지시받거나 그 지침에 따라 이 사건 공소사실의 사진 게시 등을 한 것이 아니라 피고인들 소속 ○○ 내 자체적 결정에 의하여 행위를 하여왔다. ○○에서는 ○○의 가치를 실현하기 위해서 10여년 전부터 무소속으로 출마하는 후보에 한해서 절차에 따라 심사한 후 녹색후보로 선정하여 발표하여 왔는데, ○○에서 녹색후보로 추천한 정○○ 후보나, 위 ○○의 정책자문위원인 최○○ 후보는 4대강 사업 반대를 6·2 지방선거의 주요 공약으로 채택하지 않았고, 위 후보들뿐만 아니라 ○○당 도의원 후보 임○○도 ○○ 집행위원으로 활동한 적이 있고 이를 경력으로 기재하였으며, ○○당, ○○당, ○○당 등 정당이 4대강 사업 반대를 공약에 포함시켜 발표하기는 하였으나, ○○당, ○○당, ○○당 등은 4대강 사업 찬반을 공약에 포함시키지 않았다. 그 외 피고인들의 4대강 사업 반대 활동이 2010. 3. 24. 이후 그 전에 비하여 증가한 것은 사실이며, 이 사건 공소사실 행위 기간 중 정○○와 전화통화를 하기도 하였다. 6·2 지방선거에 ○○당 안양시장 후보로 출마한 최○○ 역시 ○○의 집행위원/정책자문위원이다.

업을 반대한다는 취지의 사진전을 개최하여 사진을 게시하고, 인쇄물을 배부하며, 서명운동을 하였는데, 안양시 동안구(만안구) 선거관리위원회, 군포시 선거관리위원회에서 2010. 5. 3.까지 피고인들의 위와 같은 행위가 공직선거법에 위반됨을 경고하면서 행위 중지를 요구하자 앞서 본 바와 같은 선거 및 투표 관련 용어가 표시된 현수막을 게시 · 사용하기 시작하였다. 피고인들은 2010. 5. 5. 이후에는 공소사실 기재와 같은 사진 게시, 서명운동, 집회 개최, 거리 행진을 하면서 '나와 가족을 위해 투표로 말하세요. 우리의 미래를 구할 진정한 영웅은 투표권을 가진 당신입니다. 6월 2일 당신의 힘을 보여주세요.'라는 문구, '공사는 강행하지만 선거기간 반대는 하지 마라 중앙선관위 왜 이러시나.'라는 문구, '국민은 닥치고 투표만 해 중앙선관위 정신 차려요.'라는 문구, '4대강 삽질반대 캠페인도 불법? 니들은 찍기만 해라? 선관위야말로 선거개입 중단하라!'라는 문구, '닥치고 투표만 하라고? 침묵을 강요하는 선관위를 규탄한다.'라는 문구, '정책선거 방해하고 관권선거 앞장서는 선관위를 고발한다.'라는 문구 등 선거와 투표가 관련된 용어가 사용된 현수막을 게시하거나 사용하였다.

검사는 4대강 사업 문제는 대부분의 정당 및 제5회 동시지방선거 입후보 예정자들이 선거공약으로 채택하고 정치적, 사회적으로 논란이 계속되고 있는 이른바 '선거쟁점'에 해당하여 이를 지지 · 반대하는 것은 특정 정당이나 특정 후보자(후보자가 되고자 하는 자)를 지지 · 반대하는 것에 해당하므로 공직선거법의 제한 내에서 허용된다고 할 것인데, 공직선거법이 누구든지 선거일 전 180일부터 선거일까지 선거에 영향을 미치게 하기 위하여 공직선거법의 규정에 의하지 아니하고는 현수막, 그 밖의 광고물이나 광고시설을 설치 · 진열 · 게시할 수 없고, 후보자(후보자가 되고자 하는 자)를 시시 · 추천하거나 반대하는 내용이 포함되어 있는 인쇄물 등을 배부 · 첩부 · 살포 · 상영 또는 게시할 수 없으며, 누구든지 선거운동을 위하여 선거구민에 대하여 서명이나 날인을 받을 수 없고, 선거기간 중 선거에 영향을 미치게 하기 위하여 집회나 모임을 개최할 수 없고, 선거운동을 위하여 5명을 초과하여 무리를 지어 거리를 행진하는 행위를 하여서는 아니된다고 규정하고 있음에도 불구하고 피고인들이 2010. 4.경 제5회 동시지방선거를 2달여 앞둔 시점에서 선거쟁점인 '4대강 사업 반대'를 선거구민들에게 부각시킴으로써 선거에 영향을 미치게 할 목적으로 '4대강 사업'에 반대하는 사진전을 개최하고, 불특정 다수의 시민들을 상대로 '4대강 사업 반대' 등의 서명운동을 전개해 제5회 동시지방선거에서 4대강 사업을 지지하는 ○○당 및 ○○당 후보자를 반대하기로 마음먹고 2010. 4. 22. 14:00-18:00경까지 안양시에 있는 ○○성당 앞에서 선거에 영향을 미치게 할 목적으로 4대강 사업을 반대한다는 취지의 4대강 공사 전후 사진 28점을 게시함으로써 광고물을 게시하고, 4대강 사업을 반대한다는 내용이 포함되어 있는 '창조를 거스르는 4대강 사업은 당장 멈추어야 합니다.'와 '흘러라 생명의 강, 힘내라 수호천사'라는 제목의 인쇄물 2종을 불특정 다수의 시민들에게 배부함으로써 인쇄물을 배부한 것을 비롯하여 그때부터 2010. 5. 28.경까지 선거운동을 위하여 또는 선거에 영향을 미치게 하기 위하여 총 9회에 걸쳐 '4대강 사업 반대'와 관련된 광고물이나 현수막을 게시하고, 그와 관련된 인쇄물을 배부하고, 선거구민의 서명을 받고, 집회를 개최하고, 5명을 초과하는 무리를 지어 거리를 행진함으로써 공직선거법 규정을 위반하였다고 주장하였다(구형은 벌금형).

이에 대해 피고인들은 안양환경연합의 상근 활동가로서 지속적으로 환경파괴 반대활동을 하여 오던 중 정부가 2009. 6.경 4대강 사업 마스터플랜을 발표한 후 환경파괴 위험성이 큰 위 사업을 급속도로 시행하므로, 위 사업에 의한 환경파괴를 저지하기 위하여 일상적인 업무활동의 일환으로 공소사실 기재와 같은 행위를 하였을 뿐 선거에 영향을 미치거나 선거운동을 위하여 그와 같은 행위를 한 것이 아니라고 주장하였다.

(2) 이 사건에 있어서 공직선거법 위반여부의 판단

1) 피고인들의 행위유형과 적용법조

이 사건에 있어 피고인들의 문제된 행위유형과 각 행위유형별 관련 법조문은 다음 표와 같다.[18]

18) 적용법조로 되는 각 조문에 "선거운동과 관련하여", "선거운동을 위하여", "선거에 영향을 미치게 하기 위하여"와 같은 문언들이 포함되어 있다.

행 위	적용법조
광고물 내지 현수막 게시	제256조(각종제한규정위반죄) 제2항 1. 선거운동과 관련하여 아. 제90조(시설물설치 등의 금지)의 규정에 위반하여 선전물을 설치·진열·게시·배부하거나 하게 한 자 또는 상징물을 제작·판매하거나 하게 한 자
인쇄물 배부	제255조 제2항 5. 제93조(탈법방법에 의한 문서·도화의 배부·게시 등 금지) 제1항[19]의 규정에 위반하여 문서·도화 등을 배부·첩부·살포·게시·상영하거나 하게 한 자, 같은 조 제2항의 규정에 위반하여 광고 또는 출연을 하거나 하게 한 자 또는 제3항의 규정에 위반하여 신분증명서·문서 기타 인쇄물을 발급·배부 또는 징구하거나 하게 한 자
서명운동	제255조 제1항 18. 제107조(서명·날인운동의 금지)의 규정[20]에 위반하여 서명이나 날인을 받거나 받게 한 자
집회개최	제256조(각종제한규정위반죄) 제2항 1. 선거운동과 관련하여 카. 제103조(각종집회등의 제한)제3항[21] 내지 제5항의 규정에 위반하여 각종집회등을 개최하거나 하게 한 자
거리행진	제255조 제1항 16. 제105조(행렬등의 금지) 제1항[22]의 규정에 위반하여 무리를 지어 거리행진·인사 또는 연달아 소리 지르는 행위를 한 사람

19) 제93조(탈법방법에 의한 문서·도화의 배부·게시 등 금지) ① 누구든지 선거일 전 180일(보궐선거 등에 있어서는 그 선거의 실시 사유가 확정된 때)부터 선거일까지 선거에 영향을 미치게 하기 위하여 이 법의 규정에 의하지 아니하고는 정당(창당준비위원회와 정당의 정강·정책을 포함한다. 이하 이 조에서 같다) 또는 후보자(후보자가 되고자 하는 자를 포함한다. 이하 이 조에서 같다)를 지지·추천하거나 반대하는 내용이 포함되어 있거나 정당의 명칭 또는 후보자의 성명을 나타내는 광고, 인사장, 벽보, 사진, 문서·도화, 인쇄물이나 녹음·녹화테이프 그 밖에 이와 유사한 것을 배부·첩부·살포·상영 또는 게시할 수 없다. 다만, 다음 각 호의 어느 하나에 해당하는 행위는 그러하지 아니하다.<개정 1997. 11. 14, 1998. 4. 30, 2002. 3. 7, 2004. 3. 12, 2005. 8. 4, 2010. 1. 25> 1. 선거운동기간 중 후보자, 제60조의3 제2항 각 호의 어느 하나에 해당하는 사람(같은 항 제2호의 경우 선거연락소장을 포함하며, 이 경우 "예비후보자"는 "후보자"로 본다)이 제60조의3 제1항 제2호에 따른 후보자의 명함을 직접 주는 행위 2. 선거기간이 아닌 때에 행하는 정당법 제37조 제2항에 따른 통상적인 정당활동.

20) 제107조(서명·날인운동의 금지) 누구든지 선거운동을 위하여 선거구민에 대하여 서명이나 날인을 받을 수 없다.

21) 제103조(각종집회 등의 제한) ③ 누구든지 선거기간 중 선거에 영향을 미치게 하기 위하여 향우회·종친회·동창회·단합대회 또는 야유회, 그 밖의 집회나 모임을 개최할 수 없다. <개정 2010. 1. 25>

22) 제105조(행렬 등의 금지) ① 누구든지 선거운동을 위하여 5명(후보자와 함께 있는 경우에는 후보자를 포함하여 10명)을 초과하여 무리를 지어 다음 각 호의 어느 하나에 해당하는 행위를 할 수 없다. 다만, 제2호의 행위를 하는 경우에는 후보자와 그 배우자(배우자 대신 후보자가 그의 직계존비속 중에서 신고한 1인을 포함한다), 선거사무장, 선거연락소장, 선거사무원, 후보자와 함께 있는 활동보조인 및 회계책임자는 그 수에 산입하지 아니한다. <개정 2004. 3. 12, 2005. 8. 4, 2010. 1. 25> 1. 거리를 행진하는 행위 2. 다수의 선거구민에게 인사하는 행위 3. 연달아 소리지르는 행위. 다만, 제79조(공개장소에서의 연설·대담)의 규정에 의한 공개장소에서의 연설·대담에서 당해 정당 또는 후보자에 대한 지지를 나타내기 위하여 연달아 소리지르는 경우에는 그러하지 아니하다.

2) 피고인들의 구체적인 행위내용과 법원의 판단

이 사건에서 공소사실로 기재된 행위의 구체적인 내용과 1심법원의 판단은 다음 표와 같다.

순 번	행위내용	1심 판단	상소심 판단
1	2010. 4. 22. 안양시 모 성당 앞, 광고물로 4대강 전후 사진 28점 게시, '창조를 거스르는 4대강 사업은 당장 멈추어야 합니다', '흘러라 생명의 강, 힘내라 수호천사' 등 인쇄물 2종 배포	무죄	항소·상고 기각
2	2010. 4. 24. 안양시, 상동	상동	상동
3	2010. 4. 25. 안양시, 사진 21종 게시 + 인쇄물 2종 배포 +'4대강 사업 전면 재검토 국민서명운동' 전개	상동	상동
4	2010. 4. 30. 군포시 모 상가 광장, 사진 48점 게시	상동	상동
5	2010. 5. 1. 상동	상동	상동
6	2010. 5. 5. 의왕시 모 광장, 사진 48점 게시 +'나와 가족을 위해 투표로 말하세요. 우리 미래를 구할 진정한 영웅은 투표권을 가진 당신입니다. 6. 2. 당신의 힘을 보여주세요' 현수막 1점 게시 + 서명운동 전개	상동	상동
7	2010. 5. 7. 의왕시 모 마트 앞, 사진 48점 게시 + '공사는 강행하지만 선거기간 반대는 하지 마라 중앙선관위 왜 이러시나', '국민은 닥치고 투표만 해 중앙선관위 정신차려요' 현수막 2점 게시 + 서명운동 전개	상동	상동
8	2010. 5. 13. 의왕시 모 광장, 사진 48점 게시 +'4대강 삽질반대 켐페인도 불법? 니들은 찍기만 해라? 선관위야말로 선거개입 중단하라!', '닥치고 투표만 하라고? 침묵을 강요하는 선관위를 규탄한다', '정책선거 방해하고 관권선거 앞장서는 선관위를 고발한다' 현수막 3점 게시 + 서명운동 전개	상동	상동
9	2010. 5. 28. 안양시 모 광장, 사진 24점 게시+ '운하가 강을 살린다고? 미친 거 아냐? 모 선생도 운하반대 死대강 반대', '4대강 삽질반대 켐페인도 불법? 니들은 찍기만 해라? 선관위야말로 선거개입 중단하라!', '닥치고 켐페인만 하라고? 침묵을 강요하는 선관위를 규탄한다', '죽음의 삽질 멈춰', '死대강 반대' 현수막 5점 게시 + '생명을 파괴하는 4대강 공사는 당장 멈춰야 합니다!!! 강은 흘러야 한다' 인쇄물 배부 + 서명운동 전개 + 회원들 10여명과 함께 위 현수막을 들고 4대강 사업 반대 연설을 하는 등 집회개최 + 10여명과 함께 위 현수막 등을 들고 거리행진	상동	상동

1심 법원은 첫째 피고인들의 행위가 선거운동에 해당하는지, 둘째 '선거에 영향을 미치게 하기 위하여' 등의 초과주관적 구성요건요소 등에 대한 판단방법에 관해 대법원(헌법재판소)의 판시내용을 인용[23]한 다음, 이 사건 사실관계를 전제로 위와 같은 법리를 적용해 볼 때,[24] 이 사건 공소사실 기재와 같

23) 공직선거법 제105조, 제107조의 해석에 있어 '선거운동'은 특정후보자의 당선 내지 득표나 낙선을 위하여 필요하고도 유리한 모든 행위로서 당선 또는 낙선을 도모한다는 목적의사가 객관적으로 인정될 수 있는 능동적·계획적인 행위를 말하는 것으로, 단순히 장래의 선거운동을 위한 내부적·절차적인 준비행위에 해당하는 선거운동의 준비행위나 통상적인 정당활동과는 구별되나, 구체적으로 어떠한 행위가 선거운동에 해당하는지 여부를 판단함에 있어서는 단순히 그 행위의 명목뿐만 아니라 그 행위의 태양, 즉 그 행위가 행하여지는 시기·장소·방법 등을 종합적으로 관찰하여 그것이 특정후보자의 당선 또는 낙선을 도모하는 목적의지를 수반하는 행위인지 여부를 판단하여야 한다(대법원 2009. 5. 28. 선고 2008도11857 판결 등 참조). 공직선거법 제90조 제1항에 규정된 현수막 등 광고물이나 광고시설을 설치·진열·게시·배부하는 행위, 같은 법 제93조 제1항에 규정된 인쇄물을 배부·게시하는 행위, 같은 법 제103조 제3항의 집회나 모임을 개최하는 행위가 일상적·의례적 행위, 또는 직무상·업무상 활동에 불과한 것인지 아니면 선거에 영향을 미치게 하기 위한 목적을 가진 탈법행위인지 여부를 판단할 때에는, 위 조항의 입법목적이 그에 정한 행위가 비록 선거운동에까지는 이르지 않더라도 선거의 공정성과 평온성을 침해하므로 그러한 탈법적인 행위를 차단함으로써 공공의 이익을 도모하려는 것임을 염두에 두고, 행위의 시기, 동기, 경위와 수단 및 방법, 행위의 내용과 태양, 행위 당시의 상황 등 모든 사정을 종합하여 사회통념에 비추어 합리적으로 판단하여야 하고(대법원 2009. 5. 28. 선고 2009도1937 판결 등 참조), 공직선거관리규칙 제47조의2 규정만을 기준으로 일률적으로 그 규정에 정해진 행위는 선거에 영향을 미치게 하기 위한 행위가 아니지만 그 외 행위는 모두 선거에 영향을 미치게 하는 행위라고 볼 것은 아니다. 또한 '목적'은 적극적 의욕이나 확정적 인식을 필요로 하는 것이 아니라 미필적 인식만으로도 족하지만(대법원 2009. 5. 28. 선고 2008도11857 판결 참조), 그 판단에 있어 객관적 사실관계를 통하여 목적의사가 인정될 수 있는지를 추단하되 그 범위를 너무 광범위하게 확대할 경우 국민의 정치적 표현의 자유와 알 권리를 부당하게 제한할 위험이 있으므로, 선거의 공정성을 보장하려는 입법목적을 달성하기에 필요한 최소한의 범위로 제한하여야 한다.

24) ① 동기: 피고인들이 정부의 4대강 사업에 따른 환경파괴 위험을 시민들에게 홍보하고, 반대 여론을 이끌어 내기 위한 것이었고, 사진, 인쇄물, 서명용지의 내용이나 그 준비과정도 6·2 지방선거와는 무관하게 이루어진 것으로 보이며, 각 활동 방식도 기존 환경단체가 일반적으로 사용하던 홍보활동 방식의 범주에서 벗어나지 않는 것으로 보인다.

② 활동시점과 횟수: 정부의 4대강 사업 계획 발표 무렵부터 시작된 것이고, 2010. 4. 이후 그 활동 횟수가 많아지기는 하였으나 이는 4대강 사업 예산의 국회 통과 후 정부의 4대강 사업이 구체적으로 진행됨에 따라 이를 반대하는 입장에서 저지하기 위한 활동의 강도도 높여야 할 현실적인 필요에 의한 대응으로 보일 뿐 특별히 6·2 지방선거를 앞둔 시점 내지는 선거운동 기간이었기 때문에 그 횟수가 증가한 것으로 볼 수 없다.

③ 2010. 5. 5. 이후 선거 내지 투표 관련 문구가 기재된 현수막을 게시 또는 사용한 점: 피고인들이 순수한 단체 업무활동으로 시작한 4대강 사업반대활동을 선거관리위원회에서 공직선거법위반이라고 경고하고 중지를 요청한데 대한 반발로 게시, 사용하기 시작하였던 것. 그 내용이 선거관리위원회에서 선거참여를 독려하기 위하여 만든 문구를 그대로 사용한 것이거나 그렇지 않을 경우 피고인들의 활동이 공직선거법에 위반되지 않음에도 이를 단속하는 것은 부당하다는 취지에서 이를 항의하는 문구로서 선거관리위원회의 행태를 조롱하거나 풍자한 것이지 그 자체만으로 혹은 피고인들의 활동내용과 결합하여 고려하여 보더라도 위 행위가 특정후보자의 당선 또는 낙선을 도모하기 위한 목적의지를 수반한 행위였던 것으로 보이지 않고, 선거의 공정성과 평온성을 침해하기 위한 탈법적 행위였던 것으로도 보이지 않는다.

④ <u>환경단체에서의 녹색후보를 추천한 것: 그런 정도의 행위는 단체의 가치 실현을 위한 통상적 업무 행위로 볼 수 있다.</u> ○○의 고문인 정○○, 정책자문위원인 최○○가 6·2 지방

은 피고인들의 4대강 사업 반대 활동은, 피고인들이 환경운동단체의 상근활동가로서 일상적인 업무 범위 내에서 직무상, 업무상 행한 활동으로 봄이 상당하고, 피고인들이 그와 같은 행위를 함에 있어서 6·2 지방선거에서 특정 후보자를 당선 또는 낙선시키기 위한 목적이나 그 선거에 선거영향을 미칠 목적이 있었다고 볼 수 없다고 판단하여 이 사건 공소사실에 대해 무죄를 선고하였다(수원지방법원 안양지원 2010. 12. 22. 선고 2010고합149 판결[25]).

선거에 후보로 출마하였다고 하더라도 이들이 4대강 사업 반대를 정식 공약으로 채택하여 홍보하지도 않는 상황에서 4대강 사업 반대를 위한 각종 활동이 모두 위 후보들에게 유리한 선거활동이었다고 평가하기 어려우며, ○○당이 6·2 지방선거에서 4대강 사업에 관한 지지·반대를 공약에 포함시키지 않았고, ○○당 추천 후보들이 모두 4대강 사업에 찬성하는 입장을 표명하고 있지도 않은 점을 고려하여 볼 때, 피고인들의 위와 같은 4대강 사업 반대활동을 일괄적으로 ○○당 및 ○○당 추천 후보자들을 반대하기 위한 행위라고 단정하기도 어렵다.

⑤ 4대강 사업문제는 이른바 '선거쟁점'에 해당하여 이를 지지·반대하는 것은 특정 정당이나 특정 후보자를 지지·반대하는 것에 해당하는 것에 해당하지 않는지?: 검사는 피고인들의 위와 같은 4대강 사업 반대활동이 선거에 영향을 미치게 하기 위한 행위라는 취지의 주장을 하나, ㉠ 피고인들은 정부가 시행하는 4대강 사업의 문제점을 국민들에게 알리기 위하여 위와 같은 사진 게시, 현수막 게시, 인쇄물 배부, 서명운동, 집회 등 4대강 사업 반대활동을 하였고, 그러한 행위들이 결과적으로 4대강 사업에 찬성하거나 반대하는 정당이나 후보자들에게 영향을 미칠 수 있다고 하여도 이는 간접적이고 2차적인 것에 불과하고, ㉡ 공직선거법 제90조 1항, 제93조 제1항에서 규정된 행위를 금지하고 있는 기간인 선거일 전 180일은 상당히 긴 시간이어서 본건과 같은 경우 그 기간 동안 공사를 강행하여 상당 부분 사업이 진척되게 되면 이를 되돌리기 어려운 상황에 이르게 되어 실질적으로 정책비판을 무력화시킬 위험이 있다는 사정, ㉢ 공직선거법에서 금지하고 있는 방법 외의 다른 방법으로 정책에 관한 의사를 표현할 수 있다고 하여도 공직선거법이 금지하고 있는 행위들은 통상 피고인들이 해 왔던 것으로 매우 효과적으로 자신들의 의사를 표현할 수 있는 방법이라는 사정, ㉣ 검사가 들고 있는 '선거쟁점'이라는 개념은 누가 이를 결정하여야 하는지, 어느 정도에 이르면 선거쟁점이 되는 것인지, 그 범위가 전국적이어야 하는지, 지역적인 것도 포함되는지 논란이 있을 수 있어, 선거쟁점에 해당된다는 이유로 그 사안에 찬·반을 표시하는 행위를 모두 선거에 영향을 미치게 하는 행위로 보게 되면 위 법 조항에 의한 처벌 범위가 부당히 확대될 우려가 있다는 사정, ㉤ 정책선거의 중요성은 아무리 강조해도 지나침이 없는데, 정책을 찬성, 비판하는 행위들에 의해 특정 정당이나 특정 후보자가 영향을 받거나 받을 수 있다고 하여 그것을 특정 정당이나 특정 후보자를 지지, 반대하는 것과 동일시 할 수 없는 사정 등을 고려하여 볼 때 검사의 위와 같은 주장은 받아들일 수 없다.

⑥ 피고인들이 소속한 ○○의 상급단체인 ○○이 ○○에 참여단체로 등록되어 있다고 하더라도 ○○에 참여한 단체의 수가 100여 개를 넘는 점, 위 ○○로부터 구체적인 행동지침이 피고인들이 소속된 ○○에 시달된 것으로 볼만한 아무런 증거가 없는 점 등에 비추어 위와 같은 참여단체 등록사실로부터 피고인들의 위 4대강 반대 활동에 선거운동 목적이나 선거에 영향을 미칠 목적을 인정할 수 없다.

25) 1심 판결에 대해 검사가 항소하였는데, 항소이유의 요지는, 이른바 '4대강 사업'의 실시 여부는 이번 지방선거에서 쟁점으로 부각된 정치·사회적 현안으로서 이에 관한 찬반활동은 특정 정당이나 후보자의 당선 내지 낙선에 관련된 행위에 해당하는 것으로 피고인들의 이 사건 각 행위와 관련된 제반 사정을 종합하면 선거운동 또는 선거에 영향을 미치게 하기 위한 것임이 충분히 인정되는데도 불구하고 1심법원이 피고인들의 행위를 선거와 무관한 시민단체의 일상활동으로 판단한 것에는 사실오인의 위법이 있다는 것이다.

이에 대해 항소심법원은 피고인들이 공소사실과 같이 광고물 또는 현수막 게시, 인쇄물 배부, 서명운동, 집회개최 및 집단행진 행위를 한 사실은 시인하고 있으므로, 이 사건의 쟁점은 피고인들의 위 행위가 선거운동의 목적 또는 선거에 영향을 미치게 할 의사에서 비롯되었는

(3) 검 토

이 사건에 나타난 것처럼 피고인들 행위유형을 보면, 공소사실은 크게 4대강 사업을 반대하는 취지만 나타난 유형, 투표행위를 권유하는 유형으로 구분할 수 있다. 어느 유형이건, 특정 정당이나 후보자의 명칭을 '명시'한 것은 없고, 또 투표참여를 권유하는 행위에 있어서도 특정 정당 또는 후보자(후보자가 되려는 사람을 포함한다)를 지지·추천하거나 반대하는 내용이 '명시적'으로 표시되지는 않았다. 또한 피고인들의 활동도 평소 단체활동의 일환으로 볼 여지가 많고, 특정 정당이나 후보자의 성명·명칭이 직접 명시적으로 언급된 일도

지 여부라 할 것인데, 이에 대한 판단에 있어 그 전제로서 검사의 주장과 같이 '4대강 사업'에 관한 피고인들의 활동을 곧 특정 정당 또는 후보자의 당선 내지 낙선을 위한 행위로 볼 수 있는지 여부가 문제된다고 보았다. 항소심법원은 ① '4대강 사업'은 기본적으로 특정 정당이 주도하는 것이 아니라 2009.경부터 정부가 예산으로 추진, 시행하는 사업인 점, ② 2010. 6. 2. 개최된 전국동시지방선거를 앞두고 주요 정당이 모두 '4대강 사업'에 관한 공식 입장을 밝힌 것은 아니라는 점, ③ 피고인들의 해당 선거구는 '4대강 사업'과 직접 관련 있는 지역이 아니고, 출마한 후보자를 보더라도 피고인들 소속 단체에서 추천한 후보 또는 위 단체의 정책자문위원인 후보자도 '4대강 사업' 반대를 주요 공약으로 채택하지 아니한 점 등을 볼 때, 피고인들이 '4대강 사업'에 반대하는 활동을 하였다는 사실만으로 위 지방선거에서 특정 정당 또는 그 후보자에 대한 낙선운동의 목적이 있었다거나 기타 선거운동 목적 또는 선거에 영향을 미치게 할 의사가 있었다고 곧바로 단정할 수 없으므로 피고인들의 '4대강 사업' 반대활동이 곧 특정 정당 또는 후보자에 대한 선거운동으로 볼 수 있는지 여부를 판단하려면 여기서 더 나아가 피고인들 행위의 시기, 방법, 경위 등에 관한 개별적 사정을 종합적으로 고찰하여 선거관련성 여부를 검토하여야 한다고 보았다. 이 점에 대해 항소심법원은 다음의 사정을 감안하면 검사가 제출한 증거만으로는 피고인들이 선거운동 목적 또는 선거에 영향을 미치게 할 의사로 이 사건 각 행위를 하였다고 인정하기 부족하다고 보았다. (가) 피고인들이 소속된 안양환경운동연합은 1997.경 창립되어 활동해온 단체로서, 위 지방선거 1년 전 이미 '4대강 사업' 초기부터 집회 및 토론회, 거리캠페인 및 서명운동, 현장조사 등 위 사업 반대활동을 지속적으로 벌여왔고, 이 사건 후에도 관련 사진전을 개최하는 등 활동을 유지하였다. 이 사건 무렵 피고인들의 활동이 활발해지기는 하였으나 이는 '4대강 사업'의 본격적 진행에 따라 반대운동도 강화된 데 기인한 측면이 강해 반드시 지방선거를 겨냥하였다고 볼 수는 없다. 이처럼 이 사건 각 행위는 환경운동단체 간부들로서 피고인들의 통상적인 활동범위 내에 있어 특별히 지방선거를 의식하였다고 보기 어렵다. (나) 피고인들의 '4대강 사업' 반대활동 자체를 특정 정당 또는 후보자에 대한 선거운동으로 보기 어렵고, 피고인들이 게시 또는 배부한 사진, 인쇄물, 현수막 등에 특정 정당 또는 후보자를 언급하거나 유추할 수 있는 표현이 사용되지 않았다. 피고인들이 2010. 5. 5.경 이후 선거 또는 투표와 관련된 문구가 기재된 현수막을 게시하였으나, 이는 선거관리위원회가 위 '4대강 사업' 반대운동의 위법성을 지적하며 중단을 요구하자 이에 반발하는 과정에서 다소 강하거나 풍자적인 표현이 나오게 된 것으로서, 특정 정당이나 후보자의 당선 또는 낙선을 진지하게 염두에 둔 행위라고 보기 어렵다. (다) 피고인들이 속한 안양환경운동연합의 상급단체가 '4대강 사업' 반대 후보자들의 당선을 목표로 출범한 '○○연대'에 가입한 것은 맞으나, 피고인들의 이 사건 각 행위는 안양환경운동연합의 독자적인 결정에 따른 것이고, ○○연대가 피고인들의 활동에 별다른 영향을 미쳤다고 볼 특별한 증거가 없다. 항소심 법원은 이상과 같은 이유로 피고인들에게 무죄를 선고한 1심법원의 조치는 정당하고, 거기에 검사의 주장과 같은 사실오인의 위법이 없다고 하였다(서울고등법원 2011. 2. 23. 선고 2011노27 판결).

위 항소심 판결에 검사가 상고하였는데, 대법원은 원심판결에 사실오인 내지 헌법과 공직선거법에 대한 법리오해가 없다고 하여 상고를 기각하였다.

없는데, 특히 1심 법원은 피고인들이 녹색당 후보를 지지한 것은 피고인들이 단체의 가치를 실현하기 위해 할 수 있는 범위 내의 것으로 보아 특정정당 지지반대를 위한 선거운동으로 볼 수 없다고 한 것이 특징이다.

문제는 4대강 사업 찬반이 선거쟁점이 된 상황에서 그 정책을 지지 또는 반대하는 것이 상황맥락에 따른 해석상 특정 정당이나 특정 후보자를 지지 또는 반대하는 것에 해당한다고 볼 수 있는가 하는 점이다.

이 문제에 있어 피고인들에게 가장 불리한 해석을 한다면 공직선거법 제93조 제1항의 단서부분이 그 분명한 근거가 될 수 있을 것인데, 그 해석에 있어 정치활동을 자유를 보장하고 죄형법정주의의 명확성원칙, 유추해석금지 원칙 등을 감안해서 판단해야 한다는 점은 앞서 지적한 것과 같다. 위 조항의 문언을 살펴보면, 현수막 등에 게시되는 내용이란 정당이나 후보자의 명칭·성명을 유추해 낼 수 있는 그러한 내용에 국한된다고 보아야 할 것이므로[26)]위 조항이 선거쟁점이 된 정책과 관련하여 그에 대해 지지 또는 반대하는 것을 특정 정당이나 후보자를 지지 또는 반대하는 것으로 해석할 수 있다는 근거가 될 수는 없다.[27)]

남은 문제는 위 조항과 관계없이 선거에서 쟁점이 된 정책과 관련하여 그에 대해 지지 또는 반대하는 것을 특정 정당이나 후보자를 지지 또는 반대하는 것으로 된다고 해석할 수 있겠는가 하는 점이다. 만약 이 문제에 대해 긍정적으로 해석하는 것이 옳다면, 시민·사회단체가 그러한 활동을 선거운동기간 전에 하였는지 또는 선거운동기간 중에 하였는지 상관없이 마찬가지로 해석해야 할 것이다. 즉 선거운동기간 전에 통상의 활동으로서 해 왔다 하더라도 맥락상 특정 정당이나 후보를 지지하는 것으로 된다면 (사전)선거운동에 해당한다고 보아야 할 것이다. 이 점에 대해 검토하면, ① 선거운동으로 보지 않는

26) 예를 들어 '김영삼'이나 '김대중'이라 직접 표기하지 않더라도 'YS'나 '상도동', 'DJ'나 '동교동' 등과 같이 표시한다든지 해서 누구인지 유추할 수 있게 하는 것, 따라서 선거운동기간 중에 "나는 YS를 사랑한다."는 취지의 현수막을 게시하게 되면, 그 내용상 'YS'가 후보 중 누구인지 얼마든지 유추할 수 있고, '이름에 YS가 들어가는 사람이 영수, 영순, 인수 등도 있고, 나는 이 사람의 이니셜을 표현한 것'이라는 취지로 선거운동의 제한규정을 회피하는 방법으로 선거운동하려는 시도는 위 조항에 의해 허용되지 않는 것이다.

27) 한나라당의 당론이 4대강 찬성이라 할 때, 한나라당 지지는 곧 4대강 찬성으로 이해될 여지도 있겠지만, 그 역으로 4대강 찬성이나 반대를 곧 한나라당에 대한 찬성이나 반대로 해석하는 것은 논리적으로도 일종의 오류라고 생각된다. 또 한나라당 내에도 반대의견이 있었고, 4대강 사업 자체가 국가 사업이지 한나라당 사업은 아니라는 점을 보면 양자는 밀접한 상호관계도 없다.

유형으로 선거에 관한 단순한 의견개진 및 의사표시라든지, 정당의 후보자 추천에 관한 단순한 지지·반대의 의견개진 및 의사표시라든지, 통상적인 정당활동 등은 선거운동으로 보지 않는 것으로 규정하고 있는 점, ② 명시적으로 특정 정당이나 후보자(에 대한 지지 반대)를 표시하고 있지 않은 채 단순히 특정 정책에 대해 지지 또는 반대하는 것을 맥락상 특정 정당이나 후보자에 대한 지지 또는 반대와 마찬가지로 보아 그러한 활동까지 선거운동으로 포함시키게 되면 금지되는 범위가 지나치게 확대되어 선거로 인해 시민·사회단체의 활동이 사실상 모두 금지되는 결과가 초래된다는 점을 감안하면, 부정적으로 보지 않을 수 없을 것이다.

2. 친환경 무상급식 풀뿌리 국민연대 사건 — 대법원 2011. 10. 27. 선고 2011도9234 판결

(1) 전반적 사실관계 개요

이 사건 1심 및 항소심 법원판결에 나타난 사실관계를 요약해 보면 다음과 같다.

피고인은 '안전한 학교급식을 위한 국민운동본부'(이하 '국민운동본부'[28]라 한다) 상임대표이다. 2001. 6.경 한국농업경영인연합회를 중심으로 학교급식법 개정운동이 본격화한 이래, 2002. 11.경 학교급식의 실질적인 개선을 위해서 '학교급식법 개정과 조례제정을 위한 시민·사회단체 연대회의'가 출범하게 되었고, 2003. 11. 11. 전국 2천여 개 시민단체가 결연하여 '아이들에게 건강을, 농민들에게 희망을'이라는 슬로건으로 '직영급식, 안전한 우리농산물 사용, 무상급식'을 실현하기 위한 목적으로 조례제정과 학교급식법 개정을 주요 활동으로 하기 위해 '학교급식법 개정과 조례제정을 위한 국민운동본부'가 출범하였다.

위 국민운동본부는 2004. 4. 15. 실시된 국회의원선거, 2006. 5. 31. 실시된 지방자치선거 등 각 선거를 앞두고, 학교급식법 개정의 공약화, 학교급식법 개정을 위한 서명운동 등을 전개하였고, 2007. 12. 19. 대선을 앞두고 위 국민운동

28) 판결이유에 의하면 2010. 3. 16.경 2010. 6. 2. 실시된 제5회 전국동시지방선거에서 친환경무상급식 정책을 모든 후보자가 공약화하도록 하는 것 등을 목표로 학교급식네트워크 등 약 2,000여 개의 시민단체가 참가하여 발족한 단체라 한다.

본부의 대표였던 피고인은 학교급식지원을 대선공약화할 것을 촉구하는 기자회견을 하는 등 무상급식을 위한 활동을 전개하였다.

민주당은 2010. 2. 18.경 의원총회에서 모든 초등학생에게 무상으로 점심을 급식하는 방안을 당론으로 확정하였고, 민주당, 민주노동당, 창조한국당, 진보신당, 국민참여당 등 야5당은 2010. 6. 2. 지방선거를 앞두고 친환경 무상급식 정책을 공동으로 추진하기로 하였으나, 한나라당은 2010. 3. 18.경 2012년까지 농촌 · 어촌 · 산촌 학교의 모든 초등학생, 중학생과 도시 저소득층 가정의 모든 초등학생, 중학생들에 대해서만 무상급식을 지원하기로 결정했다는 당정회의 결과를 발표하였다.

무상급식연대는 2010. 3. 16. '무상급식법 개정안의 국회통과 촉구 및 중앙정부 예산 확보, 6월 지방선거에서 친환경 무상급식정책의 모든 후보 공약화 요구, 지방선거 이후 공약 실현을 위해 지속적인 모니터링과 예산확보 촉구'를 목적으로 2,000여 시민단체가 모여 출범하였고, 무상급식연대는 6. 2. 지방선거에서 친환경 무상급식정책 요구안을 여당과 야당을 포함한 모든 정당, 지방선거 출마후보자들에게 전달하였고, 각 정당, 지방선거 출마후보자들과 정책협약식 및 정책토론회 등을 진행하여 이를 공약으로 채택하도록 노력하였다.

피고인은 1995년경부터 학교급식문제에 관심을 가져오다 2002년경부터는 무상급식실현을 위한 단체에 관여하면서 학교급식운동을 전개하였고, 학교급식전국네트워크 상임대표, 위 국민운동본부의 대표 등을 거쳐 2010. 3. 16. 출범한 무상급식연대의 대표로서 2010. 6. 2. 지방선거에서 친환경 무상급식 정책의 실현을 위해 노력하였다.

위와 같이 피고인은 위 학교급식전국네트워크, 위 국민운동본부의 대표자 등으로서 무상급식정책을 지지하는 활동을 계속해오다 무상급식연대를 출범시켜 그 대표자로서 무상급식정책을 지지하는 활동을 계속적으로 전개하였는데, 그러던 중에 무상급식정책이 2010. 6. 2. 지방선거에서 각 정당 및 선거에 출마하고자 하는 입후보예정자들의 공약으로 채택되거나 정당과 후보자간에 쟁점으로 부각된 상황이었다.

(2) 공소사실과 법원의 판단

이 사건 각 공소사실의 요지, 이에 대한 1심 및 항소심 판결의 유무죄 판단과 그 이유는 별지에 요약된 표와 같다. 그런데 앞 사건과 달리 이 사건은 시민・사회단체의 활동이 그 단체의 주장과 정책을 알리는 데 있어 정당이나 정치인, 후보자와 직접 관련되어 있거나 그 명칭을 직접 언급하면서, 경우에 따라 명시적으로 찬반의 의사까지 제시하고 있다는 점이 특징이다.

이 사건에서 특히 검토되어야 할 문제는 시민정치단체가 단체의 가치를 실현하기 위해 활동하는 정치적 공간에서 정부의 정책을 비판하기 위해 정치적 표현을 하는 경우, 그것이 선거에 있어 주변적 맥락상 특정 정당 내지 후보자에 대한 지지 비판의 취지로 읽힐 수 있는 경우, 선거운동에 해당하는지 여부, 또한 "선거운동을 위하여"와 같은 주관적 구성요건요소도 충족시킬 수 있다고 보아야 하는가이다.

이 사건에서 법원이 그러한 맥락으로 참작한 것으로 보이는 사정은, 특정한 행사에서 단체가 지지하는 정책의 취지를 알리고 가치를 실현하는 방법으로 특정한 활동을 벌일 때 ① 행사의 상대방을 그 단체가 비판하고 반대하는 정책을 추진하는 측 또는 그 반대측의 정당이나 후보로 한정지었는가(공소사실 1), ② 단체의 행사에서 정책과 관련하였더라도 정책의 선전에 그치지 않고 그 단체가 비판하고 반대하는 정책을 추진하는 측의 정당이나 그 후보를 암시하며 비판하였는가 또는 그 반대로 그 단체가 주장을 지지하는 측의 정당이나 후보를 암시하며 찬성의사를 표시하였는가(공소사실 4, 5, 9, 11 내지 14), ③ 단체의 행사에서 정책을 선전하면서 참여자로 하여금 정당이나 후보에 대한 지지 또는 반대의사를 표시하는 방법으로 게시판에 스티커를 붙이도록 유도하였는가(공소사실 7), ④ 단체가 특정 정당 후보의 출마선언식과 같이 행사 자체의 성격상 그 행사에 참여하는 것이 그 정당 내지 후보를 지지하는 취지로 보아야 하는 그런 행사에 참여하였는가(공소사실 8) 하는 점들이다.

(3) 검 토

정책의 찬반을 둘러싼 논쟁은 자연 그 정책을 지지하거나 반대하는 정치적 실체에 대한 지지 또는 반대로 나타나기 마련이다. 선거와 관련하여 단체나 정당 또는 그 후보자가 자발적으로건 비자발적으로건 그 정책에 대한 논쟁의 장(場)에 들어오고 논쟁의 흐름에 가담하게 되는 경우에, 특정 정책에 대한 지지 주장이나 반대 주장이 그에 관련된 정치적 실체에 대한 지지 내지 반대로 해석되지 않는다는 것은 기대하기 어렵다. 정치적 논쟁이란 추상적인 정치쟁점이 실체가 되어 허공에서 전개되는 것이 아니라 정치적 쟁점을 만들어가는 것, 또한 그에 관한 논거를 찾아 제시하는 정치적 실체가 실행하는 것이고, 그러한 정치적 실체는 반대되는 실체와 주장에 대응하여 자신의 입장을 구축해가기 때문이다. 시민·사회단체가 그 단체가 추구하는 정치적 가치를 실현하기 위해 정치적 논쟁을 전개해 가고 상대측 주장의 허점을 찾아 비판한다든지 하는 것은 그 단체 본연의 핵심적인 활동영역에 속한다고 보아야 할 것이다. 단체가 일정한 논거와 근거를 가지고 정책주장을 하였는데, 특정 정당이나 후보가 이를 논박한다면, 그 단체는 어떻게 대응해야 하는가? 선거운동 기간 중이고, 그에 대해 대응하는 것이 그 정당 후보자에 대한 반대로 이해된다면 대응을 할 수 없는 것이다. 그러나 공직선거법이 자칫 특정 정당이나 후보자가 선거공간에서 정치적 표현의 자유를 독점하게 하는 보호막이 되도록 해서는 정책선거를 추구한다고 할 수 없을 것이다. 또 공직선거와 관련되었다 하여 시민·사회단체가 특정 정책에 대한 자신의 입장을 제시해서는 안 된다고 볼 이유가 없다면, 더 나아가 그 정책이 특정 정당이나 후보자와 관련되었다 해서 그에 대한 지지나 비판을 표시하지 못한다고 볼 이유도 없을 것이다. 단체활동이 정책만을 지지 혹은 반대하는 것에 그쳐야 한다고 활동의 범위와 한계를 정한다 해도 맥락상 특정 정당이나 후보에 대한 지지나 반대로 해석하는 것이 얼마든지 가능하다면, 시민·사회단체의 활동이 공직선거법이 정하는 선거운동의 범위에 포섭되지 않는다거나 선거법에 의해 제한되지 않는다는 것은 사실상 불가능해 보인다. 그런데 말이나 언어라는 것은, 특히 정치세계에서는, 언제나 그런 맥락을 감안해서 해석하는 것을 막을 수 없다고 보인다.

이 사건 1심 및 항소심 법원이 고려하였던 사정을 세부적으로 살펴보면, 위 ①에 대해서는, 단체가 그 단체의 가치와 정책을 추진하고 실현하기 위해 일반국민이나 정당관계자 후보자를 만나 정책을 설명하고 지지를 호소하거나 또는 반대의사를 개진하며 상대측 주장을 논박하려 하는 것을 그 단체의 통상적인 활동으로 볼 수는 없는지, 정당을 대상으로 정치활동을 전개하는 경우에 지지측 또는 반대측 정당으로 구분해서 행사를 열어서는 안 되고 반드시 모든 정당을 대상으로 동시에 행사를 열어야만 한다(이런 일이 실제로 가능한지도 의문이지만)고 이해해야 하는가 하는 의문이 있다. ②에 대해서는, 정책에 대한 논쟁은, 선거공간에서 정치적 선동이 아니라 합리적인 정책선거가 이루어지는 것이 바람직한 것이라는 사실을 받아들이는 한에는, 단체로서는 자신이 지지하는 정책이 무엇인지 밝힐 뿐 아니라 그 근거가 되는 논거들을 소상하게 밝히려 할 것이고, 또 이것은 아무리 부인하려고 해도 부인할 수 없이 결국 상대측에 대한 비판과 공격을 의미하게 되는 것이다. 상대측으로서는 이렇게 논쟁이 촉발된 계기에 합당한 논리로 대응해야 할 것이지 자신이 정당이고 후보자라는 지위를 이용하여 정책논쟁에서 안전하게 도피하여 공직선거법에 의한 보호를 받기를 기대해서는 안 될 것이다. 뿐만 아니라 공직선거법은 후보자에 선거에 있어서 '반론권'도 보장하고 있다. 결국 ②는 사실상 선거와 관련되어서는 시민·사회단체가 정치적 논쟁을 전개하지 말라는 의미 이상이 될 수 없다고 생각된다. ③에 대해서는, 단체가 주도하는 행사에서 일반 국민이 스티커를 붙이는 방법으로 지지반대를 표현하는 것이므로 결국 그 행사에서 표현되고 확인되는 정치적 의사라는 것은 그 행사에 참여한 일반 국민의 것이지 단체 자신이 특정 정당이나 후보를 지지하는 의사를 표시하는 것으로 볼 수는 없다. 단체가 그 단체가 추구하는 가치나 정책과 관련하여 국민의 의사를 확인하고자 하는 것이 특정 행사에서 국민으로 하여금 지지하는 정당에 대한 찬반을 표시하게 하는 것으로 나타나는 것이라 해도 합리성이 지배하는 정치적 논쟁의 영역 내에서 전개되는 것이라면 그런 행사가 선거의 공정을 해친다고 보기 어려울 것이다. ④ 역시 단체가 정당이나 후보자와 정책협약식을 맺는 것이 허용된다면, 그 장소가 특정 후보자의 출마선언식이라 해서 금지되는 것으로 보아야 한다는 것은 지나친 형식논리에 치우친 감이 있다.

3. 소 결

시민단체의 활동이 공직선거법이 허용하지 않는 것으로 처벌대상인지 여부는 먼저 그 활동이 선거운동에 해당하는지, 다음 "선거에 영향을 미치기 위한 것인지" 등이 검토되어야 한다. 선거운동에 해당하는가 하는 점은 미필적 고의의 문제가 아니라 먼저 객관적 사실의 문제이다. 이 점에 있어 위에서 본 사건들에서 일부 공소사실에 대한 유죄판결은 다소 혼동이 있는 것으로 생각된다. 특정 정당이나 후보를 지지하는 것을 선거운동이라 한다면, 명시적으로 그렇게 한 것은 아니지만 그렇게 유추할 수 있을 만한 사안에 대해서도 선거운동으로 본 것은 아닌지 하는 의문이다. '정당의 명칭이나 후보자의 성명·사진 또는 그 명칭·성명을 유추할 수 있는 내용을 명시한 것은 선거에 영향을 미치게 하기 위한 것으로 본다'고 규정하고 있는 공직선거법 제90조 제1항은 선거운동의 범위를 해석하는 데 있어 극히 제한적으로 적용해야 할 것인데, 이 사건에서는 선거운동의 범위를 확정하는 데 이 규정의 취지가 일반원칙으로 수용된 듯이 보인다. 여기에는 선거운동과 선거운동은 아니지만 그렇게 이해될 여지도 많은 다른 활동 사이의 구분을 불명확하게 만들고, 사실문제로서 선거운동의 범위를 확정하는 데 있어서도 공직선거법 제58조 제1항의 선거운동의 범위를 부당하게 확대 또는 피고인에게 불리하게 유추해석을 하는 것이라는 혐의가 있다.

공직선거법은 그동안 여러 차례 개정되어 왔는데 그 중 가장 근본적인 변화는 선거운동의 원칙이 금지에서 자유로 전환된 것이라 말하고 있다. 그러나 위에서 본 사건들에서는 그러한 변화를 감지하기 어렵다. 공직선거법의 해석과 적용에 있어서는 과거처럼 선거운동을 제약하고 단속을 중시하는 시각에서 벗어날 필요가 있다.

선거는 각 후보자가 공정하게 경쟁하는 가운데 전개되어야 한다. 그러나 공직선거법상 선거운동 제한 규정들이 정당이나 후보자가 정치적 쟁점이나 논쟁을 독점하는 방편이 될 수는 없다. 만약 그러한 취지로 공직선거법이 이해되고 집행된다면 불가능한 것을 붙잡으려는 시도에 불과하다고 보아야 할 것이다. 법률이 정치적 표현의 자유를 관리할 수는 있어도 일정한 영역 내에 구속하고 감금할 길은 없기 때문이다. 시민·사회단체의 활동이 선거의 공정을 해칠 위험이 될 소지는 분명히 존재한다. 그러나 시민·사회단체라는 것은 단순히 특정 후보에 대한 지지나 반대, 당선만을 목적으로 일시적으로 결성되는 향우회 같은 것이 아니다. 단체 고유의 일정한 정책을 중심으로 정부활동을 감시·비판하는 기능은, 선거와 관련될 소지가 있다고 해도 보장되어야 할 것이다. 단체의 활동이 선거운동과 관련된다 해서 그 입을 막으려 한다면 시민·사회단체는 결국 향우회 수준으로 전락하고 말 것이다. 공직선거법에는 후보자 비방죄라든지, 허위사실 공표죄라든지 하는 규정이 이미 존재하고, 이것은 선거에서의 공정한 경쟁을 보장해야 한다든지 또는 선거의 혼탁과 과열을 방지해야 한다든지 하는 것만이 공직선거법의 유일한 가치가 아니라 유권자의 합리적 판단을 보호해야 한다는 것도 중요한 가치임을 보여주는 것이다.

앞으로는 '정당의 명칭이나 후보자의 성명·사진 또는 그 명칭·성명을 유추할 수 있는 내용을 명시한 것은 선거에 영향을 미치게 하기 위한 것으로 본다'는 취지로 규정하고 있는 현행 공직선거법 제90조 제1항은 삭제하고, 시민·사회단체의 활동이 선거의 공정을 해칠 위험이 될 소지가 있다면 그 문제는 공직선거법에서 시민·사회단체의 활동을 정당활동에 준하여 관리하고 보호하는 방법으로 해소하는 것이 바람직할 것이다.[29)]

---

29) 성낙인 교수는 2000년경에 16대 총선에서 시민사회단체의 낙선운동을 계기로 단체의 선거운동을 금지한 선거법 규정이 사실상 사문화되었고, 단체에 대한 선거운동을 계속 금지한다면 법과 제도가 무력감에 빠질 것이라면서 단체의 선거운동을 전면적으로 자유화해야 할 때가 되었다는 견해를 피력하면서 향우회, 종친회의 경우도 선거운동을 허용해야 하는 것 아닌가 하는 입장을 취하였다. 성낙인, "단체의 선거운동금지"에 대한 강평, 고시계 제45권 12호, 2000, 270쪽. 단체가 특정 정당이나 후보를 지지 또는 반대하는 행위를 전반적으로 금지하는 것이 정치적 표현의 자유를 제한하는 것임은 물론이고, 헌법상 표현자유의 핵심에 속하는 자유를 이렇게 전면적으로 금지하는 것이 헌법에 합치되는가 하는 점에 대해 의문이 있었고, 단체의 의견표명에 선거의 공정을 해할 면이 있다 하더라도 의견표명의 형식, 방법과 내용을 세분하여 합리적이고 적절한 제한만이 규정되어야 한다는 것이 시민단체의 주장이었으며, 헌재와 대법원의 일련의 결정에도 불구하고 여전히 위헌 논란이 그치지 않고 있다고 설명하면서 현재와 같이 단체의 선거운동 자유를 전면 금지하는 것은 해외에서 예를 찾을 수 없는 것으로 위헌이며, 원칙적으로 허용하되 관변단체 등 공정성에 의심이 있을 수 있는 단체를 지정해서 선거운동을 금지하는 체제로 전환하는 것이 바람직하다는 견해로, 박용상, 『표현의 자유』, 현암사, 2002, 371쪽, 375쪽. 단체의 선거운동을 자유화하고 국가출연을 받는 단체의 선거운동을 금지하는 방향으로 제한을 최소화해야 한다는 견해로, 김현태, 『한국의 선거운동제도와 정치발전』, 오름, 2007, 220쪽. 이에 대해 중앙선거관리위원회는 4대강이나 학교무상급식이나 시민단체의 표현활동은 선례에 비추어 도저히 수용할 수 없는 의사표현의 한계를 넘어선 것이었으므로 규제하게 되었고 또 선거의 실질적 자유와 선거공정이라는 공적 이익을 확보하기 위한 것으로 이에 대하여 규제한 것은 필요한 최소한의 조치였으며, 또 찬성과 반대를 모두 규제하였으므로 특정 정파에 유리하게 편파적으로 규제를 가한 것도 아니라는 입장을 표명하였다. 성승환, "선거쟁점 관련 찬반활동에 대한 선거관리위원회의 규제", 『선거연구』, 중앙선거관리위원회, 2010 창간호, 138쪽. 한편 현재 공직선거법은 장기적으로 선거운동과 관련한 규제의 개념, 기간, 주체, 방법 등에 대해 과감하게 철폐할 필요가 있다는 견해로, 이재석·최인옥, "정치적 표현의 자유 확대방안 관한 연구", 『선거연구』, 중앙선거관리위원회, 2010 창간호, 215쪽. 16대 총선에서 시민단체의 정치참여를 시민운동의 도덕성과 순수성을 해치고 시민운동의 정치적 중립성을 파괴하는 배신행위라 비난한 견해(이석연)가 있었지만, 정치권력은 정당만 추구할 수 있는 것이 아니고 시민단체에서 나름대로 검증을 거쳐 합당한 후보를 내고 의정감시 활동까지 해 주면 유권자에 좋은 것이라는 견해로, 조기숙, 『16대 총선과 낙선운동 — 언론보도와 논평을 중심으로』, 집문당, 2002, 165-167쪽. 그 외 일반 기업의 정치활동 허용과 관련한 문제점에 관해 미국에서의 논의와 판례를 소개하면서 긍정적 입장을 제시한 것으로 정영석, "기업의 정치적 표현과 언론의 자유", 언론과 법 제9권 제2호, 한국언론법학회, 2010이 있다.

Ⅳ. 결 론

이상에서 시민·사회단체의 정치활동의 자유와 공직선거법에 의한 선거운동의 제한의 법률적 문제점을 살펴보았다. 시민·사회단체에 정치적 중립을 요구할 법적 근거는 없다. 정책선거를 하는 것이 옳고 그것이 추구되어야 한다면, 정책에 대한 찬반 논쟁은 자연스러운 것으로 막을 이유가 없을 것이다. 또 찬반 논쟁은 쟁점 자체가 실체가 되어 전개되는 것이 아니라 정치적 실체가 상대방을 두고 쟁점과 논거를 제시하고 공박해 가는 과정이므로 정치적 논쟁은 곧 상대방의 실체와 관련되지 않을 수 없다. 정책에 대한 찬반 논쟁이 정치적 실체와 연관성을 가진다는 이유로 공직선거법상 '선거운동'으로 또 '선거에 영향을 미치기 위한 것'으로 금지되어야 한다면 그것은 첫째 정책논쟁을 막는 것이 되어서, 둘째 선거소송이 제기되는 범위를 불필요하게 확대시키는 것이 되어서, 셋째 시민·사회단체의 역할을 선거와 관련하여 사실상 봉쇄하는 결과가 될 것이라는 점에서 찬성하기 어렵다. 단체의 선거운동을 허용하더라도 선거의 과열혼탁과 같은 부작용을 막고 선거의 공정경쟁을 달성하는 것은 기존에 존재하는 규정들, 즉 선거운동만을 위한 향우회 등의 설립금지에 관한 규정과 허위사실유포죄나 후보자비방죄를 통해서도 가능하다고 생각된다.

참고문헌

- 김현태, 『한국의 선거운동제도와 정치발전』, 오름, 2007.
- 박용상, 『표현의 자유』, 현암사, 2002.
- 성승환, "선거쟁점 관련 찬반활동에 대한 선거관리위원회의 규제", 『선거연구』, 중앙선거관리위원회, 2010 창간호.
- 이재석·최인옥, "정치적 표현의 자유 확대방안 관한 연구", 『선거연구』, 중앙선거관리위원회, 2010 창간호.
- 정만희, "정치관계법의 근본문제와 개정방향", 헌법학연구 제13권 제2호, 한국헌법학회, 2007.
- 정종섭, 『헌법학원론(제7전면개정판)』, 박영사, 2012.
- 조기숙, 『16대 총선과 낙선운동 — 언론보도와 논평을 중심으로』, 집문당, 2002.

- 헌법재판소 2008. 1. 17. 선고 2007헌마700 결정.
- 헌법재판소 2008. 10. 30. 선고 2005헌바32 결정.
- 대법원 2011. 6. 24. 선고 2011도3447 판결.
- 대법원 2009. 5. 28. 선고 2008도11857 판결.
- 대법원 2005. 6. 9. 선고 2004수54 판결.

[별지 표 1] 공소사실 요지 및 1심 항소심 법원의 유무죄 판단결과

순 번	공 소 사 실	1심	항소심
1	2010. 4. 5. 서울 중구 서울광장, ‘친환경무상급식을 위한 희망의 나무심기’ 행사 개최, ‘오늘은 食목일, 친환경무상급식, 희망의 나무를 심어요’ 현수막 1개 게시, ‘친환경무상급식은 아이들의 행복이다’, ‘친환경무상급식은 희망이다’, ‘친환경무상급식은 농민의 행복이다’, ‘친환경무상급식은 국가의 책무이다’, ‘친환경무상급식은 교육이다’ 피켓 5개 게시, 이 대통령, 안 교육과학기술부 장관, 안 한나라당 원내대표 및 2010. 6. 2. 실시된 제5회 전국동시지방선거 입후보가 예상되는 한나라당 소속 현직 단체장인 오 서울시장, 김 경기도지사에 희망의 나무 전달 행사 진행, ‘남한강을 파헤치고 있는 현장을 가보고 4대강이 생명을 파괴하는 현장임을 알았다. 생명을 죽이는 4대강을 중단하면 무상급식을 할 수 있다. 예산이 없어서 무상급식을 못한다는 이 대통령, 안 원내대표, 안 교육과학기술부 장관, 오 서울시장에게 생명나무를 전달해서 친환경 무상급식을 실현하는 길을 다시 한 번 재고해야 한다’고 발언	유죄	유죄
2	2010. 4. 6. 서울 중구 명동예술극장 앞 행사, ‘750만 친환경 무상급식 범국민 서명운동’ 현수막과 서명대 설치, 친환경무상급식 촉구 서명운동, ‘우리들의 행복한 점심시간 이야기’ 인쇄물 및 친환경 무상급식 상징 배지 배부, ‘우리 아이에게 친환경 무상급식이 당연한 건 설명할 필요 없다. 하루빨리 무상급식이 이루어지길 바란다’라 발언	무죄	무죄
3	2010. 4. 7. 서울 종로구 아이쿠푸생협 운동본부 발족 기자회견 민주노동당 곽 의원, 민주당 김 의원 등과 참가, ‘친환경 무상급식에 한나라당이 포퓰리즘이라 주장하며 좌파로 몰아가는 것이 가슴 아팠다. 안전한 밥상을 위해 서명운동을 벌이고, 완전무상교육, 친환경 무상급식을 이웃에 알려야 한다. 무상급식을 날마다 반대하는 특정정당과 학자들이 하는 말이 좌파세력이 친환경무상급식을 주장하는 것을 보면 승용차를 타는 사람에게 억지로 지하철을 타라고 하는 것과 같다고 주장한다. 한나라당 권○○의원은 예산, 포퓰리즘, 색깔론을 얘기한다. 4대강 사업 중단하고 부자들 세금 깎아주는 것 중단하면 무상급식을 할 수 있다. 국민에게 희망을 주는 국가가 되길 바란다’고 발언	유죄	유죄
<u>4</u>	2010. 4. 12. 서울 영등포구, 민주당, 민노당, 창조한국당, 진보신당, 국민참여당 등 야5당 대표와 정책협약식 및 정책토론회 개최, 무상급식 단계적 실	무죄	유죄

	시 등 정책 협약 체결, '야5당과 함께 친환경무상급식을 위한 정책협약식을 적극적으로 함께 했다. 야5당 대표들은 지방선거 정책에 관여해 주길 부탁드린다. 빠른 선거연합이 승리할 수 있는 유일한 방안이다'고 발언		
5	2010. 4. 15. 서울 종로구 인사동입구행사, '750만 친환경 무상급식 범국민 서명운동' 현수막 1개 게시, 서명대 설치, 친환경무상급식 촉구 서명운동	무죄	무죄
6	2010. 4. 17. 서울 종로구 견지동 행사, 투표용지 모형의 게시대와 서명대 설치, 투표용지 모형 게시대의 친환경무상급식 찬성 또는 반대 후보란에 스티커 첩부케 하고, 친환경무상급식 촉구 서명운동	무죄	유죄
7	2010. 4. 21. 서울 중구, 한○○ 민주당 서울시장 예비후보자 출마선언식 민주당 당원 및 언론사 기자 등 200여 명과 참석, '2009. 12. 말 현재 서울은 무상급식을 전혀 하지 않고 있다. 방학 중 우리아이들이 굶고 있다. 무늬만 친환경이 아니라 100% 실제 친환경무상급식이 될 수 있도록 간곡히 바란다'고 발언	유죄	유죄
8	2010. 5. 1. 서울 영등포구 여의도 문화공원행사, '여당의 차별급식은 NO, 친환경 무상급식만이 YES! VOTE!' 라는 내용이 기재된 현수막과 서명대 설치, 친환경무상급식 촉구 서명운동	유죄	무죄
9	2010. 5. 4.경 서울 종로구, 민주당 한 서울시장 예비후보자와 정책협약식 개최, '서울의 무상 학교급식은 전국에서 꼴등이다. 서울시의 직영 급식 학교는 73.1%로 전국 최하위이다. 한 서울시장 예비후보자는 어느 후보보다 학교급식과 무상급식에 관심이 많았다. 서울은 학생 1인당 고작 160원만 지원하고 있다. 꼭 당선되어서 미래의 밥, 희망의 밥을 만들 수 있도록 간절히 부탁합니다'고 발언	유죄	유죄
10	2010. 5. 5. 서울 중구 서울광장행사, '차별의 밥, 평등의 밥, 우리 아이들에게 어떤 밥을 줘야 할까요?' 게시대 및 '친환경 무상급식 부탁해요' 현수막과 서명대 설치, '부자감세와 4대강 삽질로 구멍나는 국가예산을 활용하면 당장 전국적인 무상급식의 실시가 가능하다'는 서명운동	무죄	무죄
11	2010. 5. 7. 서울 서대문구 백주년기념관행사, ○○대학교 총학생회와 '우리 아이들에게 완전하고 완벽한	무죄	유죄

	무상급식을!! 인연콘서트' 개최, 서명대 설치, '친환경 무상급식 부탁해요' 인쇄물, 친환경무상급식 상징 배지 배부, 친환경무상급식 촉구 서명운동		
12	2010. 5. 12.경 서울 중구 서울광장행사, '오 서울시장의 급식정책 및 공약비판과 공개토론 제안 기자회견' 개최, '오 서울시장은 초등학교에 150원씩 지원하면서 온갖 생색을 다 냈다. 우리는 이제 거부한다. 무늬만 친환경 급식을 거부한다'고 발언	유죄	유죄
13	2010. 5. 13. 서울 종로구 세종문화회관앞행사, ○○○○○○와 유권자 희망연대, 4대강 죽이기 사업 저지 범대위, 국민주권운동본부 회원들과 함께 '친환경무상급식 실현 및 4대강사업 중단을 호소하는 유권자 올레' 행사 개최, 친환경무상급식 촉구 현수막 게시, 무상급식 실현과 4대강 반대를 위해 6월 2일 투표참여를 촉구하는 표지물 게시, '서울은 ○○자립도가 1위이면서 무상급식은 맨 꼴찌이고 시혜적 차원의 무료급식만을 실시하고 있다. 150원 지원하면서 30원까지 식재료를 학부모에게 부담시켰다. 고작 25개 학교에서 무늬만 무상급식을 실시했다. 이것은 언론플레이에 지나지 않는다'고 발언, 같은 날 서울 중구, ○○○○○○와 유권자 희망연대, 4대강 죽이기 사업 저지 범대위, 국민주권운동본부 회원들로 하여금 무상급식 실현과 4대강 반대를 위해 6월 2일 투표참여를 촉구하는 취지로 행진케 함.	유죄	유죄
<u>14</u>	2010. 5. 16. 서울 영등포구 전국교사대회행사, ○○○○○○○○○이 주최한 ○○○○○○에 대표자 자격으로 참석, '4대강을 저지하고 친환경무상급식을 실시하자는 것이 왜 선거법 위반이고, 왜 불법 집회입니까 저희는 단호히 거부합니다. 그래서 이번 지방선거에서 확실히 승리해서 친환경무상급식을 실현하고 합법적인 전교조가 승리하는 그날까지 함께 하겠습니다'고 발언, '친환경 무상급식 부탁해요' 현수막과 서명대 설치, '부자감세와 4대강 삽질로 구멍 나는 국가예산을 활용하면 당장 전국적인 무상급식의 실시가 가능하다'는 서명운동	무죄	유죄

[별지 표 2] 1심 법원의 공소사실별 유무죄 판단 이유

순 번	1심
1	① 2004년 총선, 2006년 지방자치선거, 2007년 대선 때와 달리 2010. 6. 2. 지방선거에서 무상급식 전면실시 여부가 정당 간 또는 후보자 간 주요 쟁점으로 부각된 상황 ② 피고인은 유독 자신이 대표로 있는 ○○○○○○가 주장하는 친환경 무상급식 전면 실시와 반대되는 정책을 정강으로 채택한 한나라당 인사들만을 대상으로 희망의 나무 전달 행사를 진행 ③ 당시 서울시장 출마가 예상되던 오 서울시장 등 특정인의 이름을 명시적으로 거론. – 선거운동에 해당하고, 선거에 영향을 미치게 하기 위하여 특정 후보자를 반대하는 내용이 포함된 현수막과 피켓을 게시한 행위에 해당. (유죄)
2	① 현수막, 인쇄물, 배지 등에 무상급식을 촉구하거나 상징하는 내용만 있고, 발언 내용도 무상급식을 촉구하는 취지에 불과, 특정 후보자의 이름이 언급되지 않은 점, ② 피고인은 2000년대 초반부터 무상급식 운동을 전개해 왔고, 특히 선거를 앞둔 상황에서는 무상급식을 공약화해 줄 것을 모든 정당이나 후보들에게 요구하고, 출마자들로부터 그에 대한 동의서를 받는 운동을 벌였으며, 후보대상자들에게 무상급식에 대한 정책질의 및 공약화 작업을 하였고, 구체적인 선거공약을 제시하는 등의 활동을 해 온 자로서 2010. 6. 2. 지방선거에서도 그와 같은 맥락에서 활동하여 온 것으로 보이는 점, ③ 2010. 6. 2. 지방선거에서 무상급식 전면 실시 여부가 선거쟁점으로 부각되었기 때문에 단지 친환경 무상급식 전면 실시를 지지하는 활동만을 함으로써 이를 지지·반대하는 후보자에게 유·불리한 결과가 발생할 수 있다는 점 만으로 특정 후보자에 대한 지지·반대의사가 있었다고 보기도 어려움. (무죄)
3	'한나라당'이나 '한나라당 권 의원'을 거론하며 한나라당의 무상급식 전면실시 반대를 규탄함으로써 친환경 무상급식 전면실시에 반대하는 한나라당 후보자들에 대한 반대의사를 표시하는 것으로 볼 수 있음. (유죄)
4	친환경 무상급식을 정책으로 채택하여 줄 것을 촉구하는 취지의 발언을 한 데 불과. (무죄)
5	위 2.와 같음.
6	상 동
7	한○○ 민주당 서울시장 예비후보자의 '출마선언식'에 참석, 한 후보에 무상급식 전면실시 촉구 발언을 한 점, 참석한 행사가 특정 후보자의 '출마선언식'이라는 선거 관련 행사로, 행사에 참석한 자라면 당연히 그 특정 후보를 지지하는 의사에서 참석하였을 것이라고 생각되는 점에 비추어 보면, 특정 후보자의 당선을 도모한다는 목적의사가 객관적으로 인정될 수 있음. (유죄)
8	"여당의 선별, 차별급식은 NO! 친환경 무상급식만이 YES! VOTE!" 현수막의 기

	재 자체로 선거 과정에서 친환경 무상급식 전면실시를 반대하는 여당(한나라당)에 투표하지 말라는 의사로 해석될 수 있는 점. 특정 정당 소속 후보자(한나라당 소속 후보자 중에서도 무상급식 전면실시에 반대하는 후보자)의 낙선을 도모한다는 목적의사가 객관적으로 인정될 수 있음. (유죄)
9	한○○ 민주당 서울시장 예비후보자와 정책협약식에서 '한 후보자가 꼭 당선되어서' 무상급식 전면실시를 실현해 주기를 바란다는 취지로 발언. (유죄)
10	위 2.와 같음
<u>11</u>	상 동
12	'오○○ 후보의 급식공약 비판 및 공개토론 제안 기자회견'을 개최하면서 오 서울시장의 급식 정책을 비판하는 발언을 함으로써 그에 대한 반대의사를 표시. (유죄)
13	피고인의 발언 내용에 오○○ 서울시장 후보자 이름은 거론되고 있지 않으나, '서울'이라는 지역을 특정하여 서울에서의 급식정책을 비판함으로써, 누구라도 위 발언을 들을 경우 현직 서울시장으로서 차기 서울시장 한나라당 후보자인 오○○에 대한 반대 의사가 표명되어 있다는 점을 인식할 수 있을 것으로 보이는 점. (유죄)
<u>14</u>	'부자감세와 4대강 삽질로 구멍 나는 국가예산을 활용하면 당장 전국적인 무상급식의 실시가 가능하다'는 내용은 전국적 무상급식 실시를 위한 조건으로서 부자감세와 4대강 공사에 들어가는 예산을 활용하면 된다는 것을 나타내는 취지일 뿐 달리 그 자체로서 한나라당에 대한 반대 의사를 명시하는 것으로 해석되지는 않는 점, 피고인 발언 내용 중 "이번 지방선거에서 확실히 승리해서"라는 부분이 있기는 하나, 발언 내용 전체를 살펴보면 2010. 6. 2. 지방선거에서 ○○○○○○가 주장하는 친환경 무상급식 전면 실시 정책이 반영되도록 하기 위해 노력하자는 취지로 보이는 점. 그 외 위 2.와 같음. (무죄)

[별지 표 3] 항소심 법원의 공소사실별 유무죄 판단 이유

순 번	항 소 심
1	당시 친환경 무상급식정책이 정당과 후보자간에 쟁점으로 부각되어 민주당 등 야당들은 위 정책을 지지하는 입장을 표명하였고, 한나라당은 일부 선별적인 무상급식을 표명하였던 상황에서, 피고인이 단순히 친환경 무상급식정책을 지지하고, 이를 반대하는 것을 비판하는 일상적, 업무적인 행위를 한 것에서 더 나아가 민주노동당, 진보신당 관계자들과 함께 이명박 대통령, 공소외 8 원내대표로 상징되는 특정 정당 및 지방선거 출마가 예상되는 공소외 4 후보자 등을 언급하며 그들에게만 희망의 나무를 전달하는 행사를 하고, 특정 정당 및 후보자와 관련지어 그들을 비판한 것은 특정 정당 및 후보자의 낙선을 도모하고, 선거에 영향을 미치기 위한 목적의사가 있었다고 봄이 상당.
2	"친환경 무상급식은 아이들의 희망입니다"라는 현수막을 게시하고 750만 친환경 무상급식 범국민 서명운동을 벌였을 뿐 특정 정당이나 후보자와 관련하여 친환경 무상급식을 지지하는 서명운동을 하지는 않았던 점, 배지 2종의 내용도 "행복한 밥", "친환경 무상급식 부탁해요"라는 문구가 기재되어 있고, "'행복한 밥' 친환경 무상급식! 희망의 씨앗 함께 뿌려요!"라는 문구가 기재된 친환경 상추씨앗을 나누어 주었을 뿐 특정 정당이나 후보자와 관련하여 친환경 무상급식을 지지하는 문구가 기재되어 있지 않은 점.
3	위 1.과 같음.
4	민주당, 민주노동당, 진보신당, 창조한국당, 국민참여당 등 야5당 대표들과 친환경 무상급식 실현을 위한 정책협약서에 공동으로 서명하면서, "이번 지방선거에서 친환경 무상급식에 대한 보다 책임감 있고 구체적인 대안이 나와야한다고 생각한다. 한나라당에서 무력화시키기 위해 다양한 방안을 모색할 것인데 이에 맞서기 위해 구체적 대안이 필요하다"고 발언하였던 점, "야5당과 함께 친환경 무상급식을 위한 정책협약식을 적극적으로 함께 했다, 야5당 대표들은 지방선거 정책에 관여해 주길 부탁드린다. 빠른 선거연합이 승리할 수 있는 유일한 방안이다"라고 발언하기도 하였던 점.
5	"친환경 무상급식은 아이들의 희망입니다"라는 현수막을 게시하고 750만 친환경 무상급식 범국민 서명운동을 벌였을 뿐 특정 정당이나 후보자와 관련하여 친환경 무상급식을 지지하는 서명운동을 하지는 않았던 점.
6	무상급식연대 회원들과 함께 투표용지 모형 게시대를 설치하고 서명운동을 하였고, 위 게시대는 그 표면에 '선거'라는 문구와 '친환경 무상급식 찬성 후보'란과 '친환경 무상급식 반대 후보'란으로 나뉘어져 있어 친환경 무상급식 찬성 여부와 선거 및 후보자와의 관련성을 나타내고 있는 점, 당시 행사는 2010 유권자 희망연대가 서울 종로구 전지동 ○○사에서 개최한 "4대강 생명살림 수륙대제"라는 명목의 행사로서 피고인 등 무상급식연대 회원들이 설치한 친환경 무상급식과 관련된 위 게시대 이외에 4대강사업과 관련한 동일한 투표용지 모형을 설치하고, 참여자들이 6. 2. 전국동시 지방선거에 참여를 독려하는 유인물과 광고판 등을 들고 홍보활동을 진행되고 있었던 점.

7	1심 판결이유 + "2009. 12. 말 현재 서울은 무상급식을 전혀 하지 않고 있다. 방학 중 우리아이들이 굶고 있다. 무늬만 친환경이 아니라 100% 실제 친환경 무상급식이 될 수 있도록 간곡히 바란다"라고 발언하여 간접적으로 지방선거 출마가 예상되는 공소외 4 서울시장의 급식정책을 비판한 점.
8	피고인이 행사에 참여하였다고 볼 증거 없음.
9	"서울의 무상 학교급식은 전국에서 꼴등이다. 서울시의 직영급식 학교는 73.1%로 전국 최하위다"라고 간접적으로 지방선거 출마가 예상되는 공소외 4 서울시장의 급식정책을 비판한 점, "공소외 3 서울시장 예비후보자는 어느 후보보다 학교급식과 무상급식에 관심이 많았다. 꼭 당선되어서 미래의 밥, 희망의 밥을 만들 수 있도록 간절히 부탁합니다"라고 발언함으로써 어느 후보보다 공소외 3 후보자가 당선되기를 희망하는 발언을 한 점.
10	'친환경 무상급식 부탁해요'라는 현수막을 게시하고 친환경 무상급식 범국민 서명운동을 벌였을 뿐 특정 정당이나 후보자와 관련하여 친환경 무상급식을 지지하는 서명운동을 하지는 않았던 점.
<u>11</u>	피고인이 배부한 '친환경 무상급식 부탁해요'라는 인쇄물은 2010. 5. 1. 제작된 무상급식연대의 홍보물로서 그 말미에 "한나라당의 서민급식·유사품에 주의하세요. 여기서 말하는 '서민'급식은 저소득층 아이들에게 눈칫밥을 먹이는 '차별'급식입니다"라고 기재되어 있는 점.
12	당시 기자회견에 진보신당의 공소외 12 서울시장 예비후보자, 진보신당 서울시당 공소외 6 위원장 등 친환경 무상급식을 공약으로 채택하였던 정당관계자들이 참가하였던 점, "오시장이 공약으로 발표한 선별급식은 차별급식, 상처급식으로 큰 문제이고, 오시장은 이번 지방선거 공약으로 하위 30% 계층의 자제들에게만 무상급식을 확대하겠다는 선별급식 지원을 주장하고 있다. 이는 시대착오적인 정책으로 오시장의 아이들 건강과 인권, 교육기본권에 대한 정책점수는 빵점"이라고 지적하면서 "공소외 4 서울시장은 초등학교에 150원씩 지원하면서 온갖 생색을 다 냈다. 우리는 이제 거부한다. 무늬만 친환경 급식을 거부한다"라고 발언하여 지방선거 출마가 예상되는 공소외 4 서울시장을 비판하고 반대하였던 점.
13	"친환경 무상급식은 대부분의 국민이 원하는 정책이고 여야 모두 반대하지 않는 사업이며, 지방선거에서 이것을 실현할 수 있는 후보를 뽑자고 하는 것은 유권자의 정당한 권리"라고 발언하여 지방선거에서 친환경 무상급식 정책을 지지하는 후보자를 뽑자고 하였던 점, "서울은 재정자립도가 1위이면서 무상급식은 맨 꼴찌이고 시혜적 차원의 무료급식만을 실시하고 있다. 150원 지원하면서 30원까지 식재료를 학부모에게 부담시켰다. 고작 25개 학교에서 무늬만 무상급식을 실시했다. 이것은 언론플레이에 지나지 않는다"고 발언하여 간접적으로 지방선거 출마가 예상되는 공소외 4 서울시장의 정책을 비판하고 반대하였던 점, 당시 게시된 현수막에는 '밥과 강을 위해 유권자들이 함께 걷는다. 친환경

	무상급식 실현 4대강사업 중단을 호소하는 유권자 올레'라고 기재되어 있고, 참가자들이 들고 있던 표지물에는 '6월 2일 아이들에게 밥을 우리 강에는 생명을', '선관위는 mb만 좋아해'라고 표시되어 있어 친환경 무상급식 정책의 실현을 선거와 관련짓는 표현을 하고 있는 점.
14	"4대강을 저지하고 친환경 무상급식을 실시하자는 것이 왜 선거법위반이고, 왜 불법 집회입니까, 저희는 단호히 거부합니다. 그래서 이번 지방선거에서 확실히 승리해서 친환경 무상급식을 실현하고 합법적인 전교조가 승리하는 그날까지 함께 하겠습니다"라고 발언하여 친환경 무상급식이 정책에 반영되도록 노력하자는 취지에서 더 나아가 4대강을 저지하고 친환경 무상급식을 찬성하는 정당 또는 후보자가 지방선거에서 확실히 승리하는 날까지 함께 하겠다는 지지의사를 표명한 것으로 보이는 점.

지정토론문

- 규범조화적 관점에서 -

장 경 원*

1. 시민(사회)단체의 활동과 선거

1980년대 말 이후 민주화의 열풍과 더불어 우리사회에서 가장 급격히 성장한 그룹이 있다면 그것은 시민(사회)단체일 것이다. 최근 언론의 조사를 통해서도 알 수 있듯이, 시민(사회)단체는 우리 사회의 매우 영향력있는 집단으로서 우리 사회를 움직이는 주요한 활동주체의 하나로 부상했고, 경우에 따라서는 정치인, 대기업, 종교인보다도 국민들을 움직이게 하는 힘을 가지게 된 것이 사실이다.

과거 자유민주적 기반이 취약했던 우리사회에서 시민(사회)단체가 성장하고 정착해가고 있다는 것은 매우 바람직한 일이다. 다만, 시민(사회)단체가 과연 양적 성장에 해당하는 만큼 국민적 기대에 부응하는 책임을 다하고 있는지에 대해서는 많은 반성이 대두되고 있다. 특히 많은 사람들에 의해 지적되고 있는 바는, 시민(사회)단체의 권력 지향적 활동과 국가권력에의 의존, 그리고 극심한 정치적 편향이다. 최근의 시민(사회)단체들은 정책적 찬반이라는 의사표명을 통해 현재의 정치권력에 대한 편향적 지지나 반대를 노골화하고, 자신의 의견과 상반되는 단체나 언론 혹은 정당에 대해서는 한치의 양보가 없는 대립각을 세우고 있는 상황이다. 이러한 상황에서 과거 2000년대 '총선연대'의 낙선운동에 대해 헌법재판소는 자신의 결정문에서, "시민단체의 낙천낙선운동 방식은 단순한 의견 개진이나 의사 표시의 수준을 넘어 조직적으로 이뤄진 만큼 특정 후보에 대한 당선운동과 다르지 않다"고 밝히고 그것이 다른 형태의 불법선거운동이 될 수 있음을 밝힌 바 있다.

* 서울시립대학교 법학전문대학원 교수(2012. 5. 17. 발표).

이러한 점에서 현실적으로 시민(사회)단체의 활동은 정치와 무관할 수 없고, 이러한 활동이 곧바로 선거로 이어지는 것은 어찌보면 자연스러운 현상임을 알 수 있고, 같은 맥락에서 시민(사회)단체의 정치활동의 자유 보장과 이를 제한하는 공직선거법상의 규정의 문제를 다룬 하재홍 교수님의 본 발표는, 오늘날 헌법상 기본권으로서의 참정권의 의미를 재조명해 볼 수 있는 매우 시의적절하고도 의미있는 발표라고 생각된다.

2. 발표문에 대한 토론 의견

본 발표의 핵심이라고 생각되는 것은, 시민·사회단체의 특정한 활동이 자유롭게 보장되어야 하는 정치활동인 것인지 아니면 선거법에 의해 제한되어야 하는 것인지이다. 이에 대한 기본적인 토론의견은, 오늘날 시민(사회)단체의 활동을 통해 해당 분야에서의 정치적 정책논쟁이 진일보하고, 그 역할이 상당히 중요한 가치로 자리매김해 나아가는 현실을 고려한다면, 공직선거법상의 공정선거의 실현과 시민(사회)단체의 정치활동의 자유의 보장이라는 두 가지 가치를 규범적으로 조화롭게 실현할 수 있는 법제 형성이 모색되어야 한다는 것이다.

이러한 점에서 발표문의 첫 번째 사례(4대강 반대 안양·군포·의왕 환경운동연합 사건)에서 제시된 쟁점인, '선거에서 쟁점이 된 정책과 관련하여 그에 대해 지지 또는 반대하는 것을 특정 정당이나 후보자를 지지 또는 반대하는 것으로 된다고 해석할 수 있겠는가' 하는 점에 대하여, "명시적으로 특정 정당이나 후보자(에 대한 지지 반대)를 표시하고 있지 않은 채 단순히 특정 정책에 대해 지지 또는 반대하는 것을 맥락상 특정 정당이나 후보자에 대한 지지 또는 반대와 마찬가지로 보아 그러한 활동까지 선거운동으로 포함시키게 되면 금지되는 범위가 지나치게 확대되어 선거로 인해 시민·사회단체의 활동이 사실상 모두 금지되는 결과가 초래된다"는 점에 대해서는 기본적으로 타당한 지적이라고 생각된다. 왜냐하면, 시민(사회)단체의 활동은 자신의 목적달성을 위해 그에 관한 정치적 의견을 형성하는 활동이 매우 효과적인 수단이 될 수 있기 때문이다.

다만, 입법적 제안으로서, 발표자가 제시한 현행 공직선거법 제90조 제1

항[“정당의 명칭이나 후보자의 성명 · 사진 또는 그 명칭 · 성명을 유추할 수 있는 내용을 명시한 것은 선거에 영향을 미치게 하기 위한 것으로 본다”]을 삭제하고, 시민 · 사회단체의 활동이 선거의 공정을 해칠 위험이 될 소지가 있다면 그 문제는 공직선거법에서 시민 · 사회단체의 활동을 정당활동에 준하여 관리하고 보호하는 방법으로 해소하자는 점에 대해서는 약간의 변형된 보충의견을 제시하고자 한다. 우선 해당 조항을 삭제하는 데 있어서는 신중해야 할 것으로 생각된다. 왜냐하면, 동 조문의 취지는 선거운동기간 전 과열적인 사전선거운동을 방지하고자 하는 취지이므로 공정선거를 위한 규범조화적 관점에서, 동 규정을 반드시 삭제해야 할 이유는 없다고 본다. 다만, 대안으로 방법으로서 동 규정을 그대로 유지하면서도, 동 규정에 대한 예외로서 현행 공직선거법상 인정되는 통상적인 정당활동의 보장과 마찬가지로, 시민(사회)단체의 본연의 목적달성을 위한 통상적인 시민(사회)단체활동에 대해서도 ‘선거에 영향을 미치게 하기 위한 행위’에 해당하지 않는 것으로 규정하는 것이 바람직하지 않을까하는 생각이다.

3. 시민·사회단체의 정치활동의 자유와 공직선거법의 향후 입법방향

선거는 오늘날 대의민주주의를 실현하는 헌법상 보장되는 핵심적 제도이다. 따라서 선거제도는 선거 과정에서 유권자의 자유로운 정치적 의사 표현을 최대한 보장하고, 그 의사가 대표 선출에 온전히 반영되도록 해야 한다. 그러나 현행 공직선거법은 그 분량만도 279개에 달하는 조문으로 구성되어 무수한 규제 조항으로 유권자의 의사 표현의 자유를 제한하고 있다. 반면에, 투표권을 보장할 수 있는 제도적 장치가 미흡한 것이 사실이다. 이에 오늘 발표는, 시민사회단체의 정치활동의 자유와 그 본연의 목적 달성과 관련되어 현행 공직선거법상의 규제적용이 갖는 문제점을 실무상, 이론상 재고해 볼 수 있는 좋은 계기가 될 것으로 생각한다.

최근 시민(사회)단체의 난립으로 서로간의 갈등과 대립으로 사회분열이라는 부정적인 결과를 가져온 것도 사실이다. 그러나 그렇다고 해서 우리의 많은 시민(사회)단체가 짧은 기간에 이룩해온 성과를 모두 부정하거나 그 활동이 크게 위축돼서도 안 될 것이다. 특히 선거의 공정성과 관련하여, 부분적으로 극심한 편향과 잘못을 지닌 시민(사회)단체들도 있었지만 시민(사회)단체들에 의해 부정 및 불법선거행위에 대한 모니터링(monitoring) 및 고발활동 그리고 유권자를 대상으로 선거출마 후보자에 대한 세미나와 공청회를 열어 정책 중심적 선거가 정착되도록 노력하여 유권자의 후보선택의 중요성 등을 제고시키는 등 중요한 역할을 한 것 또한 사실이기 때문이다. 따라서 오늘의 주제발표와 논의 등을 통해 시민(사회)단체의 정치활동에 대해 그 자유를 보장하면서도, 공정선거를 실현하고자 하는 공직선거법의 목적달성을 위한 법개정에 도움이 되기를 바라며 토론을 대신하고자 한다.

지정토론문

- 시민·사회단체에 대한 규제 완화 요부 -

김 도 완*

1. 들어가며

○ 최근 시민사회가 질적·양적으로 성장하고, 선거에 있어 그 영향력이 갈수록 증가하는 상황에서 시의적절하게 시민·사회단체의 정치활동 자유와 공직선거법상 선거운동 제한의 법적 문제점을 조명해 주신 하재홍 교수님의 발표를 직접 듣고, 토론에도 참여할 수 있게 된 데 대해 깊이 감사드립니다.

○ 개인적으로는, 실무가로서 올바른 법집행의 방향을 정립하고, 관련 법리를 연구하는 데에 아주 좋은 기회가 될 것으로 생각됩니다.

2. 문제 제기

○ 우선, 시민·사회단체의 정책에 대한 찬반 논쟁이 정치적 실체와 연관성을 가진다는 이유로 광범위하게 규제되어서는 안된다는 발표의 기본 논지에는 공감합니다.

○ 다만, 발표와는 다소 관점을 달리해 공직선거법에 의한 시민·사회 단체 활동의 규제가 어떤 형식으로 이루어지는지에 대하여 보다 면밀히 검토해 볼 필요가 있다고 생각합니다.

○ 즉, 현행 공직선거법은 시민·사회단체의 활동 자체를 직접 규제하는 규정을 두고 있지 않습니다.

○ 따라서, 발표에서 검토된 2건의 사례도 행위 주체가 시민·사회단체(또는 시민·사회단체의 간부)라는 점에서 특수성을 가질 뿐 의율 자체는 전적으로

* 수원지방검찰청 검사(2012. 5. 17. 발표 당시 대검찰청 검찰연구관).

선거운동의 방법 제한에 관한 일반 규정들에 의하고 있습니다.

❍ 이러한 측면에서, 공직선거법상 선거운동 방법을 제한하고 있는 개별 규정이 선거운동의 자유 보장과 선거의 공정성 확보라는 양대 법익간의 균형을 조화롭게 달성하고 있는지 여부(나아가 합헌성 여부)는 별론으로 하고,

- 시민·사회단체의 정치활동 자유와 공직선거법상 선거운동 제한에 있어서의 핵심 쟁점은, 선거에 있어서 시민·사회단체의 통상의 정치활동을 폭넓게 허용할 것인지 여부에 관한 입법론적 문제에 있다고 생각됩니다.

3. 의 견

❍ 입법론에 관해 말씀드리기에 앞서, 현행 공직선거법의 해석론상으로는, 개개의 선거운동 방법 제한·규제 규정에 해당하는 행위에 대해서는 행위주체에 따라 달리 의율할 수 없으며, 시민·사회단체(또는 시민·사회단체의 간부)라고 하더라도 후보자나 선거관계자, 일반 유권자와 달리 해석할 수 없다고 생각됩니다.

- 이는 평등의 원칙과 공직선거법의 입법취지에 비추어 당연한 귀결로 발표에서 분석된 사례의 대법원 판결은,

「'선거에 영향을 미치게 하기 위하여' 또는 '선거운동을 위하여'의 판단 기준은 개인뿐 아니라 단체의 행위에 대해서도 그대로 적용되어야 할 것이므로, 단체가 그 지향하는 목적에 따라 주최한 집회와 활동이 그 단체가 기존에 행하던 활동의 연장선 상에서 이루어진 것이라 하더라도 그 활동에서 선거에 영향을 미치게 하기 위한 목적 또는 선거운동을 위한 목적이 인정된다면 마땅히 공직선거법에 의한 규제를 받아야 할 것이다. 따라서 단체의 정부 정책에 대한 지지·반대활동이 정치적 의사표현에 해당한다는 이유만으로 이를 공직선거법이 규제하는 '선거에 영향을 미치게 하기 위한 목적의 탈법행위' 또는 '선거운동'에서 일률적으로 배제된다고 할 수는 없다.

그러나 한편 단체가 선거 이전부터 지지·반대하여 온 특정 정책이, 각 정당 및 선거에 출마하고자 하는 입후보예정자들이 공약으로 채택하거나 정당·후보자 간 쟁점으로 부각된 정치적·사회적 현안을 말하

는 이른바 '선거쟁점'에 해당하게 되었다 하더라도, 그러한 사정만으로 그 특정 정책에 대한 단체의 지지·반대활동이 전부 공직선거법에 의한 규제 대상이 된다고 할 수도 없다. 특정 정당이나 후보자 또는 입후보예정자와 특정 정책 사이의 관련성을 나타냄이 없이 그 정책 자체에 대한 지지·반대 의사를 표현하는 단체의 활동이 '선거에 영향을 미치게 하기 위한 목적의 탈법행위' 또는 '선거운동'에 해당하는지 여부는 그 정책이 '선거쟁점'이 되었는지 여부에 따라 일률적으로 결정될 수 없고, 위에서 본 판단 기준에 따라 개별적으로 판단되어야 한다. 또한 이러한 법리는, 선거쟁점이 된 특정 정책에 대한 단체의 지지·반대활동이 결과적으로 그 정책에 찬성하거나 반대하는 정당, 후보자, 입후보예정자에게 유·불리한 영향을 미치게 되는 경우에도 마찬가지라고 할 것이다」라고 판시하고 있습니다.

- 요컨대, 선거운동의 정의규정(제58조 제1항)에 의해 의견개진 및 의사표시 등에 해당되어 선거운동에 해당되지 않는 경우를 제외하고는 시민·사회단체의 활동도 공직선거법상 각종 제한 규정의 적용대상이 될 수 있다고 할 것입니다.

❍ 다음으로, 입법론상으로 공직선거법상 제한규정 적용에 있어 시민·사회단체의 활동을 배제할 것인가에 대해서는, 신중한 접근이 필요하다고 생각됩니다.

- 우선, 정당과 달리 시민·사회단체는 그 개념 자체가 모호하고, 각각의 고유 목적이 다종다양하여, 이익집단이나 사적 단체와의 경계 또한 명확하다고 보기 어렵습니다.
- 다음으로, 선거의 혼탁을 방지하고 선거에 있어서의 기회균등을 보장하려는 공직선거법의 입법취지를 고려할 필요가 있습니다.

❍ 위와 같은 관점에서, 시민·사회단체의 정치활동에 대해서는, 선거운동의 개념 해석을 보다 명확히 함으로써 정치활동의 자유 보장과 선거의 공정성 확보를 조화시켜 나가는 것이 현실적이고 바람직한 방향이라는 의견을 말씀드리면서 토론에 갈음하겠습니다.

21세기 초국가적 안보위협세력에의 대처방법

- 국가정보와 법집행의 융합: 미국 국토안보부의 교훈 -

한 희 원*

Ⅰ. 서 론

2001년 9월 11일 새벽 오늘날 국제테러단체로 지정된 알카에다 조직의 일원인 모하메드 아타(Mohamed Atta)와 압둘 아지즈 오마리(Adul Aziz Omari)는 미국 메인 주 포틀랜드 공항에서 보스턴 로간 국제공항으로 향하는 아침 6시 비행기에 탑승했다. 그들은 보스턴 공항에서 로스앤젤레스로 향하는 점보 연결 비행기를 갈아탈 예정이었다. 공항검색대의 '컴퓨터 활용 승객 사전검색 시스템[1]은 아타(Atta)를 특별검색이 필요한 사람으로 지목했지만 그의 수하물은 다음 비행기에 탑재되는 조치만 이루어졌다. 아타는 다른 8명의 동료들과 조우했다. 일행 가운데 1명이 박스용 칼과 호주머니용 다용도 나이프를 소지하고 있었지만 모두는 공항검색 요원들의 22구경 금속 검색 총에 의한 검색을 유유히 통과했다. 또한 2명은 여권상의 사진이 일치하지 않았고 영어가 미숙해 여행동기가 의심되어 탑승 전 스크린 검색시스템에 의한 경고대상으로 선정되어 특별검색을 받았지만, 수하물만 늦게 싣는 조치만 취해졌다. 납치 항공기를 유도 미사일로 이용해 미국본토에 대한 9/11 테러 공격을 실행한 19명의 테러 실행 분자들은 이처럼 2001년 9월 11일 아침 8시에 국가가 항공사고를 예방하기 위해 운용하던 제반 안전장치를 여유롭게 격퇴하고 공항 검문검색대를 유유하게 통과했던 것이다. 그들 중 7명은 검색대를 통과하면서 동일인 식별을 위한 신분증으로 버지니아 주가 발급한 운전면허증을 사용했다(The 9/11 Commission Report).

---

* 동국대학교(서울) 법과대학 교수(lucas@paran.com, 2012. 6. 12. 발표).

1) CAPPS(Computer Assisted Passenger Prescreening System), 즉 컴퓨터 활용 사전 탑승객 검색시스템.

공항 검문검색대를 통과한 19명의 테러분자들은 4대의 대륙횡단 여객기에 분산 탑승했다. 그들은 탑승한 비행기를 공중납치하여 아침의 가솔린이 가득 찬 납치 비행기를 거대한 유도 미사일로 변환하여 미국의 심장부를 강타했다. 자본주의의 상징인 뉴욕의 110층짜리 세계무역센터 쌍둥이 건물이 붕괴되었고, 미국 국방력의 산실인 펜타곤 국방부 건물 일부가 무너졌다. 연이어 미국 의회와 언론사 등에 우편물을 이용한 탄저균 테러가 발생하여 5명이 숨지고 미국 국민들은 공포에 떨었다. 통상 미국 본토에 대한 이 같은 일련의 테러공격을 나인 일레븐(nine eleven, 이하 "9/11 테러공격"이라 한다)이라고 호칭한다. 이러한 상상을 초월한 비전통적인 공격으로 미국 본토에서 2,996명의 민간인이 사망했다(The 9/11 Commission Report; 한희원, 국가정보 — 법의지배와 국가정보, 법률출판사, 2011 제3판: 1199-1260).[2)]

Ⅱ. 초국가적안보위협세력의 대두에 따른 제반 쟁점

1. 초국가적안보위협세력의 의의

냉전시대의 군사안보 문제처럼 영토주권을 바탕으로 한 특정한 국가에 의한 안보위협이 아니라 국제테러, 국제마약, 환경파괴, 불법이민, 인신매매, 국제조직범죄 문제 같은 개별 단위 국가를 초월한(transnational) 문제이거나 국가가 아닌 국제조직이나 단체, 개인에 의한 국가안보 위협주체를 초국가적 안보위협세력이라고 말한다(조성권, 2009: 3-5). 이러한 초국가적안보위협세력은 국가정보를 포함한 국가안보 목표를 포함한 국가안보 환경에 상당한 변화를 초래했다.

2) 무역센터 사망자의 경우 600명은 즉사했고 나머지는 빌딩붕괴와 함께 죽어갔다. 약 200여명의 사람들은 운명을 하늘에 맡기고 부서진 유리창을 통해 무조건 몸을 던졌다. 아무런 안전장치 없이 빌딩 붕괴를 피하여 수백 피트 아래 도로와 인근 빌딩 옥상 등으로 떨어져 죽어 가는 이들은 "추락하는 사람(falling man)"이라고 명명되었다. 사진작가 리처드 드루(Richard Drew)가 당일 9:41:15 a.m. 촬영한 사진에서 비롯되었다. 추락하는 사람들 사진은 http://www.esquire.com/features/ESQ0903 SEP-FALLINGMAN.

2. 안보환경 변화의 내용

탈냉전 시대 안보환경의 변화는 군사안보 이외에도 정치・경제・환경・사회 분야 등으로 다양하게 나타나고 있고 그것이 각자의 수위 별로 중요한 안보쟁점화되었다(한희원, 2011: 조성권, 2009: 4-5). 먼저 직접적으로는 국가안보의 대상과 객체가 변화했다. 탈냉전 이후 전쟁의 공포에서 어느 정도 해방된 세계 각국은 국민들의 삶의 질을 추구하였다. 냉전시대의 경우에는 정치지도자들이 국가를 군사적 위협에서 배제해 주고 안전한 국가로 이끌어 주는 것만으로도 역할과 본분을 다했다고 할 수 있으나 이제 군사적 위협요소는 저감됨으로써, 국민들의 삶의 질을 높이는 것은 정치지도자의 가장 중요한 임무가 되었을 뿐 아니라 국가의 책무가 되었다. 이에 따라 그 동안 지향성이라는 프로그램적 성격으로 논의되던 소위 생존권적 기본권이 국가의 추상적 지향성을 넘어서서 구체적인 실현성이 강조되며 법적 권리화되어, 국가의 최고 규범인 헌법에 규정되고 강조되었다. 이것은 국가안보의 객체 또는 대상이 국가 그 자체에서 개별 국민으로 전이되었음을 의미한다(성낙인, 2007, 헌법학, 법문사: 573-583). 즉 전통적 안보가 안보객체를 국가의 방위와 보호를 목표로 했던 것에 더하여, 탈냉전시대의 새로운 안보개념은 안보객체가 국가 이외에도 구체적인 개인을 비롯하여 민족, 종교, 기업, 자연환경 그리고 국제체제 등으로 다변화되고 "인간 복지에 대한 위협의 부재"를 안보로 이해하게 되었다.[3)]

두 번째로 국가안보 위계질서에도 변화가 초래되었다. 전통적으로 국가이익은 생존(survival)・번영(prosperity)・위신(prestige)이라는 가치의 순서로 위계질서가 비교적 명확했다(문정인, 국가정보론, 박영사, 2006). 그러나 탈냉전 이후 군사위협의 자연스러운 소멸로 적대국 등 외부세력으로부터의 국가생존에 대한 위협이 저감되게 됨에 따라서 국가이익의 위계질서는 각국이 처한 환경과 국민적 합의에 따라 개별화・구체화되어 갔다. 국가별로 국가이익의 위계질서에 변화가 초래된 것이다. 개별국가에 따라서는 국가생존의 최고 조건인 군사안보보다 경제안보, 생태안보, 정치안보, 그리고 사회안보가 우선적 정책사안이 될 수 있고 그것은 생존보다 국가번영이나 국가위신이 국가이익의 가

3) Busman Barry Ole Waever & Jaap de Wide Security: A New Framework for Analysis (Boulder Lynne Rienner Publishers, 1998).

치체계의 앞에 자연스럽게 위치하게 됨을 의미한다(김열수, 2010; 한희원, 2011).

세 번째로 국가안보 위협 출처의 복합화 현상이다. 냉전시대 국가안보에 대한 위협은 주로 적대국의 군사적 도발이라는 외부적 요소였다. 그러나 탈냉전시대의 정치안보, 경제안보, 생태안보 그리고 사회안보는 그 성격이나 내용상 외부적인 것이 아니라 국가 내부적인 요소가 적지 않다. 이것은 국가안보의 문제가 단순히 "밖"의 문제가 아니라 "안"의 문제가 더 중요할 수 있음을 말해 주는 것이다. 그러나 오늘날에도 국가안보 위협은 통상 외생적 변수와 내생적 변수들의 복합적 작용으로 발생한다고 할 수 있다(조성권, 2009: 5-6).[4)]

네 번째로 국가안보 위협 주체의 다양화 현상이다. 위협주체의 다양화는 위협국가의 증가와 주권국가가 아닌 초국가적안보위협세력의 대두로 나누어 볼 수 있다. 냉전시대에는 이념적·군사적 적대국과 우호국의 구분이 비교적 명확하여 국가안보 위협 주체는 구체적으로 한정되어 있었다(조남진, 2010). 그러나 탈냉전 이후 이념적·군사적 대치국면이 완화되거나 소멸됨에 따라서 국가 간의 교류는 이념의 장벽을 넘어서서 경제적인 이익이 발생하는 한 계속 확대되었다. 또한 교통과 통신기술의 획기적인 발전은 국가들 간의 빈번한 접촉과 교류를 가능하게 해줌으로써 일국의 국가안보에 영향을 미칠 수 있는 관련 대상국의 범위가 냉전시대의 그것과는 비교될 수 없을 정도로 확대되었다. 한편 탈냉전시대 국가안보의 위협주체는 특정한 국가에 국한되지 않는다. 테러조직, 국제조직범죄단체, 대량살상무기 거래조직, 불법이민 알선조직, 마약조직, 국제기구, 다국적 기업 그리고 개인에 이르기까지 실로 다양화되었다(최진태, 2009). 국제경제시장에서 경쟁력을 갖추지 못한 국가들에게는 국제자본주의 자유시장 그 자체가 국가안보의 위협원인이 되기도 한다. 또한 인터넷 통신 등 과학문명의 발달은 초국가적 또는 탈국가적 위협 인자를 양산했다. 따라서 개인도 국가안보에 대한 직접적인 위협 주체가 되었다. 이에 따른 대표적인 개념이 미국의 2004년 정보개혁 및 테러방지법에 등장하는 국제테러조직에의 편무적 동조범인 외로운 늑대(lone wolf)이다(Intelligence Reform and Terrorism Prevention Act of 2004; Homeland Defense News, 2005; Daveed Gartenstein-Ross, 2006).

---

4) 문정인, *op. cit*, 43쪽.

3. 초국가적안보위협세력의 대두와 국가안보의 법치적 요청

제반 변화의 출발은 대외 안보현안이 광범위해지고 다양화됨에 따라 국가정보의 범위가 광범위하게 되었다는 점에서 시작한다(전웅, 2005). 그런데 여기서 유념해야 할 점이 있다. 국가안보 문제를 다루는 국가정보기구는 주로 적대국이나 경쟁국 등 상대세력에 대한 정보수집을 기본적 임무로 하는 국가기관이다(문정인, 1996; 신승원, 2005). 이 경우 해외정보 활동은 추가적 법적 근거 없이 자연스럽게 아국의 국가안보에 영향을 끼칠 수 있는 상대세력의 정치・경제・사회・문화 등의 제반 분야에 대하여 확대되어 전개해야 함은 필연적인 이치이다. 국가정보활동 업무영역의 자연적인 확대인 것이다. 그러나 국내정보수집 활동은 그렇지 아니하다. 국가 정보력은 국가안보를 달성하고 확립하기 위한 다양한 방법 중의 하나이고 모든 국가안보 목표가 국가정보 활동으로 달성될 수 있는 것도 아니다. 행정 법치주의의 헌법적 요청 상 국내정보 활동의 추가적 영역 확대를 위해서는 법적 근거가 수반되어야 하는 것이다. 그러므로 국가안보에 대한 법치적 이해는 오늘날 매우 중요하다고 하지 않을 수 없다(한희원, 2011). 이러한 국가안보의 법치적 요청은 미국의 경우에 법원의 판례를 통해서 허다하게 논의되었다. 논쟁의 핵심은 '국가안보를 위해 시민의 자유가 제약될 수 있는가?' 하는 문제와, '제약될 수 있다면 국가안보를 위해 어느 정도까지 시민의 자유와 권리가 제한될 수 있는가?' 하는 것이 쟁점이었다. 미국 연방대법원이 1968년 로벨 사건에서 설시한 다음과 같은 판결 내용은 국가안보의 한계에 대한 논의의 의의를 잘 이해할 수 있게 해 준다(United States v. Robel, 389 U.S. 258, 264, 1968).

> "국가방위는 그 자체가 완결적 목적이라고 할 수는 없고 국민을 보호하기 위한 것이다. 그러므로 만약 국가안보라는 이름으로 국민의 자유를 억압한다면 그것은 아이러니라고 하지 않을 수 없고 그러한 국가방위는 아무런 값어치가 없는 것이다."

4. 초국가적안보위협세력의 대두에 따른 국가안보의 법치적 대응

결국 국가안보의 확립은 입법・사법・행정이 견제와 균형 속에서 국가발전을 위해 각자의 노력을 다하는 가운데 이루어지는 것이라고 할 것이다. 이러한 국가안보의 행정 법치성 확보와 관련한 미국의 접근을 보면 행정부는 대통령 명령 등에 의한 기본적인 법적 근거를 확보한 연후에 업무에 임한다. 그러고도 부족한 부분에 대하여는 추가 입법을 추진하며 의회는 행정부가 요청했을 경우 헌법합치적 적극해석에 의해 입법조치를 해주고, 때로는 의회가 더 적극적으로 행정부의 요청 없이도 근거입법을 마련해 주기도 한다. 또한 연방대법원도 행정부의 잘못을 지적하며 패소 판결을 하는 경우에도 그 대안이나 해결방안을 판결에서 암시하거나 제시하는 방향으로 국가 삼권의 종합적 노력으로 이루어진다. 이것은 바꾸어 말하면 현재는 법적 근거가 없어서 국가안보의 영역에서 배제되었지만, 필요성이 절실하고 중요한 경우에는 제반 국가권력이 국가안보 목표 달성을 위해 노력을 함께 한다는 것을 뜻하고, 결과적으로 국가안보 활동에 있어서도 법치행정의 일탈이 없도록 한다는 것이다.[5)]

5. 국가쟁점의 안보쟁점화 문제

(1) 문제점의 인식

국가쟁점의 국가안보 쟁점화 문제는 국가정보기구의 업무확장 그리고 그에 따른 미션 크립[6)]과 관련된 문제이다(Jim Hoagland, Beware, 'mission creep' In Somalia, July 20, 1993, the Washington Post). 하지만 주지하다시피 모든 국가안보 문제가 국가정보 기구의 업무는 결코 아니다. 유한한 인력과 예산이라는

5) 부시 대통령은 2007. 8. 5. 미국보호법에 서명하면서 "이제 우리는 외국의 위협에 대해 필요한 정보를 획득할 수 있게 되었고, 따라서 우리의 국토에 대한 공격을 적발하고 예방할 수 있게 되었다."고 말했다. 한편 법의 개정 일정 경과를 보면 다음과 같다. 부시 대통령은 2007년 7월 28일 해외정보감독법 개정을 요청하면서 그것도 2007년 8월 회기 중에 통과시켜 줄 것을 요청했다. 2007년 8월 3일 상원은 공화당이 발의한 해외정보감독법 개정안(FISA, S. 1927)을 60 : 28로 통과시켰고 하원도 227 : 183으로 개정안을 통과시켰다. 동 개정안은 미국보호법(The Protect America Act of 2007, Pub. L. 110-55, S. 1927)으로 명명되었고 부시 대통령은 2007년 8월 5일 법에 서명하고 공포했다. 물론 철저한 준비는 있었겠지만 단 6일 만에 적지 않은 논란이 있는 법이 상·하 양원을 모두 통과한 것으로 국가안보 문제에 대하여는 의회와 행정부가 여야를 초월하여 단합된 모습을 보이고 있다(President Bush Signs Legislation Modernizing Foreign Intelligence Law to Better Protect America (White house) Fact Sheet: The Protect America Act of 2007, available at, http://www.whitehouse.gov/news/releases/2007/08/20070806-5.html).

6) 미션 크립(mission creep)이란 과거 여러 나라에서 국가정보기구가 불확정적인 개념인 국가안보의 수호라는 이름으로 그 임무를 슬금슬금 확대하여 법에 근거가 없는 영역에까지 업무범위를 확대해 나가는 현상을 말한다(한희원, 국가정보, 1515, 1341).

국가정보 자산의 한정으로 인해서 국가정보기구의 영역에는 한계가 수반될 수밖에 없다. 국가정보 자산의 유한성에 따른 국가정보기구의 관할 영역의 특정화와 한정화도 주요한 쟁점이지만 정치, 경제, 생태, 사회, 사이버 문제 등 다양한 국가쟁점들이 국가 안보쟁점으로까지 비상되었는가를 고려해야 한다는 별개의 법치적 논점이 제기된다. 예컨대 인터넷 보급망이 제대로 구축되지 않았고 국가 기간망이 전자 시스템화 되어 있지 않은 아프리카 오지의 국가에는 사이버 쟁점이 아직 국가안보 쟁점이 되지는 않을 것임은 명백하다. 그러므로 초국가적 안보쟁점들은 세계 모든 나라들에게 일반적 추상적인 위험성을 제기하는 것은 사실이지만 개별국가에게 국가안보 쟁점의 현안으로 부상했는지는 사안마다 다르고, 따라서 국가쟁점과 안보쟁점은 구별되어야 한다는 논의가 필요하게 된다(공성진 · 최종철, 2008; 최종철, 1996).[7)]

(2) 미션 크립(mission creep)의 경계

하지만 대부분의 국가에서는 국가쟁점의 안보쟁점으로의 전이에 대한 구체적인 절차가 부재하고, 그 논의에 대한 정확한 이해와 인식이 부족한 것이 현실이다. 그 결과 탈 냉전시대의 모든 위협세력과 영역을 당연히 국가안보 쟁점화함으로써 대부분의 국가활동 영역을 국가안보 영역화하고, 따라서 국민생활 전반이 국가정보 영역화되어 간다는 비판이 제기될 수 있다. 이명박 정부의 출범에 발맞추어 제기되었던 소위 국가안보 관련 입법은 이러한 현상을 극명하게 보여준 사례라고 할 수 있다.[8)] 그런데 이러한 논의의 저변에는 아주 중요한 논점이 있다. 초국가적 안보쟁점이라고 하여 그것들을 당연히 현대적 국가안보 쟁점으로 전이하는 것은 직접적으로는 소중한 정보자산의 낭비가 될 수 있을 뿐만 아니라 정보민주주의 구조가 허약한 국가에서는 새로운 통치기술의 확보로써 탈냉전시대의 안보쟁점의 또 다른 정치화라는 비판을 면할

7) 특히 최종철님은 안보에 대한 입장 차이를 전통주의 안보론자와 안보 확대론자 양측의 견해 대립이라고 보고, 안보홍수의 이유를 첫째, 탈냉전 시대의 시작과 함께 전통적 안보위협인 군사적 위협이 감소되었으며, 둘째, 냉전시대에 만연했던 군사적 위협이 감소되면서 불필요한 군사 자원을 재분배할 새로운 안보자원 투자처를 찾아내려는 노력의 결과이며, 셋째, 개인의 행복을 심각하게 위협하는 것 외에 "위협한다고 생각되는" 모든 문제까지 안보라는 이름 하에 국가정책의 우선순위에 올려놓고 국민의 관심과 지지, 그리고 예산의 배정을 받으려는 정책 수행 전략의 결과이기도 하다고 지적한다.

8) 2008년 애국단체총협의회가 주최한 "안보관련법: 제 · 개정 관련 토론 세미나"의 논의 과정은 이러한 인식의 부족을 잘 보여준다(한희원, 2009, 국가정보체계 혁신론, 법률출판사).

수 없다는 점이다(한희원, 2011).

(3) 국가쟁점의 국가안보 쟁점화의 방안

물론 제반 사회문제의 간편한 안보쟁점화는 정책담당자의 입장에서는 손쉽게 조직을 확대하여 인력과 예산을 확보할 수 있고 정책의 추진 동력을 확보할 수 있다는 이점이 있고, 국민적 지지를 확보하지 못한 정치지도자의 입장에서도 국가를 긴장 속에서 통치하며 다른 불만을 제어할 수 있다는 현실적인 이점이 있지만 그러한 현상은 글로벌 민주주의에의 위협을 초래할 수 있는 또 다른 위협임을 직시해야 한다(Emil J. Kirchner and Maximilian B. Rasch. 2007). 이처럼 오늘날 국가와 사회의 다양한 문제에 대한 일률적인 안보쟁점화는 국가운용에 있어서는 군사안보의 정치화 못지않게 매우 효율적인 통제 및 통치도구로 남용될 우려가 있는 것이 현실이다. 그러나 또한 사회・국가문제가 안보쟁점화되는 것이 부당하다거나 불합리하다고 할 수는 없다. 문제는 그러한 쟁점들이 각국이 처한 상황에서 얼마나 안보쟁점으로 비중을 차지할 수 있는지 그 현상과 위협 정도에 대한 명확한 분석과 이해의 바탕 위에서 필요한 문제를 안보쟁점화하는 것은 오히려 정치지도자들이나 정책담당자들의 책무라고 할 수 있다(Gregory F. Treverton. 2003).

6. 국제테러 문제에 대한 미국의 구체적인 경험

(1) 개 관

냉전 이후의 테러는 더 빈번하게 발생하고, 규모는 대형화되어 가고 내용은 과격해졌다. 그러나 이러한 테러가 국가의 존망을 위태롭게 할 국가안보 문제화되었는지 여부는 각국을 통하여 일률적으로 논할 수 있는 문제는 아니다. 그 이유는 테러가 불특정 국가를 대상으로 한다고 하는 특성이 있음에도 불구하고 오늘날의 주요한 국제테러는 이념적・종교적 문제를 밑바탕으로 하고 있는 연유로 특정국가 그리고 그 추종세력을 대상으로 전개되는 특성이 있기 때문이다. 즉 오늘날 과격한 대부분의 테러공격은 이슬람 종교에 바탕을 둔 국제테러 조직에 의해 전개되는 것으로 그들은 이슬람교가 전 세계 모두로부터 반감을 가지기를 원하는 것은 아니고, 기본적으로는 미국의 이스라엘 정책에 대한 비판을 전제로 전개된다는 한계가 있는 것이기 때문에, 결코 세계 모든 나라에게 테러의 위협이 동일한 것은 아니기 때문이다(한희원, 2010; Sauter, Mark A., and James Jay Carafano, 2005).

⑵ 테러 문제의 국가안보 쟁점화

오늘날 대표적으로 미국의 경우에 테러 쟁점은 국가안보쟁점화되었고 결과적으로 본고의 주제인 국토안보부의 창설이라고 하는 미국 행정부의 획기적 재편의 문제를 야기한 것이다(Ritz, Michael W., Ralph G. Hensley, Jr., and James C. Whitmire. 2004. 2). 초국가적안보위협세력의 위협의 정도가 개별 국가마다 일률적이지는 않지만 미국의 경우에는 국제테러의 위협이 냉전시대의 군사안보 위협을 능가하는 위험으로 대두된 것이다. 사실 미국의 경우에 온 인류를 전쟁의 공포에 휘몰아쳤던 냉전시대에도 소비에트공화국과의 직접적인 무력충돌은 한 번도 없었고 미국 본토에 대한 공격은 상상할 수도 없는 일이었다. 그러나 9/11 테러공격은 미국의 국가안보 쟁점을 근본적으로 재검토하고 재인식하게 만들었다(The 9/11 Commission Report). 하지만 미국의 경우에도 테러쟁점의 국가안보 쟁점화는 과연 국가안보 문제화에 대한 국민적 합의가 있었는지가 논의의 출발점이었다. 이것이 소위 "국가쟁점의 안보쟁점화"라는 논의이다. 왜냐하면 테러의 추상적인 막강한 위험성을 부인하는 사람은 오늘날 누구도 없지만 국가안보 기구는 어디까지나 구체적인 국가안보 문제에 대한 임무를 부여 받은 국가기관들이기 때문이다. 냉전 이후 부각된 안보와 관련한 국가쟁점은 테러 이외에도 허다하게 많다. 즉 전통적인 군사안보와 탈냉전 후 국가안보의 가치를 확보한 정치・경제・사회・생태안보 이외에도 안보라는 용어는 식량안보, 자원안보, 인간안보, 공동안보, 지역안보, 협력안보, 국제안보, 문화안보 등으로 다양화되어 가고 있다(남만권, 2004; 조성권, 2009). 이러한 다수의 안보쟁점 중에서 냉전시대의 군사안보와 비견될 진정한 국가안보의 문제는 합리적인 정치적 논의 단계를 거쳐서 국민적 공감대를 확보한 후에야 비로소 국가안보의 영역으로 합당하게 편입되어야 하는 것이 요체이다. 물론 그러한 문제들이 국가안보 목록에 등재된 경우에도 여러 가지 국가안보 문제 상호간에도 중요도와 우선순위가 있는 것이므로 합리적인 추진이 되도록 견제와 감시를 병행하는 노력은 여전히 필요하다. 이처럼 테러를 비롯한 소위 초국가적안보위협의 문제는 개별 국가마다 위협의 정도가 일률적이지 아니하고 개별 국가의 상황에 따라서 위험도가 달리 측정되며, 따라서 그에 대한 대처가 다르게 전개되고 있는 것을 직시할 필요가 있다. 섣부른 테러와의 전쟁은 종교적 신념을 기본 바탕으로 하는 국제테러조직으로 하여금 진짜 테러공격을 유발하게 할 수도 있기 때문이다.

(3) 국가안보 쟁점화에의 고려요소와 기준

미국 정보개혁 및 테러방지법 그리고 애국법이 잘 보여주듯이 테러문제의 국가안보 쟁점화에의 편입에는 테러의 발생빈도, 위협 횟수, 테러위협의 직접 상대방인지 여부, 정책을 공유하는 우방국에 대한 테러위협 정도, 대외정책의 테러에 대한 위험도 등에 대한 계량적으로 측정한 산술적인 자료에 의한 충분한 논의는 초국가적안보위협세력 쟁점을 국가안보 쟁점화하기 위한 기초적인 출발점이 된다(Jennifer E. Sims & Burton Gerber, 2005). 테러의 추상적인 위협을 넘어선 이러한 구체적 자료와 기준은 미국 등 선진 민주주의 국가의 경우 입법을 위한 기본적인 논의이자 기초자료이기도 하다. 이러한 정당하고 체계적인 과정을 통해서 진정으로 테러문제에 필요한 관련대책을 수립하는데 도움이 될 수 있을 것이다.

(4) 테러문제에 대한 미국의 구체적인 경험

현재 전 세계의 가장 강력한 테러조직의 하나인 알카에다의 최대의 목표가 되어, 그들과 힘겨운 테러와의 전쟁을 치르고 있는 미국은 테러를 냉전 이후 소련의 위협을 능가하는 국가안보에 대한 가장 중요한 위협요소 중의 하나로 판단하고 있다. 그것은 미국이 테러문제를 국가안보 문제로 간주한다는 것을 의미하고, 따라서 미국은 오늘날 테러의 예방과 대처를 국가정책의 최우선 과제로 선정하고 있다. 미국은 수많은 사상자를 내는 테러공격을 미국 내·외에서 적지 않게 받고 있는 것이 엄연한 현실이기 때문이다(Dycus, 2007: 614-638). 대표적으로 1985년 테러분자 아부 니달(Abu Nidal)에 의한 로마공항에서의 테러공격으로 미국인 등 19명이 살해된 직후에 레이건 대통령은 그 해 12월 테러행위로는 절대 그들이 바라는 목적을 달성할 수 없다는 것을 천명하면서 대통령 명령 NSDD-207호를 발령하여 포괄적인 대 테러행위 정책을 확립할 것을 지시했다. 또한 1993년 세계무역센터 건물에 대한 테러공격 이후에 클린턴 대통령도 1994년도에 이르러 핵무기, 생·화학무기 등 소위 대량살상무기의 확산은 미국의 국가안보에 치명적인 위협[9]을 가할 것으로서 대량살상무기의 국제적 확산 저지를 포함한 테러 위협에 대한 대처를 지시하는 내용의 대통령 명령 제12938호를 발령했다(클린턴 대통령 명령(Executive Order) 제12938호. 59 Fed. Reg. 58,099, Nov. 14, 1994). 한편 2001년 9월 11일의 세계무역센터와 펜타곤 건물에 대한 테러공격 후 부시 대통령은 국가비상사태를 선포했고, "테러와의 전쟁(war on terror)[10]"을 선언하여 미국은 현재 전 세계 테러조직과 국가안보 수호를 위한 전쟁을 수행하고 있는 중이다. 이처럼 미국은 테러 문제를 미국 국가안보의 당면한 과제로 하여 테러리즘을 초국가적 안보쟁점(transnational security issues)으로 설정하고 있는 것이다(Emil J. Kirchner and Maximilian B. Rasch, 2007). 미국의 경우 9/11 테러공격 이후 여행과 보험가입을 비롯하여 금융거래, 운전면허 획득, 공항검색 그리고 인적자료의 데이터베이스화 등 미국인들의 삶에 대한 새로운 국가안보의 틀을 구축하여 통제에 들어가도록 했다. 그러나 미국 국민들은 테러문제라는 국가쟁점이 오늘날 미국의 가장 중요한 국가안보 쟁점임을 잘 알게 되었기 때문에 불편함을 이겨내고 합일된 마음을 표출하며 신 안보정책에 협조하는 것이다. 이것은 국가쟁점의 안보쟁점화의 대표적인 정당한 사례라고 할 수 있다(Thomas Martin, March 1, 2010).

Ⅲ. 초국가적안보위협세력의 대두와 국가 행정조직의 재편

1. 국가정보의 역할과 목표의 재정립

초국가적 안보쟁점의 부상은 전통적인 군사안보 문제, 즉 군사능력과 국

9) 원문을 본다. "Unusual and extraordinary threat to national security."

10) 그러나 전 미국 국가안보보좌관을 역임한 브레진스키(Brzezinski)는 테러와의 전쟁은 잘못된 용어라고 말했다. 그는 테러리즘은 사람을 죽이는 기술에 지나지 않는데, 테러와의 전쟁은 따라서 적국 누구를 상대로 하는 전쟁인지를 말해 주지 않는다는 것이다. 그러한 용어는 마치 제2차 세계대전을 "나치(Nazis)"와의 전쟁이 아니라 "공습·기습(Blitz)"과의 전쟁이라고 말하는 것과 같이 잘못된 것이라고 지적했다. Brzezinski, Remarks, New American Strategies for Security and Peace Conference, 2003. 10. 28.

방정책의 의도 파악 이외에 세계무역 및 경제동향, 에너지 문제, 식량문제, 마약, 테러, 국제조직범죄, 불법이민, 환경문제, 국제조약 이행 감시문제 등 다양한 분야에 대해 국가정보 활동을 요청하고 있다. 사실 적과 우군이 명백했던 냉전시대에는 소수의 적대국, 그리고 잠재적국에 대한 군사와 정치문제에 대한 국가정보 활동으로 족했다. 그러나 적과 아군의 구분이 모호해진 상태에서는 군사적으로는 우호적이지만 다른 국가안보 분야에서는 경쟁관계에 놓여있는 국가들에 대해서까지 국가정보 활동 범위는 확보되도록 했다. 더불어 교통 통신과학기술의 획기적 발전으로 국가 간 상호 의존성이 크게 증대되면서 한 나라의 국내 정치, 국방, 자연재해 문제, 사회복지정책 등 국내 문제가 다른 나라의 국가안보 및 국가이익에 직접적인 영향을 끼치게 되었고 교역 통상국(通商國)의 국방, 외교 정책정보 이외에도 상대세력의 정치동향, 경제활동, 사회환경 등 국가운용의 제반 분야로 국가정보 목표가 내용적으로 확대된 것이다. 이 같은 국가정보 목표의 내용적 확대는 필연적으로 국가정보기구로 하여금 자체 역량을 다시 한 번 되돌아보게 하는 동기가 된다(Richard A. Posner, 2005). 군사정보수집 방법과 정치·경제·사회·환경정보 수집방법이 다를 수 밖에 없고 무엇보다 정보영역별 정보분석 업무에 있어서의 차별성은 명백하다. 따라서 냉전시대 군사정보 분석방법과 판단 시각 및 능력으로 현대의 초국가적 안보 쟁점을 그대로 재단할 수는 없다. 따라서 국가정보활동의 수적·내용적 확대는 평면 나열적 정보의 증대를 의미하는 것은 아니다. 서로 내적 연관 관계를 면밀하게 분석·평가하고 향후 추세도 분석하는 등 고차원적인 정보가 되도록 국가정보의 질적 향상을 요구하게 되었다는 것에 더 큰 의미가 있다(문정인, 1996). 정보학의 대부 셔먼 켄트는 일찍부터 국가정보는 개별적 단편적 지식에 치중한 운용정보 또는 전술정보를 탈피하여 전략정보가 되어야 한다고 역설했다(Sherman Kent, 1971). 여기에서 그가 말한 전략정보는 국가정보 객체와 군사, 정치, 경제, 사회, 환경 등 국가정보 영역을 포괄하고, 현재의 내적 연관 관계를 충분히 분석하고 미래의 추이를 전망한 10년, 15년, 20년의 “큰 그림(big picture)”을 의미하는 국가장기 예측정보를 말하는 것으로서 초국가적안보위협이 대두된 오늘날 더욱 절실해졌다. 이 같은 정보의 질적 변화 요구는 정보기구의 변혁과 구조개선의 동기이자 기준이 될 수 있다. 국가안보를 담당하는 일국의 정보기구에 대한 개편 논의가 더 이상 정치문제로 인해 시작되고 정치쟁점화로 끝나는 일은 없어야 한다. 정보기구의 조직개편과 변혁이 필요하다면 그것은 변화하는 안보환경에 대응하여 어떻게 하면 질적으로 수준 높은 장기예측 정보를 생산하고 그를 정책담당자에게 공급하며 민주적 통제를 가능하게 할 것이라는 점에 맞추어져야 할 것이다(Dycus & Berney & Banks &Raven-Hansen, 2007).

2. 법 집행공동체와의 국가정보공동체의 유기적 협조

원래 국가행정조직에서 사회질서유지, 즉 치안질서 유지를 본령으로 하는 법집행공동체와 국가안보에 대한 무한책임을 담당하는 국가정보공동체의 업무 문화는 속성적으로 차이가 있고 그것은 미국의 경우에 다양한 형태의 판례를 형성해 왔다. 그러나 초국가적안보위협세력의 대두는 국가 존립과 발전의 양대 축인 양 공동체의 문화에도 커다란 변화를 요구하는 것이 현실이다. 대표적으로 냉전시대에 적대국의 군사력 동향문제는 아국의 국가안보에 지대한 영향을 미치기는 했지만 정치적·군사적·외교적으로 영향을 끼치는 관계학적 현상으로, 실정법적으로 구체적인 범죄행위를 구성하는 것은 아니었다. 그러나 마약, 테러, 인신매매, 불법이민, 무기밀매 등 초국가적 안보쟁점은 국내적 범죄활동과 연계되는 내용들로, 실정법적으로도 형사처벌 대상 범죄가 되는 경우가 대부분이다. 그러나 이러한 초국가적 안보쟁점에 따른 국제범죄는 국내적 범죄를 대상으로 하여 치안유지를 하도록 구성되고 권한이 부여된 기존의 법집행기구의 힘만으로는 대처에 한계가 따른다. 그들 초국가적 범죄현상들은 해외에서 조직되고 준비되어 통상적인 방법으로는 증거확보가 어려울 뿐만 아니라 소환이나 압수수색, 피의자 신문 등 전통적인 범죄수사 기법으로는 범죄를 적발하거나 수사할 수 없는 경우가 대부분이기 때문이다(한희원, 2011: 112-122). 대개는 도청과 외국정보기관과의 공조를 통해 그 실상을 알 수 있다. 그러나 사전 음모 단계에서 예방하지 못하면 엄청난 피해에 직면하게 된다. 사후적으로 발생한 범죄사건에 대한 확인은 이미 상대세력의 작전 성공을 의미하는 것으로 개별 사건에 대한 형사처벌은, 초국가적 범죄에 대해서는 범죄예방이나 교화적 의미가 없을 뿐 아니라 해외정보 없이는 그나마 처벌도 용이하지 않다는 측면에서, 필연적으로 국가정보기구의 관여를 요청하게 된다. 즉 정보공동체와 법집행공동체의 정보공유와 협력의 절실한 필요성이 제기되는 것이다. 이처럼 초국가적안보위협 쟁점은 국내 법집행기구와 국가정보기구의 활동방향에도 크게 영향을 미치고 있다(The 9/11 Commission Report); Michael, Herman, 2008).

3. 민주화·개방화와 국가안보

2010년 4월 대한민국의 천안함 사건은 그동안 개방화, 즉 공개에 미온적이고 소극적이었던 국가안보 비밀에 대한 획기적인 인식 변화를 초래한 것이 사실이다(조선일보, 2010. 4. 17). 불가피하게 대한민국의 국가안보 체계를 포함한 다수의 비밀자료를 합동조사라는 이름과 국민의 알 권리 충족이라는 정치적 그리고 시민적 요청으로 무차별적으로 개방되었다고 할 수 있기 때문이다. 원래 정치 후진국 · 정보 후진국의 일반적인 공통점은 정보와 정책의 경계선이 불분명하다는 것이다. 그러나 정보와 정책의 관계는 반투성의 유리막을 경계로 하여 정책은 언제든지 정보의 영역으로 넘어갈 수 있지만, 정보는 정책의 영역으로 넘어가지 말고 단지 정책결정자에게 합리적인 판단 자료를 제공하는 데 그쳐야 한다(Mark. M. Lowenthal, 2006: 5). 그러나 정치나 정보 후진국가는 국가정보기관이 체제안보 차원에서 집권 정부의 정책입안과 정책집행 업무에 깊숙이 관여함으로써 정치적 중립을 지키지 못하고, 따라서 국민의 정보기구가 되지 못했던 것이 경험이었다. 그러나 냉전의 종식과 함께 공산주의는 자본주의에 굴복하고 민주주의가 전 세계적으로 확산되어 가는 추세에 따라 밀행성과 비밀성을 추구하는 정권 수호적 정보기구는 더 이상 국민적 지지를 얻지 못하고 따라서 국민의 복지를 위한 정보 역동성도 결여되게 되었다. 정보 민주화의 요구는 일부 국가에서는 독재체제를 종식하고 시민의 권리를 강화하기 위하여, 국가안보정책의 쇄신과 함께 정보기구의 근본적 개편이라는 문제를 제기했다. 또 다른 국가에서는 국내 정보문제를 포함한 보안 분야의 개혁과 해외정보 분야에 대한 새로운 관리의 문제를 제기했다. 어떤 나라에서는 정보기구간의 효율적인 정보공유의 문제로 논의되기도 했다. 민주화는 또한 필연적으로 기존의 행정부 중심의 국가정책 결정에 대하여 입법부와 사법부의 통제는 물론이고 일반대중이나 이익집단의 참여를 요청하게 되었고, 필연적으로 공개성과 개방성을 요구 하게 되었다. 그러므로 정책을 뒷받침하는 자료로서의 정보에 대하여도 접근권이 높아지게 됨으로써 더 이상 비밀스러운 정보는 정책결정에 유용하게 활용되지도 못하고 오히려 국민들의 알 권리의 객체가 되어 법적 분규에 휘말리는 경우까지 발생했다(Jeffrey T. Richelson, 2001).

미국을 비롯한 선진 민주국가에서는 일찍부터 정보에 대한 통제를 국가정책의 투명성 확보를 위한 지름길로 간주하고 꾸준히 정보기구에 대한 감독과 통제장치의 마련과 개선의 길을 걸어 왔다. 1970년대 중반 이란-콘트라 사건 이후에 미국이 상원과 하원 정보특별위원회를 구성하여 정보공동체에 대한 본격적이고 실질적으로 살아있는 감독과 통제체제를 구축한 것은 좋은 예이다. 민주주의가 국가정보의 효율성을 저해할 수도 있다는 견해도 있으나, 민주국가의 존립목적은 근본적으로 민주적 가치를 수호하기 위한 것으로서 국가정보의 민주화는 결과적으로 국가정보에 대한 일반 국민들의 전폭적인 지지와 신뢰를 확보할 수 있어서, 그것 자체로 커다란 업무불안 요소를 제거하고 정당성을 확보하게 해주어 국가정보 기구의 업무 부담을 크게 줄일 수 있다. 또한 국가위기 상황에 있어서도 일반 국민들의 자발적인 정보협조를 이끌어낼 수 있다는 점을 생각하면 결코 비효율적이라고 할 수 없다(한희원, 2010: 14-16). 물론 정보에 대한 민주화 요구가 정쟁으로 변질되어 국가정보 기구를 무력화하는 수단으로 악용되어서는 안 된다. 공개성과 개방성을 요건으로 하는 정보민주화는 정보의 남용을 방지하고, 무능력과 오류가 숨겨지고 방치되는 일이 없도록 감독하고 독려한다는 차원, 그래서 고차원적인 전략정보를 생산해내도록 유도한다는 차원에서 이루어져야 할 것임은 말할 나위가 없다. 이러한 정보민주화를 위한 제도개선은 의식개혁 차원에서만 머물러서는 달성될 수 없다. 궁극적으로는 정보공동체 종사자들의 새로운 정보마인드 형성과 정책 결정권자의 개혁의지, 그리고 최종적으로는 국민의 대표인 입법부에 의해 입법 조치됨으로써 필요한 구체적인 제도적 장치 구축이 수반되어야 할 것이다. 이러함 점에서 미국 국토안보부의 출현은 국가안보의 필연적인 한 면을 형성하는 국토안보 법치화의 좋은 선례라고 할 수 있다.

Ⅳ. 미국 국토안보부(Department of Homeland Security)

1. 개 관

미국은 2001년 9/11 테러공격 이후에 테러쟁점을 국가안보 목록에 정식으로 편입시키면서 대대적인 행정부 조직개편을 단행했다. 이는 정보공동체와 정책공동체의 조직 재편으로 나누어 볼 수 있다. 먼저 정보공동체 차원에서는 정보공동체의 신 황제(Neo Czar)라고 불리는 국가정보국장(DNI) 직위를 창설했다. 정보공유의 실패가 9/11 테러공격의 주요한 원인 중의 하나이고 여러 가지 비효율을 보이는 정보공동체의 획기적인 개혁이 필요하다는 9/11 위원회의 권고에 따라서 정보개혁및테러방지법을 제정하고, 그동안 CIA 국장이 겸직하던 중앙정보국장(DCI)을 대체한 국가정보국장(DNI) 직위를 신설했다. 테러대책에 대한 실천적인 주무기구로 국가대테러센터(National Counterterrorism Center)도 창설했다. 국가대테러센터(NCTC)는 테러활동을 분쇄하려는 미국과 국제사회의 노력을 지원하고 책임지기 위하여 창설된 국가정보국장 산하에 신설된 조직이다.[11] 국가대테러센터를 직접 정보활동을 실행하는 부서, 즉 CIA나 FBI에 배치하지 않고 다만 국가정보를 총괄하는 국가정보국장(DNI) 산하에 배치한 것은 주목할 만하다. 한편 정책공동체 차원에서는 국토안보부를 창설했다. 9/11 테러공격을 경험한 미국은 여러 부처에 산재되어 있는 국토안보 관련 문제를 종합적으로 전담하기 위하여 2002년 11월 25일 제정된 국토안보법(Homeland Security Act of 2002)에 의거하여, 국토안보부를 창설했고 2003년 1월 24일부터 업무를 개시했다(Pub. L. No. 107-296, 116 Stat. 2135 (Nov. 25, 2002)). 국토안보부는 2008년 기준으로 직원 수 208,000명 그리고 2009년 예산 규모가 5천 2백억 달러에 달하여 국방부(DOD), 그리고 원호부(VA)[12]에 이어 행정부처 중 3번째로 큰 공룡부서이다. 국토안보부의 창설은 국방부 창설 이후 50년 이래 가장 큰 정부조직 개편이었다. 국토안보법에 따르면 국토안보부는 테러

11) 본토에서 초유의 9/11 테러공격을 경험한 부시 대통령은 2003년 5월 1일자로 대통령 명령 제13354호를 발령하여, CIA에 테러위협종합센터(Terrorist Threat Integration Center)를 창설했었다. 이것을 2004년 정보개혁및테러방지법으로 정식으로 법적 근거를 마련하여 국가대테러센터로 확대 개편한 것이다.

12) Department of Veterans Affairs: VA. 인터넷 사이트, http://www.va.gov/.

로 인한 공격과 자연 재해로부터 미국 국토의 안전을 지키기 위해 2002년 11월에 설치된 연방 정부의 중앙 행정 기관이다. 연방 정부의 국토안보부에 대응하기 위해서 각주(州)에는 국토안보보장국(United States Office of Homeland Security, OHS)이 설치되어 있다(국토안보법).

2. 국가안보와 국토안보

(1) 국가안보(National Security)

원래 안보(安保)는 안전보장(安全保障)의 줄임말로, 영어로는 안보 또는 보안을 의미하는 "security"이다. 안보 또는 보안은 어떤 위험과 손해로부터 보호되는 상태를 말한다. 그러므로 국가안전보장이란 국가가 외부의 침략이나 위협 또는 그로 인한 공포와 불안 및 근심걱정에서 벗어나 평온한 상태를 유지하는 것이다. 결국 국가안보는 "어떤 외부위협으로부터 국가의 안전이 보호되는 상태"라고 정의된다(한희원, 2011). 이러한 국가안보 용어는 2차세계 대전 이후 세계질서가 공산주의 체제와 자유진영 체제로 재편되면서 각국의 대내외적 생존전략의 노력을 묘사하면서 등장했다. 그러나 한편 국가안보는 현상적인 용어가 아니라 법 규범적 용어임을 인식해야한다. 대표적으로 미국은 1947년 7월 26일 트루먼(Harry S. Truman) 대통령이 서명함으로써 오늘날 CIA 창설의 근거법인 "국가안보법"(National Security Act of, 1947)을 제정했고 동 법에서 국가안보 개념을 명백히 하고 있다.

(2) 국토안보(Homeland Security)

① 국토안보의 의의와 출현

그런데 2001년 9/11 테러공격과 전 세계 도처에서의 테러 사건발생과 더불어 개별 국가 사이의 군사안보 쟁점을 전제로 했던 전통적인 국가안보 개념은 위협의 주체와 내용을 달리하여 국가와 사회에 심대한 불안을 초래하였다. 이에 새롭게 대두된 개념이 국토안보 개념이다. 이처럼 국토안보는 2010년 9/11 테러공격 이후 미국에서 창출된 소위 포괄적 용어(umbrella term, 중국어로는 雨傘術語 또는 傘式術語)이다. 그것은 좁은 의미로는 미국 본토를 초국가적안보위협세력인 테러위협으로부터 보호하기위한 다각적인 안보적 노력을 통칭하는 개념이다.

② 국토안보법이 상정한 국토안보의 범위

국토안보부의 업무범위를 정한 국토안보법은 국토안보의 업무범위를 다음과 같이 설정한다.

- 테러와 자연재해를 포함한 국가비상사태에 대한 대비 및 대응(자원 의료봉사자, 경찰력 확보, 비상사태 관리, 소방 인력의 준비 등을 포함)
- FBI를 주축으로 하는 국내정보의 강화
- 국가기간망 시설의 보호
- 육상 경계와 해상 경계를 포함한 국경 보안
- 항공 및 해상에서의 운송 보안
- 생화학적 방위능력 확보
- 방사능과 방사능 물질의 탐지
- 차세대 보안 기술에 대한 연구

(3) 국가안보와 국토안보의 개념적 구분과 구분의 의의

원래 국가의 생존, 번영, 위신을 대외세력으로부터 수호하는 문제를 포괄적으로 광의의 국가안보 개념이라고 한다면, 그러한 주권국가의 안전을 전통적인 위협주체인 개별 국가의 군사적 위협으로부터 수호하는 문제를 협의 또는 전통적 국가안보 개념이라고 할 수 있다. 반면에 주권국가의 안전을 확고한 영토를 기반으로 하는 개별 주권국가가 아닌 네트워크 조직으로 불리는 테러조직과 같은 초국가적위협세력으로부터 수호하는 문제를 국토안보 개념으로 구분할 수 있다. 이처럼 전통적인 국가안보 개념과 국토안보 개념의 구분은 국가정보 체계에 중요한 인식변화를 초래함을 주목해야 한다. 전통적으로 국가안보에 대한 무한책임 기구는 국가정보기구인 것으로 간주된다. 그러나 초국가적안보위협세력으로부터의 국가안전의 확보라는 국토안보의 개념은 국가안보의 수호기구로 일반 행정업무 단계에서부터 유관부처의 유기적인 통합으로 대처하게 하는 것이 오히려 효율적이고 적시적이라는 것을 깨닫게 해 주는 것이다. 이것은 오늘날 초국가적안보위협세력의 대표주자인 테러나 사이버안보의 전담기구를 국가정보기구 산하에 당연히 위치시키는 것이 옳다는 주장은 그 근거가 박약함을 보여주는 것이기도 하다.

3. 국토안보 개념에 따른 행정조직의 해체와 융합

(1) 개 관

국토안보 개념을 창출한 미국은 다수의 국가기관의 책무를 재결합했다. 국토안보 개념과 더불어 재편된 주요 관련된 기관은 미국 각주의 방위군, 연방재난 관리청, 연방해안경비대, 연방세관・국경경비국, 연방이민・세관단속국, 연방이민국, 연방비밀경호국, 항공안전청, 항공정찰대 등이다. 약 22개 기관에 이르는 이러한 내용을 보면 오늘날 관료주의의 폐단인 부처이기주의 또는 부처할거주의에 터잡아 절대로 기득권을 버리지 않으려고 하는 행정부처의 이기심에 대한 경각심 제고와 그것 자체로 좋은 선례를 보여준다고 할 수 있다.

(2) 국토안보 업무 부처의 광범위한 통・폐합

전술한 바와 같이 국토안보부는 기존의 각 정부조직에 산재되어 있던 국토안보 관련 업무를 수행하던 22개 기관을 통합하여 새롭게 창설된 행정부처이다. 기관 관료주의를 전제로 한다면 상상하기 어려운 결정이라고 하지 않을 수 없는 내용들이다. 기존의 행정부처로서는 조직의 권한을 과시하고 인력과 예산을 확보하는 데 중요한 역할을 하던 손과 발 같은 조직을 떼어준 것이기 때문이다. 여기에서 국가안보 그리고 국토안보를 전제로 행정조직 재편의 문제가 대두되었을 경우에 얻을 수 있는 유용한 교훈을 주고 있다. 그 내용을 도표로 정리해 보면 다음과 같다.

국토안보부(웹사이트 http://www.dhs.gov/)

기존 소속부처	부서와 업무내용
재무부 (Treasury)	세관업무(Customs Service)
	비밀경호업무(Secret Service)
	법집행요원훈련원(Federal Law Enforcement Training Center)
교통부 (Transportation)	해안경비대(Coast Guard)
	교통보안청(Transportation Security Administration)
법무부 (Justice)	시민권과 이민국 (United States Citizenship and Immigration Services)
	국경순찰대(United States Border Patrol)

	이민·세관 집행국 (U.S. Immigration and Customs Enforcement)
	국내비상대비실(Office for Domestic Preparedness)
	국내 에너지 지원팀(Domestic Emergency Support Teams)
농림부 (Agriculture)	동식물검역원(Animal and Plant Health Inspection Service)
	플럼섬동물질병센터(Plum Island Animal Disease Center)
에너지부 (Energy)	핵사고 대응팀(Nuclear Incident Response Team)
	화학, 생물, 방사능 및 핵 대비 프로그램 (CBRN countermeasures Programs)
	환경연구소(Environmental Measurements Laboratory)
	에너지보안프로그램(Energy Security and Assurance Program)
국방부 (Defense)	국립BW국방분석센터(National BW Defense Analysis Center)
	국가통신실(National Communications System)
연방수사국 (FBI)	국가기간망시설보안처 (National Protection and Programs Directorate (NPPD)
	국가비상대비실(National Domestic Preparedness Office)
총무부 (GSA)	연방컴퓨터사고대응센터 (Federal Computer Incident Response Center)
	연방보호서비스(Federal Protective Service)
보건복지부 (HHS)	국립의약품비축과 국가재난의료시스템 (Strategic National Stockpile and the National Disaster Medical System)
백악관 (White House)	연방 재난 관리청(Federal Emergency Management Agency)

자료: Department of Homeland Security(2002)의 재구성.

(3) 국가정보기구 특히 FBI와 CIA의 존치에 대한 논의

부시 대통령이 최종적으로 국토안보법에 서명하기 전까지 연방수사국(FBI)과 중앙정보국(CIA)도 전부 아니면 최소한 상당한 업무가 국토안부부에 이관되어야 하지 않겠는가라고 하는 논의가 진행되었다. 하지만 결과적으로 연방수사국의 일부 업무 이외에 국가정보 업무가 이관되지는 않았고 후술하는 바와 같이 국토안보부 산하에 설치된 정보기구가 정회원으로 미국 정보공동체의 멤버로 편입되었다(한희원, 2011).

⑷ 소 결 어

이처럼 미국 조지 부시 행정부는 그동안 행정 각 부처에 산재되어 있던 다양한 업무를 수행하는 기관들을 국토안보 수호를 위한 핵심적인 요소로 보고 "국토안보"라는 개념 하에 통일적인 업무수행이 가능하도록 조치한 것이다. 하지만 물론 국토안보부에 규합되어 통합된 업무가 미국 국토안전에 대한 모든 업무를 망라하는 것은 아니고 여전히 행정 각 부처에는 국토안전과 관련한 업무가 산재되어 있음도 유의해야 한다. 예컨대 연방수사국(FBI)이나 중앙정보국(CIA)은 여전히 국토안보부 소속이 아니며 국방부나 보건사회복지부는 국토안보와 관련된 대단히 중요한 업무를 수행한다. 이렇게 여전히 여러 부처에 산재되어 있는 국토안보 업무의 성격으로 인해서 국토안보 업무는 백악관 국토안보위원회(Homeland Security Council)에 의해서 조정된다. 국토안보위원회(HSC)는 국가안보위원회(NSC)와 성격상 유사하며 대통령에 대하여 국토안보와 대테러 문제에 대한 보좌업무를 수행한다.

4. 국토안보부의 임무와 조직구성

⑴ 개 관

법에 의하면 국토안보부는 테러공격과 자연재해 등 국가위기 비상사태로부터 미국을 보호할 책임을 주 임무로 하는 행정부처이다. 국토안보부는 부서의 비전으로 "미국인의 자유를 지키며, 미국을 보호하고, 국토를 안전하게 한다"라고 정하고 있다.[13] 미국 국방부가 해외에서의 군사활동으로 미국의 국가안보를 책임지고 있는 것에 대비하여, 국토안보부는 민간영역에서 미국 국토와 국경에서 국가의 안보문제에 책임을 담당하고 있는 것으로 비유된다.

국토안보부의 목적은 테러행위를 포함한 국내에서의 비상사태에 대비하고 그를 예방하며 응전하는 것이다. 국토안보부는 이민업무, 해안경비대, 세관업무, 자연재해를 포함한 국가위기관리 업무를 수행한다. 또한 에너지 및 운송체제 같은 유형의 기반시설과 관련한 업무는 물론이고 국가 전자통신망 같은 네트워크를 테러공격으로부터 보호하기 위한 업무, 생화학무기나 핵무기와 같

---

13) 국토안보부의 역사, 전략계획, 비면, 목적 등은 http://www.dhs.gov/xabout/strategicplan/. Motto: Preserving our Freedoms, Protecting America 참조.

은 대량살상무기(WMD)를 테러조직이 획득하지 못하도록 하는 업무와 생화학무기에 대한 백신과 치료제 개발업무도 담당한다. 자체 정보분석실(I&A)도 설치하여 국토안보 관련 정보에 대한 체계적인 정보분석 업무도 수행한다. 그에 따라서 중앙 집중 데이터베이스 시스템을 이용하여 시민 개개인의 신용카드 사용내역, 진료기록, 신문 및 잡지 정기구독 현황, 웹사이트 방문기록, 이-메일 기록, 은행계좌 그리고 여행예약 등 미국민의 생활전반을 파악할 수 있는 체계를 갖추고 이를 데이터베이스화하고 있다. 국토안보부는 전략적 목적으로 인지, 예방, 보호, 대응, 복구, 서비스, 그리고 조직의 탁월성을 들고 있다.

(2) 국토안보 확립을 위한 국토안보부의 국가전략

다른 주권국가도 마찬가지이지만 미국은 2010년 5월 27일 발표한 국토안보 전략 자료에서 대통령의 가장 높은 소명을 미국인들을 안전하게 지켜주는 것을 특별하게 강조하여 설정하고 있다(NATIONAL SECURITY STRATEGY, 2010, 5). 국토안보부는 21세기 글로벌 위협에의 효과적인 대처를 목적으로 하는 구체적인 국토안보 전략으로 7개를 설정하고 있다.

먼저 수년간 총 50억 달러를 지원하여 전 세계적으로 테러리즘을 격퇴하는 것이다. 두 번째로 생화학능력의 강화와 핵의 안전 확보이다. 세 번째로 국가정보 기구의 역량강화와 국가정보의 효율적인 공유체계 구축이다. 네 번째로 글로벌 디지털 정보와 통신망의 안전을 강화하는 것이다. 오늘날 각국의 국가인프라는 더욱 디지털화되면서 경제망, 사회안전망 그리고 공공의 안전, 따라서 국가안보는 사이버 공간에서의 안전성 확보와 직결되어 있다. 이를 위해 2010년 미국 국토안보 전략은 제반 정책적 · 기술적 · 교육적 그리고 필요한 다수의 입법을 효율적으로 제 · 개정하는 것을 강조하고 있다. 다섯 번째로 물리적 · 사회적 인프라의 복원력을 증진하는 것이다. 국가기간망인 고속도로, 철도시설, 항공 인프라, 에너지시설, 언론시설은 물론이고 교육시설을 포함한 사회공동체의 물리적 시스템적 복원력의 증진을 중요한 국토안보 전략의 하나로 설정하고 있다. 여섯 번째로 네트워크 조직인 초국가적안보위협세력에의 효과적인 대처를 위해서 전통적인 영토, 영공, 해양이라는 물리적인 국경을 초월한 포괄적인 안전망의 구축이다. 일곱 번째로 홍수, 태풍, 화재 등 자연재해와 인재를 비롯한 제반 사고를 효과적으로 확고하게 관리하는 것이다.

5. 국토안보부의 정보기구

국토안보부는 그 방대한 업무의 성격상 산하 개별 소속부처에도 정보업무가 산재되어 있다. 현재 정보공동체의 정식멤버로서 국토안보부에서 국가안보와 관련한 국가정보 업무를 수행하는 부서는 다음의 2개이다.

(1) 정보분석실(Office of Intelligence and Analysis)

국토안보부 정보분석실(I&A)은 정보공동체의 정식 멤버로 다음의 업무에 책임이 있다.

- 국토안보 관련 정보에 대한 분석능력의 양적·질적 개선.
- 부서에 산재되어 있는 정보요소의 통합.
- 국토안보에 대한 위협정보의 주정부와 민간부분과의 공유.
- 정보공동체에서의 유기적 협조.
- 미 의회와의 관계 강화

이를 위하여 국토안보부 정보분석실(I&A) 분석가들은 테러분자와 그들의 연결망을 추적할 뿐 아니라 국가기간시설에 대한 위협, 생화학무기 테러와 핵무기 테러, 전염병, 육·해·공을 통한 국토안보에의 위협요소, 그리고 미국사회의 과격화 경향에 대한 평가업무를 수행한다. 한편 정보분석실의 국가기간시설에 대한 위협 및 위기분석센터는 테러공격에 대한 이해증진과 취약지점에 대한 능력 제고를 위해 17개 민간 부분에 대한 지원업무도 담당한다. 테러업무와 관련해서는 FBI가 CIA와 밀접한 정보공유를 하여 테러 위협 적발 및 예방, 그리고 테러발생시의 사태 수습을 위한 총체적 국가전략을 구축하고 있다.

(2) 해안경비대정보실(Coast Guard Intelligence)

해안경비대는 국토안보부 소속으로, 정규군으로서의 임무와 해양 서비스 업무의 복합 업무를 담당하고 있는 기관이다. 해안경비대의 군 관련 임무는 미국의 5대 군 임무로 지칭된다. 그리하여 해안경비대는 평시에는 국토안보부 소속이지만 전시에는 해군 소속이 되어 정식군의 임무를 수행한다. 해안경비대의 핵심임무는 영토 내 수로, 항구, 연안, 영해, 그리고 공해상에서 미국 시민을 보호하고 환경 관련 문제를 감시하며, 미국 경제와 안보이익을 수호하는 것이다. 원래 해안경비대는 정보기능과 함께 법집행 기능도 수행한다. 해안경비대 정보기능은 해안경비대정보실(CGI)이 수행한다. 주요 항만시설의 공격에 대비한 안전성 확보를 포함한 보안 문제, 수색과 구조 활동, 대 마약활동, 해양을 통한 불법이민 단속, 그리고 해양 수산자원 보호활동이 업무와 연결된 주된 정보활동이다. 오늘날 해안경비대정보실(CGI)의 임무는 항구안전, 해안선 감시 및 구조 활동, 대테러 활동, 바다를 통한 불법이민 단속, 해양자원 보호에 이르기까지 대단히 광범위하다. 해안경비대정보실은 국민생활과 밀접한 그 현실적 필요성과 전문성으로 인해 정보활동과 수사 등 법집행 기능이 접목된 대표적 기관이다. 한편 항만, 내륙 수로 그리고 연안 등의 현장에서 법집행을 전제로 한 현장 정보를 수집하는 조직은 현장정보지원팀으로, 해상을 통한 국토안보를 위협하는 세력에 대한 광범위한 정보를 수집하여 해안경비대 일선 지휘관에게는 물론이고 국경보호 담당 부서, 그리고 정보공동체 각 정보기관에 제공한다. 이처럼 해안경비대 정보업무의 가장 큰 특징은 군과 민간인 영역을 동시에 아우르고 또한 법집행권까지 함께 가지고 있다는 점에 있다.

6. 국토안보부에 대한 비난

미국 국토안보부의 출현은 기존의 국제법과 국토안보와 관련된 국내국토안보법과의 불가피한 충돌을 야기했다. 대표적인 예가 체포된 테러 용의자를 의미하는 불법 전투원(unlawful combatant) 개념이다. 미국 국토안보부의 출현과 함께 등장한 용어인 불법전투원은 전쟁법에 대한 제네바 협약 상의 전쟁포로(pow)의 개념에 포함되지 않는 그러므로 국제전쟁법상의 전쟁포로의 여러 가지 권리가 주어지지 않는 새로운 신분으로서의 적국 또는 적대세력 전투원이라는 개념을 창출한 것이다. 주지하다시피 오늘날 적지 않은 국제규범이 전쟁법에 대한 제네바 협약에 기초한 것임을 생각한다면 가사 미국이 제네바 협약에 서명만 하였을 뿐 비준은 하지 않은 상태라고 하여도 주권국가 사이의 신뢰를 기초로 하는 국제법 체계에 혼선을 초래할 수 있는 법해석을 하는 것에 대해서는 그동안 다양한 비판이 전개되었던 것이다. 한편 국토안보부는 미국 역사상 6번째로 강력했던, 2005년 8월 발생한 카트리나 허리케인 때 발생한 국가비상사태에 대한 실망스러운 대처와 2006년 액체폭발물을 사용한 영국과 미국을 연결하는 대서양 운항의 민간 항공기에 대한 폭발음모 사건(2006 transatlantic aircraft plot)의 예방과 대처에서 보여준 미흡한 능력으로 아직은 제 기능을 발휘하고 있지 못하고 있다는 비판을 받고 있다. 한편 미국 의회가 의도하고 있던 CIA와 FBI의 통합은 CIA의 카운터 테러리즘 센터와 FBI의 테러리스트 스크리닝 센터가 종래와 같이 독자적인 권한을 보유하고 있는 채로 행동, 기능하고 있기 때문에 조직 통합이 성공하지 못했다. 2003년 3월에 연방긴급 사태 관리국(FEMA)이 대통령 직할 기관에서 국토안보부의 하위 기관이 됨에 따라 권한과 규모가 축소되었다. 그 때문에 2005년에 잇따라 미국을 강타했던 허리케인 재해에의 대응이 적절히 행해지지 못했다고 국토안보부의 존재 의의가 추궁 당했다. 부시 대통령의 대 테러 편중 정책에 대한 비판도 쏟아졌다. 9/11 테러 사건 이후, 각종 조사 기관에 의해서 행해지고 있는 전화회선이나 컴퓨터 네트워크의 감청, 그리고 우편물의 검열이 문제되고 있다. 개봉된 우편물 등은 국토안보부의 봉함이 있으므로 용이하게 판별할 수 있지만 근거 없는 무작위의 조사로 인해 고통을 받는 사람들도 있다. 건국 정신인 '자유 · 평등'을 표방하는 미국에서 그 위화감을 견딜 수 없는 사람들이 항의를 하고 있으며, 또한 동성애를 검열 대상으로 넣은 이유를 물어도 '단지 개봉한 것뿐이다'라고 애매한 대답을 해 의문을 불러일으키기도 했다.

Ⅴ. 정책적 함의 및 맺음말

역사적으로 국가안보의 중추이자 세계평화와 안전의 물밑 사절이라고 할 수 있는 미국의 정보공동체 그리고 그것을 실천적으로 실행하는 정책공동체에 대하여 비판과 비난이 없었던 것은 아니다. 특히 CIA를 창설했던 트루먼 전 대통령이 훗날 회고에서 CIA의 탄생을 후회한 사실은 유명하다.[14] 국

14) Merle Miller, Plain Speaking: An Oral Biography of Harry S. Truman (New York: G.P. Putnam's Sons, 1973), pp. 391-392. 송문홍, 미국의 국가정보체계(문정인 편, 국가정보론), p. 345. 트루먼 전 대통령은 CIA 창설을 후회하면서 자유롭고 민주적인 정부와 CIA의 비밀주의는 조화되기 어렵다며 개탄하고, 막대한 예산을 쓰면서도 비밀이라는 이유로 그들이 무엇을 하는지 모르고, 감시와 통제 밖에 있다며 CIA를 비판하였다.

University Press.

- Mark M. Lowentha.(2006). Intelligence: From Secrets to Policy, CQ Press.
- Jeffrey T. Richelson.(2001). The U.S. Intelligence Community, Lexington.

刑事法과 憲法理念 [제 4 권]

2013年　12月　20日　初版印刷
2013年　12月　30日　初版發行

編著者　公法研究會
發行人　安　鍾　萬
發行處　(株) 博　英　社
서울特別市 鍾路區 平洞 13-31番地
電話 (733)6771 FAX (736)4818
登錄 1959. 3. 11. 제300-1959-1호(倫)

www.pybook.co.kr　e-mail: pybook.co.kr

저자와 협의하여 인지를 생략함

定　價　30,000원

ISBN 979-11-303-2546-0
979-89-7189-712-6(세트)